国家社科基金重大项目“新形势下地方债务风险管控的目标、难点与实现路径研究”
批准号：19ZDA074

地方性政府债务问题研究

基于经济增长与风险防范权衡的视角

主　编／彭　龙
副主编／赵静梅　刘　蓉　罗荣华　周铭山

西南财经大学出版社
中国·成都

图书在版编目(CIP)数据

地方性政府债务问题研究:基于经济增长与风险防范权衡的视角/彭龙主编;
赵静梅等副主编.—成都:西南财经大学出版社,2022.10
ISBN 978-7-5504-5447-7

Ⅰ.①地… Ⅱ.①彭…②赵… Ⅲ.①地方政府—债务管理—研究—中国
Ⅳ.①F812.7

中国版本图书馆 CIP 数据核字(2022)第 123691 号

地方性政府债务问题研究:基于经济增长与风险防范权衡的视角

DIFANGXING ZHENGFU ZHAIWU WENTI YANJIU JIYU JINGJI ZENGZHANG YU FENGXIAN FANGFAN QUANHENG DE SHIJIAO

主　编　彭　龙
副主编　赵静梅　刘　蓉　罗荣华　周铭山

责任编辑:王利
责任校对:植苗
封面设计:墨创文化
责任印制:朱曼丽

出版发行	西南财经大学出版社(四川省成都市光华村街 55 号)
网　　址	http://cbs.swufe.edu.cn
电子邮件	bookcj@swufe.edu.cn
邮政编码	610074
电　　话	028-87353785
照　　排	四川胜翔数码印务设计有限公司
印　　刷	四川煤田地质制图印刷厂
成品尺寸	170mm×240mm
印　　张	21.75
字　　数	334 千字
版　　次	2022 年 10 月第 1 版
印　　次	2022 年 10 月第 1 次印刷
书　　号	ISBN 978-7-5504-5447-7
定　　价	88.00 元

前言

地方政府债务问题是我国经济发展中的重大问题。从 1994 年预算法禁止地方政府发行政府债券，到 2008 年全球金融危机冲击之下中国人民银行和原银监会（即原中国银行业监督管理委员会，简称“原银监会”）支持有条件的地方政府组建投融资平台以扩充融资渠道，并开始试点地方政府债券发行，再到 2015 年新预算法（即 2014 年通过的《中华人民共和国预算法》，后同）明确规定地方政府债券是地方政府的唯一合法融资渠道，地方政府债务经历了规模的扩张和形态的演变，其相关研究一直是学术界和实务界关注的焦点。

地方政府债务问题的重要性首先体现在地方政府债务对经济增长的正向作用上。在全球新冠肺炎疫情持续、世界各国经济复苏动力不足、地缘冲突和逆全球化升级等复杂的外部环境下，我国宏观经济也面临着需求收缩、供给冲击和预期转弱的三重压力。此时，亟须积极的财政政策靠前发力，其中一个重要的手段就是加快地方政府债券的发行和使用，以带动扩大有效投资，起到稳定经济的作用。2022 年，地方政府债券发行明显前置，第一季度共计发行 1.82 万亿元。2022 年 5 月 31 日，《国务院关于印发扎实稳住经济一揽子政策措施的通知》强调，加快地方政府专项债券发行使用，并扩大支持范围，以保持经济运行在合理区间。

然而，近年来地方政府积累的债务风险已经成为影响财政金融安全、阻碍经济健康发展的主要问题，控制和化解地方政府债务风险已经成为我国经济工作中的重要任务。地方政府债务风险具有隐蔽性、模糊性与高传染性，不仅会引发财政风险，更会扭曲宏观调控机制，威胁金融体系稳定，并传导至中观产业部门、微观家庭部门等多类经济主体。党中央、国务院持续高度重视地方政府债务风险防范化解工作，尤其是对隐性债务保持高压监管态势，坚决遏制新增隐性债务。2022 年 5 月 18 日，财政部发布《关于地方政府隐性债务问责典型案例的通报》，披露了八个地方政府新增隐性债务、隐性债务化解不实等问题，多个地方政府部门负责人及城投公司领导被问责处罚。

首先，尽管已有文献对地方政府债务影响经济增长、地方政府债务风险及其传导机制等相关问题进行了一定的研究，但多数研究往往认为各地方政府之间的行为相互独立，忽略了地方政府间策略的模仿性以及地方政府债券投资用途的正外部性，未基于空间溢出和协同增长的角度进行研究；其次，已有研究通常只关注地方政府债务风险某种单一的风险传导路径，忽略了不同风险传导路径之间的共存性和交互性。更为重要的是，不同风险传导路径之间复杂而交互的影响很可能使得地方政府债务风险演化为系统性金融风险。在当前宏观经济下行的背景下，稳住经济大盘、守住系统性金融风险底线是关键目标所在，理解地方政府债务的经济推动作用和风险传导机制存在一定的现实紧迫性。在此背景下，我们不禁要思考：地方政府债务的存量有多少？地方政府债务怎样影响经济增长？如何准确衡量隐性债务存量并控制其增量？如何测度地方政府债务的风险，探究风险向不同经济部门传导的机制？如何有效化解地方政府债务风险？对以上问题的分析，需要融合金融、财政、宏观经济等多学科的理论基础和实证方法，其系统性的研究成果对于防范系统性风险、促进经济平稳健康发展具有重要的学术价值和现实意义。

基于对当前经济形势和未来经济发展的思考，我们联合不同领域的专家学者从稳定经济增长和严防债务风险这两个重点目标的视角，遵循“现状描述—问题分析—对策探究”的基本逻辑对地方政府债务问题展开系统性研究。首先，本书拟解决的首要问题是对地方政府债务问题进行整体画像，厘清地方政府债务的定义，梳理其发展历程和政策演进。其次，识别地方政府债务的风险特征，探究风险形成原因和传导机制，对债务违约情况进行分析，并对地方政府债务评级体系这个市场基础性制度安排进行深入探讨。再次，本书探究了地方政策性债务与经济发展的关系，讨论了地方政府债务拉动本地以及邻近区域经济增长的作用机制。再其次，本书从不同维度对地方政府债务在经济中的关联性进行研究，评估地方政府债务的可持续性和债务规模扩张的经济后果，特别是考察了地方政府债务风险在发债主体间的传播、向金融体系的传导、对宏观政策效果的影响和对私人部门的影响，探讨了新冠肺炎疫情对地方政府债务风险传导机制的冲击，以及来自房地产行业的风险溢出。最后，本书从地方政府行为、融资模式创新等方面提出了管控和化解地方政府债务风险的政策路径。

具体而言，本书第一部分包含第一章，介绍了地方政府债务的存在背景和发展历史。首先，明确了地方政府债务的定义，并按照不同标准归纳了地方政府债务的分类，重点阐明了显性债务与隐性债务的区别。其次，梳理了地方政府债务在探索成长期、规模快速扩张期和规范发展期三个阶段中规模和结构的变化情况，并对规范发展期内地方政府的债务负担情况进行了分析。最后，从 1994 年分税制改革开始，以 2008 年全球金融危机、2015 年新预算法实施为两个关键节点，对中央政府的地方政府债务政策按不同时间段进行了详细梳理。在梳理了近 30 年的地方政府债务管理演变后发现，中央政府对地方政府债务的管理一直在稳定经济增长和防控债务风险之间进行权衡。受宏观经济影响，不同时期债务管理政策在放松和收紧之间交替，债务规模的扩张和收缩、债务形态的转变和演化与之密切相关。虽然债务管理政策频繁变动，从最初只监管银行贷款到逐步扩展到非标准化债权资产产品、PPP（政府和社会资本合作）等影子银行渠道，从最初只监管资金端到逐步加强对项目端乃至对地方政府问责，债务管理政策“由松到紧，由堵到疏”，一直坚持“遏制增量，化解存量”的思路，债务管理体系日趋规范和健全。

第二部分包含第二章和第三章，主要基于地方政府债务风险特征进行了分析。第二章首先介绍了地方政府债务的风险分类，按照风险初步形成期、风险扩张期和风险整治期分析了地方政府债务风险的特征表现。其次对风险的成因和传导渠道进行了研究。再次，梳理了狭义和广义地方政府债务的违约情况，分析了违约原因。最后，探究了地方政府债券的信用评级问题，包括对现状进行梳理，分析不同信用评级模式的有效性，并从国内外代表信用评级机构的债券评级框架和内在逻辑出发，说明了国内外构建地方政府债券信用评级体系逻辑的异同。

第三章继续对地方政府债券评级的信息含量问题进行研究。债券发行人所受到的政府支持力度是债券评级的重要影响因素。本章通过对中国债券市场内的国有企业与非国有企业的债券评级差异和债券评级质量差异进行细致的对比研究，发现国有企业发行的债券比非国有企业发行的债券评级质量更低，从而提出了政府隐性担保将扭曲市场评级机构行为的假说，即政府隐性担保可能降低了评级机构的声誉成本，进而引发国有企业债券的“评级膨胀”。这样的问题可能存在于地方政府债券的评级之中，使其评级信息失真，埋下风险隐患。

第三部分包含第四章，具体分析了地方政府债务与经济增长的关系，从空间溢出和协同增长的角度探究地方政府债务在拉动区域经济增长方面的作用。地方政府是区域经济建设的基层主体，而区域分工和贸易、区域协同发展在经济增长方面的重要性正日益提升，因此本章将地方政府债务的空间溢出效应纳入经济效应的政策评估体系中，以地级市层面的地方政府债务为研究对象，采用动态空间杜宾模型进行实证研究。研究结果表明，地方政府债务对本区域经济增长存在正向影响，同时地方政府债务可通过改善交通基础设施、提升交通互联性等路径促进邻近区域的经济增长，该溢出效应存在着时间积累，且区域内城市间的空间溢出效应强度高于区域外。本章的研究为正确认识并最大限度发挥地方政府债务的正外部性提供了理论依据，并为探索区域协调发展的实现路径提供了政策启示。

第四部分包含第五章至第十二章，从不同维度对地方政府债务在经济中的关联性和地方政府债务风险传导机制进行了研究。其中，第五章从债务可持续性视角展开研究，重点讨论了政府和社会资本合作（PPP）对地方政府债务风险以及地方政府债务偿还能力的影响。PPP是我国治理和规范地方政府债务的重要举措，旨在打破垄断、放宽准入、鼓励竞争，允许社会资本投资、建设、运营基础设施等公共服务项目；而PPP也是导致地方政府财政支出责任增加的重要原因之一。衡量地方财政存续状态好坏或能力大小的一个重要依据是评估PPP项目是否被合理使用，并能否在未来产生社会效益和经济效益。本章首先从理论上分析了PPP对地方财政可持续性的影响以及PPP财政风险的形成机理，探究了国有企业作为PPP项目社会资本方的合理性。接下来使用我国PPP项目数据，一方面通过分析我国PPP项目的特征事实，发现PPP项目的选择效应与PPP的初衷存在明显差异，政府资金参与PPP项目付费的比例很高，社会资本中民间资本参与度不够，以及PPP项目行业分布不均衡等问题；另一方面论证了PPP对地方政府财政可持续性的影响，发现PPP项目财政支出责任带来的地方政府财政支出压力总体可控，但PPP项目财政承受能力红线的设置存在一定问题。

第六章从地方政府视角出发，研究地方政府债务规模扩张的原因。本章基于税收努力与地方政府债务的基本逻辑联系，分析了地方税收努力和地方政府债务风险的关系。本章首先根据“税柄法”思想，利用动态GMM模型（高斯混合模型）计算地方税收努力指数并分析出我国省级和281个地级市税收努力的真实情况，用以表征地方政府竞争的事实特征；随后利用空间计量模型研究地方政府举债策略的空间传染性，发现我国地方政府之间的举债行为存在一定的空间策略性模仿行为，这种模仿行为会推动地方政府债务规模持续快速攀升，这可能是地方政府债务迅速膨胀的重要原因。基于此，本章提出税收努力对地方政府债务规模的影响具有空间相关性或空间依赖性，即税收努力对地方政府债务的影响具有空间溢出效应。我们基于对财政实践的观察，从融资平台公司信用担保因素和地方财政压力因素出发探究其对于税收努力与地方政府债务规模空间关系的影响，发现一方面地方政府通过调整税收努力可以增强地方财政能力，有利于政府担保发债；另一方面地方政府提升税收努力，可以缓解财政赤字压力，一定程度抑制发债冲动。

第七章从地方政府债务的新增量和存量所产生的不同经济效应出发，寻找地方政府债务密集度攀升的内在逻辑。本章将债务密集度定义为新增债务增量对产出增量的比值。在这一理论设定的基础上，本章深入剖析地方政府债务密集度攀升的作用机理，从地方政府债务产生、使用到偿还的全过程分析其对经济增长的影响渠道，细化了地方政府新增和存量债务的不同经济效应。研究发现，在地方政府债务存量不断累积叠加的前提下，地方政府新增债务对经济增长的拉动作用逐渐降低；地方政府新增债务通过公共投资和流动性渠道影响短期经济增长，产生乘数效应和第一重挤出效应；地方政府债务存量的还本付息压力会压缩财政空间，降低地方政府新增债务向公共投资的转化速度，进而削弱乘数效应，同时还会加强地方政府新增债务在流动性渠道的第一重挤出效应，进而抑制产出；并且地方政府债务存量会挤占流动性，产生第二重挤出效应，进而抑制产出。

第八章结合地方政府债务规模扩张与中央银行货币政策，探究地方政府债务管理政策与货币政策的协同配合问题。本章深入剖析了地方政府举债与货币供给效应的传导机制，结合我国地方政府举债特征构建了包含债务限额、期限结构和金融摩擦等要素的 DSGE（动态随机一般均衡）模型，全面分析地方政府举债和货币供给的动态效应，并通过仿真模拟探讨地方政府债务管理与货币政策的协同配合机制，发现面对外部负向冲击时，地方政府举债的货币扩张效应与盯住通货膨胀的货币政策之间存在彼此矛盾、相互抵消政策效果的现象。地方政府举债的货币扩张效应会增加货币政策管控通货膨胀的难度，但货币政策收紧会增大地方政府债务风险，故二者协同配合具有必要性，配合方式应根据具体经济状况灵活及时调整。

第九章进一步探究了货币政策不确定性对地方政府债务风险的影响。本章利用中央银行货币政策公告事件识别中央银行的货币政策不确定性。实证分析发现，贷款基准利率或法定存款准备金率的调整对地方政府债务风险产生了显著的正向影响，其中期限较长的债券受到的影响较弱。信号效应和流动性效应可能是货币政策不确定性对地方政府债务风险的传导渠道，即货币政策的调整向市场释放出强烈的政策信号，传达了中国人民银行对于当前经济形势的判断和态度，并且会直接对市场流动性产生巨大的影响，从而影响地方政府债券市场的需求。

第十章基于微观家庭视角，讨论地方政府债务风险对家庭杠杆的影响。本章围绕地方政府债务风险对家庭负债的影响，从负债持有、负债规模、负债风险等维度展开分析，发现地方政府债务规模扩大导致的政府债务风险可能传染至家庭部门。首先，地方政府债务风险将促进家庭的负债使用，高地方政府债务风险城市家庭使用负债的可能性更高；其次，地方政府债务风险推动家庭债务水平提升，提高了住房贷款和消费型贷款在家庭总银行贷款中的比重；最后，政府债务风险在一定程度上还加大了家庭的债务负担，使得家庭的债务收入比和债务资产比显著提高，显著增加了家庭还款困难的可能性。

第十一章主要探究了新冠肺炎疫情对我国城投债发行定价的影响。本章主要从两方面审视疫情的影响：一是研究疫情冲击如何从边际影响城投债发行利差；二是作为灾难冲击事件，发行利差各因素影响在疫情发生前后的作用是否存在差异。本章研究发现，首先疫情越严重，城投债发行利差越小，并且疫情因素在疫情发生后以及整体时间段都可以显著影响城投债发行利差。其中一个可能的解释是，疫情因素可以增加政府的隐性担保，进而降低城投债发行利差。其次在疫情发生前以及整体时间段内，投资者情绪因素可以显著影响城投债发行利差。最后在疫情发生前，市场违约情况显著影响城投债发行利差，但在疫情期间，市场违约情况似乎变得不太受投资者关注。

第十二章聚焦于与土地财政政策相关联的房地产行业，分析了房地产企业对金融部门风险溢出的影响机制。本章基于条件损失概率方法，对上市房地产企业风险溢出效应的强度和持续时间进行了测度，并运用面板回归模型探究债务融资对其风险溢出效应强度和持续时间的影响，发现房地产企业对金融部门具有风险溢出效应，且该效应与其债务融资的方式和房价的波动状况紧密相关。首先，我国上市房地产企业对金融部门的风险溢出效应强度和持续时间呈现出时变特征。其次，债务融资方式是房地产系统重要性的驱动因素之一，债务融资方式对不同规模的房地产企业风险溢出效应强度的影响也不同。最后，不同债务融资方式在房价上行时期和下行时期对风险溢出效应和持续时间有差异化效应。

第五部分包含第十三章和第十四章，提出了地方政府债务风险的化解策略。第十三章从地方政府与城市商业银行健康发展的良性互动关系视角展开分析。通过对地方政府与城市商业银行由来已久的相互关系进行梳理，发现地方政府对城市商业银行的过度干预将导致地方政府债务规模无序扩张。因此，应构建地方政府与城市商业银行的良性互动关系。首先，地方政府除了获取城市商业银行的资金支持外，应该减少其自身对于城市商业银行经营业务的干预，让城市商业银行经营业务按照市场逻辑开展。这不仅提升了城市商业银行未来的竞争力，也给地方政府提供了长期稳定的资金来源。其次，调整城市商业银行信贷结构，从主要投入基础设施建设和国有企业，到真正致力于帮扶当地中小企业发展。再次，在地方政府显性债务上深化地方政府与城市商业银行合作，加大城市商业银行对地方政府显性债务的参与力度。最后，整合城市商业银行的跨区域性资源，通过各区域资源调配和不同城市商业银行之间的合作，推进城市商业银行健康发展。

第十四章基于创新融资模式的视角，探究化解地方政府债务风险的有效方法。首先，梳理了近年来地方政府债务监管政策变迁及融资模式演变，解析了去杠杆背景下地方政府隐性债务化解路径，包括债务平滑运作、政府支出性偿还、存量资产盘活和市场化运营创收四个大类，并分析了城投平台转型及债务风险防控的相关案例。其次，分析了地方基础设施建设的融资困境，发现传统基础设施建设投资的边际效益呈递减趋势，已不能满足构建新发展格局和发展数字经济之需。从中长期来看，构建高效服务新发展格局的新型基础设施投融资体系，既需要发挥市场在“新基建”融资中的决定性作用，又需要发挥政府和市场的合力，包括积极利用专项债券，构建可持续的债务融资体系；盘活存量，鼓励和引导社会资本投资；创新债券品种，助力实体经济融资；强化政府引导作用，多渠道拓展资金来源等。

彭　龙

2022 年 5 月

目录

第一章　地方政府债务现状：存量变化与政策梳理

第一节　地方政府债务的定义与分类

在当前地方政府债务规模持续扩大，债务风险日益严峻的背景下，梳理地方政府债务的内涵和外延，准确把握地方政府债务的存量特征，对开展地方政府债务各类问题的研究具有重要意义。本节对地方政府债务的定义和类别进行研究，以便为后续债务存量的统计分析和政策研究夯实基础。

一、地方政府债务的定义

审计署2013年对地方政府债务进行审计时，提出地方政府债务是指地方政府（含政府部门和机构）、经费补助事业、公用事业单位、融资平台公司等为公益性（基础性）项目建设直接借入、拖欠或因提供担保、回购等信用支持形成的债务，以及地方政府（含政府部门和机构）为竞争性项目建设直接借入、拖欠或因提供担保、回购等信用支持形成的债务。财政部也认同该定义，并对地方政府债务所涉及的相关概念进行了合并、区分。

学术界对地方政府债务的定义以确定不同类型债务的边界及其表现形式为主。部分学者以政府责任与义务为依据，将地方政府债务分为显性债务和隐性债务，或以债务产生条件确定与否将其分为直接债务和或有债务（刘尚希 等，2017；刘蓉、李娜，2021）。在新预算法确立地方政府举债融资的权利后，有学者基于预算收支表将地方政府债务分为表内债务和表外债务来研究（郭玉清 等，2020）。毛捷和徐军伟（2019）结合政策文件和已有研究将地方政府债务分为狭义和广义两类。他们认为狭义的地方政府债务包括2014年底经甄别后的存量债务中地方政府负有偿还责任的债务和2015年以来省级地方政府自发自还的政府债券；广义的地方政府债务是在狭义地方政府债务基础上加上2014年底经甄别后的存量债务中地方政府负有担保和救助责任的债务，以及隐性债务和社保资金缺口与应对公共风险的支出。

业界对地方政府债务的概念界定大致都遵从前述思路。开源证券研究所指出，地方政府债务主要包括地方政府直接债务以及由地方城投平台和国有企业等举债、由政府提供担保或实质上承担偿还义务的债务；安信证券研究所认为，地方政府债务包括地方政府直接债务、地方城投平台和国有企业的举债以及由政府提供担保或实质上承担偿还责任的债务。其他证券研究机构、评级机构等主要参考审计署分类标准来对地方政府债务进行定义，总体来看差别不大。

二、地方政府债务的分类

（一）显性债务与隐性债务

国际上通用的政府债务分类方法是“财政风险矩阵”，世界银行经济学家Hana（1998）从广义债务的角度对地方政府债务进行了矩阵分类，即将其划分为直接显性债务、直接隐性债务、或有显性债务及或有隐性债务。Reinhart和Rogoff（2011）在财政风险矩阵的基础上研究了私人部门的债务与政府公共债务之间的传导关系，强调了政府出于责任和道义应承担的或有隐性债务。

刘尚希等（2012）结合我国国情给出了中国的财政风险矩阵，详细罗列了直接隐性债务和或有隐性债务所包含的项目。直接隐性债务是政府无条件承担的负有偿还责任的债务，如社会保障基金缺口、农村社会保障缺口、公共投资项目未来的资本性和经常性支出；或有隐性债务是政府在特定条件下承担的债务，如政府融资平台、经费补助事业单位和公用事业单位为公益性项目举借的债务。对于这两部分隐性债务，政府不提供担保，不由政府财政资金偿还。相应的，显性债务是政府承诺、担保或法律明确规定为政府的债务，主要由政府财政资金偿还。

审计署（2013）将地方政府债务分为三类，分别为政府负有偿还责任的债务（一类债务）、政府负有担保责任的债务（二类债务）和政府可能承担一定救助责任的债务（三类债务），规定二类债务和三类债务为政府或有债务，属于政府的隐性债务范畴。毛捷和徐军伟（2019）在审计署的划分的基础上对两类债务进行了定义。地方政府显性债务具体包括2014年底经甄别后被纳入地方政府存量债务和2015年以来地方政府自发自还的政府债券。隐性债务包括2014年底经甄别后的未被纳入地方政府存量债务但仍有可能由地方政府偿还或救助的债务，以及2015年新预算法实施后地方政府融资平台变相举借、直接违规举债的债务、地方政府违规提供担保获得的资金。

当前各方就显性债务的内涵界定已达成共识，但对隐性债务，学术界、政府和业界有着各自不同的看法，直至2017年《中共中央 国务院关于防范化解地方政府隐性债务风险的意见》（中发〔2018〕27号）发布后，官方明确了隐性债务的内涵，各界才统一了认识。隐性债务指地方政府在法定政府债务限额之外，直接或者承诺以财政资金偿还以及违法提供担保等方式举借的债务。其主要形式有两种：一是由地方国有企事业单位等代替地方政府举借的债务，这些债务往往由政府提供担保或承诺由财政资金支持偿还；二是地方政府在开展政府和社会资本合作（PPP模式）、设立政府投资引导基金以及政府购买公共服务等过程中，承诺保底收益和约定回购投资本金等导致的地方政府中长期财政支出责任。

虽然各方对隐性债务的定义有着不同的理解，但其对投资端、融资端和融资主体方面的认识基本一致。其中，投资端都包括地方政府举债投资的公益性项目（棚改、保障性住房和扶贫）、准公益性项目（交通运输、停车场、地下管廊建设，涉及一定的财政补贴且同时具备一定市场化现金流的项目），或者是综合打包但涉及一定财政资金安排的建设开发项目；融资端都涉及PPP项目、政府购买公共服务和政府基金中的违规举债、城投债、平台贷款、融资租赁和其他非标准化债权资产产品方式；融资主体都包括地方政府融资平台和部分国有企业等。

（二）债券形式和非债券形式

随着地方政府债务管理制度的不断规范和债务置换工作的不断推进，非债券形式的地方政府存量债务①占比不断下降（见图1.1），规范的债券形式成为地方政府债务的主要形态。

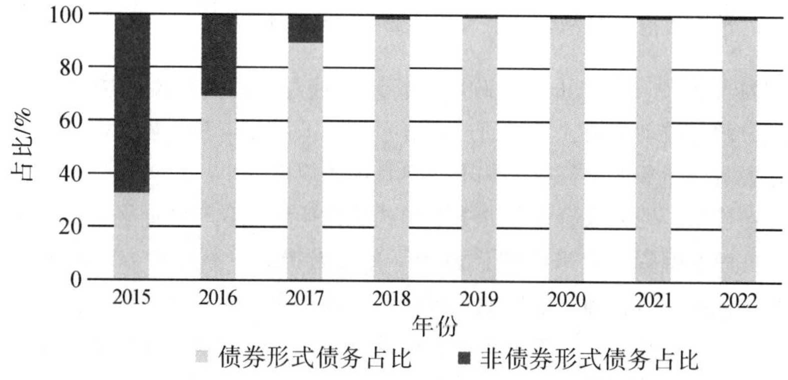

图1.1 债券形式和非债券形式地方政府债务占比

数据来源：笔者根据普益标准数据库、Wind数据库相关数据整理而得。

① 非债券形式的地方政府债务包括地方有关企事业单位、融资平台以贷款、信托、资管产品、融资租赁等方式举借的债务。

按照偿债来源的不同，债券形式的地方政府债务可以划分为一般债券和专项债券。一般债券的发行目的是支持没有收益的公益性项目，主要以一般公共预算收入作为还本付息的资金来源，其包括 2014 年底经甄别后的存量债务中地方政府负有偿还责任且被纳入一般公共预算的债务，以及 2015 年以来地方政府自发自还的一般政府债券。

专项债券的发行目的是支持有一定收益的公益性项目，主要以公益性项目对应的政府性基金收入或专项收入作为还本付息资金来源，其主要包括 2014 年底经甄别后的存量债务中地方政府负有偿还责任且被纳入政府性基金的债务，以及 2015 年以来地方政府自发自还的一般政府债券。

按照用途不同，地方政府债务的债券形式可分为新增债、再融资债和置换债。新增债指地方政府发行的用于筹措建设投资资金的债券。置换债主要是 2015—2018 年发行的、用于置换 2014 年底甄别认定的非债券形式存在的地方政府存量债务（包括偿还少量政府或有债务）的债券。再融资债主要用于偿还到期的地方政府债券本金，2018 年 4 月首次发行，2020 年起再融资债的证券全称中标明了“再融资”字样。近年来，再融资债中部分被用于偿还存量债务的债券也被用于化解隐性债务，被称为“特殊再融资债”。

第二节　地方政府债务存量变化透析

一、地方政府债务探索成长期（1994—2008 年）

1994 年的预算法禁止地方政府发行政府债券，但是发展区域经济的职责迫使地方政府被动负债，主要通过融资平台和国债转贷获取融资资源。整体来看，地方政府债务的融资方式并不成熟且债务规模较小。

在本阶段，地方政府债务的主要形式是依托地方政府融资平台的非企业债券。地方政府融资平台采用“代建制”的经营模式，利用地方政府的隐性担保和政策优惠发行债券，承担地方政府的投融资职能。但这一阶段融资平台公司数量较少、业务单一，受限于债券市场不发达，地方政府债务规模较小，对资源配置和经济发展的影响力度并不大。

此外，地方政府还通过国债转贷方式为地方经济发展建设项目融资。1998 年，财政部公布《国债转贷地方政府管理办法》，国家决定增发一定规模的国债，再由财政部转贷给地方政府，用于地方基础设施等项目的投资，还款期限为 10 年。国债转贷资金的运用要与具体项目对应，省级政府根据项目特点落实还款资金的来源，负责对财政部的还本付息工作。相比于地方政府融资平台的债务融资，国债转贷的规模更小。据财政部预算司公布，1998—2002 年国债转贷规模仅为 1 950 亿元。国债转贷资金后期转变为财政拨款，类似于中央政府的转移支付，丧失了债务性质（王治国，2018）。同时，国债转贷不列入中央财政赤字和地方政府预算，不利于监督管理，因此很快退出了历史舞台。

二、地方政府债务规模快速扩张期（2009—2014 年）

在全球金融危机的冲击下，地方政府债券进入规模扩张阶段，开始时整体债务规模较小。第一个阶段即“代发代还”（2009—2010 年），财政部共代理发行 30 个省级政府、5 个计划单列市共计 60 只以短期限为主的地方政府债券，发行规模合计 4 000 亿元，期限为 3 年或 5 年。后续的“自发代还”（2011—2013 年）到“自发自还”（2014 年）阶段，试点省份由 4 个增至 10 个，地方政府债券发行规模①由 229 亿元增至 1 092 亿元，其中上海 126 亿元、浙江 137 亿元、广东 148 亿元、深圳 42 亿元、江苏 174 亿元、山东 137 亿元、北京 105 亿元、青岛 25 亿元、江西 143 亿元、宁夏 55 亿元。债务期限也陆续增设了 7 年期和 10 年期。

为解决地方政府资金筹集困难，财政部鼓励有条件的地方政府通过组建地方政府融资平台来扩充融资渠道，银发〔2009〕92 号文放松了地方政府融资平台债券的发行条件，进而导致城投债规模在 2008—2009 年迅速扩张，融资额也大幅上升（见图 1.2）。2009 年共发行城投债 4 304.9 亿元，比 2008 年增加 274.3%。得益于《关于推进企业债券市场发展、简化发行核准程序有关事项的通知》（发改财金〔2008〕7 号）对企业债券发行审批环节的简化以及债券市场的不断完善，2008—2010 年城投债发行以短期融资债券为主，之后企业债券发行规模快速扩张，成为主要的城投债品种（见图 1.3）。

国发〔2010〕19 号文开始对地方政府融资平台债务进行清理规范，以银行信贷为主要抓手，对债券、非标准化债权资产产品等渠道管制较松，因此以城投债为代表的融资平台债务绕道各种影子银行渠道变相举债融资，规模扩张仍然较快，2010—2014 年城投债发行规模从 4 669.3 亿元扩张到 34 241.83 亿元，年均增长率达 59.14%（见图 1.2）。同时，信政合作业务（投向基础产业的信托余额）规模（见图 1.4）从 2010 年末的 9 946 亿元增长至 2014 年末的 27 695 亿元，年均增长率达 35.50%。

---

① 此处只包括试点省份的地方政府债务规模。

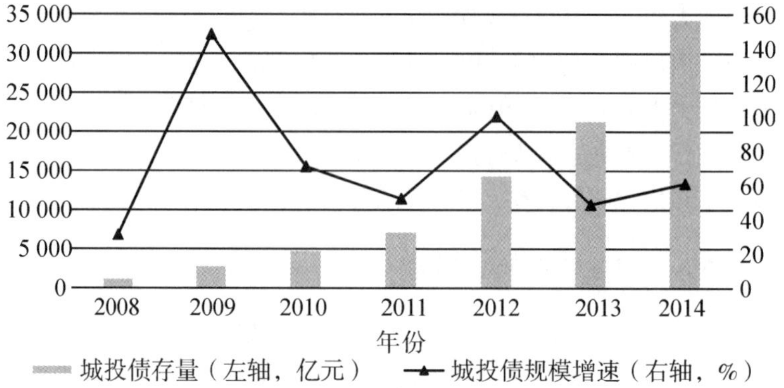

图 1.2　城投债存量和增速变化情况

数据来源：笔者根据普益标准数据库、Wind 数据库相关数据整理而得。

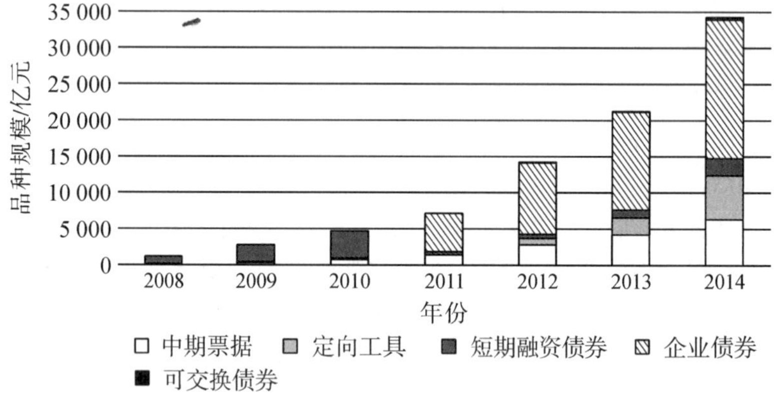

图 1.3　城投债品种结构

数据来源：笔者根据普益标准数据库、Wind 数据库相关数据整理而得。

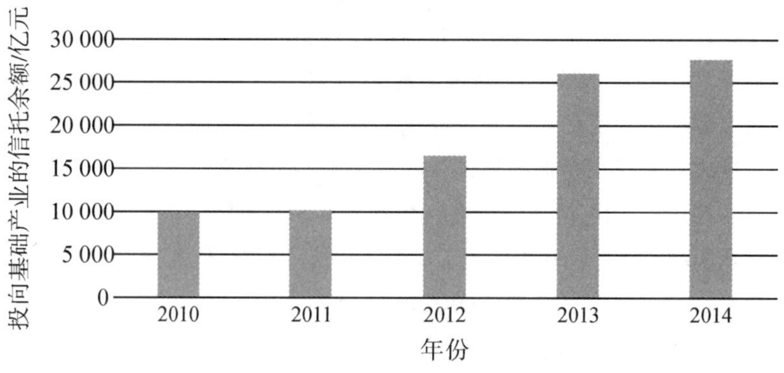

图 1.4　投向基础产业的信托余额

数据来源：笔者根据普益标准数据库相关数据整理而得。

整体来看，2010—2014 年城投债增速较 2010 年之前大幅下降但规模持续扩张。这一方面源于地方政府举债的显性渠道没有彻底放开，重堵不重疏的债务管理制度只会激化财政收支矛盾，加剧地方政府违规举债的冲动；另一方面源于财政纪律遭到破坏所引发的“道德风险”，使得越来越多的地方政府依赖融资平台发债融资。

三、地方政府债务规范发展期（2015 年至今）

2015 年新预算法明确了地方政府的举债权，各省级政府作为举债主体发行地方政府债券。自此，地方政府债券成为地方政府唯一的合法融资渠道，是地方政府显性债务的主要组成部分。与此同时，以城投债为代表的融资平台债务并未消失，而是绕道各种影子银行渠道变相举债融资，积累了巨额隐性债务，也直接导致了各方对隐性债务问题的关注。

（一）以地方政府债券为代表的显性债务

1. 债务规模

这一阶段地方政府债务规模尤其是专项债务规模扩张较快，但各年份债务余额均未超过债务限额，显性债务风险整体可控。

首先是地方政府债务存量变化情况，由图 1.5 可以看出自新预算法打开地方政府举债的“前门”以来，地方政府债务余额持续增长，从 2015 年的 14.76 万亿元到 2021 年的 30.47 万亿元，年均增长率达 17.74%。此外，八年间地方政府债务余额均未超过债务限额，这说明地方政府始终将债务存量控制在债务限额内，并致力于预留出更多举债空间，保障债务风险整体可控。图 1.6 从一般债务和专项债务角度展示了地方政府债务的规模变化情况，可以看出两类债务余额也都未超出限额，而且自 2015 年以来债务余额规模一直保持上涨趋势。这说明随着中央政府对地方政府发债赋权力度的不断加大，地方政府的融资需求逐步通过扩张表内债务规模的路径来实现，债务管理逐步规范化和透明化。

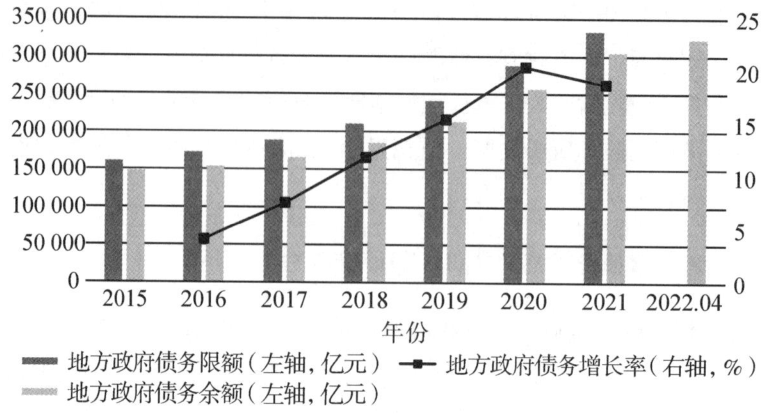

图 1.5　地方政府债务限额和余额

数据来源：笔者根据普益标准数据库、政府债务研究和评估中心资料整理而得。

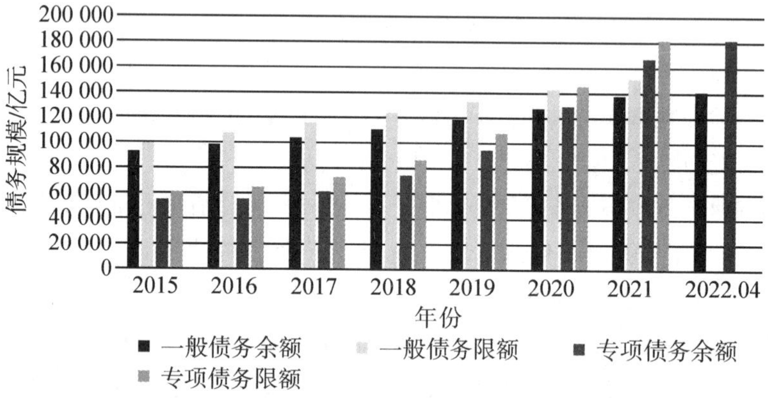

图 1.6　地方政府一般债务与专项债务规模

数据来源：笔者根据普益标准数据库、政府债务研究和评估中心资料整理而得。

债务发行规模方面，图 1.7 显示 2015—2016 年地方政府债务发行规模增幅较大，其中一般债务发行额年均增长率为 24.08%，专项债务发行额年均增长率更是达到 157%。这是因为在获得自主发债权利和完成地方政府存量债务置换工作的背景下，地方政府有大量的资金需求亟待满足，所以各类债务发行规模增速很高。而随着财预〔2016〕175 号文的颁布，地方政府不得靠发行地方政府债券来偿还债务利息，地方政府债券发行规模从 2016 年开始有所下降。2019—2021 年地方政府债券发行规模大幅扩张，主要是地方政府应对新冠肺炎疫情冲击和稳定经济增长所致。在完成地方政府存量债务置换工作后，中央政策鼓励地方政府发行与收益性项目对接的专项债券，所以各地方政府抓住政策机遇推动区域专项债券的发行，导致专项债务规模增幅大于一般债务。

图 1.7　地方政府债券发行规模（按照偿债来源划分）

数据来源：笔者根据普益标准数据库、政府债务研究和评估中心资料整理而得。

图 1.8 从资金用途维度展示了地方政府债券发行规模变动情况。新增债券发行规模近 6 年持续上涨，表明地方政府的举债空间在不断变大，举债能力和举债意愿不断提升。而置换债券发行规模自 2017 年开始下降，2019 年基本完成存量债务置换工作而退出历史舞台。再融资债券自 2018 年开始发行，之后规模迅速扩张，2021 年发行规模较 2020 年同比增长 64.91%，这说明地方政府近两年面临着严峻的流动性压力，需要发行大量的再融资债券来偿还债务到期本金。再融资债券的规模持续扩张，不断挤压新增债的发行额度，未来会影响地方政府对基础设施的投资意愿和拉动经济增长的能力。

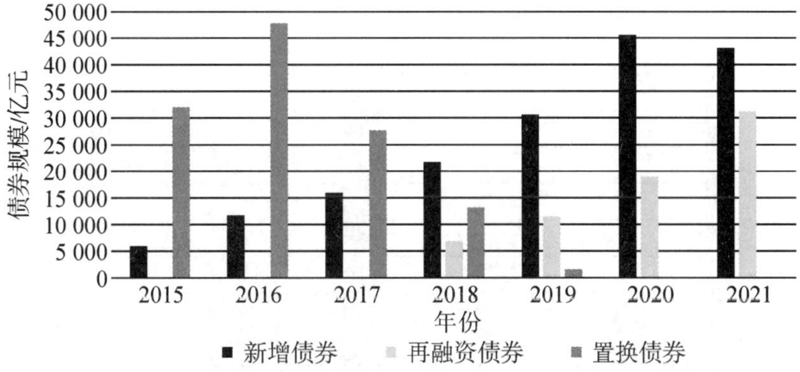

图 1.8　地方政府债券发行规模（按照资金用途划分）

数据来源：笔者根据普益标准数据库、政府债务研究和评估中心、财政部官网资料整理而得。

2. 债务结构

这一时期地方政府债务结构具备期限中长期化、利率保持在中低水平、品种以专项债券为主的特征。财政部未公布 2015—2017 年的地方政府债券结构的相关数据，本节选取 2018 年以来的地方政府债券数据对债务进行结构分析。

在期限结构方面，2018 年以来地方政府债券的平均发行期限、剩余期限均在逐渐拉长（见图 1.9）。图 1.10 进一步表明，2018—2020 年 10 年期以上地方政府债券占比快速提升，2020 年之后比重稳定在 60%之上，债务期限结构呈现中长期化特点。这得益于中央政府在 2015 年、2018 年和 2020 年对中长期债券的发行规模、发行期限要求的调整。地方政府债券平均期限逐渐拉长，长期债券比重上升，一方面有利于地方政府支持时间较长的基础设施建设项目，缓解债券期限和项目期限不匹配的问题，拓宽政府投资空间；另一方面能够降低频繁发债增加的发行成本，减轻地方政府偿债负担。

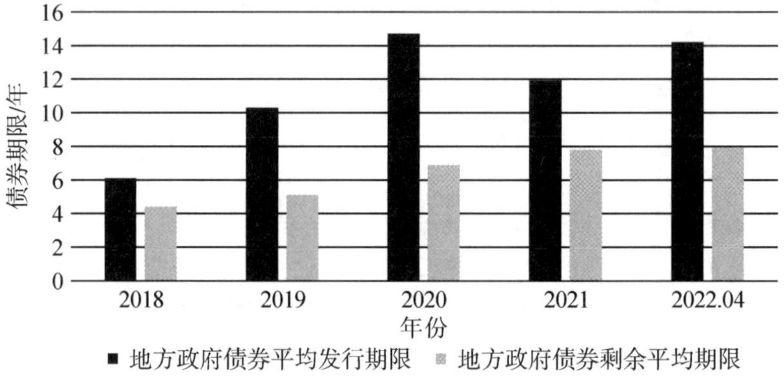

图 1.9　地方政府债券期限结构

数据来源：笔者根据普益标准数据库、Wind 数据库数据整理而得。

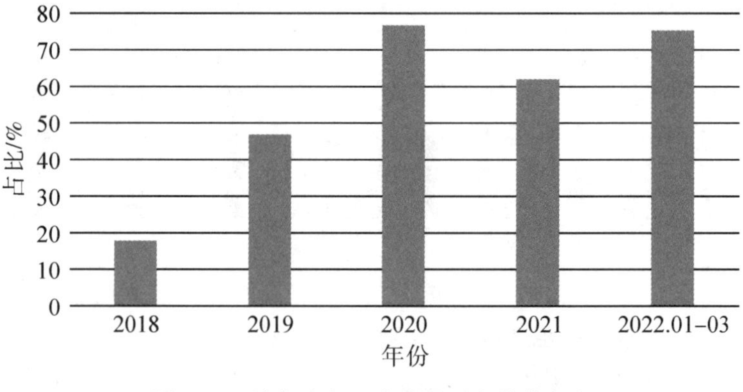

图 1.10　地方政府 10 年期及以上债券占比

数据来源：笔者根据普益标准数据库、政府债务研究和评估中心数据整理而得。

在利率结构方面，地方政府债券的平均发行利率和剩余平均利率均保持在3%左右，债券融资成本整体较低。2018 年以来平均发行利率持续下降且降幅较大，这与同时期中央银行的降准政策密切相关（见图 1.11）。图 1.12 进一步列示了不同期限债券的平均发行利率结构，可以看出债券利率同发行期限具有正相关性。以 2021 年为例，30 年期债券利率最高为 3.70%；2 年期债券利率最低为 2.83%。长期债券价格较高说明地方政府债券的违约风险得到了有效定价，符合债券发行定价的市场规律。2020 年 2 年期和 15 年期及以上的债券发行利率有所上升，这可能是因为新冠肺炎疫情的冲击和稳定经济增长的需要导致地方政府分别对短期资金和长期资金的需求上升，进而提高了债券的价格。

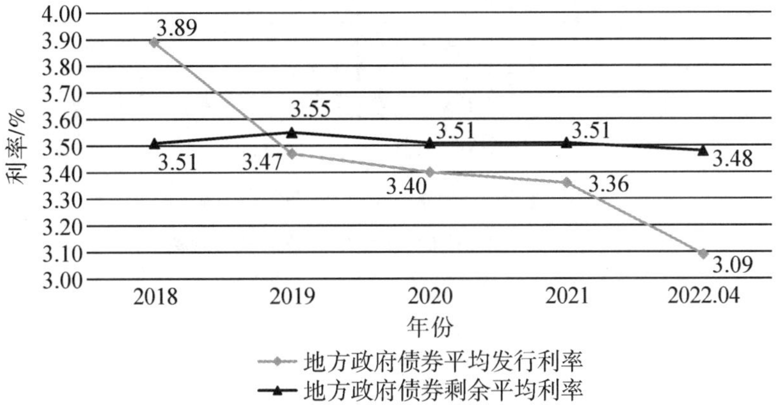

图 1.11　地方政府债券利率结构

数据来源：笔者根据普益标准数据库、Wind 数据库数据整理而得。

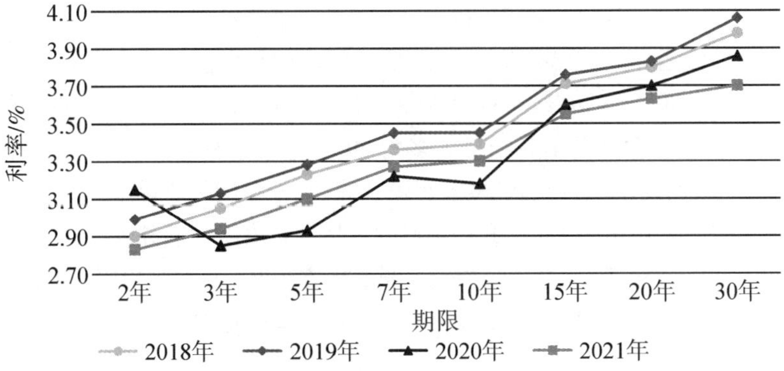

图 1.12　地方政府债券平均发行利率（分期限）

数据来源：笔者根据普益标准数据库、政府债务研究和评估中心数据整理而得。

综合考虑地区差异的稳定性和债务结构分析的时效性，本节选取 2021 年全国各省级地方政府债务情况进行区域结构分析。如图 1.13 所示，广东、山东、江苏等东部地区省份债务存量规模位居前列，青海、宁夏和西藏等西部地区省份债务存量规模较小，区域异质性特点明显。同时，经济越发达的省份专项债务占比越高，如广东、山东、江苏等。而经济欠发达省份受辖区资源禀赋、财政金融实力、产业结构等因素限制，难以为专项债务找到优质公益性项目对接，所以专项债务占比较小。

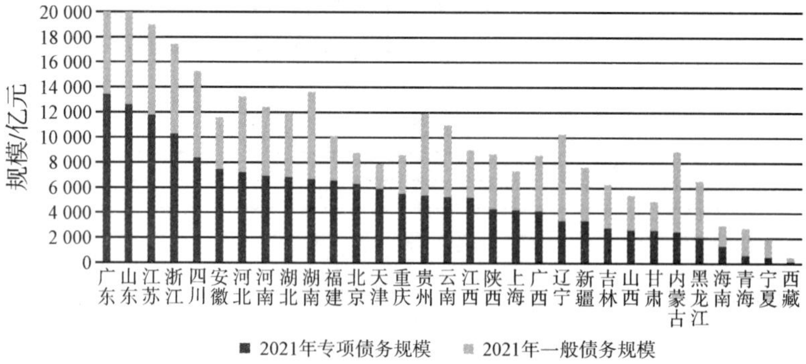

图 1.13　2021 年各省级地方政府债务规模

数据来源：笔者根据普益标准数据库、Wind 数据库、政府债务研究和评估中心数据整理而得。

（二）以城投债为代表的隐性债务

1. 债务规模

财政分权所致的地方财政失衡、地方官员的“晋升锦标赛”、债务管理制度的缺失、隐性金融分权的助推，共同导致了地方隐性债务的形成和规模扩张。隐性债务关联复杂、隐蔽性高且相关信息披露不充分，所以有关隐性债务规模的数据仅有估算值，缺乏准确估计。如国际清算银行（BIS）认为，2021 年中国政府的隐性债务规模为 21.5 万亿元，而国际货币基金组织（IMF）估算值为 49.39 万亿元，国际评级机构惠普和标准普尔测算的债务规模在 40 万亿元左右，国内机构和学者的估算结果大多为 40 万亿元左右（中科院张晓晶团队、清华大学白重恩团队、海通证券姜超团队等）。根据国际货币基金组织（IMF）的测算结果①（见图 1.14），我们可以发现地方政府隐性债务规模自 2015 年以来逐年增加，扩张速度非常快。综合来看，地方政府隐性债务规模巨大且增速很快，如果不采取有效措施化解，很有可能引发区域性的债务危机或金融风险。

---

① 现有研究只有国际货币基金组织对中国隐性债务数据进行了较为连续的测算，因此在趋势分析部分选取该结果。

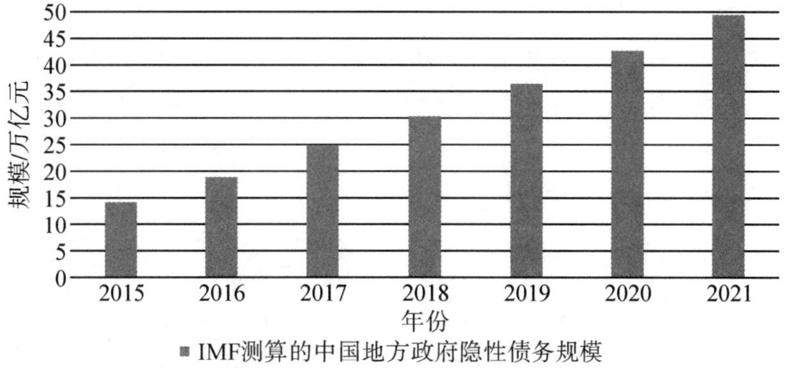

图 1.14　地方政府隐性债务规模

数据来源：笔者根据国际货币基金组织报告相关数据整理而得。

城投债具有政策债的特点，被人们认为是隐性债务的主要形式。综合考虑数据的可得性和代表性[①]，我们选取城投债数据来对隐性债务的规模变动进行深入分析。如图 1.15 所示，2015 年以来城投债规模逐年增加，截至 2022 年 5 月底，城投债存量为 13.53 万亿元，债券存续只数达 18 249 只。从债务增速来看，2015—2016 年和 2019—2021 年债务规模扩张速度较快，与同期宏观经济下行、财政政策刺激力度加大（如公司债政策宽松）有关。整体来看，虽然债务增速较 2015 年之前大幅下降，但多年来积累的存量债务规模庞大，加之相关法律和制度层面的固有缺陷，城投债的风险形势依旧严峻。

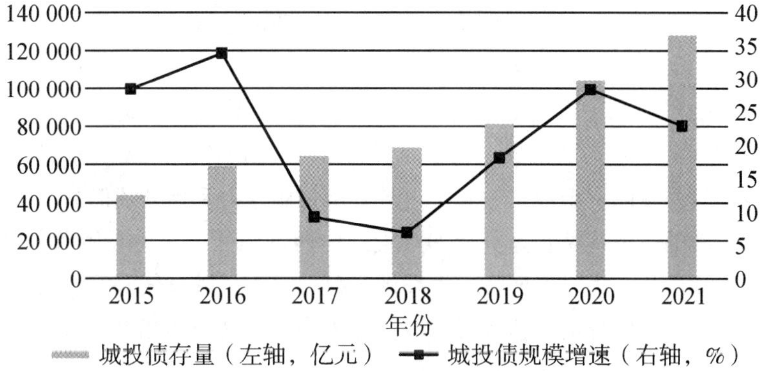

图 1.15　城投债规模与增速变动情况

数据来源：笔者根据普益标准数据库、Wind 数据库相关数据整理而得。

① Wind 数据库有“城投债大全”“地方政府融资平台大全”栏目，其涵盖了债券层级或地级市层面多年的细分数据。因此，很多学者采用 Wind 数据库中的城投债数据对地方政府债务问题进行分析（如：王永钦 等，2016；钟宁桦 等，2020）。

2. 债务结构

在期限结构方面，城投债中短期化趋势明显，2015—2021 年 1~3 年期和 3~5 年期的债务占比不断上升，7~10 年期的债务占比大幅下降（见图 1.16）。期限结构逐步缩短会加速负债主体的资产、现金流问题暴露，进而加剧以城投债券为主的债券市场的波动。

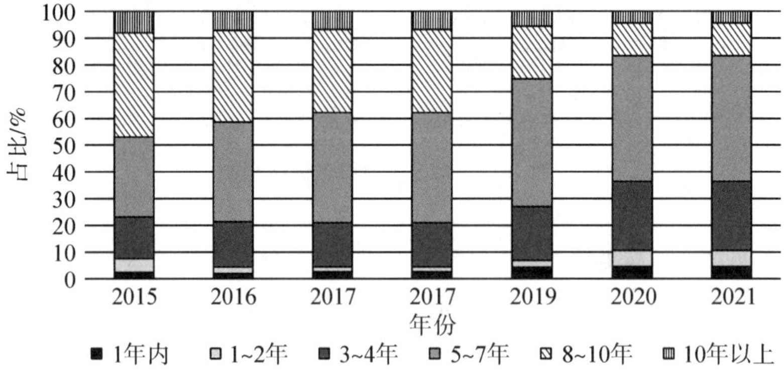

图 1.16 城投债期限结构占比情况

数据来源：笔者根据普益标准数据库、Wind 数据库数据整理而得。

鉴于城投债数据结构的特殊性①，本节选取 2021 年各省份城投债数据进行利率和区域结构分析。图 1.17 显示，发行城投债规模较大的省份如江苏、山东，平均票面利率更低，城投债发行规模较小的内蒙古、西藏等地，平均票面利率反而更高，这表明与东部地区相比，中西部地区的债务成本更高，债务负担更重。从区域经济发展状况来看，中西部地区经济落后、土地和项目资源匮乏、金融市场不发达等导致地方政府财力较弱，因此只有提供更高的收益率来弥补担保不足的预期损失，才能从市场上筹集到资金；从债务资金用途来看，城投债募集的资金通常被用于市政基础设施建设和借新还旧。一方面，市政基础设施的投资周期长，资金回收慢，中西部地区资金的投资收益率更低，增大了偿债压力；另一方面，中西部地区财力较弱，城投债募集的大量资金被用于借新还旧，将影响其债务可持续性和未来举债融资的能力。

① 城投债数据未披露整体的利率水平，因此这部分将债券利率和区域分布结合起来分析。

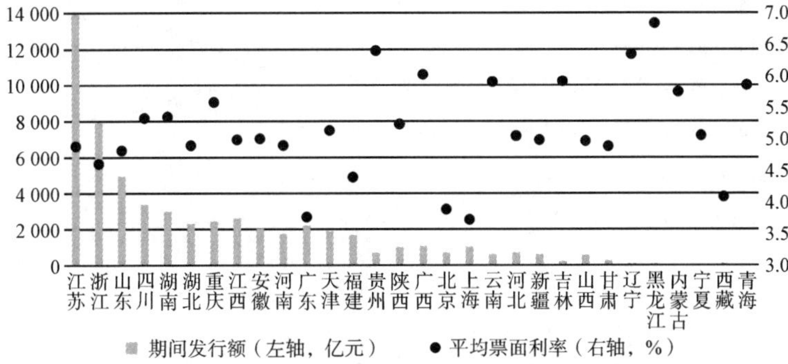

图 1.17　2021 年各省份城投债规模和利率情况

数据来源：笔者根据普益标准数据库、Wind 数据库相关数据整理而得。

综上所述，城投债存在较大风险隐患，而这些风险不会停留在融资平台公司，而是会通过地方政府的隐性担保、中央政府的兜底预期传导至财政端；通过对接银行贷款、影子银行渠道提高风险的隐蔽性，加速向整个金融系统传导。所以需要采取有效措施进行防控和化解，尽早将债务风险关进笼子中，避免系统性风险的发生（中国人民大学政府债务治理研究中心，2021）。

（三）地方政府债务负担

1. 整体债务负担

参考审计署做法，本节采用负债率、债务率和偿债率衡量我国地方政府债务负担。数据显示我国地方政府显性债务负担较小且被控制在警戒线范围内，但将隐性债务①考虑在内，则债务负担会加重，债务率将远超警戒线标准。此外，地方政府债务偿还压力逐年增大，债务可持续性受损。

负债率是年末债务余额与当年地区 GDP 的比率，能够衡量经济总规模对地方政府债务的承载能力或经济增长对地方政府举债的依赖程度。国际上通常将 60%的负债率作为政府债务风险控制标准。本章分别从窄口径（只计算地方政府显性债务余额）和宽口径（地方政府债务余额+城投债有息债务余额）两个维度计算负债率。从图 1.18 可以看出，2015—2018 年两种口径下的地方政府负债率增长趋势平稳，但 2019 年之后负债率快速攀升，主要是新冠肺炎疫情冲击和经济下行背景下各地方政府扩大举债规模刺激经济增长所致。

① 本节将城投债作为隐性债务规模的替代变量。

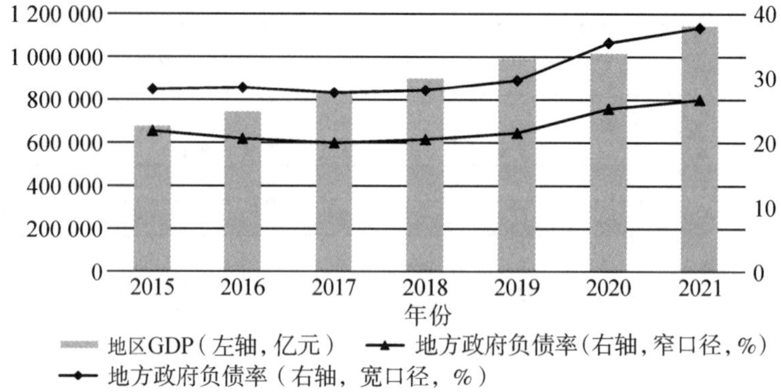

图 1.18　2015—2021 年地方政府负债率

数据来源：笔者根据普益标准数据库、Wind 数据库相关数据整理而得。

债务率是年末债务余额与当年地方政府综合财力的比率，能够衡量地方政府预算收入是否能够覆盖债务存量。年末债务余额也有宽口径和窄口径之分，当年地方政府综合财力是地方一般公共预算收入与政府性基金预算收入的总和。国际上通常将 100%的债务率作为政府债务风险控制标准。从窄口径维度来看，2015—2020 年地方政府债务率维持在安全水平，2021 年债务率达 105.79%，首次超过警戒线标准（见图 1.19）。这可能是因为债务置换到期后，地方政府新增举债主要依靠被纳入预算监管的债券发行渠道完成，表内发债压力较大。同窄口径相比，宽口径的地方政府债务率高于国际警戒线标准，2018—2021 年债务率大幅攀升，2021 年债务率高达 150.28%。这说明主要是隐性债务规模的无序扩张导致地方政府债务负担加重，应及时加强对隐性债务的管控，防止部分区域发生债务风险。

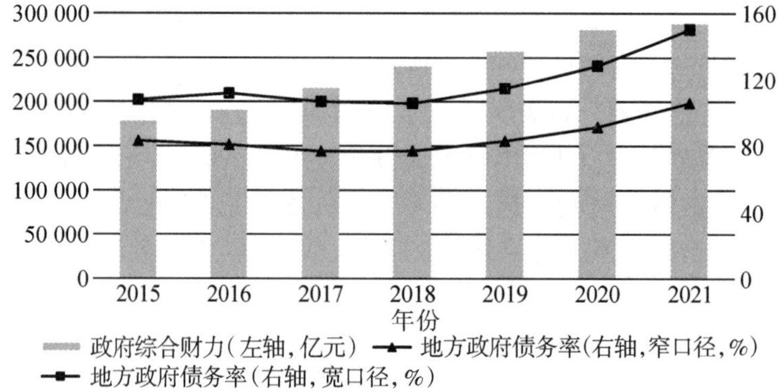

图 1.19　2015—2021 年地方政府债务率

数据来源：笔者根据普益标准数据库、中国统计年鉴相关数据整理而得。

偿债率是当年债务还本付息总额与地方政府综合财政实力的比值，主要衡量地方政府的预算收入能否应对年度偿债压力。该指标越高代表主体偿债能力越弱，欧盟的警戒线标准为20%。从图1.20可以看出，2015—2017年地方政府偿债能力较强，但2017年之后地方政府偿债率逐年攀升，并向警戒线标准逼近。2021年偿债率为12.49%，是2017年的4.6倍，地方政府还本付息压力陡增，债务可持续性问题需引起重视。

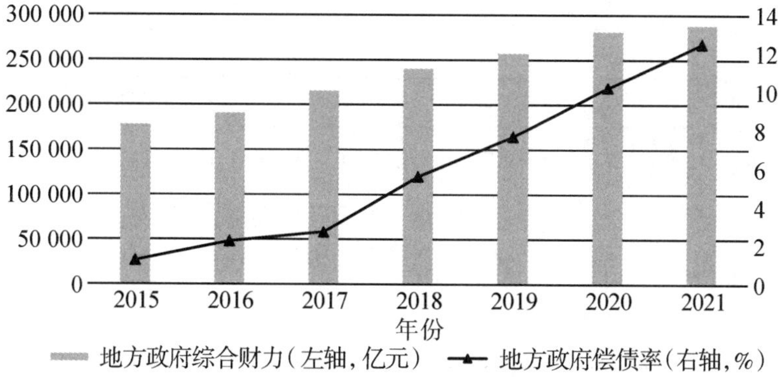

图1.20　2015—2021年地方政府偿债率

数据来源：笔者根据普益标准数据库、中国统计年鉴、政府债务研究和评估中心相关数据整理而得。

随着地方政府债务余额的增长，地方政府负债率、债务率和偿债率不断上升且超过警戒线水平。如何控制表内债务使其合理增长，如何在还本付息和投资公共基础设施之间分配预算资金，将成为各级地方政府面临的重要问题。

2. 区域债务负担

除整体债务负担攀升之外，地方政府债务还暴露出区域布局失衡的问题。考虑到2021年部分省份未披露相关数据，本节选取2020年数据进行分析。从图1.21和图1.22① 可以看出，青海和贵州的负债率、债务率位居全国前列，西部地区债务负担较大；而上海、北京和广东等东部省市负债率分别为17.81%、16.70%和13.83%，债务率分别为67.42%、77.72%和71.02%，债务负担较小。

传统中以融资平台为载体的地方政府债务融资模式嵌入了政府信用担保（毛捷 等，2017），在“晋升锦标赛”考核制度（周黎安，2007）和中央政府对地方政府预算软约束的共同作用下，高风险（经济和财政实力较弱的中西

① 因为西藏相关数据缺失，所以图中未呈现西藏的债务率；由于部分指标数据缺失，此处分析没有考虑隐性债务规模和偿债率指标。

部省份）地区不顾偿债能力，大力扩张表外举债规模，试图将偿债负担通过中央财政转移支付“公共池”转嫁给其他地区，最终导致债务负担同区域经济、财政实力之间失衡问题。

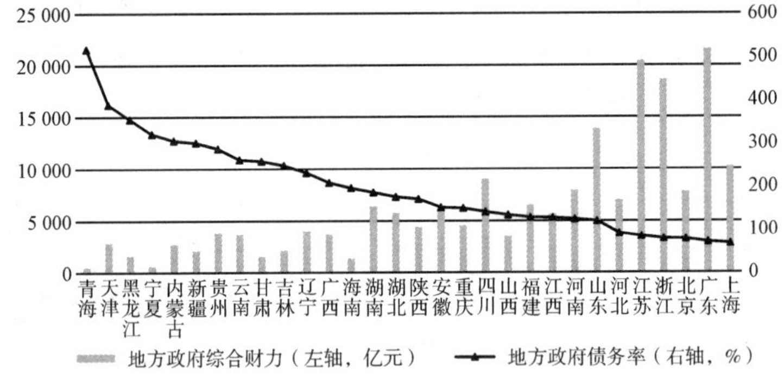

图 1.21　2020 年各省份地方政府债务率

数据来源：笔者根据普益标准数据库、Wind 数据库数据整理而得。

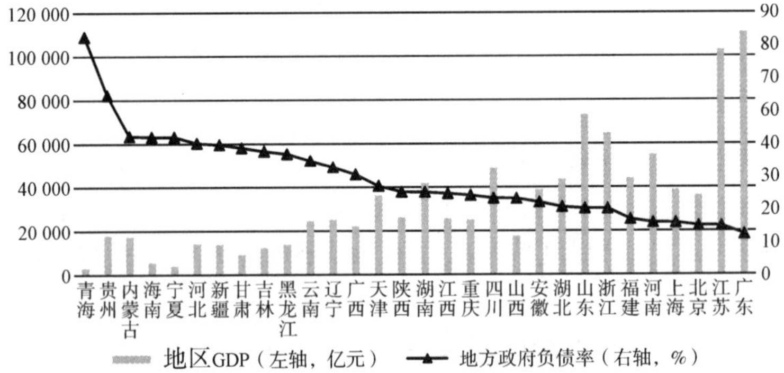

图 1.22　2020 年各省份地方政府负债率

数据来源：笔者根据普益标准数据库、Wind 数据库数据整理而得。

第三节　地方政府债务政策演进历程梳理

改革开放之后，地方政府债务融资逐渐复苏。1994 年分税制改革之前，地方政府债务融资规模较小，相关的债务管理制度尚未确立。因此，本节对地方政府债务规制政策演进历程的梳理从 1994 年分税制改革开始，以 2008 年全球金融危机、2015 年新预算法实施为两个关键节点，将地方政府债务治理分为初步形成、探索和规范三个阶段进行分析。

一、地方政府债务治理初步形成期（1994—2008 年）

1994 年分税制改革废除了“包干制”的财政体制，对中央财政和地方财政的税收分配制度进行了调整，有效缓解了自 20 世纪 80 年代以来中央财政入不敷出的状况，但也导致了地方政府财力水平收缩。与此同时，在城镇化进程不断加快的背景下，在地方政府主导投资、对辖区经济增长负责的模式下，日益减少的财政收入无法满足持续增长的投资需求，造成了地方政府财权和事权之间不匹配，地方政府不得不通过债务融资弥补经济发展造成的财政收支缺口。

1994 年的《中华人民共和国预算法》即新预算法第二十八条规定，地方各级预算按照量入为出、收支平衡的原则编制，不列赤字。除法律和国务院另有规定外，地方政府不得发行地方政府债券。1995 年的《中华人民共和国担保法》明确指出地方政府及其职能部门无权对经济合同进行担保，1996 年的《贷款通则》在借款人章节也将地方政府排除在合格主体之外。这些制度法规明确禁止了地方政府发行债券。之后，因分税制改革导致的财政收支矛盾长期存在，2000—2006 年的农业税费改革进一步缩紧了基层政府的财政收入，1997 年的亚洲金融危机和 2008 年的全球金融危机更是加大了地方政府发展经济的压力，经济发展承压形势下，依靠大规模的财政支出刺激经济增长成为必然的选择。尽管相关法律对地方政府发行债券进行了限制即“关前门”，但事实上本阶段的土地管理制度、金融制度和政府投资制度①为地方政府成立融资平台（“开后门”）间接融资创造了条件。在土地管理制度方面，《中华人民共和国土地管理法》第五十四条和第五十五条规定“城市基础设施用地和公益事业用地，国家重点扶持的能源、交通、水利等基础设施用地，经县级以上人民政府依法批准，可以以划拨方式取得”“建设单位以出让等有偿使用方式取得国有土地使用权的建设单位，应依法缴纳土地使用权出让金等土地有偿使用费用和其他费用。新增建设用地等土地有偿使用费，百分之七十留给有关地方人民政府”。地方政府获得审批建设用地的权限，进而为融资平台划拨土地、以土地出让收入注资或作为担保提供了支持。在金融制度方面，1993 年的《企业债券管理条例》（国务院令第 121 号）、《国家发展改革委关于推进企业债券市场发展、简化发行核准程序有关事项的通知》（发改财金〔2008〕7 号）

---

① 我国政府投资制度的主要特征是以经济建设为主，忽略公共品的供给。地方政府融资平台是政府投资的主要对象与经营主体，主要负责为政府融资和推进公共基础设施投资工作。

和《银行间债券市场非金融企业债务融资工具管理办法》（中国人民银行令〔2008〕第1号）等法规明确规定，非金融企业可以在债券市场发行债务融资工具，并公布了具体的发行审核条件，为地方政府设立融资平台提供了现实基础。

地方政府在住房体制改革、城市化改革以及土地制度改革中获得了对辖区土地等资源的支配权，依靠土地财政搭建起具有中国特色的政府投融资体制。在省直管县等一系列财税体制改革完成后，地方政府经济权力全面扩充，并且同中央政府、地方金融机构、地方政府融资平台和地方国有企业之间的软约束关系进一步加强。如1998年芜湖建投同国家开发银行的合作创新了银政合作模式即“芜湖模式”，随后向全国推广，使得地方政府融资平台成为地方政府融资的主要渠道。

二、地方政府债务治理探索期（2009—2014年）

2008年11月5日，国务院召开国务院常务会议，会议提出“四万亿投资计划”以应对金融危机冲击，其中，地方政府负责2.32万亿元，主要通过财政预算、地方政府债券、政策性贷款、企业债券等渠道筹措。在预算法框架下地方政府被禁止举债，但中国人民银行联合原银监会等其他监管部门发布的《关于进一步加强信贷机构调整和促进国民经济平稳较快发展的指导意见》（银发〔2009〕92号文）明确鼓励组建地方政府融资平台。地方政府凭借金融分权的优势，极大地推动了地方政府融资平台的快速发展。同时，为推进地方政府债务的市场化转型，中央政府在各地有序试点地方政府债券的发行，为后期全面放开地方政府债券发行积累经验。

（一）地方政府债券管理制度

2009年2月18日，财政部颁布《2009年地方政府债券预算管理办法》（财预〔2009〕21号），标志着被相关法律禁止的“前门”正式解封，我国正式开启了地方政府债务治理体系的改革。这一时期主要开始试点发行地方政府债券，经历了“代发代还”“自发代还”和“自发自还”三个阶段。

2009—2011年，地方政府债券采用“代发代还”方法。财预〔2009〕21号文规定地方政府债券是经国务院批准同意，以省、自治区、直辖市和计划单列市政府为发行和偿还主体，由财政部代理发行并代办付息和支付发行费的债券。地方政府债券收支被纳入财政预算管理，因债券到期后由中央财政统一代办偿还，所以被称为“代发代还”模式。地方政府债券的“前门”逐步打开，2009—2011年债券发行额累计6 000亿元，主要用于地方保障性安居工程、农村民生工程和医疗卫生、教育文化等基础建设项目。

第二阶段为2012—2013年的“自发代还”阶段。2011年，财政部印发《2011年地方政府自行发债试点办法》（财库〔2011〕141号），允许上海市、浙江省、广东省、深圳市开展地方政府自行发债试点。“自发自还”模式是指试点省（市）在国务院批准的发债规模限额内，自行组织本省（市）政府债券的发债。当债券到期后，财政部代办还本付息。《2013年地方政府自行发债试点办法》（财库〔2013〕77号）将江苏和山东纳入试点，并提出要逐步建立地方政府债券的信用评级制度。在“自发代还”模式下，金融市场认为如果地方政府债券违约，最终会由中央政府来纾困，具备“准国债”性质，因此信用评级工作没有取得实质性的进展。

第三阶段是2014年开始的“自发自还”阶段。2014年，财政部印发《2014年地方政府自发自还试点办法》（财库〔2014〕57号），增设北京、江西、宁夏、青岛四省（区、市）试点。这些试点省（区、市）自行组织地方政府债券的发行、支付利息和偿还本金，财政部等中央政府不再参与债券到期的还本付息过程，即“自发自还”模式。同前两种模式相比，“自发自还”模式下国家信用不再为地方政府债券担保，有利于约束地方政府信用规模的无序扩张。

虽然试点发行中存在一些问题如地方政府不掌握发债主动权、发债规模和期限严格受限、各级政府恶性竞争等，但总体而言，本阶段的债券试点工作在探索市场化发债和完善地方政府债务治理框架方面发挥了积极作用，为后续新预算法的实施奠定了重要基础。

（二）地方政府融资平台管理制度

为落实“四万亿投资计划”，中央政府出台政策鼓励地方政府融资。特别是《关于推进企业债券市场发展、简化发行核准程序有关事项的通知》（发改财金〔2008〕7号）对企业债发行审批环节的简化和银发〔2009〕92号文对地方政府组建投融资平台的鼓励，推动了地方融资平台的快速发展，平台贷款和债券融资规模急剧扩张，地方政府债务融资的“后门”被打开了。

地方政府融资平台初期在加强基础设施建设、解决财政资金缺口和应对金融危机上做出了重要贡献。但随着欧洲债务危机的发生和城投债违规融资、盲目扩张规模等问题的暴露，中央政府及时出台针对地方政府融资平台、城投债风险管控的政策。2010年6月，国务院发布《关于加强地方政府融资平台公司管理的有关问题通知》（国发〔2010〕19号），文件分别对融资平台、地方政府和银行业金融机构提出要求，将融资平台分为三类，针对不同类别提出不同的规范清理办法；禁止地方政府将学校、医院、公园等公益性资产作为资本注入融资平台公司；严令银行业金融机构做好风险管理工作。19 号文初步搭建了城投债监管的政策框架，随后在此框架内国家发展和改革委员会颁布《关于进一步规范地方政府投融资平台公司发行债券行为有关问题的通知》（财预〔2010〕412 号），对新增地方政府融资平台的设立、新企业债券的发行、对应偿债资金来源、对应项目情况做出了严格规定。2012 年，财政部颁布《关于制止地方政府违法违规融资行为的通知》（财预〔2012〕463 号），对地方政府采用集资、回购等方式违法违规融资的行为再次进行严厉整顿。2013 年，国家发展和改革委员会颁布《关于进一步改进企业债券发行审核工作的通知》（发改办财金〔2013〕957 号），对企业债发行申请按照“加快和简化审核类”“从严审核类”以及“适当控制规模和节奏类”三种情况进行分类管理，较好地调控了企业债的发行规模和节奏。

总体而言，本阶段政策对融资平台公司举债进行严格监管，但政策“重堵不重疏”，恰逢地方金融信贷环境宽松，削弱了政策约束效力，市场资金绕道信托、委托贷款、融资租赁、担保函等影子银行渠道继续流入平台公司，融资平台的债务管理效果不佳。

三、地方政府债务治理规范期（2015 年至今）

2014 年 8 月 31 日，《中华人民共和国预算法》通过，该法案第三十五条规定，“经国务院批准的省、自治区、直辖市的预算中必需的建设投资的部分资金，可以在国务院确定的限额内，通过发行地方政府债券举借债务的方式筹措”“除全国人大批准的限额内债务外，地方政府及其所属部门不得以任何方式举借债务”。新预算法赋予了地方政府举债融资的权限，明确规定地方政府债券是地方政府融资的唯一合法渠道。至此，中央政府正式打开了地方政府举债的“前门”，并逐步关闭地方政府融资平台的“后门”。

（一）地方政府债券管理制度

在新预算法框架下，国务院颁布《关于加强地方政府性债务管理的意见》（国发〔2014〕43 号）（以下简称“国发 43 号文”），确立了地方政府债务管理“修明渠，堵暗道”的基本原则，在规模控制、预算管理、债务风险防控和信息披露方面做出了部署。国发 43 号文是新时代地方政府债务管理的顶层设计方案，之后多份配套文件出台，对地方政府债务管理的细节进行规范，初步搭建了完善的地方政府债务管理体系（见表 1.1）。国发 43 号文将地方政府债务分为一般债务和专项债务，规定将其分别纳入一般财政预算和政府性基金预算，实行限额管理。以下分别从一般债务和专项债务视角进行分析。

表 1.1　新预算法颁布后地方政府债务管理政策

类别	时间	颁发机构	发文字号	具体内容
债务规模与预算管理	2014 年 9 月	国务院	国发〔2014〕45 号	规范地方政府债务管理，防范化解财政风险；市县级政府由省级政府代为举债；地方政府对其举借的债务负有偿还责任，中央政府实行不救助原则
	2015 年 12 月	财政部	财预〔2015〕225 号	加强地方政府债务限额管理，将地方政府债务按照一般债务和专项债务分类纳入预算管理；健全地方政府债务监督和考核问责机制；监督地方政府妥善处理存量债务
债务风险管理	2016 年 10 月	国务院	国办函〔2016〕88 号	对政府债务风险事件进行划分、确立风险级别；确立应急组织机构、明确各部门在债务风险实际处理中的职责
	2016 年 11 月	财政部	财预〔2016〕152 号	对地方政府债券、银行贷款、建设-移交类债务、企业债券类债务、信托债务、个人借款类债务分别制定了对应的处置方法
债务信息公开与监督	2018 年 12 月	财政部	财预〔2018〕209 号	要求各地方做好地方政府债务信息公开工作，针对不同类别债券规定必须公开的重大事项
	2021 年 1 月	财政部	财预〔2021〕5 号	组建中国地方政府债券信息公开平台，要求各级地方政府在平台上及时公布相关信息
债券评级	2020 年 3 月	中国国债协会	财债协〔2020〕6 号	对信用评级机构开展地方政府债券信用评级业务实施自律管理；对信用评级机构及人员、信用评级程序与业务规则、信息披露做出详细规定
	2021 年 1 月	财政部	财库〔2021〕8 号	地方财政部门及时公开选定的信用评级机构；对一般债券、专项债券的信用评级给出指导意见；对违反规定、弄虚作假的信用评级机构给予惩戒

资料来源：笔者根据财政部、国务院网站公布的资料整理而得。

1. 一般债务管理制度

2016 年 11 月，财政部颁布《地方政府一般债务预算管理办法》（财预〔2016〕154 号）。文件指出，地方政府一般债务包括地方政府一般债券、地方政府负有偿还责任的国际金融组织和外国政府贷款转贷债务、清理甄别认定的截至 2014 年 12 月 31 日非地方政府债券形式的存量一般债务。关于一般债务的本金和利息偿付，文件强调，一般债券的利息不得靠发行一般债券来偿还（这一规定在财预〔2015〕225 号、财预〔2016〕175 号等文件中多次强调）。2017 年 3 月，财政部印发《新增地方政府债务限额分配管理暂行办法》（财预〔2017〕35 号），该办法详细解读了地方政府债务的限额测算、分配的方法，

“新增限额分配应当体现正向激励原则，财政实力强、举债空间大、债务风险低、债务管理绩效好的地区多安排，财政实力弱、举债空间小、债务风险高、债务管理绩效差的地区少安排或不安排”，这体现出中央政府在维持经济增长和防范债务风险之间的权衡。之后，债务管理制度的重心转移到推进地方政府债务的信息公开和披露上。《关于做好2018年地方政府债务管理工作的通知》（财预〔2018〕34号）、《地方政府债务信息公开办法（试行）》（财预〔2018〕209号）对一般债券所需公开披露的信息要素进行了详细规定，为更好地发挥社会公众的监督力量创造了条件，提高了地方政府债务的透明度。

总体来看，地方政府一般债务管理制度的演变趋势表现出市场化的特征。中央政府在基础治理框架下，对地方政府一般债务的规模、信息披露与公开、风险评估和预警等多方面作出规定，并逐步引入市场化的决策力量推进债务治理的公开化、透明化，努力为市场有效配置资金创造良好环境，进而保障债务的可持续性。

2. 专项债务管理制度

新预算法明确规定，地方政府专项债务包括地方政府专项债券和经清理认定的截至2014年12月31日非地方政府债券形式的存量专项债务。《关于对地方政府债务实行限额管理的实施意见》（财预〔2015〕225号）对存量债务处置做出了安排。225号文允许地方政府利用三年左右的过渡期发行债券，将债务存量中的短期高利率债务置换为长期低利率的债务，以缓解地方政府存量债务的到期偿还压力。另外，通过政府债券替换银行贷款等非债券形式债务，割裂了平台新增债务与政府信用之间的联系，以规范地方政府后续债务融资。在进行债务置换工作的同时，中央政府继续出台文件对地方政府专项债务进行治理。2016年11月，财政部印发《地方政府专项债务预算管理办法》（财预〔2016〕155号），文件从债务限额确定、预算编制和批复、预算执行和决算、非债券形式债务纳入预算和监督管理等维度规范地方政府专项债务的预算管理工作。《新增地方政府债务限额分配管理暂行办法》（财预〔2017〕35号）也要求对专项债务实行限额管理、规模控制。新预算法、国发43号文和上述两个文件共同确立了地方政府专项债券的预算管理、限额管理、偿债保证和风险管理制度，地方政府专项债务正式进入制度化管理时代。

地方政府专项债券在完成对存量债务的置换任务后，转向对接具有一定收益的公益性项目。2017年7月，财政部发布《关于试点发展项目收益与融资自求平衡的地方政府专项债券品种的通知》（财预〔2017〕89号），鼓励各地方政府积极探索项目收益与融资自求平衡的专项债券品种，努力打造符合国情的“市政项目收益债”。文件提出优先选择土地储备、政府收费公路两个领域在全国范围内开展试点。《地方政府土地储备专项债券管理办法（试行）》（财预〔2017〕62 号）和《地方政府收费公路专项债券管理办法（试行）》（财预〔2017〕97 号）正式推出土地储备专项债券、收费公路专项债券。2018 年，财政部与住房和城乡建设部联合发文《试点发行地方政府棚户区改造专项债管理办法》（财预〔2018〕28 号），创新了棚户区改造专项债券品种。地方政府专项债券的品种日渐丰富，专项债券逐渐向项目债券转变，投资项目涉及交通基础设施、能源项目、农林水利、生态环保项目、民生服务、冷链物流设施、市政和产业园区七大领域。

随后，《关于做好 2018 年地方政府债务管理工作的通知》（财预〔2018〕34 号）和《关于做好地方政府专项债券发行及项目配套融资工作的通知》（厅字〔2019〕33 号）文件出台，对地方政府专项债券的发行管理、项目运作进行了规范，并开始试点实施专项债券的全生命周期管理。2020 年初发生的新冠肺炎疫情，增大了地方政府“六稳”“六保”工作压力。在此形势下，财政部发布《关于加快地方政府专项债券发行使用有关工作的通知》（财预〔2020〕94 号），文件要求严格履行各项发行审核程序，加大专项债券对应项目信息的公开力度，并建立新增专项债券使用负面清单，严格禁止新增专项债券被用于置换存量债务、经常性支出和支持商业化运作的产业项目等。2021 年，《关于梳理 2021 年新增专项债券项目资金需求的通知》（财办预〔2021〕29 号）再次强调新增专项债券不得被用于偿还债务，同时省级政府负责债务风险管理，既要考虑地方项目资金需求，对国家重大战略项目多的地区适当倾斜，也要提高风险预见预判能力，充分考虑各地财力债务风险水平，避免单个地区债务规模过度增加、风险水平急剧上升，避免高风险地区持续积累风险。

从置换存量债务到对接收益型项目，不同时段的专项债券背负了不同的使命。专项债券管理制度也因时而变，近期政策的重点是强化债券发行、债券业务和信息披露等环节的市场化约束。

（二）地方政府隐性债务管理制度

国发 43 号文提出“剥离融资平台公司政府融资功能，融资平台公司不得新增地方政府债务”，这意味着地方政府融资平台为地方政府融资的“后门”被堵上了。中央政府开始推动融资平台市场化转型①和清理整改地方政府违规

① 地方政府融资平台从地方政府的投融资主体向城市基础设施运营商或从事其他经营业务转型。

融资行为。拥有一定经营收益和稳定现金流的融资平台公司缓慢开始市场化转型，但实力较差的融资平台借助政府和社会资本合作（PPP）融资模式（财金〔2014〕76）的推广政策继续变相举债。随后，大量地方政府融资平台借助政府购买公共服务、政府投资基金等模式违规举债，导致以地方政府融资平台为代表的隐性债务规模扩张。为此，2017 年 5 月，财政部等六部门印发《关于进一步规范地方政府举债融资行为的通知》（财预〔2017〕50 号文），从清理地方政府融资担保、加强融资平台公司融资管理等六个方面规范地方政府融资行为。同时发布《关于坚决制止地方政府以政府购买公共服务名义违法违规融资的通知》（财预〔2017〕87 号），严禁地方政府利用或虚构政府购买公共服务合同违法违规融资。但受地方党政干部错误的政绩观和金融机构较弱的市场约束影响，地方政府违规举债行为没有受到很好的管控，积累了大量隐性债务风险。

2017 年 7 月，中央政治局会议要求各级政府"积极稳妥化解累积的地方政府债务风险，有效规范地方政府举债融资，坚决遏制隐性债务增量"，为地方政府债务监管定下"控增化存"的总基调。2017 年 11 月，财政部颁布《关于坚决制止地方政府以政府购买服务名义违法违规融资的通知》（财预〔2017〕87 号）和《关于规范政府和社会资本合作（PPP）综合信息平台项目库管理的通知》（财办金〔2017〕92 号），对地方政府购买公共服务和 PPP 领域的运行做出严格规定，强调必须坚决遏制住违法债务新增。2018 年 3 月，财政部印发《关于规范金融企业对地方政府和国有企业投融资行为有关问题的通知》（财金〔2018〕23 号），通知要求国有金融企业不得直接或通过地方国有企事业单位等间接渠道为地方政府及其部门提供任何形式的融资，不得违规新增地方政府融资平台公司贷款。

此外，明确隐性债务规模、推进隐性债务化解是本阶段政策的又一重点。国务院首次对隐性债务概念进行界定①，之后《地方政府隐性债务问责办法》（中办发〔2018〕46 号）、《地方政府债务和隐性债务口径及认定标准》《地方政府债务统计监测工作方案》和《地方全口径债务清查统计填报说明》等文件纷纷出台，在全国范围内开启了新一轮的隐性债务甄别和统计工作。财金〔2019〕10 号、财办金〔2019〕40 号和国办函〔2019〕40 号提出了包括安排财政资金偿还、出让政府股权及经营性国有资产权益偿还、利用项目结转资金

① 《中共中央 国务院关于防范化解地方政府隐性债务风险的意见》（中发〔2018〕27 号）首次对隐性债务做了权威界定，即地方政府隐性债务包括地方政府在法定政府债务限额之外，直接或者承诺以财政资金偿还以及违法提供担保等方式举借的债务。

和经营收入偿还、合规转化为企业经营性债务、借新还旧和展期、破产重整和清算六种隐性债务化解方式。2019 年以来，各地方政府开启了地方隐性债务置换工作（国办函〔2019〕40 号、银保监发〔2019〕45 号），推出建制县隐性债务化解和全域无隐性债务试点。当前隐性债务化解以城投借新还旧、展期和政府债券方式（特殊再融资债）为主，更强调政府运用自身的金融、产业资源来增强偿债能力，或者通过金融手段“以时间换空间”，但依靠项目本身的收入和改善企业经营等市场化方式可行性不高。

从近 30 年的地方政府债务管理政策演变历程可以看出，中央政府对地方政府债务的管理一直在稳定经济增长和防控债务风险之间进行权衡。受宏观经济影响，不同时期债务管理政策在放松和收紧间交替，债务规模的扩张和收缩、债务形态的转变和演化与之密切相关。虽然债务管理政策频繁变动，从最初只监管银行贷款，到逐步扩展到非标准化债权资产产品、PPP 等影子银行渠道；从最初只监管资金端，到逐步加强对项目端-地方政府问责，债务管理政策“由松到紧，由堵到疏”，一直坚持“遏制增量，化解存量”的思路，债务管理政策日趋规范和健全。我们相信，随着各方对地方政府债务风险成因和影响的认识的不断深入，各级政府、金融监管部门与各级各类国有企业的合作不断加强，财政金融制度、国有企业经管制度和债务管理制度协同程度的不断提高，促进地方政府债务更好地发挥支持社会经济发展作用的大环境也会日益优化。

第二章　地方政府债务风险：特征、传导和信用评级体系构建

第一节　地方政府债务风险特征分析

一、地方政府债务风险分类

地方政府债务风险指在各种不确定性因素影响下，由地方政府债务违约所引发的各种相关损失的可能性，包括但不限于债务无法到期还本付息、地方政府无法履行财政支出职能、风险传染至债务相关方、区域投资和消费结构进一步扭曲、企业市场融资受限、损害地方经济运行、社会不稳定和政府信用受损等方面的可能性（国务院办公厅，2016）。

在具体风险类型上，按照债务风险来源可分为显性债务风险和隐性债务风险；按照债务影响方面，地方政府债务风险包括规模风险、结构风险、管理风险和外部风险（黄芳娜，2011；李敏，2014），邓楚（2022）在上述基础上新增了信用风险和评级风险。以下分别加以分析。

（一）规模风险

规模风险指债务总量超过政府财政负担能力的风险，即地方政府债券违约的风险，是所有风险中最直接的风险，也是地方政府债务管理过程中需首先避开的风险。

（二）结构风险

结构风险即由不同类型政府债务占比变动所带来的风险，如地方政府债务的地区结构差异、政府债务内隐性和显性债务占比差异、债务的期限结构差异等，该类风险往往难以发现和量化。

（三）管理风险

管理风险指债务管理能力不足或管理效率低下所造成的风险。早期，该风

险是指地方政府由于经验不足，在债务的发行、使用和偿还过程中，出现资金使用效率低下、预期债务使用目标未达成等现象。现在，管理风险主要指隐性债务管理企业所存在的风险，包括企业信息不透明、企业财务管理制度不健全、企业财务管理水平低、企业债务融资行为不规范等带来的风险，还包括债务管理流程、债务信息披露和偿债责任主体方面的制度安排不合理等问题。管理风险同区域风险一样属于定性风险，存在隐蔽度高、难以提前量化追踪的问题。

（四）外部风险

外部风险指地方政府债务风险对地方政府财政外其他经济主体或经济活动带来的风险，如对地方经济产出水平、经济增速、政府和企业信用、地方纳税人税务负担等的影响。近年来，地方政府债务快速积累，引发了人们对系统性金融风险的担忧。债务违约风险或信用风险可能通过债务网络传导至其他经济个体，银行等金融机构首当其冲。截至 2020 年 6 月底，商业银行特别是中小商业银行持有约 86%的地方政府债券，政策性银行持有 7%的地方政府债券，财政政策的货币化和金融政策的财政化使得财政风险和金融风险共振性增强，地方政府债务风险成为二者的重要交汇点，地方政府债务违约有可能引发区域系统性金融危机（李扬，2021）。外部风险还体现在风险载体的多元化和风险来源的分散化（周世愚，2021）。地方政府融资平台作为债务风险载体，直接同商业银行、信托机构、融资租赁公司等发生联系，个人投资者通过上述机构和融资平台建立了间接联系；金融机构帮助融资平台通过复杂的金融交易结构、股权债权关系等获取资金支持。2018 年 4 月资管新规的出台遏制了该势头，但“明股实债”“信用担保”等协议融资方式仍存在。另外，隐性担保使得地方政府和企业债务边界更加模糊，风险来源和风险主体的复杂化则加剧了地方财政的不确定性。

（五）信用风险

信用风险主要指在城投债发行过程中通过信用和资产担保所引发的风险。在 2015 年中央政府规范地方政府债务发行后，为增强城投债发行吸引力，债券中多引入第三方担保和土地使用权抵押、应收账款、股权质押等增信措施。这种资产抵质押和企业互保等行为，易引起债券违约的连锁反应。如西王集团由互相担保引发的债券违约困局，可视为城投债风险的一种现实折射。

（六）评级风险

地方政府评级风险主要体现为信用评级的无效性。地方政府债务特别是城投债的风险定价因政府隐性担保而偏离市场平均标准，信用评级机构在评级时出于对中国特殊的政治经济发展背景和市场竞争状况的考虑，往往会放大政府担保的作用，评级结果并不能有效地如实地反映债券背后的风险。因此，简单地通过债券评级评判债券风险高低的行为并不可取。如代表表内债务的专项债券品种的评级均为AAA级，并不以区域经济发展能力和财政能力加以区分，其背后原因正是专项债券中隐含的政府隐性担保直接提高了风险评级结果。关于该风险背后的信用评级体系的现状及构建逻辑，详情可参见本章第四节。

二、地方政府债务风险特征

地方政府债务风险具有规模风险逐步增大、区域异质性和财政金融化等特征，且风险特征在不同地方政府债务风险的形成阶段的表现程度并不相同。

（一）债务风险初步形成期（1994—2004年）

在分税制改革前，我国实行"分灶吃饭"的财政体制，且受各省份各区域差异较大影响，中央政府尚未提出统一的财税体制安排。1988年实行财政包干制后，中央政府对地方政府实行六类不同的包干办法，且受体制本身问题和中央政府、地方政府权力博弈等影响，20世纪90年代初期中央政府财政能力大大下降。鉴于1994年之前财政体制具有复杂性和非统一性，本章借鉴大多数学者的分类方法，在讨论地方政府债务风险及成因问题时仅从1994年开始。

1994—2004年这一阶段，地方政府债务风险的结构性问题开始显现（周世愚，2021），规模风险和财政金融化问题尚不明显。一方面，地方政府的硬预算约束促使其加快表外融资，地方政府融资平台逐步建立，地方政府融资平台凭借政府信用和优质国有资产获得银行贷款等优质信贷资源，存在地方政府融资平台挤占民营企业信贷资源的问题；另一方面，鉴于发展中地区在基础设施建设、土地开发等领域负担更重，县级政府及以下承担更为繁重的事权，基层政府的公共服务所需支出金额更高，"事权下放"加大了发展的结构性问题。虽然张明（2022）指出该阶段中央财政转移支付总量大于地方政府收支缺口，即地方政府大多能保证财政收支盈亏平衡，但受税收返还的收入地返还原则的影响，转移支付制度并未完成设计之初的平衡性特点，经济基础和地方财力的强弱成为影响地方政府债务负担的重要考量，债务负担逐步呈现中西部地区大于东部地区、欠发达地区大于发达地区、区县负担大于省市地区的特点，债务风险的区域异质性特征开始显现。根据国务院发展中心地方政府债务课题组估算，2004年地方政府债务规模已超过1万亿元。

（二）债务风险扩张期（2005—2013年）

该阶段债务风险表现为总量规模全速增长、区域异质性进一步增强、财政金融化风险开始显现的特点。

地方政府债务规模急剧增长，隐性债务风险开始显现。2005 年，为推进城市化发展进程和解决基层机构财政困难问题，财政部以“控制赤字，调整结构，推进改革，增收节支”目标为指引，采取综合财税改革方案，通过制定《2005 年中央财政对地方缓解县乡财政困难奖励和补助办法》等方式，一定程度上缓解了县乡等基层机构的财政困难。但是地方政府债务举债规模并未有所下降，在地方政府官员“晋升锦标赛”（周黎安，2007）、土地财政和 2008 年全球金融危机的影响下，地方政府债务规模大幅增长。其中，2008 年中央政府 4 万亿元财政计划中约 2.8 万亿元资金来源于地方政府，这加速了地方政府债务规模的扩张。根据 2010 年审计署公布的地方政府债务非完整数据，18 个省、16 个市和 36 个县本级的债务余额为 2.79 万亿元。地方政府债券发行方式的改变也未解决事权和财权责任不匹配的问题。本阶段地方政府债券发行经历了“代发代还”和“自发代还”两阶段：2009 年 2 月，财政部为解决地方政府配套资金压力大的问题，安排代发 2 000 亿元地方政府债券，由财政部代为发行和还本付息；2011 年开始，财政部在江苏、上海、山东、广东和浙江等地试行“自发代还”模式，还本付息仍由财政部代办。但上述债券发行规模并不足以支撑地方政府财政负担需求，在银行贷款渠道一度受限的情况下，地方政府融资平台开始利用信托融资、委托贷款、债券发行等方式解决债务缺口问题，地方政府隐性债务风险加大。

债务风险的区域异质性问题进一步凸显。在官员“晋升锦标赛”中，以地区 GDP 为代表的经济增长指标成为重要考量对象，地方政府和官员在税收优惠政策、土地征用、贷款担保等具体事务上具有绝对影响力和控制力，在 2007 年将土地出让金纳入政府性基金预算管理后，土地资本化模式逐步兴起。而在城市化进程中，中西部地区的建设用地指标数量远高于东部地区，“新城先行”“筑巢引凤”等模式在早期沿海城市发展过程中被验证，诸多地方政府纷纷效仿该行为，新的城市建设通过吸引外来资本拉动当地产业发展。因此，中西部地区的债务风险相较于东部地区更易受土地抵押价值波动的影响，债务风险的区域异质性问题更加严重。

随着债务风险联系更为复杂，财政金融化风险开始显现。在上一阶段，地方政府融资平台的交易对手方多是地方银行机构，2010 年中央政府加强对地方政府融资平台信贷规模的监管后，信托、融资租赁公司、银行、券商等金融机构均被纳入地方政府融资平台债务网络。金融机构在选择交易对手方时更偏好于有政府隐性担保的企业，商业银行更偏爱地方政府债券，这都加剧了财政金融化问题，债务风险网络中成员间的联系更为紧密和复杂。

（三）地方政府债务风险整治期（2014 年至今）

本阶段地方政府隐性债务风险整体可控但区域结构性问题仍在，财政金融化问题更加严重。在诸多政策和法律制度规范下，地方政府债券市场进入法制化发展阶段，隐性债务风险整体得到有效控制。2014 年 5 月，财政部颁布《2014 年地方政府债券自发自还试点办法》，开启地方政府债券“自发自还”试点模式；2014 年修正并于 2015 年开始实施的新预算法限制地方政府通过融资平台及其他途径融资，后续出台的国务院国发 43 号文强调了中央政府对地方政府债券的不救助原则，并会对相关责任人员进行行政问责追究。中央政府从政策、法律和行政三个维度切入，试图解决地方政府融资模式中的“预算软约束”问题。

但该阶段债务风险区域异质性和财政金融化问题仍未得到解决。根据 2015 年全国人大调研报告，地方政府仍存在变相举债问题，且由于地方政府对债务置换标准的认定并不统一，虽然在 2015 年后大量表外债务被置换至表内债务中，但仍有部分隐性债务未进表内。2020 年新冠肺炎疫情发生后，地方政府融资平台还担任疫情应急贷款和发行疫情防控债券的责任，2020 年城投债发行和融资规模创历史新高，发行规模超过 4 万亿元，净融资规模约 1.6 万亿元。其中，部分防控债券仍存在资金用途借新还旧的问题，之后在逆周期调节过程中，“两新一重”建设需求下城投公司融资速度仍未减弱。而城投平台的零违约记录进一步加固了“城投信仰”。综合来看，区域异质性问题仍存在，甚至债务置换计划加大了区域间隐性债务融资差距。在预算软约束逐步弱化过程中，毕泗锋等（2021）在王永钦（2016）的基础上证明，地区经济实力和财政要素逐步反映于债券风险溢价中，西部地区财政实力等对债券违约风险溢价的影响程度更强，贵州、云南等地区城投债信用利差远高于其他区域也反映了区域异质性特点。邱志刚等（2022）通过研究 2015—2018 年的债务置换计划对新增隐性债务的影响发现，在政府担保能力较强的区域，债务置换起到了“开前门替代后门”的作用，而在政府担保能力较弱的区域，债务置换计划一定程度上促进了隐性债务的积累，增加了该地的债务违约风险。

本阶段财政金融化问题仍存在，城投债的风险溢价较低表明地方政府融资平台通过公司债获取政府债融资。在“资产荒”背景下，金融机构为增加收益仍大量持有地方政府债和城投债。虽发生过城投债延期支付事件，但城投债从未实质性违约，地方政府、城投公司和金融机构的力量在信用风险事件中相互博弈，许多接近违约的事件最终被低调解决，在此过程中“城投信仰”甚至有所加强。

第二节　地方政府债务风险成因及其传导

一、地方政府债务风险成因分析

地方政府债务风险主要体现为违约风险及有可能引发的风险传染和扩散。地方政府的债务风险成因包括地方政府事权和财权责任不相符、部分地区盲目举债、投融资监管不当、缺乏地方政府债务风险评估预警机制等。

首先，地方政府事权和财权责任的不相符是地方政府债务形成的主要原因，也促进了规模风险的形成。在分税制改革后，地方财政依靠自身财政收入和中央财政转移支付无法完成相应政府职能和准公共品提供。1994 年，我国进行分税制改革，财政包干制被废除，直接确立了"财权集中，事权下放"的财政分权体制，中央政府和地方政府财政关系被重塑。该体制在发挥强化中央政府宏观经济影响能力、统一全国财税体制等优势的同时，也导致财权和事权划分不对称、县级财政收入不足以承担必要公共品支出和地区间财政不平衡等问题突出。同时，1994 年新预算法颁布后，地方政府除法律和国务院规定外不能出现其他赤字，表内融资被禁止。在 2008 年全球金融危机发生后，地方政府债务预算的软约束问题逐步突出，财税分权体制下地方政府的隐性担保体系促进了地方政府债务规模的扩张式增长。中国的隐性担保体系涵盖两部分：一是中央政府对地方政府的潜在救助职责，财政部"代发代还"和"自发代还"的地方政府债券发行模式等给市场造成中央政府将会对地方政府债务进行"兜底"的错觉，道德风险驱动下地方政府债务规模大幅扩张。虽然 2015 年后中央政府从制度文件上割裂了中央政府对地方政府债务的救助联系，但 2015 年后省级政府对市县政府的"救助"责任又导致市县政府债务风险上移。二是地方政府对地方政府融资平台的信用担保，这扭曲了地方政府债券的风险溢价，预算软约束的存在使得现有债券风险定价中未包含地方政府债券的违约风险（王永钦 等，2016）。部分地方政府融资平台承担基础设施建设责任的同时并不具备造血能力，往往通过借新还旧的方式归还高额城投债利息，国有企业通过担保联系陷入地方政府债务网络中。在无实质违约的市场中，在政府债高违约成本背景下，"城投信仰"仍在，该类隐性担保仍存在于现行地方政府债务体系中。

其次，部分地区的盲目举债加速了债务风险的积累。财政体制中内含了地方政府债务的制度激励机制。中国式财政分权采取自上而下的政府管理体制，但地方政府又不直接对下级政府负责，在财税分权体制中地方政府逐步成为独立的利益个体，其行为的异质性和追求经济增长的一致性导致地方政府产生强烈的财政竞争需求，通过地方资源的再分配获取更多融资支持。政府管理体制和领导干部政绩考评机制的不完备使得举债规模大幅增长，部分地区的融资能力已超过其财政能力，隐性债务风险进一步积累。与此同时，产业结构趋同、上马项目重复建设或功能类似等，使得地方经济结构畸形化发展。如诸多地区致力于发展开发区经济，但存在开发区建成后变成“鬼城”“空城”的问题，区域产业结构并未发生变化。

再者，投融资监管不当进一步加剧地方政府债务管理风险。一方面，地方政府专项债务项目的资金使用效率和项目回报率偏低，经济效益不佳，可能引发政府偿还风险；另一方面，对投融资平台公司的监管不到位、缺乏责任追究机制、公司内部管理不规范等行为，可能引发违规融资担保、违规举债投资和借款等行为，地方投融资平台成为金融腐败的“温床”，增加了地方政府债务的管理风险。宏观监管机制上，中央政府对地方政府的债务约束机制不明晰，道德风险助长地方政府融资规模扩张和隐性债务问题，隐性债务的路径依赖问题尚未解决；微观机制中，现行融资平台和 PPP 项目监管主要依靠本级政府及相关部门，监管层级过低且缺乏针对性，责任追究机制尚未落实，导致制度规范无法落到实处，违法违规行为未得到有效震慑和处理。

最后，我国一直缺乏适当的地方政府债务风险评估预警机制。国际上不乏成熟的债务风险评估预警机制，如美国的“地方财政监控计划”，通过确定财政预警对象的标准、设立预警处理机构和进行五年风险预计等方式，完善财政管理体制。与其相比，我国债务风险预警体系仍停留在数据采集、工作流程梳理和模型构建层面，如郭玉清（2011）曾从债务逾期角度探讨财政风险预警的初步理论框架，但尚未形成统一成型的风险指标控制体系和预警机制，在具体违约事件上缺乏统一处置流程方案。

二、地方政府债务风险传导渠道分析

首先，地方政府债务风险将通过风险传染渠道影响金融部门，引致系统性风险增加。金融部门是地方政府债务风险传导的第一站，对其的影响也最大。政府的过量举债将通过债务的顺周期性引发信用风险和商业银行流动性风险，进而引致系统性金融风险的发生（匡小平 等，2014）。地方政府债务短债长投的期限错配问题也会触发银行的流动性风险，加强银行系统内的风险传染性（杨怀东 等，2021）。范剑勇等（2014）分析了地方政府债务与工业增长的关系问题，发现债务在推动经济增长过程中可能引发弱经济区域未来债务违约风险和强经济区域产业结构发展失衡、房价偏高风险，可能引致系统性风险。地方政府债务规模扩张将引发以商业银行为代表的金融部门杠杆率上升，在明斯基加速器机制影响下易引发系统性金融风险；受2017年后地方政府债务与金融部门之间的紧密联系影响，地方政府的债务风险可能直接转化为金融风险（徐忠，2018）。吴盼文等（2013）、Oet et al.（2013）认为财政风险将通过传导影响金融稳定性，政府部门的高杠杆率将通过金融机构引致系统性风险。Farhi 和 Tirole（2016）以“厄运循环”理论模型为基础，说明了主权债务风险和金融部门风险的相互传染性。毛锐等（2018）模拟量化中央政府担保率的区间，发现债务风险通过金融风险叠加效应引致系统性风险，中央政府对地方政府债务担保率的下降将加大系统性金融风险和地方政府债券违约风险发生的概率。金融部门和地方政府债务的风险是相互影响的，熊琛等（2018）通过构造DSGE模型论述了地方政府债务和金融部门风险的“双螺旋”结构，在地方政府债务风险通过金融部门资产负债表冲击实体经济的同时，金融部门资产负债表的衰退将通过资产负债表渠道和间接一般均衡效应反向影响地方政府债务融资安排，风险将以螺旋的结构逐步强化加剧。该文还提到地方政府债务风险对实体经济融资具有挤出效应。

其次，部分学者从财政风险视角进行分析，发现较为明显的传导渠道是地方政府融资平台债务风险向信用担保者——地方政府传导。一般的债务风险将沿着财政体系自下向上传导，但受中国经济体系的特殊性影响，债务风险传导通过财政、金融和信用三类传导渠道，从区域扩散至全国、从地方政府融资平台扩散至银行等金融机构、从债务风险演变为地方政府信用风险。具体来看，当地方政府无力支付区域内债务时，将倒逼上级及以上政府采取增加转移支付、豁免部分债务、发行专项债救助等方式来救助，从而中央政府不得不发行债券救助地方政府，这也是前期提到过的隐性担保机制。在地方政府债务网络中，债务风险通过地方财政内部和地方财政与中央财政这两个循环传导体系，逐级从下向上传导扩散。在地方政府债务清偿能力不足的情况下，债务风险反复在中央政府和地方政府之间循环往复传导，但在一定条件下中央政府仍应承担对地方的救助功能（郭玉清，2011；黄国桥 等，2011）。Felix（2014）认为中央政府对地方政府的财政分担将引发政府债务风险，且这种风险将被前置化。

再次，金融风险和财政风险还存在互相传导问题。其中，影子银行、土地财政和信贷规模扩张作为地方政府债务风险的传导路径，增强了两个风险的相互传染性。在中国金融系统中，地方政府债务风险、房地产市场运行风险和商业银行风险作为系统性风险的重要来源，联系紧密且相互影响。Bocola（2016）

认为主权债务风险通过金融机构的资产负债表对实体经济产生影响，其影响渠道有流动性渠道和风险渠道两种。地方政府债务将通过影子银行和信贷规模扩张影响商业银行风险，且商业银行在考核指标和隐性收入影响下偏爱通过地方政府债务融资进行信贷规模扩张，二者关系紧密；在信贷资源无法直接投资地方政府债务时，明股实债、表外理财、委外贷款等投资方式继续为地方政府融资机构提供大量资金，将进一步加大商业银行的流动性风险和期限错配风险，财政风险通过商业银行资产负债表渠道引发金融风险甚至区域系统性风险。地方政府的债务风险除通过商业银行资产负债表进行传导外，还可能通过土地拍卖价格和储备机制影响房地产市场价格，同时，对土地财政的路径依赖通过房地产市场价格和土地价格极大地降低社会福利所得（高然、龚六堂，2017）。土地财政有效增强了地方政府收支能力，是财政和经济增长的主要来源，地方政府有动机抬高价格，拉动房地产市场发展，地方财政的基础设施建设投资偏好和金融加速器效应将放大房价上涨对金融系统的影响，商业银行和房地产企业的资产负债表联动效应更强。马树才等（2020）通过对比分析地方政府债务风险对房地产市场和商业银行风险的影响程度后发现，地方政府债务风险对商业银行风险的传导影响更强、更快。债务风险同时受金融部门的行为影响，债务是否展期、是否能够新发债务、债务融资来源的集中度占比等问题直接影响地方政府的债务风险。如影子银行业务风险可通过债务融资渠道影响地方政府债务。张平（2017）从风险传导载体视角指出房地产信托、融资租赁和银行理财产品通过信用创造等路径，实现风险由影子银行系统向地方政府传导的转变，并产生溢出效应。杨怀东等（2021）发现影子银行利率上升将降低政府隐性债务风险，但其会强化自身期限错配对隐性债务风险的影响程度。

最后，学者们还从交易视角观察债务风险的传导路径，认为地方政府债务风险将通过信用利差传导至国债收益率，对宏观经济产生影响。诸多学者以Nelson-Siegel 利率期限结构模型为基础探寻城投债信用利差与国债利差的关系（牛霖琳 等，2016；朱广印 等，2022），发现城投债利差风险在降低国债收益率的同时抬升了隐含风险溢价，城投债风险存在通过国债收益率曲线引发系统性风险的可能，且疫情冲击强化了上述渠道。与此同时，债务风险和货币政策因素也将反向影响城投债风险定价（Ang et al.，2015）。

第三节　地方政府债务违约情况分析

至今为止，狭义层面的地方政府债务（包括地方政府债券和城投债券）

尚未发生过实质性违约行为，仅发生过六次技术性违约。广义层面的地方政府债务已出现违约行为，主要体现在非标准化债权资产产品违约，自 2018 年开始违约不断，且违约事件呈现违约区域分散化、违约主体多元化等特点。以下分别从狭义和广义两个维度进行分析。

一、狭义地方政府债务违约情况

城投债“信仰未破”的重要原因在于自 2007 年上海首发城投债后，至今城投债仍保持 0 实质性违约记录，仅存在 6 次技术性违约案例，具体见表 2.1。

表 2.1　地方政府债务技术性违约情况分析

债券简称	发行时间	违约金额/亿元	债券期限/年	债券类型	违约时间	违约原因
07 宜城投债	2007/11/30	8	10	公募	2009/11/30	因工作失误延期付息一日
14 新密财源债	2014/9/12	10	7	公募	2017/9/12	因工作失误延期付息一日
17 兵团六师 SCP001	2017/11/16	5	0.75	公募	2018/8/13	因工作失误延期付息两日
16 呼和经开 PPN001	2016/9/26	10	3	私募	2019/12/6	因官员更迭等未还本付息，临时开会组织协调后陆续完成兑付
15 吉林铁投 PPN002	2015/8/17	15	5	私募	2020/8/17	因工作失误延期还本付息一日
18 沈公用 PPN001	2018/8/10	0.8	3	私募	2020/10/23	发行人于 2020 年 10 月申请重整，按理应提前还本付息，但实际上直到 2021 年 8 月 9 日才完成还本付息

数据来源：笔者根据普益标准数据库资料整理而得。

从违约原因来看，在 6 次技术违约中，有 4 次是因工作失误未按时还本付息，1 次是边缘性违约，还有 1 次因重组导致资金需提前兑付；从违约债券类型来看，私募债券和公募债券数量各占一半，且私募债券是 2019 年以来技术性违约的主要类型。

具体来看，6 次技术违约中最接近实质违约的是“16 呼和经开 PPN001”，作为发行人呼和浩特经济技术开发区投资开发集团唯一发行并存续的债券，其违约一度打破了市场的“城投信仰”，但呼和浩特市政府在周末临时组织开会协调兑付事宜，部分偿还了约 6 亿元，通过部分兑付的方式完成了债券交付。该只债券违约的直接原因主要是发行方所属区域人事变动，即呼和经开区原党工委书记被双开。从间接原因来看，其主要受区域融资环境变弱和前期非标准化债权资产产品违约影响，融资环境恶化，再融资渠道受限。在区域环境方面，内蒙古自2013年开始社会融资规模持续收窄，区域内对贷款的依赖度较高但余额增速远落后于全国平均水平，2019年第三季度贷款在社会融资中占比达到71.8%，2018年贷款余额增速落后全国均值水平约10.6%。而除官员人事变动外，发行人兄弟公司存在管理较不规范、挪用资金、侵占国家利益等现象，也直接影响了该区域的融资信誉。在非标准化债权资产产品违约方面，2018年10月，中江信托非标准化债权资产产品项目违约、2019年租赁公司未支付租金等，也表明该地融资能力堪忧，违约风险有逐步由非标准化债权资产产品领域向私募债券领域传播的风险，“城投信仰”存在被动摇的危险。但经当地政府背书，该次事件得到解决，违约事件被归类为技术性违约事件。

二、广义的地方政府债务违约情况

（一）地方政府债务违约概况分析

广义的地方政府债务违约除包括银行贷款、债券违约外，还包括信托贷款、融资租赁等非标准化债权资产产品违约，但受数据可得性影响，此处以信托产品违约为代表进行相应分析。自2018年开始，地方政府非标准化债权资产产品融资开始出现常态化违约，且表现出违约区域分散化、违约主体多元化等特点。自2018年至2022年5月末，根据普益标准数据，全市场非标准化债权资产产品累计违约规模323.74亿元，涉及违约区域16个省份，具体参见图2.1；若按照现存信托公司给地方政府融资平台的存续规模4 850.62亿元计算，违约率为6.67%。2018—2021年，全市场累计出现167次非标准化债权资产产品违约，涉及城投融资平台88家。以下分别从违约发展阶段、违约区域、违约主体类型、违约主体信用评级等维度分别加以分析。

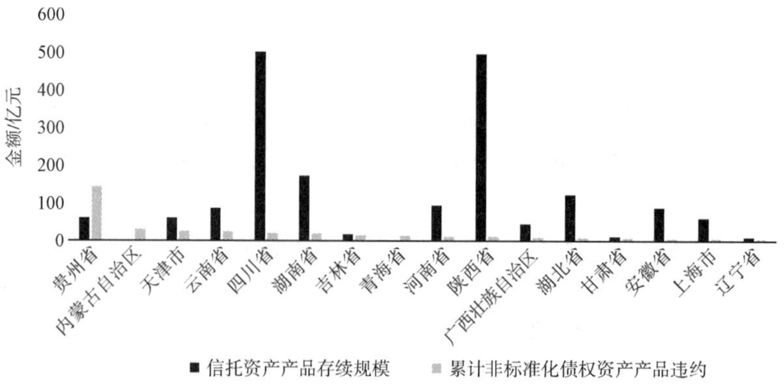

图2.1　区域非标准化债权资产产品违约情况

数据来源：笔者根据普益标准数据库资料整理而得。

从违约发展阶段来看，2018—2021 年，非标准化债权资产产品违约从违约主体和违约频次来看，呈现波动式增加的趋势特点，详情参见图 2.2。2018 年是城投债常态化违约的元年，受财预〔2017〕50 号文①、银发〔2018〕106 号文②的影响，银行等金融机构收紧城投公司的信贷资源投放，信托公司和融资租赁公司通过非标准化债权资产产品进入城投债券市场，但在监管层严格监管态势下，城投公司融资和再融资渠道受阻，非标准化债权资产产品违约事件开始出现，且违约事件导致风险在区域内传染扩大，形成“非标准化债权资产产品违约→区域融资环境恶化→再融资受阻→非标准化债权资产产品再违约”的恶性循环。2019 年，城投公司融资环境相对宽松，以交易所为代表放宽城投债发行限制，但本年度上半年违约事件同比显著增加，新增首次违约主体个数及频次达到最高点，违约区域集中在弱财政收支地区和县乡等基层机构，城投内部信用分化影响较大。2020 年，在新冠肺炎疫情冲击下，城投融资环境进一步放宽，非标准化债权资产产品违约情况有所缓解。进入 2021 年后，在上年末宽松政策退出、融资环境再次收紧影响下，非标准化债权资产产品违约主体个数和频次再次小幅上升，且首次违约主体个数再次上升，其中非标准化债权资产产品违约事件主要集中于 2021 年下半年。另外，违约平台的对外担保规模整体增加，区域互保风险加大，部分非标准化债权资产产品逾期受大股东担保企业违约影响。从非标准化债权资产产品违约发展阶段来看，融资环境对城投债非标准化债权资产产品违约虽有重要影响，但风险在区域内的互相传染和信用分化问题对非标准化债权资产产品违约的影响更大。

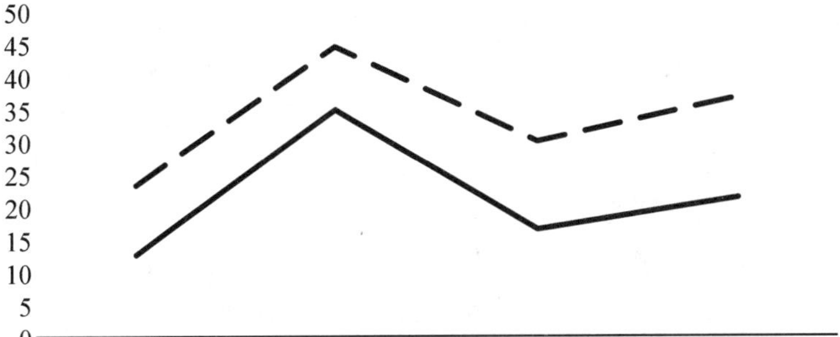

图 2.2 非标准化债权资产产品违约发行主体和违约次数情况

数据来源：笔者根据普益标准数据库资料整理而得。

① 财政部等部门《关于进一步规范地方政府举债融资行为的通知》(财预〔2017〕50 号)，2017 年 4 月 26 日发布。该通知规范了城投公司各类违规行为的概念。

② 中国人民银行、中国银行保险监督管理委员会（简称“银保监会”)、中国证券监督管理委员会（简称“证监会”)、国家外汇管理局关于规范金融机构资产管理业务的指导意见，2018 年 4 月发布。该意见规定金融机构投资非标准化债权资产产品需受流动性管理和限额管理。

从违约区域来看，城投债非标准化债权资产产品违约集中于财政能力和经济发展较弱的区域。在16个涉及违约的省份中，贵州省的非标准化债权资产产品违约频次和违约主体家数最多，分别为99次和46家，占比均过半；其次为内蒙古、天津、云南省和四川省，湖南、陕西、吉林、山西和山东等地占比较小。在贵州省内，违约率最高的为遵义市，且除了贵阳市外所有地级市（州）均发生过非标准化债权资产产品违约事件，区域内违约风险相互交叉传染。

从城投债非标准化债权资产产品违约主体类型来看，融资主体违约比重最高，占比达89%，但也存在担保对象违约的行为，占比达11%。从违约主体的行政级别来看，区县级平台仍是违约的主要区域，占比达60%，其次为市级平台，占比23%，这从侧面印证了城投债非标准化债权资产产品的违约风险仍集中于下级基层政府，但违约风险从下向上传染现象并不明显。从违约主体信用评级来看，在有公开评级记录的46家平台中，AA等级的违约主体占多数，达67%。

（二）城投债非标准化债权资产产品违约原因分析

城投债非标准化债权资产产品违约除受宏观经济周期波动影响和城投债投融资政策变动等宏观政策影响外，主要同平台自身融资能力、区域融资环境变动和风险传染扩散有关。

在宏观环境方面，经济周期波动和投融资政策变化直接影响平台的再融资能力。城投平台的基础设施建设计划主要依靠金融机构融资，经济周期下行时，城投平台融资需求大但抵押资产价值随之下降，能从金融机构获取的融资资源较少；直接监管政策变化将从根本上限制城投平台再融资渠道，借新还旧资金不足易引起债务违约风险。

在微观层面，区域债务情况、城投平台在区域的重要性、城投平台与区域政府的关联度、管理因素、业务类型、负债情况及流动性情况都会影响城投公司的融资能力。区域偿债能力不足是诱发区域内城投债非标准化债权资产产品违约的重要因素之一，并进一步引发信用分化。且受区域融资环境恶化影响，违约风险在区域内传染扩散，贵州省的违约现状从侧面印证了该观点。另外，发生过非标准化债权资产产品违约的城投平台整体对外担保比率较高，这也是2021年城投债非标准化债权资产产品违约的重要特征之一。对外担保作为企业的或有负债，一旦被担保人无力偿还，担保人就面临代偿风险，进而冲击企业的资金链，最终弱化担保方的短期偿债能力。

第四节　地方政府债务信用评级

一、地方政府债务信用评级现状

信用评级指信用评级机构根据公开和非公开信息，对某一发行主体或金融产品违约率和违约回收率进行测算、评估的过程，其结果反映信用主体偿债意愿和偿债能力，可实现信息发现、监管协调和监管区分的功能，对于债券的资产定价、风险管理、监管质量等具有直接影响。

地方政府债务评级是债券发行定价的必备条件。从发展阶段来看，以2014年为节点，地方政府债务评级体系建设分为探索期和快速发展期两个阶段。1994—2014年为探索期阶段，因地方政府在2011年之前并无举债权，因此也未引入信用评级体系；2011年财政部在部分地区试点“自发代还”的债券融资模式，但并未对信用评级进行要求。2013—2014年，地方政府债务风险逐步暴露，中央政府在多轮摸查后开始试点地方政府“自发代还”的债务融资模式，并提出要积极创造条件推进信用评级制度建设。

2014年以后，信用评级体系进入快速发展期，信用评级体系发展有法律制度进行支撑。2014年颁布的新预算法明确了地方政府的自主发债权，且2014年中央财政预算报告中明确提出，应逐步建立地方政府信用评级制度和债务考核问责制。2014年6月17日，上海新世纪资信评估投资服务有限公司发布首份地方政府债券信用评级报告，该报告采用传统评级模式，首次对地方政府信用情况做出评测；2015年9月，中央结算公司首次推出AAA-级的地方政府债券收益率曲线，其区别于之前的AAA曲线，将云南、贵州和内蒙古三个地区纳入AAA-级别，差异性的地方政府债券信用评级曲线首次出现。2015年，信用评级体系开始正式作为债券发行必备要件存在，地方政府债务信用评级体系进入快速发展期；财政部在《关于做好2015年地方政府一般债券发行工作的通知》中指出，债券发行条件之一就是具备地方政府债券评级报告，如实披露地方政府财政、债务等信息。自此之后，债券信用评级业务快速发展，配套制度体系逐步完善。但受地方政府债券市场发行规范度不佳、评级机构竞争激烈等影响，信用评级并不能如实反映债券的信用风险情况，一个证据是所有政府债券均获得AAA评级。截至2021年底，全国共有6家机构对32个省、自治区和直辖市及5个单列市的全部地方政府债券进行信用评级，级别均为AAA级。为此，2021年1月29日，财政部印发《地方政府债券信用评级管理暂行办法》，通过制度文件规范信用评级市场的发展。

在评级机构方面，国际较为著名的评级机构主要有标准普尔、穆迪评级和普惠信评三个，并纷纷于2019年初进入国内评级市场。与之相对应，国内评级机构前几年处于无序发展的状态，后在监管引导下逐步有序发展。一般来说，债券发行的主要场所包括证券交易所和银行间债券市场，评级机构分别需要在两个市场取得评级资格。其中，从银行间债券市场获取评级资格的有14家，分别是联合资信、大公国际、标准普尔（中国）、远东资信、上海资信、上海新世纪、普惠博华、安融评级、安泰评级、大普信评、中诚信国际、中北联信评、东方金诚和中证鹏元；从证券交易所获取评级资格的有6家，分别是大公国际、东方金诚、联合信用、鹏元资信、中诚信证券评估和上海新世纪资信。

在评级流程方面，根据中国国债协会《地方政府债券信用评级业务自律规范指引》和《地方政府债券信用评级管理暂行办法》，信用评级工作应具备完备的工作流程，具体包括项目立项与准备、尽职调查、信用分析和初评、等级评定、结果反馈（及可能发生的复评）、评级结果发布、跟踪评级、终止评级等环节。

二、地方政府债务评级模式及有效性分析

（一）地方政府债务信用评级模式

根据评级对象不同，现有评级市场上存在两种地方政府债券信用评级模式，各个评级机构利用因素分析法和模型分析法对债务主体进行评级。

第一种是传统评级模式，评级机构基于地方政府基本面进行分析，通过构造信用风险指标体系，综合运用各类模型对样本数据进行测算，同时测算信用违约风险程度，将各类指标综合汇总后得出评级结果。该模式是最传统也是最普遍使用的模式，各国及各级政府的评级结果大多通过该方法获得。

第二种模式是对地方政府进行市场隐含评级，它是基于某只已发行的地方政府债券的市场价格信息，对其信用利差水平进行分档后获取评级结果。这种债项评级是对交易的特定风险进行计量、评价的过程，涵盖发生债券违约事件后的潜在损失，可动态反映市场对债券信用风险的评价。因此，该类评级不只包括发行主体基本面，还包括特定因素。如中债隐含评级在违约损失率测算中，就包含区域经济财政实力、政府债务和或有债务负担、产品、行业、所处区域和宏观经济周期等要素。因此该信用评级在风险测度上不仅包括交易本身所带来的风险，还包含发行主体的信用风险等。现在采取该模式进行评估的机构有中债估值中心、中债资信、中证指数公司等。

（二）地方政府债务信用评级有效性分析

信用评级效果应满足客观性、时效性和稳定性三个原则，三个原则共同决定了信用评级的参考价值。在客观性方面，信用评级结果需准确刻画被评级对象的真实信用风险程度，从宏观、中观和微观三个维度选取经济、财政、人口、债务等多个指标，客观如实地反映现有情形。时效性原则要求信用评级结果仅反映某一特定时间段主体的信用风险情况，当信用主体偿债能力、偿债意愿、资产状况等发生变化时，应在一定时间阶段内完成跟踪评级工作。稳定性原则要求评级机构应具备专业判断能力和相对完备的评判体系，在一定时期内对信用主体风险状态的判断结果是稳定的，不应出现因指标和权重频繁调整、模型和方法快速更迭带来的结果快速变动，以免对结果可比性和一致性带来影响。

根据上述标准，两种模式均遵循客观性原则，传统模式在稳定性方面占优，隐性评级方式则通过牺牲稳定性而在时效性方面优势明显。在客观性方面，传统模式数据来源于被评级对象提供的材料与公开数据，而市场隐含评级模式数据来源于各类市场信息，二者均满足真实性和完整性原则，该原则下二者并无孰优孰劣之分。在时效性和稳定性方面，市场隐含评级模式能够通过市场价格变动抓取外部风险环境变化，及时跟踪调整结果，但因变动频繁，时效性较佳而稳定性不足；传统模式仅以发行人提供的信息为准进行评测，在发行人未如实告知的情况下，评级结果时效性不佳但稳定性更强。第二种模式虽然信息发现功能更强，可有效揭露相应风险，但该模式中的评测模型涉及较多隐性债务、担保等非公开信息，特别是对于地方政府融资平台而言，除标准化债权资产产品债券外，还存在较多信托计划等非标准化债权资产产品，信息的不完备和各家指标选用标准的不统一导致市场可能对某个主体的评级结果不一致，评级的稳定性不佳。在时效性方面，根据财政部要求，评级机构需完成传统模式下每年的债项跟踪评级，而中债登的市场隐含评级基本能达到每季度调整，后者时效性明显优于前者。

另外，从两模式反映的风险损失情况来看，市场隐含评级模式可能要优于传统模式。受监管空白、评级市场竞争压力较大影响，国内几乎所有地区的传统模式评级都是AAA级别，并未针对其特有风险进行评测。但随着专项债券市场规模的快速增长，采用该模式会损失部分风险损失信息，不利于地方政府债务信用风险预警体系的建立和发展。第二种模式相较于前者优势明显。

三、地方政府债务信用评级体系的国内外比较与构建逻辑

广义地方政府债务包括地方政府发行的一般债务和专项债务，以及城投融资平台公司所发行的城投债券、信托产品等。其中，地方政府发行的一般债券

和专项债券受前期制度规范等影响，存在部分债券无评级或者评级均为 AAA 评级的问题，其债券评级不能反映地方政府的财税情况，因此一般债券和专项债券的债券评级体系并不存在探讨价值。近年来，随着地方财政软约束被打破，各类信用评级机构在隐含信用评级的基础上，针对地方政府债务特别是城投债券的特殊性，改进内部模型，优化研究方向，重新构建信用评级体系，各类城投债券的评级更加多样化。此处从国内外代表信用评级机构的债券评级框架和内在逻辑出发，通过比较两类机构在城投债券评级过程中的异同点，试图说明地方政府债券信用评级体系的构建逻辑，助力地方政府债务后续风险管理体系建设。

（一）国外地方政府债务信用评级体系

从 2019 年开始，随着外资评级机构获取中国境内评级行业展业资格，外资机构开始涉足地方政府债券信用评级业务，其对地方政府债券特别是城投债券的评级方法，引发了市场关注。2020 年 4 月，穆迪评级发布《中国地方政府融资平台：建议的评级方法（征求意见稿）》，对内部评级方法进行调整。我们试图通过观察来总结外资机构的城投债券评级流程和内在逻辑。

一般而言，穆迪评级在城投债券评级过程中采取自上而下的分析评级方法。鉴于地方政府债务风险是从下向上逐步传导的，其认为中央政府和上级政府的信用支持能力对评级结果具有重要影响，因此其评级系统中将中央主权信用和省级等上级政府对地方政府的支持力度视为影响地方政府融资能力的重要因素。因此，其评级体系围绕区域对上级乃至中央政府的影响力展开，评级逻辑以融资支持能力为核心，以中央主权评级为起点，依据行政级别逐层分解和抓取区域对整体重要性的重要信息，逐级向上或向下调整子评级。其评级流程通过“主权评级→政府支持能力因素→影响政府支持意愿的平台公司特征因素→其他考虑因素→发行人和债项评级”的思路进行，每一级的衡量要素标准可见图 2.3，各类评级具体指标可参考附表 1。

（二）国内地方政府债务信用评级体系

国内地方政府债务的信用评级机构虽多，但大多采取类似的信用评级体系。在评判具体债项的隐性债务风险时，主要从城投企业自身实力、政府信用水平和政府支持的可能性三个方面加以评判，测算出政府债券的违约可能性及风险损失情况，对照风险评级调整项进行适当调整，最终给出地方政府投融资平台的主体评级。其中，其最终调整项包括金融生态环境、经济增长潜力、流动性和发展战略指标。图 2.4 为国内信用评级机构的信用评级体系及相关要素，各类评级具体指标可参考附表 2。

图 2.3　穆迪评级地方政府债券信用评级流程

资料来源：笔者根据穆迪评级地方政府债券信用评级报告整理而得。

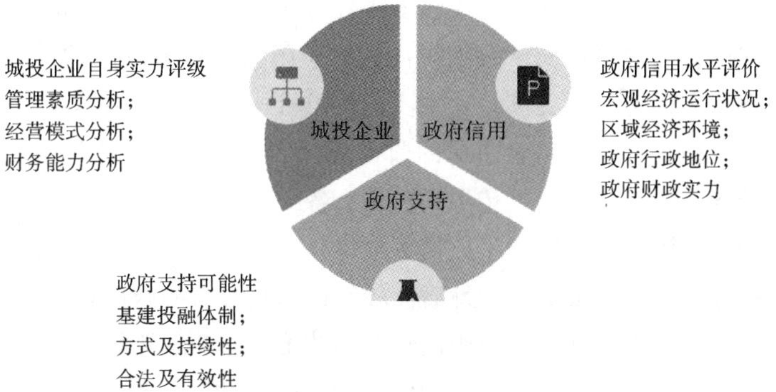

图 2.4　国内信用评级体系研究

资料来源：笔者根据联合资信地方政府债券信用评级报告整理而得。

对国内外地方政府债务信用评级体系进行对比可以发现，国内外评级机构在模型建立框架思路上较为相似，在政府实力和平台公司具体指标评判、政府对平台的支持和影响等方面，选用的财政和经济实力等指标有重合或类似的地方，基本能够刻画地方政府债券发行的预算软约束特点，从高级别的地方政府地位和实力开始，围绕地方政府的经济情况、资源禀赋条件、债务水平和财政实力的匹配度、发展经营情况、人口情况乃至于所从事业务的受支持度等多个层面，刻画发债主体所面临的信用风险状况。

但二者在评判上也存在一定差异。穆迪评级在评判时从更为宏观的视角评测债券的风险水平及区域内风险传染对发债主体的影响，其差异性主要体现在：一是在评判方法上，穆迪评级采用从上至下、逐级政府分析的方法，而非简单地笼统地分析发债主体地方政府行政级别的影响。在这种逐一筛查模式中，地方政府的上级政府在违约和出现风险舆情后的支持和救助意愿，对债券评级结果的影响程度更高。国内机构则更关注国家、区域和产业等政策的直接和间接影响，如税收政策对地方经济的直接影响、产业政策规划对区域未来经济前景的影响等。二是在风险评判时，除考虑当地经济状况外，国外评级机构还会从债务网络的视角切入，考虑区域国有企业、区域金融环境和平台救助其他企业所带来的风险影响，关注债务风险的传染联动情况。国内机构则更关注产业结构、区域开放程度、城镇化等带有中国特色要素的影响。三是国外评级机构会考虑其他商业类业务的敞口风险影响，而国内更关注官员变动和土地出让收入等中国特定时代特色指标的影响，更契合中国的实际发展情况。

（三）地方政府债务信用评级体系的构建逻辑

国内外信用评级机构均建立了一套完善的评级体系。对比来看，国外评级机构的评级体系更加标准化，更关注上级政府和区域国有企业等机构对融资平台的救助状况，国内更偏向于政策导向，对于国家和地方政策的关注度更高，对地方财政状况的考察面更广。这主要与两类机构的信用评级体系的构建逻辑有关。国外机构是在假定风险违约的前提条件下，推测风险的传染联动影响。鉴于隐性债务风险是从下向上传导的，那么各级政府对融资平台的看重程度和区域可使用救助资源，就决定了该债务最终是否实质违约或违约后能否得到妥善解决。融资平台所从事业务的性质会较大地影响政府的救助意愿。而国内机构更多地从经济发展的视角，以中国特有的政策导向和预算软约束为前提，通过各类因素综合判定债券是否会违约，或者说投融资平台的借新还旧能力如何，其内含“城投信仰”这一软约束条件，因此国内机构更关注业务的营业收入增速和发展潜力等运营状况，这些指标将会直接影响地方政府融资平台的还本付息能力和未来的融资能力。虽然债券信用评级体系的构建逻辑不同，但现实中二者往往会得出类似的结论，我们认为这主要同城投债尚无实质违约、国内外评级体系中指标和模型方法大多类似有关。

基于上述分析，我们发现国内外评级机构在评级体系构建逻辑上的主要差别在于对债券是否违约的前提预判方面。虽然现在国内并无城投债违约的先例，但从现有监管导向和未来发展趋势来看，地方政府债务尤其是隐性债务不会继续膨胀下去，预算软约束逐步向硬约束转变，因此建议机构在未来构建地方政府债务信用风险评级系统时，可充分考虑国内外机构评判体系中的差异点，提高政府救助意愿和金融与区域环境指标的影响权重，使系统更加多元化，提高风险评级的内含信息量，提升地方政府债务信用风险评级体系的风险预警效果。

第三章　国有产权性质对债券评级质量的影响——来自中国公司债券的经验证据

第一节　中国债券市场与债券评级行业简述

一、中国债券市场

中国债券市场自2005年以来发展迅速，到2020年底，债券存量规模达到22.91万亿元，占GDP的比重达到22.55%①。企业债、公司债和中期票据是中长期债券的三大主要类型，由非金融企业发行，这些债券在发行主体、交易场所和监管主体等方面都有所区别②。中国债券市场的快速发展也引起了学术界的广泛关注，现有文献也对中国债券市场的运行机制进行了讨论（Amstad、He，2020；Chen等，2020a，2020c；Huang等，2020）。本章主要介绍了中国债券市场中广泛存在的政府隐性担保相关议题，包括担保的形式、经济影响以及政府打破“刚兑”的一些政策。

政府担保包括了在正常时期对企业的政策支持（显性担保），例如直接的财政补贴、促进企业融资或者给予企业优惠税率；也包括了在危机时刻的政府

---

① 数据来源于万得数据库（Wind）。此处债券的统计范围包括了企业债、公司债、中期票据、短期融资券和定向投资工具。

② 企业债主要是由非上市的国有企业发行的，而在交易所上市的公司债则是由公司制法人发行的。企业债可以同时在银行间债券市场和交易所市场上市交易，在交易所上市的公司债则只能在交易所上市交易。企业债的监管主体是国家发展和改革委员会，公司债的监管主体是证监会。中期票据主要是由大型的非金融企业发行的，受到中央银行的监管。中期票据在银行间债券市场上市交易。

救助，例如直接注资、安排再贷款或者债务展期以及帮助亏损企业重组。政府隐性担保的存在，使得投资者在遭遇不利情况下可以免受投资损失，但也可能使得债券投资者对债券自身的违约风险不敏感。一个例子是地方政府投融资平台由于有地方政府的“信用背书”，通过发行城投债积累了大量的债务。地方政府投融资平台是由政府注入土地和资金成立的，一度成为地方政府主要的融资主体。虽然其发行的债券本质上是地方政府投融资平台自身的债务，但是由于其与地方政府存在紧密联系，市场参与者都认为地方政府会保证城投债本息的偿还。城投债在2012年之后发行量开始大增，主要是地方政府偿还自2009年“四万亿投资计划”财政刺激政策出台以来积累的银行借款所致（Chen等，2020c）。

对政府担保的监管政策会随债券类型和时间的不同而有所差异。但总体来看，国有企业债券会得到优待。例如，在2012年，国家发展和改革委员会明确要求城投类企业主体评级在AA-级及以下的，应采取签订政府（或高信用企业）回购协议等保障措施或提供担保①。而在这之后，城投债隐性担保又受到限制。

由于地方政府债务问题逐年累积，中央政府自2014年开始针对地方政府融资行为出台了一系列监管政策，旨在剥离地方政府投融资平台的政府融资职能，限制地方政府为债券投资者和贷款人提供隐性担保②。自2017年开始，中央政府的“去杠杆”政策以及后续出台的“资管新规”也使得投资者产生避险心理，投资者也更为青睐可能受到政府隐性担保的国有企业债券。非国有企业债券相对于国有企业债券的融资劣势开始拉大。例如，新发行的非国有企业债券占比从2017年第一季度的44%下降到2019年第三季度的10%。此外，国有企业债券和非国有企业债券的信用利差也在2018年之后开始拉大（Geng、Pan，2021）。

二、债券评级行业

相比于美国债券评级市场，中国评级机构之间的竞争更为激烈（Jiang、Packer，2019），到2018年底，总共有14家受到监管机构认可的债券评级机

---

① 详见《国家发展改革委办公厅关于进一步强化企业债风险防范管理有关问题的通知》，2012年12月11日发布。

② 主要的政策包括：2014年国务院发布的《国务院关于加强地方政府性债务管理的意见》（国发〔2014〕43号）；2015年1月1日开始实施的《中华人民共和国预算法》；2016年国务院办公厅发布的《地方政府性债务风险应急处置预案》（国办函〔2106〕88号）；2017年财政部发布的《关于进一步规范地方政府举债融资行为的通知》（财预〔2017〕50号）。

构。数量众多的评级机构以及采用“发行人付费模式”的评级机构面临的激烈冲突使得发行人出现了“评级选购（rating shopping）”的行为。评级行业的另外一个重要特征是，高评级的债券占比极大，有超过 95%的债券评级为 AA 或 AA+或 AAA①。评级的偏态分布使得不同风险特征的发行人简单地集中在一个评级类别中，这可能干扰了评级的信号甄别功能。也正因为如此，中国债券市场中出现高评级债券违约的情况并不少见。债券评级调整相对于企业违约风险变动过于滞后，使其可信度遭到市场参与人的质疑。

债券评级过程大致如下：在接受发行人委托之后，发行人需要向评级机构提供一些基本财务资料，评级机构给出初始评级。当评级机构给出初始评级之后，发行人会对评级机构进行选择。如果双方意思达成一致，评级机构和发行人会签署协议，发行人支付评级服务费用。评级机构再制定合理完善的评级计划，包括进行文本资料分析和实地调查，实地调查主要是对公司的高层管理人员及相关利益主体进行调查与访谈。评级机构也会与关联机构进行沟通，例如相关联的金融机构、合作伙伴或者受到发行人担保的主体。在完成定量和定性分析之后，评级机构会给出最终的债券评级，最终评级在经过评级机构内部信用评审委员会同意之后方可生效。

除了传统的信用风险之外，发行人可能获得的政府支持力度同样也是重要的考虑因素。例如，中诚信国际信用评级公司（以下简称“中诚信”）在其评级方法中明确提出在进行风险评估过程中会考虑发行人受到外部支持的力度，而政府支持是其中的一种方式。中诚信重点考察给予支持的政府的实力和政府给予支持的可能性。在政府实力方面，中诚信主要考察支持方的区域经济环境、财政实力和地方政府债务负担状况等；在地方政府支持可能性方面，中诚信重点考察受评企业的业务公益性、获得政府支持的相关文件完备性、历史上获得支持的实际情况和具体的支持方式等。一般来说，评级机构会认为国有企业更容易受到政府支持，因此会给这类企业更高的信用评级（Livingston 等，2018）。

第二节　国有产权性质与债券评级质量的关系

中国自 1978 年实行改革开放以来逐步推行市场化改革，但政府“看得见的手（visible hand）”在经济运行中仍然发挥着重要作用。本章基于在银行间

① 根据本章使用的 2008—2018 年期间债券季度评级面板数据统计而得。

债券市场和交易所上市的公司债券样本[①]，研究国有产权性质对债券评级质量的影响。国有企业比非国有企业融资能力更强，且在陷入财务困境时更可能得到政府救助，债券评级机构通常会给国有企业债券更高的信用评级（Bradford等，2019；Livingston 等，2018）。但是，少有文献研究国有企业债券的高评级是否也意味着更高的评级质量。由于债券评级是金融市场中一项重要的决策信息，因此对债券评级质量的研究具有重要意义。本章对比了我国国有企业和非国有企业债券评级对未来负面评级事件[②]的预测能力，并试图寻找二者之间存在差异的原因。

采用“发行人付费模式”的评级机构会面临短期评级收益和长期声誉成本之间的权衡，而国有产权性质则可能改变评级机构的行为激励。由于国有企业会受到政府的支持，因此国有企业债券很少违约。为了取得短期利益，评级机构有激励迎合国有企业发行人，给出高于其自身违约风险的评级，最终导致国有企业债券评级被高估。在这种情形下，国有企业债券评级质量会低于非国有企业债券评级质量，且更可能发生在国有企业债券评级被相对高估的时候。此外，国有企业作为公募债券市场中绝对的融资主体，上述“政府隐性担保扭曲评级机构行为”的假说也具备事实支持[③]。但是，政府对国有企业经营活动的干预可能扭曲国有企业的投资决策，会损害其长期的经营业绩（Li 等，2009；Lim 等，2018；Chen 等，2020b）。考虑到政府干预带来的风险问题，评级机构也可能会如实汇报国有企业的债券评级，此时，国有企业债券评级质量和非国有企业债券评级质量不会有显著差异。

研究 2008—2018 年期间在银行间债券市场和沪深交易所上市的 17 000 只公司债，我们发现非国有企业债券评级越高，未来遭遇负面评级事件的可能性越小。但是，国有企业债券评级的信息含量则相对较低，具体表现为其对未来评级负面事件的预测能力更弱，甚至在某些情况下没有预测能力。为控制可观测的遗漏变量偏误，本章采用了倾向得分匹配法（propensity score matching，PSM），为每只国有企业债券匹配到与其公司特征最为接近的一只非国有企业

① 本章所使用的样本中债券类型包括企业债、中期票据和在交易所上市的公司债，后续如无特别说明，三类债券均统称为“公司债”。

② 本章所指的负面评级事件包括债券评级下调和债券评级被评级机构列入负面观察名单两种情形。

③ 基于对 2008—2018 年期间新发行债券的统计，我们发现国有企业债券数量占比在 80%以上。中国债券评级市场收费模式为：长期债券的首次评级费用为 25 万元，后续每次的跟踪评级为初始评级费用的 20%。

债券，并基于匹配样本进行回归，结论仍然稳健。需要注意的是，上述结果容易受到另外一种解释的干扰，即国有企业债券评级预测能力偏弱可能是由于国有企业债券本身的违约概率就小。但是在任何可行的情况下，我们通过加入企业属性和时间的交叉固定效应来控制国有企业和非国有企业债券在不同时期的不可观测异质性对各自违约风险的影响，因此可以在一定程度上缓解该问题。本章也参考 Hilscher 和 Wilson（2017）的方法，计算了国有企业债券和非国有企业债券评级预测模型受试者工作特征曲线（receiver operating characteristic curve，ROC）下的面积（area under the ROC，AUC）。受试者工作特征曲线下的面积是一个较为常用的预测模型评估指标，其数值介于 0.5（不精确预测）到 1（精确预测）之间。我们发现非国有企业债券评级预测模型的表现要优于国有企业债券。

进一步地，本章分析了国有企业债券和非国有企业债券评级质量存在差异的原因。如果评级机构在对国有企业债券进行评级时始终未尽职，此时不管国有企业债券评级是否被高估，国有企业债券评级质量都应该低于非国有企业债券；而“政府隐性担保扭曲评级机构行为”的假说则预期当且仅当国有企业债券评级被相对高估的时候，国有企业债券评级质量才会低于非国有企业债券。因此，本章将样本分成了国有企业债券评级被相对高估和未被相对高估两个子样本，比较基准均为与其相匹配的非国有企业债券评级，然后在两个子样本中分别检验国有企业和非国有企业债券评级预测能力。本章研究发现在国有企业债券评级被相对高估的样本中，国有企业债券评级对未来评级负面事件的预测能力弱于非国有企业债券，且 R^2 也低于非国有企业债券。在国有企业债券评级未被高估的样本中，国有企业债券则与非国有企业债券的评级质量没有显著差异。上述结果表明，国有企业债券评级被高估降低了其评级质量。此外，上述“非对称效应”也缓解了国有企业债券负面评级事件的数量本来就少这一可能性带来的问题。在采用基于 Merton（1974）结构化模型计算出的发行人期望违约概率（expected default probability，EDP）作为被解释变量或者采用评级—利差敏感性作为评级质量检验方式时，主要结论仍然是稳健的。

本章按照国有企业控制人层级（中央国有企业/地方国有企业）和债券市场周期（繁荣时期/不繁荣时期）进行了异质性检验，发现国有企业债券评级被高估引起的低评级质量主要集中在地方国有企业以及债券市场繁荣时期的子样本中。相比于中央国有企业，地方国有企业公司治理能力和财务状况往往都更弱（Chen 等，2008，2009；Cheung 等，2010；Jiang 等，2010），此时地方国有企业获得高级别的债券评级并不合理。而关于评级质量与债券市场周期的关系，既有文献表明债券评级机构更可能在债券市场繁荣时期高估债券评级，因为在此期间，债券违约概率低，相信评级的投资者更多，信用分析师之间的竞争也更激烈（Bolton 等，2012；Bar-Isaac、Shapiro，2013）。因此，国有企业债券评级膨胀现象可能在债券市场繁荣时期更为严重。

上述核心结果与本章提出的“政府隐性担保扭曲评级机构行为”假说保持一致。由于国有企业存在政府隐性担保，这可以降低投资者可能遭受的损失和评级机构的声誉成本。为了获取更多的评级收费，评级机构有动机高估国有企业债券评级。本章研究发现当国有企业债券评级被相对高估的时候，其评级质量会相对更低，而且这种现象更可能出现在地方国有企业样本中以及债券市场相对繁荣时期。这些结果也在一定程度上说明债券评级机构可能低估了国有企业违约风险，尤其是地方国有企业或者债券市场繁荣时期的国有企业。

第三节　国有产权性质影响债券评级质量的实证检验

一、样本和变量

我们从万得数据库中下载了 2008 年 1 月—2018 年 12 月期间新发行的公司债、企业债和中期票据，共 20 451 只。我们也从万得数据库中获取了债券的发行评级，同时剔除了相关财务数据不全的债券。债券评级从低到高依次赋值为：C = 1，CC = 2，CCC = 3，…，AA = 17，AA+ = 18，AAA = 19。本章剔除了 13 只评级为 A-1 的短期债券、146 只集合债券、2 438 只没有评级的债券。本章仅仅涵盖被国内评级机构评级的债券，主要是由于国内评级机构和国际评级机构在评级方法等方面有着明显差异（Jiang、Packer，2019）。此外，本章仅包括发行人付费模式评级机构给出的债券评级，排除付费模式对评级的影响（Huang、Shen，2019）。最终，本章得到了 17 854 只债券，涉及 4 704 个发行人。由于本章的主要分析基于季度评级样本，所以本章也构造了债券季度评级面板数据。为此，本章从万得数据库中提取了 17 854 只债券在每个季度末的债券评级，得到了债券—季度层面 229 861 个观测值，涉及 17 840 只债券、4 696 家公司。本章进一步删除了季度财务变量缺失的观测值，最终得到了 161 234 个观测值。本章关注国有企业债券和非国有企业债券评级质量的差异，因此采用倾向得分匹配法来缓解国有企业债券和非国有企业债券发行人在公司特征层面的差异。具体而言，在发行评级样本和季度评级样本中均采用一对一不重复抽样匹配。例如，对于季度评级样本而言，首先采用 Probit 模型估算倾向得分，被解释变量是企业属性（SOE），解释变量主要是公司层面的财务特征，财务变量的选取主要参考 Jin 等（2021）的方法。此外，也控制了行业固定效应和季度固定效应。接下来，本章为每个国有企业债券观测值寻找倾向得分最为接近的非国有企业债券观测值，并限定卡尺在 0.05 以内。我们按此方法得到了 42 632 个观测值，即 21 316 对匹配的债券和季度层面观测值。在发行评级样本中，本章采用同样的方法得到了 4 462 个观测值，即 2 231 对匹配的债券和季度层面观测值。本章后续的分析主要基于匹配样本。关于匹配过程中涉及的 Probit 回归和平衡性检验详见附表 3①。

附表 3 中 Panel A 汇报了 Probit 回归结果。Panel B 和 Panel C 则汇报的是国有企业债券和非国有企业债券在匹配前和匹配后发行人层面的特征。Panel B 表明国有企业发行人有着更大的资产规模以及更高的销售增长率（SG）、更低的资产负债率（LTA）、盈利能力（ROA）和现金收入占比（CFFO）。国有企业债券的发行评级（季度评级）平均高出非国有企业债券 0.39（0.58）个级别。经过匹配之后，Panel C 显示除了资产负债率（LTA）以外，其他发行人财务变量在国有企业债券和非国有企业债券之间没有显著差异。而资产负债率变量的标准化偏差（standardized difference）处于 10%以内，属于可接受范围（Rosenbaum、Rubin，1985）。经过匹配之后，国有企业债券评级和非国有企业债券评级的差异在统计和经济意义上均是显著的。

二、描述性统计

表 3.1 报告了未匹配的发行评级样本（Panel A）和已匹配的季度评级面板数据（Panel B）描述性统计结果②。Panel A 显示 2008 年新发债券为 139 只，而到了 2018 年则为 3 008 只，平均募集规模为 10.66 亿元。国有企业是债券市场的发行主体，大约发行了 80%的债券。从 Panel A 中还可看出中国债券评级较高，几乎所有债券的评级都在 AA^-级以上。Panel B 中季度交易利差略高于发行利差，存量规模也略低于一级市场发行规模。此外，季度评级也略低于发行评级。

---

① 对于一级市场样本，在匹配前包括了 930 家非国有企业和 3 470 家国有企业。在匹配之后，样本中包括了 788 家非国有企业和 966 家国有企业。对于二级市场样本，匹配前包括了 930 家非国有企业和 3 425 家国有企业；匹配之后，包括了 913 家非国有企业和 1 586 家国有企业。

② 为了计算出新发债券的实际募集金额，表 3.1 中的 Panel A 用的是发行评级未匹配样本。而 Panel B 则采用季度评级匹配样本，主要是为了对匹配样本进行一个初步统计。

表 3.1　描述性统计

Panel A：未匹配的发行评级样本

年份	观测值/个	债券数量/只	公司数量/家	国有企业债券占比/%	平均募集金额/亿元	发行期限/年	票面利率/%	发行利差/%	债券发行评级	AA-级以上债券占比/%
2008	139	139	92	69.78	25.86	6.35	5.74	2.31	18.34	100.00
2009	496	496	309	82.06	23.71	6.07	5.14	2.36	18.05	99.40
2010	506	506	327	79.25	17.00	6.27	5.06	2.01	17.97	100.00
2011	805	805	553	79.01	13.81	5.73	6.34	2.78	17.77	100.00
2012	1 646	1 646	1 044	82.44	11.90	5.94	6.46	3.23	17.53	99.76
2013	1 385	1 385	902	81.52	10.46	5.82	6.37	2.76	17.56	99.78
2014	1 990	1 990	1 154	90.25	9.89	6.04	6.99	2.96	17.59	100.00
2015	2 032	2 032	1 266	78.25	10.76	5.18	5.58	2.48	17.72	100.00
2016	3 388	3 388	1 806	73.64	10.10	5.24	4.69	2.05	17.82	99.97
2017	2 459	2 459	1 347	79.26	8.04	5.06	6.00	2.45	18.02	100.00
2018	3 008	3 008	1 392	82.08	8.55	4.47	6.01	2.67	18.37	100.00
总计	17 854	17 854	4 704	80.24	10.66	5.36	5.85	2.56	17.87	99.94

Panel B：匹配后的季度评级样本

年份	观测值/个	债券数量/只	公司数量/家	国有企业债券占比/%	平均募集金额/亿元	发行期限/年	剩余期限/年	到期收益率/%	交易利差/%	债券评级	AA-级以上债券占比/%
2008	21	13	10	69.23	13.98	6.00	5.77	6.25	2.94	17.71	100.00
2009	95	68	55	48.53	13.42	5.87	5.43	5.93	3.07	17.46	100.00
2010	341	189	134	59.26	10.88	5.41	4.61	5.00	2.12	17.62	100.00
2011	876	467	298	61.24	10.79	5.31	4.34	5.99	2.56	17.77	100.00
2012	2 043	968	592	59.92	9.37	5.07	3.90	5.76	2.75	17.63	99.85
2013	3 456	1 430	862	58.53	8.17	4.95	3.53	5.98	2.39	17.48	99.57
2014	4 321	1 826	1 038	59.80	7.84	4.92	3.06	6.56	2.83	17.43	98.80
2015	5 340	2 443	1 262	58.04	7.82	4.94	2.94	5.54	2.67	17.47	98.48
2016	8 412	3 792	1 665	56.33	8.74	4.85	3.10	4.91	2.40	17.62	98.78
2017	10 085	4 390	1 780	55.28	8.54	4.76	2.78	5.84	2.47	17.76	99.16
2018	7 642	4 047	1 529	52.21	8.29	4.56	2.50	6.32	3.04	17.84	98.50
总计	42 632	7 202	2 499	61.90	8.46	4.83	3.01	5.78	2.62	17.65	98.94

注：募集金额均以 2007 年为基期进行了 CPI 调整。

表 3.2 比较了国有企业债券和非国有企业债券间的评级差异，采用的是匹配样本。表 3.2 中国有企业债券评级明显高于非国有企业债券评级。例如，Panel B 表明 21 316 对债券中有 9 633 对是国有企业债券季度评级高于匹配的非国有企业债券，6 650 对是国有企业债券季度评级与匹配的非国有企业债券

评级相等。这表明超过75%的国有企业债券季度评级至少与匹配的非国有企业债券评级持平。在一组未报告的表格中，本章继续探究了被高估的国有企业债券评级和被低估的国有企业债券评级分布。被高估的国有企业债券评级集中在AAA（5 553 只）和 AA+（3 572 只）两个级别中，被高估 1 个等级的观测值占比 61%，被高估 2 个等级的观测值占比 33%，被高估 3 个等级的观测值占比 4%。而国有企业债券评级被低估的情形主要发生在 AA（3 440 只）这个级别中，被低估 1 个等级的观测值占比 72%，被低估 2 个等级的观测值占比 25%，被低估 3 个等级的观测值占比 2%。因此，国有企业债券评级被高估的情形相对于国有企业债券评级被低估的情形更为常见，而且被高估的幅度也大于被低估的幅度。表 3.2 Panel A 中展示的是国有企业债券和非国有企业债券评级的差异，同样显示出国有企业债券评级被高估的现象。

表 3.2　国有企业债券和非国有企业债券间的评级差异

Panel A：国有企业债券与非国有企业债券间的评级差异（发行评级匹配样本）			
	观测值	均值	中位数
	(1)	(2)	(3)
国有企业债券发行评级高于匹配的非国有企业债券	1 032	1.434	1.000
中央国有企业	351	1.527	1.000
地方国有企业	681	1.386	1.000
国有企业债券发行评级等于匹配的非国有企业债券	740	0.000	0.000
中央国有企业	158	0.000	0.000
地方国有企业	582	0.000	0.000
国有企业债券发行评级低于匹配的非国有企业债券	459	-1.303	-1.000
中央国有企业	58	-1.379	-1.000
地方国有企业	401	-1.292	-1.000
Panel B：国有企业债券与非国有企业债券间的评级差异（季度评级匹配样本）			
	观测值	均值	中位数
	(1)	(2)	(3)
国有企业债券季度评级高于匹配的非国有企业债券	9 633	1.614	1.000
中央国有企业	3 032	1.638	1.000
地方国有企业	6 601	1.603	1.000
国有企业债券季度评级等于匹配的非国有企业债券	6 650	0.000	0.000
中央国有企业	1 239	0.000	0.000
地方国有企业	5 411	0.000	0.000
国有企业债券季度评级低于匹配的非国有企业债券	5 033	-1.403	-1.000
中央国有企业	690	-1.648	-1.000
地方国有企业	4 343	-1.364	-1.000

注：均值和中位数指的是国有企业债券和非国有企业债券评级差异的均值和中位数。

图 3.1 展示了国有企业债券和非国有企业债券评级分布。如图 3.1 所示，无论是发行评级（Panel A）还是季度评级（Panel B），国有企业债券和非国有企业债券的评级分布都有所不同。例如，Panel A 显示超过 50%的非国有企业债券在发行时的评级为 AA，28%的评级为 AA+，17%为 AAA。而国有企业债券样本中，三个等级各占三分之一。Panel B 显示二级市场季度评级样本中评级分布相对分散，例如出现了最低的评级 C。相比于发行评级样本，非国有企业债券季度评级 AA+的占比上升，AAA 和 AA 的占比则出现了下降。对于国有企业债券而言，季度评级的变动幅度则相对较小：AAA 级债券和 AA 级债券的占比上升，但是上升幅度并不大。

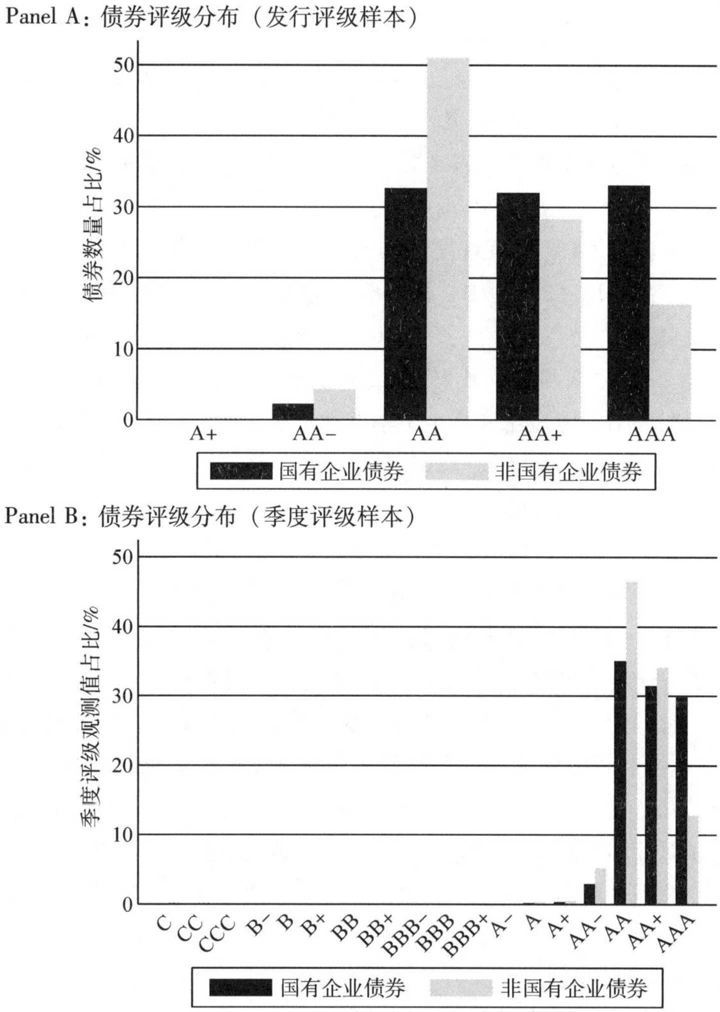

图 3.1　国有企业债券和非国有企业债券评级分布

三、基础回归

本章首先检验国有产权是否影响到债券评级质量。既有文献通常的做法是检验债券评级对未来违约事件的预测能力，但是由于中国公募债券市场自2014年开始才出现第一只违约债券，因此本章用债券评级下调和评级被列入负面观察名单（统称为“负面评级事件”）度量债券违约风险①。债券评级下调属于负面信息（Jorion 等，2005；May，2010；Xia，2014），既有文献发现债券评级下调和公司违约有着正相关关系（Hilscher、Wilson，2017）。而评级被列入负面观察名单也被视为评级下调的预兆。本章采用如下的线性概率模型来检验两类债券评级质量的差异。

$$Pr(Downgrade\_CreditWatch_{i,t+1\sim t+8}=1)=\beta_0+\beta_1 SOE_{i,t}+\beta_2 Bondrating_{i,t}+\beta_3 Bondrating_{i,t}*SOE_{i,t}+\beta_4 Controls+\varepsilon_{i,t} \quad (3.1)$$

$$Pr(Downgrade\_CreditWatch_{i,t+1}=1)=\beta_0+\beta_1 SOE_{i,t}+\beta_2 Bondrating_{i,t}+\beta_3 Bondrating_{i,t}*SOE_{i,t}+\beta_4 Controls+\varepsilon_{i,t} \quad (3.2)$$

本章采用方程（3.1）检验新发债券的评级质量，采用方程（3.2）检验季度评级样本。在方程（3.1）中，被解释变量为未来8个季度债券评级是否下调或者评级是否被列入评级观察名单（$Downgrade\_CreditWatch_{i,t+1\sim t+8}$）。如果债券遭遇负面评级事件，则该变量取值为1；否则取值为0。在方程（3.2）中，将时间窗口缩短至未来1个季度②。关注变量为企业性质和债券评级的交叉项（$Bondrating_{i,t}*SOE_{i,t}$），$\beta_3$表示国有企业债券和非国有企业债券评级质量的差异。控制变量包括公司资产的自然对数（Lnasset）、资产负债率（LTA）、固定资产占总资产比重（PPE）、盈利能力（ROA）、主营业务利润率（Profitratio）、货币资金占总负债的比重（Cashratio）、销售收入增长率（SG）和现金收入占比（CFFO）。这些变量被用于度量债券信用风险（钟辉勇 等，2016；杨国超、刘琪，2019）。各变量的详细定义请见附表4。控制变量中时变变量的取值时点为上一年年末（发行评级样本）和上个季度末（季度评级样本）。本章也控制了发行月份固定效应（发行评级样本）或者季度固定效应（季度评级样本）、省份固定效应和行业固定效应。此外，本章在可行的情况下加入了企业属性和时间交互固定效应，用于控制国有企业债券和非国有企业债券之间时变的不可观测异质性。例如，国有企业债券评级无法预测未来的负

---

① 到2018年6月30日，共有155个违约事件（Amstad、He，2020），这些违约事件涉及74个发行人，包括11家国有企业和63家非国有企业。

② 需要注意的是，方程（3.1）采用的样本是混合截面数据，所以脚标t表示发债月份。

面评级事件可能是由于国有企业债券的负面事件数量本身就少。此外，交互固定效应可以控制住任何宏观经济政策对国有企业债券和非国有企业债券违约风险的不同影响。

表 3.3 中 Panel A 是基于方程（3.1）的估计结果，第（1）~（2）列是全样本结果，第（3）~（4）列是匹配样本结果。债券评级变量的估计系数显著为负，说明对于非国有企业债券，更高的发行评级意味着未来遭遇负面评级事件的可能性也更小。而企业属性和债券评级交叉项的估计系数显著为正，说明国有产权性质降低了债券评级和未来负面评级事件之间的关联性。就经济规模来看，以第（2）列为例，债券的发行评级每上升一级，非国有企业债券未来遭遇负面评级事件的概率会下降 2.8%，由于非国有企业债券在发行之后的 8 个季度内遭遇负面评级事件的平均概率为 5.729%，与均值相比，违约风险大约降低了 48.87%。对于国有企业债券来说，F 检验显示，企业属性和债券评级交叉项与债券评级独立项的系数之和不显著异于 0，因此，国有企业债券发行评级的高低并未引起负面评级事件发生概率的变动。上述结果表明，非国有企业债券的发行评级可以有效预测其未来信用风险，但是国有企业债券评级则不能。基于匹配后的样本进行回归，结论仍然稳健。Panel B 是基于季度评级样本的回归结果，关注变量的回归系数符号与 Panel A 保持一致。而根据 F 检验结果，企业属性和债券评级交叉项与债券评级独立项的系数和仍然显著为负，这意味着对于国有企业债券季度评级而言，其仍然对未来负面评级事件有一定的预测能力，但是弱于非国有企业债券评级。总体而言，表 3.3 中的回归结果表明，国有产权性质减弱了评级对未来负面评级事件的预测能力，这在统计上和经济意义上都是显著的。对于季度评级而言，国有企业债券评级对负面评级事件有着一定的预测能力；但是对于发行评级而言，国有企业债券评级则没有预测能力。

表 3.3　国有企业债券和非国有企业债券评级质量差异

Panel A：国有企业债券和非国有企业债券评级质量差异（发行评级样本）				
	被解释变量 $Downgrade\_CreditWatch_{t+1\sim t+8}$			
	未匹配样本		匹配样本	
	（1）	（2）	（3）	（4）
Bond rating * SOE	0.030*** （3.075）	0.029*** （3.020）	0.030** （2.546）	0.032*** （2.642）
Bond rating	−0.030*** （−3.332）	−0.028*** （−3.057）	−0.025** （−2.578）	−0.024** （−2.433）

表3.3(续)

控制变量	No	Yes	No	Yes
企业性质和发行月份交互固定效应	Yes	Yes	Yes	Yes
行业固定效应	Yes	Yes	Yes	Yes
省份固定效应	Yes	Yes	Yes	Yes
观测值	16 886	16 886	4 462	4 462
调整后的 R^2	0.070	0.071	0.074	0.076
F 统计量（P 值）	0.076 (0.782)	0.349 (0.555)	0.779 (0.377)	1.471 (0.225)
Panel B：国有企业债券和非国有企业债券评级质量差异（季度评级样本）				
	被解释变量：$owngrade\_CreditWatch_{t+1}$			
	未匹配样本		匹配样本	
	(1)	(2)	(3)	(4)
Bond rating * SOE	0.014*** (3.696)	0.013*** (3.617)	0.009** (2.025)	0.009** (2.110)
Bond rating	−0.018*** (−5.101)	−0.018*** (−4.827)	−0.019***	−0.019*** (−4.498)
控制变量	No	Yes	No	Yes
企业性质和季度交互固定效应	Yes	Yes	Yes	Yes
行业固定效应	Yes	Yes	Yes	Yes
省份固定效应	Yes	Yes	Yes	Yes
观测值	161 234	161 234	42 632	42 632
调整后的 R^2	0.037	0.044	0.052	0.062
F 统计量（P 值）	16.742 (0.000)	11.387 (0.001)	18.329 (0.000)	14.474 (0.000)

注：***、** 和 * 分别表示在 1%、5%和 10%水平上显著，括号中为 t 值。标准误在发行人层面进行聚类调整。

为了评估国有企业债券和非国有企业债券预测模型的表现，本章首先采用如下 Logit 模型估计评级对未来负面评级事件的预测能力。

$$Pr(Downgrade\_CreditWatch_{i,t+1\sim t+8}=1)=\beta_0+\beta_1 Bondrating_{i,t}+\varepsilon_{i,t} \quad (3.3)$$

$$Pr(Downgrade\_CreditWatch_{i,t+1}=1)=\beta_0+\beta_1 Bondrating_{i,t}+\varepsilon_{i,t} \quad (3.4)$$

由于在此仅关注债券评级的预测精度，因此方程（3.3）和方程（3.4）中的唯一解释变量是债券评级变量。本章参考 Hilscher 和 Wilson（2017）的方法计算受试者工作特征曲线下的面积。受试者工作特征曲线主要描述了真正类比率（true positive rate，TPR）和假正类比率（false positive rate，FPR）之间的关系。具体到本章中，真正类比率等于被正确预测到的负面评级事件数量占总的负面评级事件数量的比值；假正类比率等于被错误预测的负面评级事件数量占总的负面评级事件数量的比值。真正类比率越高、假正类比率越低，模型的预测能力越好。在绘制出受试者工作特征曲线之后，便可以计算受试者工作特征曲线下的面积。当受试者工作特征曲线下的面积等于 0.5 的时候，则为一个随机预测模型，即模型没有任何分类能力；当受试者工作特征曲线下的面积等于 1 的时候，则是一个完美预测模型。因此，受试者工作特征曲线下的面积数值越高，模型的预测精度越高。

表 3.4 报告了国有企业债券和非国有企业债券评级预测模型的受试者工作特征曲线下的面积。可以看到，非国有企业债券的评级预测模型的受试者工作特征曲线下的面积数值高于国有企业债券。例如，对于发行评级匹配样本而言，非国有企业债券的受试者工作特征曲线下的面积为 0.616，而国有企业债券的受试者工作特征曲线下的面积为 0.512，二者的差异在 10%的水平上显著。对于未匹配样本来说，二者的差异在 5%的水平上显著。表 3.3 和表 3.4 的结果表明，国有企业债券评级对负面评级事件的预测能力更弱。

表 3.4　国有企业债券和非国有企业债券评级预测模型比较

Panel A：受试者工作特征曲线下的面积（发行评级样本）				
	未匹配样本		匹配样本	
	AUC 值	t 统计量	AUC 值	t 统计量
国有企业债券	0.536***	15.571	0.512***	11.505
非国有企业债券	0.623***	21.257	0.616***	18.247
国有企业债券-非国有企业债券	0.088**	1.983	0.104*	1.818
Panel B：受试者工作特征曲线下的面积（季度评级样本）				
	未匹配样本		匹配样本	
	AUC 值	t 统计量	AUC 值	t 统计量
国有企业债券	0.647***	28.495	0.683***	23.188
非国有企业债券	0.683***	25.918	0.697***	27.539
国有企业债券-非国有企业债券	0.036	0.986	0.013	0.351

注：AUC 值是指受试者工作特征曲线下的面积，其标准误是根据重复 1 000 次的自取抽样法（bootstrap method）而得到的。标准误在发行人维度进行聚类调整。

与表3.3中Panel B的结论一致，表3.4中Panel B的结果表明，国有企业债券季度评级的预测精度与非国有企业债券的差异缩小。这表明国有企业的发行评级的信息含量可能更低，因为此时发行人为了降低债券票面利率，更有动机进行评级选购。而在发行之后，发行人评级选购的动机有所削弱，评级机构也会根据发行人的违约风险调整评级。此外，投资者也因为信息的逐步披露形成了对评级机构的外部约束，评级机构更可能在后续跟踪评级的过程中更加尽职尽责，降低了对国有企业债券评级进行高估的可能性。上述原因最终使得国有企业债券和非国有企业债券的评级质量随时间变动趋于一致。

四、国有企业债券评级被高估与评级质量

为了检验国有企业债券评级被高估对其评级质量的影响，本章进一步将季度债券评级匹配样本分成国有企业债券评级被相对高估和国有企业债券评级未被高估两组，比较基准是与之相匹配的非国有企业债券评级。然后采用似无相关回归（Seemingly unrelated regression, SUR）估计下述的线性概率模型，并采用Wald检验来比较两组样本中国有企业债券和非国有企业债券评级质量的差异。

$$Pr(Downgrade\_CreditWatch_{i,t+1} = 1) = \beta_0 + \beta_1 Bondrating_{i,t} + \beta_2 Controls + \varepsilon_{i,t} \tag{3.5}$$

本章提出的“政府隐性担保扭曲评级机构行为”假说认为，评级信息质量低更可能发生在评级被高估的国有企业债券样本中；而同样的评级偏差在国有企业债券评级未被高估的样本中则不存在。在后一种情况中，未被高估的国有企业债券评级应当与非国有企业债券评级具有同样的评级质量。方程（3.5）中的关注变量为债券评级。本章预期在国有企业债券评级被相对高估的样本中，国有企业债券和非国有企业债券评级的回归系数应当具有显著差异，而且国有企业债券中该变量的系数不显著，而非国有企业债券该变量系数则显著。相反，在国有企业债券评级未被高估的样本中，本章预期国有企业债券和非国有企业债券评级应当具有相同的信息含量，此时，债券评级变量的估计系数应当无差异。

表3.5中的第（1）列和第（2）列汇报了国有企业债券评级被相对高估的样本的回归结果，该样本中包含了评级被相对高估的国有企业债券及其与之匹配的非国有企业债券。第（4）列和第（5）列则是基于国有企业债券评级未被高估的样本进行的回归结果。第（1）列的结果显示，当国有企业债券评级被相对高估的时候，国有企业债券评级无法预测未来负面评级事件；而与之匹配的非国有企业债券季度评级则能预测未来的负面评级事件，债券评级变量

的估计系数为-0.018，且在1%的水平上显著。第（3）列的结果显示国有企业债券和非国有企业债券样本的债券评级变量估计值在1%的水平上存在显著差异。第（1）列回归调整后的 R^2 为0.014，而第（2）列回归调整后的 R^2 为0.104，这意味着当国有企业债券评级被高估的时候，其债券评级变动对未来负面事件发生概率的解释力度更弱。第（4）列和第（5）列债券评级变量的估计系数分别为-0.014和-0.008，且均在1%的水平上显著。第（6）列的结果显示，当国有企业债券评级并未被高估的时候，国有企业债券和非国有企业债券之间债券评级变量的估计系数没有显著差异。这说明一旦国有企业债券评级未被高估，便会具有与非国有企业债券同等的信息含量，此时，更低的债券评级意味着更高的违约风险。此外，第（5）列和第（6）列的调整后的 R^2 也较为接近（0.057和0.030）。因此，第（4）~（6）列结果表明，当国有企业债券评级未被高估时，其与非国有企业债券评级之间的差异可能是由于评级机构评级观点不同导致的随机差异。国有企业和非国有企业债券评级在被高估和未被高估时表现出来的“非对称效应”与本章提出的“政府隐性担保扭曲评级机构行为”假说保持一致：由于预期到国有企业可能有政府隐性担保，评级机构相应面临着较低的声誉成本，因此为了获取更多的评级收费，评级机构会给予国有企业较高的债券评级。

表3.5　国有企业债券评级被高估对评级质量的影响

	被解释变量：$Downgrade\_CreditWatch_{t+1}$					
	国有企业债券评级被相对高估			国有企业债券评级未被高估		
	国有企业	非国有企业	国有企业-非国有企业	国有企业	非国有企业	国有企业-非国有企业
	(1)	(2)	(3)	(4)	(5)	(6)
Bondrating	-0.000	-0.018***	0.018***	-0.014***	-0.008***	-0.007
	(-0.185)	(-3.624)	(11.782)	(-4.020)	(-3.624)	(2.354)
控制变量	Yes	Yes		Yes	Yes	
季度固定效应	Yes	Yes		Yes	Yes	
行业固定效应	Yes	Yes		Yes	Yes	
省份固定效应	Yes	Yes		Yes	Yes	
观测值	9 633	9 633		11 683	11 683	
调整后的 R^2	0.014	0.104		0.057	0.030	

注：***、** 和 * 分别表示在1%、5%和10%水平上显著，第（1）、（2）、（4）、（5）列括号中为 t 值，第（3）列和第（6）列括号中是基于Wald检验得到的卡方统计量。标准误在发行人层面进行聚类调整。

表 3.3 和表 3.5 的结果也可能受到另外一种解释的影响：国有企业债券样本中，债券评级变量的估计值较低可能是由于国有企业债券出现负面评级事件的频率本身就更低。如果这个解释成立，则应当预期国有企业债券在评级被高估和没有被高估时，其债券评级变量的估计系数都应当不显著，而且系数规模均应当小于非国有企业债券。然而，本章发现在国有企业债券评级并未被高估的时候［表 3.5 中的第（4）列］，国有企业债券样本中债券评级变量的估计系数仍然是显著为负的。此外，在国有企业债券评级没有被高估时，国有企业债券评级变量的估计系数大于与之匹配的非国有企业债券。因此，上述结果并不支持国有企业债券评级被高估时，国有企业债券评级变量的系数估计值更低是由于其本身遭遇负面评级事件概率就低的解释。

表 3.5 将国有企业债券样本和非国有企业债券样本进行分样本回归，主要因为本章也同时关注各自样本中债券评级变量的系数。为了单纯比较国有企业和非国有企业债券评级预测能力的差异，本章也引入三重交叉项进行检验。基于方程（3.2），本章构造了一个新的虚拟变量 SOEoverrate，当国有企业债券评级高于与之相匹配的非国有企业债券评级时，SOEoverrate 取值为 1，否则为 0。然后，本章估计下面的方程：

$$Pr(Downgrade\_CreditWatch_{i,t+1} = 1) = \beta_0 + \beta_1 SOE_{i,t} + \beta_2 Bondrating_{i,t} + \beta_3 SOEoverrate_{i,t} + \beta_4 SOE_{i,t} * Bondrating_{i,t} + \beta_5 SOE_{i,t} * SOEoverrate_{i,t} + \beta_6 Bondrating_{i,t} * SOEoverrate_{i,t} + \beta_7 SOE_{i,t} * Bondrating_{i,t} * SOEoverrate_{i,t} + \beta_8 Controls + \varepsilon_{i,t} \quad (3.6)$$

其中，三重交叉项 $SOE_{i,t} * Bondrating_{i,t} * SOEoverrate_{i,t}$ 的估计系数 β_7 表示相较于国有企业债券评级未被高估的情形，当国有企业债券评级被高估时，国有企业债券评级质量与其之间的差异。表 3.6 汇报了相关回归结果，β_7 的估计系数为 0.02 且在 1%的水平上显著。这也印证了表 3.5 的结论，即仅当国有企业债券评级被相对高估的时候，国有企业债券评级和未来负面评级事件风险的关系才会减弱。

表 3.6　国有企业债券评级高估对评级质量的影响（三重交叉项）

	被解释变量：$Downgrade\_CreditWatch_{t+1}$	
	（1）	（2）
Bond rating	-0.009*** (-4.484)	-0.010*** (-4.054)

表3.6(续)

	被解释变量：$Downgrade\_CreditWatch_{t+1}$	
	(1)	(2)
SOE overrate	0.218*** (2.698)	0.188** (2.505)
SOE * Bond rating	−0.005 (−1.301)	−0.004 (−0.910)
SOE * SOE overrate	−0.410*** (−4.145)	−0.367*** (−4.143)
Bond rating * SOE overrate	−0.013*** (−2.660)	−0.011** (−2.480)
SOE * Bond rating * SOE overrate	0.023*** (4.116)	0.021*** (4.141)
控制变量	No	Yes
企业性质和季度交互固定效应	Yes	Yes
行业固定效应	Yes	Yes
省份固定效应	Yes	Yes
观测值	42 632	42 632
调整后的 R^2	0.055	0.064

注：***、** 和 * 分别表示在 1%、5%和 10%水平上显著，括号中为 t 值。标准误在发行人层面进行聚类调整。

五、内生性问题

表 3.3 和表 3.5 的回归方程中已经包括了行业、时间和省份固定效应，用于控制时间、行业和省份层面的不可观测异质性对负面评级事件发生概率的影响。本章也采用匹配样本来减少国有企业债券和非国有企业债券发行人在公司层面的可观测差异性。而且，在任何可行的情况下，本章也加入了企业性质和时间交互固定效应，用于控制对国有企业债券和非国有企业债券组间不同的时变不可观测异质性对违约风险的影响。上述方法已经在一定程度上缓解了关注变量债券评级的部分内生性问题。本章在此采用工具变量法进一步处理内生性问题。

由于所有解释变量都可能是内生的，本章采用各解释变量滞后两期的数值作为其自身的工具变量（Bose 等，2021）。对于发行评级样本，本章采用滞后两期的主体评级作为债券发行评级的工具变量。对于债券评级和企业性质的交叉项，用滞后两期的评级与企业性质的交叉项作为其工具变量。

如表3.7所示，我们采用工具变量法的回归结果与表3.3中的主回归结果保持一致，虽然季度评级样本中的相关估计系数规模有所下降。表3.8汇报了表3.5按照工具变量法的回归结果。可以发现，对于评级被相对高估的国有企业债券而言，其债券评级的预测能力更弱；但是同样的现象在评级未被高估的国有企业债券中并不存在。表3.7和表3.8中弱工具变量检验统计量（Anderson-Rubin Wald Chi-square statistics）显示，除了表3.8中第（1）列结果，其余的均可通过弱工具变量检验。由于本章的模型是恰好识别（just-identified）的，两阶段最小二乘法估计量（2SLS）是中位无偏估计（median-unbiased）（Angrist、Pischke，2008）。为了检验弱工具变量的严重程度，本章采用有限信息极大似然估计（limited information maximum likelihood，LIML）重新估计表3.8中的第（1）列。在存在弱工具变量的情形下，有限信息极大似然估计的估计性质优于两阶段最小二乘法估计（Staiger、Stock，1997）。本章发现，采用有限信息极大似然估计的估计结果与两阶段最小二乘法估计的估计结果一致，因此弱工具变量的问题并不严重。总的来说，工具变量回归结果说明，虽然债券评级变量可能存在内生性问题，但是主要结论仍然稳健。限于篇幅，我们并未在正文中展示有限信息极大似然估计的估计结果。

表3.7　国有企业债券和非国有企业债券评级质量差异（工具变量法）

Panel A：国有企业债券和非国有企业债券评级质量差异（发行评级样本）				
	被解释变量：$Downgrade\_CreditWatc_{t+1}$			
	未匹配样本		匹配样本	
	（1）	（2）	（3）	（4）
Bond rating * SOE	0.032* （1.956）	0.031* （1.823）	0.038* （1.848）	0.058* （1.803）
Bond rating	-0.032** （-2.170）	-0.026* （-1.730）	-0.034** （-2.209）	-0.051 （-1.609）
控制变量	No	Yes	No	Yes
企业性质和发行月份交互固定效应	Yes	Yes	Yes	Yes
行业固定效应	Yes	Yes	Yes	Yes
省份固定效应	Yes	Yes	Yes	Yes
Kleibergen-Paap rk LM statistic （P值）	462.412 （0.000）	0.900 （0.343）	97.250 （0.000）	3.354 （0.067）

表3.7(续)

Anderson-Rubin Wald Chi-square statistic (P 值)	5.065 (0.079)	17.366 (0.067)	4.848 (0.089)	16.358 (0.090)
观测值	10 534	10 534	2 664	2 664
调整后的 R^2	0.080	0.068	0.114	-0.397
卡方统计量 (P 值)	0.000 (0.991)	0.769 (0.381)	0.164 (0.686)	0.080 (0.777)
Panel B：国有企业债券和非国有企业债券评级质量差异(季度评级样本)				
	被解释变量：*Downgrade_CreditWatch*$_{t+1}$			
	未匹配样本		匹配样本	
	(1)	(2)	(3)	(4)
Bond rating * SOE	0.007*** (2.856)	0.007*** (2.966)	0.004 (1.169)	0.005 (1.462)
Bond rating	-0.010*** (-4.836)	-0.010*** (-4.511)	-0.012*** (-4.903)	-0.010*** (-4.269)
控制变量	No	Yes	No	Yes
企业性质和季度交互固定效应	Yes	Yes	Yes	Yes
行业固定效应	Yes	Yes	Yes	Yes
省份固定效应	Yes	Yes	Yes	Yes
Kleibergen-Paap rk LM statistic (P 值)	23.258 (0.000)	280.672 (0.000)	25.333 (0.000)	158.078 (0.000)
Anderson-Rubin Wald Chi-square statistic(P 值)	38.000 (0.000)	92.179 (0.000)	31.515 (0.000)	93.649 (0.000)
观测值	129 543	129 543	34 158	34 158
调整后的 R^2	0.036	0.042	0.049	0.059
卡方统计量 (P 值)	14.982 (0.000)	5.534 (0.019)	10.121 (0.001)	4.531 (0.033)

注：***、** 和 * 分别表示在1%、5%和10%水平上显著，括号中为 t 值。标准误在发行人层面进行聚类调整。不可识别约束检验使用的是 Kleibergen-Paap rk LM statistic，弱工具变量检验使用的是 Anderson-Rubin Wald Chi-square statistic，卡方统计量是 *Bondrating * SOE* 和 *Bondrating* 系数之和检验所得到的统计量。

表 3.8　国有企业债券评级被高估对评级质量的影响（工具变量法）

	被解释变量：$Downgrade\_CreditWatch_{t+1}$					
	国有企业债券评级被相对高估			国有企业债券评级未被高估		
	国有企业	非国有企业	国有企业-非国有企业	国有企业	非国有企业	国有企业-非国有企业
	(1)	(2)	(3)	(4)	(5)	(6)
Bond rating	0.001 (0.565)	-0.007** (-2.203)	0.008** (1.995)	-0.009** (-2.294)	-0.009*** (-3.175)	0.000 (0.047)
控制变量	Yes	Yes		Yes	Yes	
季度固定效应	Yes	Yes		Yes	Yes	
行业固定效应	Yes	Yes		Yes	Yes	
省份固定效应	Yes	Yes		Yes	Yes	
Kleibergen-Paap rk LM statistic（P 值）	34.587 (0.000)	52.741 (0.000)		50.652 (0.000)	65.178 (0.000)	
Anderson-Rubin Wald Chi-square statistic(P 值)	12.579 (0.183)	49.322 (0.000)		36.723 (0.000)	31.639 (0.000)	
观测值	7 640	7 640		9 439	9 439	
调整后的 R^2	0.013	0.097		0.046	0.036	

注：***、** 和 * 分别表示在 1%、5%和 10%水平上显著，第（1）、（2）、（4）、（5）列括号中为 t 值，第（3）列和第（6）列括号中是基于 Wald 检验得到的卡方统计量。标准误在发行人层面进行聚类调整。不可识别约束检验使用的是 Kleibergen-Paap rk LM statistic，弱工具变量检验使用的是 Anderson-Rubin Wald Chi-square statistic。

六、国有企业债券评级被高估对评级质量影响的异质性检验

本章进一步进行国有企业债券评级被高估对评级质量影响的异质性分析。本章首先假设评级被高估导致的低评级质量更容易出现在地方国有企业样本中。中央国有企业更多地负责市场监管，而地方国有企业则侧重于发展地区经济。由于地方国有企业对本地的就业和经济增长有着重要影响，因此，地方政府有着强烈的动机帮助地方国有企业提升收入，以便其能够满足上市要求（Chen 等，2008）。而且，相比于中央国有企业，地方国有企业在公司治理能力和财务状况方面都相对更弱（Chen 等，2009；Cheung 等，2010；Jiang 等，2010）。因此，地方国有企业获得比非国有企业更高的债券评级并不合理①。基于国有企业债券评级高于非国有企业债券评级的事实，以及中央国有企业和

① 另一种可能的解释是中央国有企业因为“太大而不能倒”，因此其违约概率低于地方国有企业。

地方国有企业之间的差异性，本章预期地方国有企业的评级膨胀现象更为严重。

本章将季度债券评级样本分成国有企业债券评级被相对高估和未被高估两组，然后进一步按照中央国有企业/地方国有企业分组，与之相匹配的非国有企业债券按照国有企业债券的分组自动归入相应的组别。本章仍然采用似无相关回归估计模型，并比较国有企业债券样本和非国有企业债券样本的系数差异。

表 3.9 中 Panel A 展示了国有企业债券评级被相对高估的样本回归结果。第（4）列和第（5）列表示当比较对象为地方国有企业的时候，与之匹配的非国有企业债券评级每上升一级，未来评级负面事件出现的概率下降 1.9%，然而地方国有企业的债券评级则没有预测能力。此时，国有企业和非国有企业债券样本评级变量估计系数在 1%的水平上显著。非国有企业债券样本调整后的 R^2为 0.118，国有企业债券样本调整后的 R^2为 0.014。这些回归系数与表 3.5 中第（1）~（3）列的估计系数在经济规模和统计显著性上接近。因此，国有企业债券评级被高估导致的评级质量低下更可能出现在非国有企业债券样本中。对于债券评级被高估的中央国有企业债券而言［表 3.9 第（1）~（3）列］，债券评级变量的估计系数不显著，而且国有企业债券和非国有企业债券之间的差异也不显著。Panel B 报告了国有企业债券评级没有被高估的结果。与表 3.5 的结果一致，国有企业债券和非国有企业债券评级质量没有差异，无论是中央国有企业债券还是地方国有企业债券。而就债券评级变量的回归系数来看也都是显著的，说明债券评级对未来评级负面事件具有预测能力。表 3.9 中的结果与既有文献中关于债券投资者对于中央国有企业和地方国有企业的风险态度差异的研究结论保持一致。例如，Livingston 等（2018）发现地方国有企业的债券信用利差显著高于中央国有企业债券。而表 3.9 中的结果表明中央国有企业和地方国有企业债券的信息含量也是存在差异的。

本章也按债券市场繁荣程度分组检验宏观经济环境对国有企业债券评级质量的影响，债市繁荣程度变量的构造参考 Dilly 和 Mählmann（2016）的方法。如表 3.10 Panel A 中第（1）~（3）列结果显示，对于在债券市场繁荣时期债券评级被高估的国有企业债券而言，其评级无法准确预测未来的负面评级事件，但是与之匹配的非国有企业债券评级则可以。关注变量债券评级的系数差异在 1%的水平上显著。而国有企业债券样本和非国有企业债券样本调整后的 R^2分别为 0.031 和 0.119，同样也说明在债券市场繁荣时期被高估的国有企业债券评级预测能力较差。Panel A 中第（4）~（6）列的结果表明，在非债券市场繁荣时期，被高估的国有企业债券评级表现与非国有企业债券无异。Panel B 则汇报了国有企业债券评级未被高估的回归结果。同前文的结论一致，不管是在债券市场繁荣时期，还是在非债券市场繁荣时期，国有企业债券评级质量与非国有企业债券评级质量均没有显著差异。总体来看，表 3.10 的结果印证了既有文献中评级膨胀现象更容易出现在债券市场相对繁荣时期的结论（Bolton 等，2012；Bar-Isaac、Shapiro，2013；Dilly、Mählmann，2016），本章则发现国有企业债券评级质量的偏差在债券市场繁荣时期会进一步加大。

表 3.9 国有企业债券评级被高估对评级质量影响的异质性检验（中央国有企业和地方国有企业）

Panel A：国有企业债券评级被高估样本						
	被解释变量：$Downgrade\_CreditWatch_{t+1}$					
	中央国有企业债券			地方国有企业债券		
	国有企业	非国有企业	国有企业-非国有企业	国有企业	非国有企业	国有企业-非国有企业
	(1)	(2)	(3)	(4)	(5)	(6)
Bond rating	-0.006 (-1.145)	-0.013 (-1.463)	0.008 (0.567)	0.001 (0.375)	-0.019*** (-3.770)	0.020*** (13.378)
控制变量	Yes	Yes		Yes	Yes	
季度固定效应	Yes	Yes		Yes	Yes	
行业固定效应	Yes	Yes		Yes	Yes	
省份固定效应	Yes	Yes		Yes	Yes	
观测值	3 032	3 032		6 601	6 601	
调整后的 R^2	0.057	0.093		0.014	0.118	
Panel B：国有企业债券评级未被高估样本						
	被解释变量：$Downgrade\_CreditWatch_{t+1}$					
	中央国有企业债券			地方国有企业债券		
	国有企业	非国有企业	国有企业-非国有企业	国有企业	非国有企业	国有企业-非国有企业
	(1)	(2)	(3)	(4)	(5)	(6)
Bond rating	-0.011*** (-2.625)	-0.005* (-1.715)	-0.006 (1.685)	-0.015*** (-2.833)	-0.008*** (-3.424)	-0.007 (1.229)
控制变量	Yes	Yes		Yes	Yes	
季度固定效应	Yes	Yes		Yes	Yes	

表3.9(续)

行业固定效应	Yes	Yes		Yes	Yes	
省份固定效应	Yes	Yes		Yes	Yes	
观测值	1 929	1 929		9 754	9 754	
调整后的 R^2	0.115	0.044		0.053	0.033	

注：***、** 和 * 分别表示在 1%、5%和 10%水平上显著，第（1）、（2）、（4）、（5）列括号中为 t 值，第（3）列和第（6）列括号中是基于 Wald 检验得到的卡方统计量。标准误在发行人层面进行聚类调整。

表 3.10　国有企业债券评级被高估对评级质量影响的异质性检验（债券市场繁荣程度）

Panel A：国有企业债券评级被高估样本						
	被解释变量：$Downgrade\_CreditWatch_{t+1}$					
	债券市场繁荣时期			非债券市场繁荣时期		
	国有企业	非国有企业	国有企业-非国有企业	国有企业	非国有企业	国有企业-非国有企业
	(1)	(2)	(3)	(4)	(5)	(6)
Bond rating	-0.001 (-0.503)	-0.021*** (-3.764)	0.021*** (12.188)	-0.007 (-1.566)	-0.002 (-0.496)	-0.005 (0.871)
控制变量	Yes	Yes		Yes	Yes	
季度固定效应	Yes	Yes		Yes	Yes	
行业固定效应	Yes	Yes		Yes	Yes	
省份固定效应	Yes	Yes		Yes	Yes	
观测值	3 899	3 899		1 271	1 271	
调整后的 R^2	0.031	0.119		0.148	0.071	
Panel B：国有企业债券评级未被高估样本						
	被解释变量：$Downgrade\_CreditWatch_{t+1}$					
	债券市场繁荣时期			非债券市场繁荣时期		
	国有企业	非国有企业	国有企业-非国有企业	国有企业	非国有企业	国有企业-非国有企业
	(1)	(2)	(3)	(4)	(5)	(6)
Bond rating	-0.010 (-1.495)	-0.007** (-2.052)	-0.002 (0.098)	-0.015** (-1.974)	-0.006 (-1.008)	-0.009 (0.860)
控制变量	Yes	Yes		Yes	Yes	
季度固定效应	Yes	Yes		Yes	Yes	

表3.10(续)

行业固定效应	Yes	Yes		Yes	Yes	
省份固定效应	Yes	Yes		Yes	Yes	
观测值	4 684	4 684		1 484	1 484	
调整后的 R^2	0.049	0.037		0.103	0.037	

注：***、** 和 * 分别表示在1%、5%和10%水平上显著，第（1）、（2）、（4）、（5）列括号中为 t 值，第（3）列和第（6）列括号中是基于Wald检验得到的卡方统计量。标准误在发行人层面进行聚类调整。

债券评级机构公布的评级结果一直被质疑缺乏及时性和足够的信息含量。既有文献中也研究了评级机构激励冲突与评级质量的关系（Bar-Isaac、Shapiro，2011、2013；Becker、Milbourn，2011；Bolton等，2012；Xia，2014）。本章发现中国债券市场中国有企业债券评级偏差的现象，即与非国有企业债券相比，国有企业债券评级被高估，降低了其评级质量。此外，在国有企业债券评级被高估和未被高估两种情况下，其评级预测能力并不相同。当国有企业债券评级被高估的时候，其对未来负面评级事件的预测能力弱于非国有企业债券；而当国有企业债券评级未被高估的时候，国有企业债券和非国有企业债券则具有相同的评级质量。

第四章　地方政府债务与经济增长

第一节　地方政府债务空间溢出效应

一直以来，地方政府债务发挥着“稳投资、促增长”的重要作用，在宏观经济下行压力加大的时期更是如此。面对全球新冠肺炎疫情和国内外复杂形势导致的宏观经济不确定性，2021 年 12 月中央经济工作会议指出，应适度超前开展基础设施投资，发挥政府投资引导作用，但同时也强调坚决遏制新增地方政府隐性债务，以便在风险整体可控的前提条件下，发挥地方政府债务对社会经济发展的逆周期调节作用。除此之外，国家重大战略往往需要地方政府提供配套的资金支持。例如，“十四五”规划将区域协调发展上升为国家重大战略，提出构建“基础设施互联互通”“交通网络化”的城市群和都市圈。为响应这一发展目标，2021 年 3 月的政府工作报告强调政府债务资金应当支持促进区域协调发展重大工程。

然而，也有许多学者对地方政府债务的负外部性表达了担忧。从金融资源的配置效率来看，有学者指出不同种类的地方政府债务挤占了地方金融资源，推高了企业尤其是民营企业的融资成本，并最终挤出了企业投资。特别是当金融体系效率不高时，地方政府债务高企而民营企业融资难融资贵的结构性问题将长期存在，不利于实体经济的可持续高质量增长。从地方政府的投融资效率来看，在过去以地区 GDP 为核心的官员考核评价体制下，地方官员通过大规模举债投资的方式拉动区域经济发展，甚至产生了债务规模远超财政承受能力的问题。当债务规模过量后，有效投资不足致使地方政府债务对经济增长的促进作用将日渐减弱，反而埋下了巨大的债务风险隐患。这些研究为加强和完善地方政府债务管理的重要性和必要性提供了理论依据，但同时也表明，地方政府债务对区域经济增长的拉动作用值得深入探讨。

不同于已有文献，本章关注地方政府债务资金用途的特殊性，拟从空间溢出和协同增长的角度探究地方政府债务在拉动区域经济增长方面的作用。具体来说，地方政府债务的投资用途主要包括交通基础设施建设、教科文卫支出以及高新产业园区投资等，具有明显的正外部性。以交通基础设施为例。交通基础设施作为地方政府债务提供的公共品，通过降低贸易成本、促进市场一体化等渠道，对邻近区域经济增长具有正的外部性（张学良，2012；刘勇政、李岩，2017；Pereira、Andraz，2004；Donaldson，2018）。由于我国正处于区域协调发展和城市群快速推进的关键时期，从空间溢出视角探讨地方政府债务与经济增长的关系能够更为全面地揭示出地方政府债务的全局效应，对探索区域协调发展的实现路径具有重要的理论意义和实践意义。

为了探究地方政府债务在促进区域协调发展中的重要作用，本章以地级市层面的地方政府债务为研究对象，采用动态空间杜宾模型探讨地方政府债务对区域经济增长是否存在空间溢出效应、空间溢出效应有什么特征以及背后的形成机理是什么。研究发现：地方政府债务能够促进邻近区域的经济增长。从时间维度上看，地方政府债务对邻近区域经济增长的空间溢出效应存在着时间累积，即长期效应大于短期效应。从空间维度上看，省际市场分割和行政壁垒，以及省域内政府在经济规划、建设过程中更大的协同性，导致地方政府债务的空间溢出效应存在一定程度上的省域分割，即地方政府债务的空间溢出效应，省（区、市）内强于省（区、市）外。此外，地方政府债务空间溢出效应的地理距离极限在400千米左右，且空间溢出效应主要存在于东部发达地区。研究发现，地方政府债务通过改善交通基础设施、提升交通互联性等途径，促进了邻近区域的经济增长。

第二节　地方政府债务与区域经济增长的关系

一、地方政府债务与区域经济增长

对地方政府债务和区域经济增长之间关系的研究由来已久，限于篇幅，本章不回溯所有相关的研究，而是选择最新的且和本章最相关的文献对其予以概述。

学者们尚未就地方政府债务与经济增长之间的关系达成共识。在国外研究方面，Spilioti 和 Geogre（2011）利用希腊从1970年开始的近40年数据研究发现，债务对经济增长具有显著的正向影响。同一时期，Checherita 和 Rother（2012）

利用12个欧元区国家从1970年开始的近40年数据研究发现，如若政府债务处在合理区间，则能纠正公共品造成的市场失灵，促进经济增长；反之，若政府债务超出合理区间，则可能会引起信贷挤出、高通货膨胀率等一系列问题。在国内研究方面，范剑勇和莫家伟（2014）指出地方政府债务不仅以直接投资的形式促进经济增长，还通过完善基础设施、压低工业用地价格等渠道吸引工业投资，进而对本地工业增长起到杠杆效应。但毛捷和黄春元（2018）研究发现，地方政府债务与经济增长存在倒U形关系，唯有当地方政府债务低于平衡点时，才能起到促进经济增长的作用，反之则可能会损害经济增长。王韧等（2021）关注到地方政府债务经济效应的区域异质性，强调在经济发展状况好的城市群，政府债务能够推动城市群资源整合，助推区域经济一体化。

不同于已有文献从债务规模的角度谈论地方政府债务对本地经济增长的影响，本章关注地方政府债务在资金用途方面的特殊性，并从空间溢出的角度探究地方政府债务对邻近区域的正外部性。从投资用途看，地方政府债务主要用于交通基础设施建设等，其原因是：首先，地方政府为达到促进经济增长、彰显政绩的目的，有大规模投资基础设施的内在需求。地方政府主导的经济模式除灵活运用财政政策及间接引导社会资本流向外，更为直接的方式则是参与经济建设，扩大基础设施投资一直是地方政府直接调控以及拉动经济的惯用手段。此外，相比于其他形式的政府投资，改善基础设施是具有“吸引眼球”效应的显性政绩，是地方政府彰显政绩最直接的实现方式（彭冲、陆铭，2019）。其次，由于财政资源的有限性，地方政府有举债投资的内在激励。实行分税制改革以来，地方财政收入面临财权少而事权多的问题，难以支撑基础设施、民生等重大资金投入，这决定了地方政府不能依赖于一般预算收入为基础设施筹资，而要依靠举债投资的发展模式（范剑勇、莫家伟，2014；曹光宇等，2020；Chen et al.，2020）。

考虑到基础设施具有外部性和公共品特性，地方政府债务将会对邻近区域的经济增长具有外溢作用。已有文献证实，交通基础设施的完善能够提升城市交通互联互通性、减少运输成本并降低贸易壁垒，进而能推动市场一体化发展。这不仅能带动人员、商品的跨区域流通，也能促进区域间的生产要素流动，进而有利于资源优化配置，致使区域内经济集聚和市场规模扩大，为邻近区域经济规模增长提供了空间（刘勇政、李岩，2017；Donaldson，2018）。此外，交通基础设施通过构建区域交通网络，将区域内经济活动连成整体，表现出正的空间扩散效应（张学良，2012）。为了探究交通基础设施在促进邻近区域经济增长方面的重要性，还有学者测算了交通基础设施究竟对邻近区域产生了多大规模的空间溢出效应。Pereira 和 Andraz（2004）发现，美国基础设施投资产生的总效应仅有 20%被当地获取，而剩余 80%的效应由邻近区域得到。以上研究表明，交通基础设施作为地方政府债务提供的公共品，对邻近区域经济增长具有正的外部性，即地方政府债务通过改善交通基础设施对邻近区域的经济增长具有促进作用。

基于上述分析，本章提出研究假说 1。

假说 1：地方政府债务通过改善交通基础设施途径促进邻近区域的经济增长。

二、异质性

地方政府债务对邻近区域经济增长的空间溢出效应存在地理距离极限，且区域内城市间的空间溢出效应强度高于区域外。这是因为，空间溢出效应通常受到地理距离的制约，随地理距离的增加而衰减（Corinne、Lesage，2011）。Kim et al.（2020）利用英国数据，发现集聚经济对特定区域存在空间溢出效应。类似地，张可（2020）发现区域创新溢出效应的地理距离极限在 400~500 千米左右。由此，本章推测地方政府债务的空间溢出效应与地理距离相关，一旦超出地理距离极限，则空间溢出效应不再显著。

此外，省际存在市场分割和行政壁垒现象。就省级政府而言，省级政府官员为了在短期内实现经济增长、仕途升迁等目标，有动机实施地方保护主义，对相关生产要素进行行政管制，致使生产要素的跨区域流动受到限制。Yu et al.（2016）的研究证实了这一点，地级市投资具有很强的空间溢出效应，可以促进邻近区域经济短期增长，但空间溢出效应仅限于区域内，邻近区域未发现空间溢出效应。此外，省级政府会结合各地的地理、经济、人文、区域差异等情况，统筹区域内资源配置，制定区域内的经济发展规划，这进一步增强了地方政府债务的区域内空间溢出效应。基于上述原因，本章推测地方政府债务的空间溢出效应，省（区、市）内强于省（区、市）外。

地方政府债务对邻近区域经济增长的空间溢出效应存在时间累积。年猛（2019）研究发现，高铁等大型基础设施的经济效应往往需要运行一段时间后才能充分发挥作用，高速铁路对区域经济增长在时间上存在累积效应。考虑到地方政府债务中相当一部分比例投资于交通基础设施，而交通基础设施的服务期限相对较长，前期建设的基础设施在后期也能对经济增长产生促进作用，为此，本章预期地方政府债务的经济效应存在着时间累积效应，即空间溢出的长期效应要大于短期效应。

基于上述分析，从空间维度上看，地方政府债务对邻近区域经济增长的空间溢出效应存在地理距离极限。由于省际存在市场分割与行政壁垒，地方政府债务的空间溢出效应省（区、市）内强于省（区、市）外。从时间维度上看，地方政府债务对邻近区域经济增长的空间溢出效应存在着时间累积效应，即长期效应大于短期。据此，本章提出研究假说 2。

假说 2：地方政府债务对邻近区域经济增长的空间溢出效应存在空间维度和时间维度上的异质性。

第三节　地方政府债务影响区域经济增长的实证检验

一、样本数据

本章样本时间跨度为 2008—2018 年，数据来源于《中国城市统计年鉴》《中国财政年鉴》、Wind 数据库、Ceic 数据库。本章采用动态空间杜宾模型进行实证研究，该模型要求数据结构为强平衡面板。为了保留尽可能多的样本量，本章用手工计算与插值相结合的方式对缺失值做数据填补[①]。以固定资产投资为例，《中国城市统计年鉴（2018）》并未披露固定资产投资，但各地级市政府《国民经济和社会发展统计公报》上披露了年度固定资产投资的增长率。为此，本章基于增长率以及上一期固定资产投资额进行手工计算填补。经间接计算处理后，本章再采用线性插值法进行填补，最终形成了 271 个地级市跨度 11 年共 2 981 条观测值的平衡面板数据。

本章的被解释变量为区域经济增长。参照毛捷和黄春元（2018）的方法，本章以地级市的实际人均地区 GDP 增长率 gdp_growth 衡量区域经济增长。以 2005 年为基期，用地区 GDP 平减指数对名义人均地区 GDP 进行调整，得到实际人均地区 GDP 增长率 gdp_growth。

本章的关注解释变量为地方政府债务。学术界对地方政府债务的度量方式大致分为三类：

其一是通过收支平衡法进行测度，即以市政基础设施的投资支出减去地方政府可用各种收入的差额代表地方政府债务（吕健，2015）。市政基础设施的投资支出只能获得省级数据，且政府债务用途不限于市政基础设施，还有交通

① 区域经济增长与地方政府债务规模不存在缺失问题，手工计算与插值法仅针对控制变量的少量缺失。

基础设施、民生工程等，因而存在测度偏差。

其二是选取地方政府城投债规模代表地方政府债务，这也是目前学术研究主要采用的测度方式（王永钦 等，2016；冀云阳 等，2019；彭冲、陆铭，2019）。各地城投债发行数据均可以从 Wind 数据库获取。但在测度城投债规模时，既可以使用债券余额，也可以使用债券的发行额。考虑到地方政府债务是存量概念，且当年募集的债务资金也并不一定在同年使用，为此，本章主要以余额代表城投债规模，同时在稳健性部分以发行额代表城投债规模。

地方政府债务余额 debt1 =（当年新发行城投债金额-当年到期城投债金额）+上年城投债余额

其三是毛捷和黄春元（2018）在城投债余额的基础上，额外加入地方政府债券余额，用两种债务余额的总和来测度地方政府债务规模。不过，由于地方政府债券数据仅在省级披露，无法观测到每个地级市实际发行的政府债券规模。为了解决这一问题，毛捷和黄春元（2018）根据地级市地区生产总值占省（区、市）内生产总值的比重，将地方政府债券余额分解到各市，从而得到地级市层面的政府债券余额。考虑到地级市的政府债券并非由省级政府根据 GDP 占比进行严格划拨，本章仅在稳健性分析部分采用这种度量方式。

地方政府债务余额 debt2 = 地方政府债务余额 debt1 +（当年新发行地方政府债券金额-当年到期地方政府债券金额）+上年地方政府债券余额

值得注意的是，毛捷和黄春元（2018）在定义债务余额的计算方式后又进一步将其除以地区 GDP，并称之为债务水平变量。区别于债务规模，债务水平可以衡量地方政府债务的警戒值。债务水平高的地区，由于地方政府债务对私人投资、信贷等具有挤出效应（Huang et al.，2020；刘畅 等，2020），其可能会损害当地经济增长。本章在接下来的分析中将进一步检验地方政府债务的空间溢出效应是否与债务水平相关。

大量城投公司会同时在银行间市场以及交易所市场同时发行债券，而 Wind 数据库将不同市场中交易的相同债券识别为不同的城投债。依据每条记录的“债券缩写”“债券名称”“利率”“期限”“金额”“发行地点”“发行日期”“到期日期”等信息，并结合和讯网债券发行数据①，本章剔除内容完全重复的观测值。再者，Wind 数据库根据城投公司所在地进行债务归属地判定。但是，若直接采用 Wind 数据库的划分方式，会使得省级政府债务被归入省会城市，从而夸大省会城市的债务规模。本章通过爱企查网站逐一核实每笔债券

① 参见网址：http://bond.money.hexun.com/quote/alltables.htm.

发行主体公司的控股股东①，将省属债务剔除。经过上述处理，样本区间内最终整理出 18 570 只城投债。最后，Wind 数据库在发行城市划分中将地级市和代管县级市并列，而被解释变量实际人均地区 GDP 增长率 gdp_growth 以及控制变量均包含了代管县级市，因此，本章再根据《中国城市统计年鉴（2019）》的行政区域划分，将代管县级市的债务合并至地级市，最终计算得出地级市层面的债务余额、发行额以及到期额，即将 Wind 数据库中的逐笔城投债发行数据整理为地级市层面的平衡面板数据。

图 4.1 展示了城投债、政府债券的规模变化。对于地方政府债券，2009 年才开始以财政部“代发代还”的形式募集，因而在 2009 年之前均为 0；对于城投债，2008 年前其发行额、余额均较小，为此，本章选取 2008 年为样本起始点。同时图 4.1 还发现，城投债和地方政府债券在 2015 年后有所增加，这和已有文献的结论一致（毛捷、徐军伟，2019；徐军伟 等，2020），一定程度上说明了本章对地方政府债务的衡量方式具有合理性。

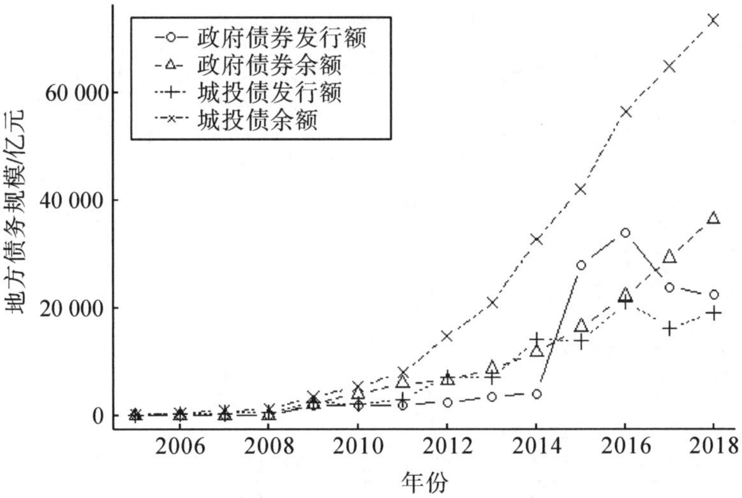

图 4.1　城投债、政府债券规模变动趋势

数据来源：笔者根据 Wind 数据库、中国财政年鉴相关资料整理而得。

参照毛捷和黄春元（2018）的研究设计，本章从产业结构、人口结构、城镇化水平以及地方政府财政情况等角度选取控制变量，包括人均地区 GDP（gdp）、人口自然增长率（pop_growth）、城镇化率（urban）、第二产业占地区 GDP 比重（s_gdp）、固定资产投资占地区 GDP 比重（invest_gdp）、财政赤字

① 参见网址：https://aiqicha.baidu.com/。

(deficit，地级市财政支出减去地级市财政收入）和财政分权比例［fiscal_decentralization，地级市财政支出占省（区、市）内财政总支出的比重］等。

二、描述性统计

表 4.1 为变量描述统计。被解释变量实际人均地区 GDP 增长率（gdp_growth）的均值为 7.406%，低于毛捷和黄春元（2018）的均值（10.634%），主要是由于样本时间段的选择不同。本章的样本区间为 2008—2018 年，而后者的样本区间为 2004—2015 年；再加上中国经济发展自 2014 年进入新常态，经济增速明显下降，由此导致本章的样本均值更低。样本区间内，城投债 debt1 的均值为 107.9 亿元，发行额 issue 的均值为 35.54 亿元。特别地，如若将样本截短为 2008—2014 年，则城投债的发行规模（issue）均值为 19.17 亿元，与彭冲和陆铭（2019）的 18.13 亿元（样本区间 2006—2013 年）相当，再次佐证了本章地方政府债务测算方法的合理性。

表 4.1　变量描述统计

变量	单位	样本数	平均值	标准差	最小值	最大值
gdp_growth	%	2 981	7.406	7.458	-40.977	67.961
debt1	亿元	2 981	107.9	327.048	0	4 627.4
debt2	亿元	2 981	152.16	394.921	0	6 271.98
issue（全样本）	亿元	2 981	35.54	110.572	0	1 858.90
issue（2008—2014 年）	亿元	1 897	19.17	69.727	0	1 214.90
gdp	元	2 981	31 477	19 878.57	5 364	144 549
pop_growth	%	2 981	5.745	5.702	-16.64	40.78
s_gdp	%	2 981	48.6	10.722	0	90.97
invest_gdp	%	2 981	75.184	28.207	0.556	231.242
urban	%	2 981	35.601	23.652	4.367	100
deficit	亿元	2 981	-10.681	8.35	-64.51	1.065
fiscal_decentralization	%	2 981	7.857	12.151	0.771	100

三、实证设计

动态空间杜宾模型通过引入空间权重矩阵来刻画地级市之间的关联，因此，本章首先需要构造空间权重矩阵。综合本章研究内容以及 Bavaud（1998）的构造方式，本章采用了如下的权重矩阵。

其一是邻近矩阵，也即反映地理邻接关系的权重矩阵。若两个城市存在土地接壤，则其权值为 1，否则为 0。其定义方式如下①：

$$W_{ij}=\begin{cases}1 & \text{城市 } i \text{ 和城市 } j \text{ 存在土地接壤}\\ 0 & \text{城市 } i \text{ 和城市 } j \text{ 不存在土地接壤}\end{cases} \tag{4.1}$$

其二是距离 200 矩阵。由于我国各城市的轮廓不一，有些城市的直线距离很近，但因行政划分而不存在土地接壤，为此，本章定义了如下的“距离 200 矩阵”②：

$$W_{ij}=\begin{cases}1 & \text{城市 } i \text{ 和城市 } j \text{ 直线距离小于 200 千米}\\ 0 & \text{城市 } i \text{ 和城市 } j \text{ 直线距离大于 200 千米}\end{cases} \tag{4.2}$$

空间权重矩阵相关设定中还包括连续型权重矩阵，比如距离倒数矩阵、经济距离矩阵、嵌套矩阵。以嵌套矩阵为例，其将两个地区之间的关联定义为：$W_{ij}=\dfrac{0.5}{|\overline{Q}_i-\overline{Q}_j|}+\dfrac{0.5}{d(x_i,\ x_j)}$，其中 $\overline{Q}_i$ 和 $\overline{Q}_j$ 依次代表地级市 i 与地级市 j 人均地区 GDP 均值，$d(x_i,\ x_j)$ 表示城市 i 和城市 j 的直线距离。比较不同类型的权重矩阵可知，嵌套矩阵综合考虑了两城市间的地理关联以及经济关联，但连续型权重矩阵认为任意两地间均存在关联。由于本章预期地方政府债务对区域经济增长的影响只存在局部范围内的空间溢出，加之从现实来看，地级市的影响力有限，很难认为一个地级市的空间溢出效应能够辐射至全国。基于以上原因，连续性矩阵不适用于本章的研究环境③。因此，本章正文部分采用反映区域联系的离散型权重矩阵。但考虑到离散型矩阵忽略联系亲疏的问题，本章在进一步分析部分构造了离散矩阵与距离倒数矩阵的复合空间权重矩阵，即在确定的溢出区域范围内，用距离倒数表示联系亲疏。

紧接着，本章通过 Moran I 指数检验地方政府债务规模与区域经济增长是否存在空间相关性。邻近矩阵下 Moran I 检验结果如表 4.2 所示，被解释变量 gdp_growth、解释变量地方政府债务 debt1 均存在显著的空间相关性。为此，本章借助动态空间杜宾模型分析地方政府债务对区域经济增长的作用，着重关

---

① 根据空间计量模型的估计要求，本章空间权重矩阵在回归前均进行行标准化处理，使其行和为 1。

② 定义距离 200 千米矩阵，是对邻近矩阵的补充。两地级市最直接的关联是存在土地接壤，根据百度地图 API 数据测算，我国所有地级市中存在土地接壤的城市对数量为 972（如北京和天津就是一组存在土地接壤的城市对）；据本章样本统计，城市对的平均直线距离为 162.82 千米，仅有 249 对城市直线距离小于 100 千米。

③ 以成都市为例，作为成渝双城经济圈的核心城市，难以想象成都市的基础设施建设能够空间溢出至我国的东北地区。

注地方政府债务对邻近区域的间接效应。

表 4.2　Moran I 检验

年份	2009	2010	2011	2012	2013	2014	2015	2016	2017	2018
gdp_growth										
Moran I	0.182	0.225	0.261	0.324	0.193	0.486	0.255	0.732	0.435	0.172
P value	0.000	0.000	0.000	0.000	0.000	0.000	0.000	0.000	0.000	0.000
debt1										
Moran I	0.116	0.137	0.144	0.176	0.174	0.181	0.187	0.206	0.218	0.221
P value	0.000	0.000	0.000	0.000	0.000	0.001	0.000	0.000	0.000	0.000

注：本章样本跨度 2008—2018 年。由于本章采用动态空间计量，因此 Moran I 检验仅汇报 2009—2018 年的情况。

参考 Elhorst（2012）、Elhorst et al.（2013）、Vaga 和 Elhorst（2017）、Han et al.（2018）和韩峰、阳立高（2020）等的文献，本章将动态空间杜宾模型设定如下：

$$gdp\_growth_{it} = \varphi * gdp\_growth_{it-1} + \rho * W * gdp\_growth_{it} + \theta * W * gdp\_growth_{it-1} + \alpha_1 * debt_{it-1} + \beta * X_{control_{it-1}} + \lambda * W * debt_{it-1} + \varphi * W * X_{control_{it-1}} + \nu_i + \tau_t + \varepsilon_{it} \quad (4.3)$$

在模型 4.3 中，$X_{control}$ 为控制变量。ν_i、τ_t 依次为地级市固定效应和年份固定效应。参照毛捷和黄春元（2018）的研究设计，本章对解释变量 debt 以及控制变量 $X_{control}$ 进行滞后 1 期处理，以便减弱区域经济增长和地方政府债务的反向因果关系。

四、地方政府债务与区域经济增长

表 4.3 报告了地方政府债务、空间溢出与区域经济增长的估计结果。滞后 1 期 gdp_growth（-1）的估计系数显著为正，表明上一期的经济增速对本期经济增长具有同向作用。空间滞后项 W * gdp_growth 的系数显著为正，意味着区域经济增长在地理空间上存在正向的空间溢出效应，即对于某个经济增速更高的区域而言，与之邻近的其他区域也拥有相对较高的经济增速。在邻近矩阵的估计结果中，空间滞后项 W * gdp_growth（-1）的系数显著为正，表明邻近地区滞后 1 期的经济增长也会对本地区产生显著的正向影响。但对于距离 200 矩阵的估计结果而言，该变量的影响并不显著。

表 4.3　地方政府债务、空间溢出与区域经济增长

变量	权重矩阵	
	邻近矩阵	距离 200 矩阵
debt1	0.003 9*** (6.08)	0.003 9*** (6.07)
gdp_growth (-1)	0.232 1*** (12.14)	0.235 8*** (12.31)
W * gdp_growth	0.432 0*** (20.40)	0.407 9*** (18.53)
W * gdp_growth (-1)	0.068 9** (2.23)	0.032 1 (1.04)
W * debt1	0.000 4 (0.37)	0.001 6 (1.15)
控制变量	是	是
地级市固定效应	是	是
年度固定效应	是	是
N	2 660	2 650
R^2	0.363 4	0.344 3

注：***、**、* 表示 1%、5%、10%的显著水平，括号内为 *Z* 值，下同。在离散型权重矩阵中，部分城市实际地理邻居的控制变量数据缺失，行标准化过程中须删除对应样本，因此样本数量存在些许偏差。下同。

值得注意的是，Elhorst（2014）指出，若动态空间杜宾模型中空间滞后项 W * gdp_growth 或滞后 1 期的空间滞后项 W * gdp_growth（-1）具有统计显著性，则估计系数的点估计结果不能反映解释变量的边际作用，直接采用空间计量结果进行边际分析会得出错误的结论。在表 4.3 中，可以发现所有回归结果的 W * gdp_growth 均显著，需要参照 Lesage 和 Pace（2009）的方法，采用偏微分对点估计结果进行修正，将解释变量的影响分解为直接效应、间接效应①。动态空间杜宾模型同时包含了被解释变量的时间滞后项以及时间滞后的空间滞后项，其直接效应、间接效应又分为短期和长期。

表 4.4 报告了不同权重矩阵下的分解情况，可以发现地方政府债务对区域经济增长的作用均显著为正。以邻近矩阵的分解结果为例，地方政府债务对区域经济增长的短期直接效应为 0.004 2，在 1%的统计水平下显著，这意味着本地地方政府举借的债务资金能在短期内刺激当地的经济增长。与此同时，地方

① 韩峰和阳立高（2020）等采用动态空间杜宾模型的研究均采用了相同做法，即基于分解后的直接效应、间接效应进行边际分析。

政府债务对邻近区域经济增长的短期间接效应为0.003 4，在5%的统计水平下显著。地方政府发行债券的主要目的是完善交通基础设施。本地地方政府债务通过完善交通基础设施带来的网络效应，进而表现出正的空间扩散效应，促进了邻近区域的经济增长。进一步，表4.4还估计了地方政府债务的长期、短期总效用，其中，地方政府对区域经济增长的短期总效用为0.007 6，在1%的统计水平下显著；地方政府债务对区域经济增长的长期总效用为0.016 3，同样在1%的统计水平下显著。这一结果表明，地方政府债务对区域经济增长的长期效应大于短期效应。换言之，地方政府债务在长期内对区域经济增长的影响程度更大，效果也更明显。

表4.4　地方政府债务对区域经济增长的短期、长期直接效应和间接效应估计

权重矩阵	效应	debt1	gdp	pop_growth	s_gdp	invest_gdp	Urban	deficit	fiscal_decentralizaition
邻近矩阵	短期直接	0.004 2*** (6.59)	-0.000 5*** (-15.76)	0.028 3 (0.92)	-0.087 9*** (-4.20)	-0.000 4 (-0.05)	0.019 9 (0.70)	-0.066 5 (-1.44)	0.513 2*** (2.80)
	短期间接	0.003 4** (1.96)	-0.000 1 (-1.34)	0.153 9** (2.25)	-0.075 4 (-1.33)	-0.006 9 (-0.42)	0.106 8 (1.12)	0.191 5 (1.53)	0.202 2 (0.31)
	短期总效应	0.007 6*** (3.78)	-0.000 6*** (-7.16)	0.182 2** (2.46)	-0.163 3*** (-2.69)	-0.007 3 (-0.40)	0.126 7 (1.16)	0.125 0 (0.92)	0.715 5 (0.98)
	长期直接	0.006 1*** (6.52)	-0.000 7*** (-15.54)	0.051 6 (1.22)	-0.126 6*** (-4.34)	-0.001 1 (-0.10)	0.036 2 (0.85)	-0.074 9 (-1.15)	0.719 7*** (2.61)
	长期间接	0.010 3*** (2.68)	-0.000 6*** (-3.45)	0.337 6** (2.37)	-0.222 7* (-1.86)	-0.014 5 (-0.42)	0.235 0 (1.14)	0.343 6 (1.30)	0.814 7 (0.59)
	长期总效应	0.016 3*** (3.71)	-0.001 3*** (-6.67)	0.389 2** (2.45)	-0.349 4*** (-2.65)	-0.015 6 (-0.40)	0.271 2 (1.16)	0.268 7 (0.91)	1.534 5 (0.98)
距离200矩阵	短期直接	0.004 3*** (6.71)	-0.000 5*** (-16.94)	* 0.009 7 (0.32)	-0.085 2*** (-4.15)	-0.001 3 (-0.15)	0.011 7 (0.42)	-0.033 5 (-0.72)	0.512 6*** (2.86)
	短期间接	0.005 0** (2.45)	0.000 2** (2.18)	0.156 3** (2.20)	-0.008 9 (-0.15)	0.004 0 (0.23)	0.104 8 (0.90)	-0.097 5 (-0.77)	-1.239 2* (-1.90)
	短期总效应	0.009 3*** (4.06)	-0.000 4*** (-4.26)	0.166 1** (2.22)	-0.094 1 (-1.49)	0.002 7 (0.15)	0.116 5 (0.92)	-0.131 0 (-0.97)	-0.726 7 (-0.99)
	长期直接	0.006 0*** (6.75)	-0.000 7*** (-16.68)	0.020 6 (0.51)	-0.114 7*** (-4.12)	-0.001 6 (-0.14)	0.020 8 (0.53)	-0.049 6 (-0.80)	0.628 0** (2.48)
	长期间接	0.011 1*** (2.92)	0.000 0 (0.32)	0.283 5** (2.24)	-0.057 7 (-0.54)	0.006 5 (0.21)	0.192 9 (0.91)	-0.190 0 (-0.84)	-1.958 0 (-1.63)
	长期总效应	0.017 1*** (4.01)	-0.000 7*** (-4.24)	0.304 2** (2.22)	-0.172 4 (-1.48)	0.005 0 (0.15)	0.213 6 (0.92)	-0.239 7 (-0.97)	-1.330 0 (-0.99)

在控制变量中，以邻近矩阵的分解结果为例，人均地区GDP、第二产业占比与区域经济增长负相关。财政分权程度越高的区域，政府支出占比越大，区域经济增长速度也越高。人口自然增长率与区域经济增长正相关，主要是由于人口自然增长率的高低可以反映区域潜在的劳动力水平高低。此外，本章并未发现城镇化水平、财政赤字对区域经济增长有显著作用，这与毛捷和黄春元（2018）的估计结果一致。

五、时间维度异质性

根据数据特点和已有文献（毛捷、徐军伟，2019；徐军伟 等，2020）的发现，本章以 2015 年为时间节点，将样本划分为 2008—2014 年以及 2015—2018 年两个时间段，探讨地方政府债务对区域经济增长影响的时间异质性。

表 4.5 汇报了分时间段地方政府债务对区域经济增长的估计结果。采用城投债 debt1 作为地方政府债务的测度方式，可以发现，无论是显著性水平还是数值大小，2008—2014 年地方政府债务对区域经济增长的空间溢出效应均显著弱于 2015—2018 年①。特别地，2008—2014 年地方政府债务对区域经济增长的短期间接效应为 0.007 8，且仅在 10%的统计水平下显著。相形之下，2015—2018 年对应的数值为 0.015 4，几乎是前者的两倍，且在 1%的统计水平下显著。这一结果表明，2015 年后地方政府债务的空间溢出效应显著增强。此外，就总效应而言，2015 年前短期总效应（短期直接效应加上短期间接效应）为 0.016 0，长期总效应（长期直接效应加上长期间接效应）为 0.027 9。但在 2015 年之后，短期总效应为 0.020 1，长期总效应为 0.037 8。这说明，长期效应大于短期效应，且 2015 年后的总效应高于之前。出现这种趋势的原因有如下两点：其一，城投债和地方政府债券发行额度在 2015 年后有所增加（毛捷、徐军伟，2019；徐军伟 等，2020）。随着债务规模的积累，交通基础设施等公共品的供给规模进一步扩大，致使 2015 年后地方政府债务的空间溢出效应表现更强。其二，交通基础设施的服务期限较长，进而导致地方政府债务的空间溢出效应存在时间累加。

表 4.5　地方政府债务与区域经济增长（分时间段）

权重矩阵	效应	2008—2014 年	2015—2018 年
邻近矩阵	短期直接	0.008 2*** (4.84)	0.004 7*** (2.87)
	短期间接	0.007 8* (1.83)	0.015 4*** (2.95)
	长期直接	0.010 5*** (5.03)	0.009 6** (2.77)
	长期间接	0.017 4** (2.39)	0.028 2*** (2.73)

① 本章随后部分涉及分组估计系数的对比。由于本章基于偏微分分解后的系数值，传统检验方法失效（如 Fisher 检验）。受制于偏微分方法的局限性，采用动态空间杜宾模型的相关研究（例如，韩峰、阳立高，2020），均直接在分组估计系数上比较大小。进一步，本章大部分对比涉及的是显著性系数与不显著性系数。仅表 4.6 涉及均显著性系数的对比，2015 年后系数值为 2015 年之前系数值的 2 倍，其系数变动幅度远大于相关研究（韩峰、阳立高，2020）。

就直接效应而言，本章观测到2015年前后地方政府债务对区域经济增长的作用均保持在1%的统计水平下显著，但其数值在2015年后变小，这在毛捷和黄春元（2018）的研究中得到了佐证。地方政府债务对本地经济增长的影响存在局限，随着本地政府举债规模的扩大，地方政府债务对本地经济增长的提升作用逐渐减弱，挤出效应开始凸显。

六、空间维度异质性

本章的核心假设是地方政府债务不仅可以促进本地经济增长，还可以显著提升邻近区域的经济增长，这种地理上的空间溢出效应是否存在异质性也是本章的关注点。

本小节首先检验地方政府债务的空间溢出效应是否存在区域内、区域外异质性。我国省际存在市场分割和行政壁垒现象，地方保护主义以及行政管制会导致生产要素的跨区域流动受到阻碍，均可能造成地方政府债务的空间溢出效应存在一定程度的区域分割。此外，区域内政府在经济规划、建设过程中存在更大的协同性，由此导致地方政府债务的空间溢出效应省（区、市）内强于省（区、市）外。本小节通过重构权重矩阵的方式对此进行检验，分别定义如下区域内邻近矩阵 W_{ij}^{1} 以及区域外邻近矩阵 W_{ij}^{2}①：

$$W_{ij}^{1}=\begin{cases}1 & \text{城市 } i \text{ 和城市 } j \text{ 是区域内邻居}\\ 0 & \text{城市 } i \text{ 和城市 } j \text{ 是区域外邻居}\end{cases} \tag{4.4}$$

$$W_{ij}^{2}=\begin{cases}1 & \text{城市 } i \text{ 和城市 } j \text{ 是区域外邻居}\\ 0 & \text{城市 } i \text{ 和城市 } j \text{ 是区域内邻居}\end{cases} \tag{4.5}$$

结合上述重构后的权重矩阵，本小节重新估计模型4.3，相应的估计结果如表4.6所示。采用城投债debt1作为地方政府债务的代表变量，可以发现，区域内的空间溢出效应均远大于区域外。区域内邻近地级市的短期间接效应为0.004 6，在10%的统计水平下显著；长期间接效应为0.013 9，在1%的统计水平下显著。对于区域外邻近地级市，其短期间接效应不显著，长期间接效应为0.002 6，在5%的统计水平下显著。省际存在市场分割与行政壁垒，地方政府债务的空间溢出效应省（区、市）内强于省（区、市）外。换言之，地方政府债务对区域经济增长的空间溢出效应存在着一定程度的区域分割。

① 以南京市为例，其在地理上的邻近地级市为镇江市、扬州市、常州市、滁州市、宣城市、马鞍山市。南京市和镇江市、扬州市、常州市同属江苏省，这三个地级市为南京市的省内邻居；而滁州市、宣城市、马鞍山市为安徽省地级市，为南京市的省外邻居。

表 4.6　地方政府债务与区域经济增长（区域内、区域外）

权重矩阵	效应	区域内	区域外
邻近矩阵	短期直接	0.011 8*** (8.91)	0.003 8*** (5.54)
	短期间接	0.004 6* (1.91)	0.000 7 (1.13)
	长期直接	0.016 7*** (9.11)	0.005 2*** (5.53)
	长期间接	0.013 9*** (3.17)	0.002 6** (2.41)

七、机制分析

毛捷和徐军伟（2019）通过实地走访调研发现，地方政府债务资金中的相当一部分被用于交通基础设施的建设。张学良（2012）的研究表明，交通基础设施在省际层面存在空间溢出效应。类似地，在地级市层面上，通过将地方政府债务投资于本地的交通基础设施，一方面促进了本地经济增长；另一方面交通基础设施本身具有一定的网络属性，作为政府提供的公共品，通过提升城市间的连通性，对邻近区域经济增长具有正的外部性以及空间溢出效应。

为检验上述机制，本小节选择地级市的道路面积作为交通基础设施的代表变量①。机制如图 4.2 所示。当 A 地政府将一部分债务资金用于建设交通基础设施后，可以通过拉动本地投资，促进本地经济增长。同时，B 地政府也将一部分债务资金用于建设交通基础设施，同样会促进本地经济增长。更为重要的是，邻近城市 A、B 两地交通基础设施的建设促进了区域内交通网络的成形，通过提升区域内交通的互联性，进而有利于区域内城市的经济发展。

① 地级市的交通基础设施投资额是更好的中介变量，但该数据存在严重缺失。在 Wind、Cnrds 等数据库中，地级市的交通基础设施投资额数据严重缺失。由于该数据存在严重缺失，无法满足空间计量的强平衡数据要求。基于数据可得性，加之城投债的发行主要是从 2008 年开始的，本章采用新增道路面积、新增道路密度作为交通基础设施的代表变量，即年度道路面积减去 2008 年道路面积、年度道路密度减去 2008 年道路密度。道路密度为地级市道路面积/地级市行政区域面积。由于该变量绝对值较小，估计时该变量乘以 100 万以扩大数量级。

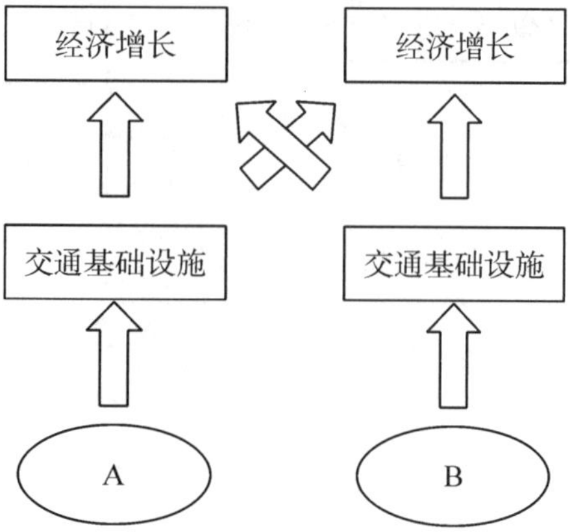

图 4.2　地方政府债务对区域经济增长的作用机制（交通基础设施）

借鉴韩峰和阳立高（2020）的中介效应检验方法，我们通过构建动态空间计量模型 4.6、模型 4.7 来检验地方政府债务通过建设交通基础设施来促进邻近区域经济增长的效应。mediator_{it}表示地级市 i 在 t 期的道路面积、道路密度，其余变量标识以及控制变量与模型 4.3 一致。采用城投债 debt1 作为地方政府债务的代表变量，估计结果如表 4.7 所示。

$$\text{mediator}_{it} = \beta_1 * \text{debt}_{it-1} + \beta_2 * X_{\text{control}_{it-1}} + \beta_3 * W * \text{debt}_{it-1} + \beta_4 * W * X_{\text{control}_{it-1}} + p * W * \text{mediator}_{it} + \varphi * W * \text{mediator}_{it-1} + \psi * \text{mediator}_{it-1} + \upsilon_i + \tau_t + \varepsilon_{it} \quad (4.6)$$

$$\text{gdp\_growth}_{it} = \varphi * \text{gdp\_growth}_{it-1} + \rho * W * \text{gdp\_growth}_{it} + \theta * W * \text{gdp\_growth}_{it-1} + \gamma_1 * \text{debt}_{it-1} + \gamma_2 * X_{\text{control}_{it-1}} + \gamma_3 * \text{mediator}_{it} + \gamma_4 * W * \text{debt}_{it-1} + \gamma_5 * W * X_{\text{control}_{it-1}} + \gamma_6 * W * \text{mediator}_{it} + \upsilon_i + \tau_t + \varepsilon_{it} \quad (4.7)$$

表 4.7 选取道路面积作为中介变量。从模型 4.6 的估计结果可以发现，地方政府债务对道路面积的短期直接效应、长期直接效应均有显著的正向作用，两者均在 1%的统计水平下显著。对于间接效应，无论是短期还是长期，本章均未发现地方政府债务可以促进邻近区域道路面积的增长。这一结果的产生原因是，地方政府只会将募集到的债务资金用于本行政区域内的交通基础设施建设，而不会进行异地投资。模型 4.7 的估计结果显示，道路面积对区域经济增长的短期直接效应、短期间接效应依次为 0.195 9、0.284 9，两者均在 1%的统计水平下显著。道路作为政府提供的公共品，具有很强的社会正外部性，在促进本地经济增长的同时，通过提升区域内交通的互联性，可以促进区域内城市的经济发展。与此同时，道路面积对区域经济增长的长期直接效应、长期间接效应同样在 1%的统计水平下显著。此外，地方政府债务对区域经济增长的

直接效应以及间接效应仍然保持显著。相较于模型 4.3 的估计结果，其对区域经济增长的短期直接效应由 0.004 2 下降至 0.003 7，而短期间接效应由 0.003 4 下降至 0.003 2；相较于短期效应，长期效应的下降幅度更为明显，这说明交通基础设施是地方政府债务影响区域经济增长的不完全中介。就短期而言，地方政府债务通过交通基础设施对区域经济增长的效应为 0.001 6 * （0.195 9+0.284 9） = 0.000 8；就长期而言，地方政府债务通过交通基础设施对区域经济增长的效应为 0.003 1 * （0.286 1+0.684 2） = 0.003 0。

表 4.7　地方政府债务对区域经济增长的机制检验

变量	效应	road	gdp_growth
road / road_density	短期直接		0.195 9*** (7.84)
	短期间接		0.284 9*** (3.41)
	长期直接		0.286 1*** (7.73)
	长期间接		0.684 2*** (3.94)
debt1	短期直接	0.001 6*** (4.25)	0.003 7*** (5.79)
	短期间接	−0.000 5 (−0.73)	0.003 2* (1.94)
	长期直接	0.003 1*** (4.26)	0.005 2*** (5.85)
	长期间接	−0.001 5 (−1.40)	0.008 7*** (2.60)

本章基于 2008—2018 年我国 271 个地级市的平衡面板数据，利用动态空间杜宾模型检验地方政府债务对区域经济增长的影响及其作用机制。从地方政府债务对经济增长的影响效应看，地方政府债务能够促进本区域的经济增长。此外，地理邻近区域可以享受交通基础设施等公共品带来的正外部性，因此，空间溢出效应表征的是地域上的关联。从空间溢出效应的时间维度看，地方政府债务对邻近区域经济增长的空间溢出效应存在着时间累积，即长期效应大于短期效应。从空间溢出效应的空间维度看，由于省际存在市场分割与行政壁垒，地方政府债务的空间溢出效应省（区、市）内强于省（区、市）外，且空间溢出效应主要存在于东部发达地区。从空间溢出效应的传导机制看，地方政府债务通过改善交通基础设施途径来促进邻近区域的经济增长。

第五章　PPP对地方财政可持续性的影响研究

第一节　PPP 与地方财政可持续性的相关概念

一、PPP 的内涵及方式

PPP（Public-Private-Partnership）即公私合作制，又称“政府和社会资本合作”，指政府和社会团体合作建设基础设施、提供公共服务与产品的一种合作模式。在该模式下，合作双方风险共担、利益共享，在传统的基础设施建设与公共品及服务提供模式上引入市场竞争机制，提高供给效率与产品质量。

PPP 模式运作形式多样，包括完全由公共部门提供产品或服务和完全由私人部门提供产品或服务等所有运作形式的类型。现有的 PPP 模式按运作方式不同可概括为如下三大类：特许经营类、私有化类以及外包类。除以上几种方式之外，政府补助、法令委托也常被认为包含在 PPP 的模式之中。

根据社会资本、特许经营者以及项目承接公司盈利方式的不同，可以将 PPP 项目分为三种方式：一是使用者付费方式，二是政府付费方式，三是可行性缺口补助。

二、PPP 财政承受能力

目前，国内学者并未对 PPP 财政承受力这一概念进行广泛的分析和研究。宗禾[①]通过对《政府和社会资本合作项目财政承受能力论证指引》（财金

① 宗禾. 国际货币基金组织看好中国经济转型［J］. 中国商界，2016（5）：17.

〔2015〕21号）的解读认为，财政承受能力的实质是通过对PPP项目的各项支出责任进行测算，预测实施此PPP项目对地方政府当年及今后年度财政的影响程度。张纳新①指出，PPP项目财政承受能力研究的目的是识别、测算项目财政支出责任，促进PPP项目可持续发展。郭燕②认为PPP项目进行财政承受能力评测的关键在于对财政支出进行合理估算，然而在PPP项目的实践中，项目合作双方对于财政支出的理解不尽相同，因此需要因地制宜，对于不同PPP项目的财政承受能力论证做出合理调整。吴艳芳③提出构建可信任的财政承受能力论证体系，主要是通过对PPP项目合作双方可能会出现的信任问题进行分析，从而构建合理体系来完善论证过程和内容，需要始终保持谨慎怀疑的态度。

综上所述，本章对PPP项目财政承受能力这一概念的解读为：在某一特定的预期目标下，公营合作方结合项目责任支出测算结果，为项目提供持续的财政资金，以确保项目在建设和运营期间达到预期目标的能力。基于项目全生命周期财政资金的支付，充分考虑项目财政资金的承受能力，能够有效地预防项目的支付风险，促进项目的顺利进行。财政承受能力主要体现在财政资金的形成、增长实力和财政资金能够满足项目资金需求的规模及速度等方面。

三、财政可持续

财政可持续的定义最早起源于Buiter等④在研究政府部门债务与赤字问题时做出的论述，他们将其定义为国家财政的一种存续状态或能力。此后世界银行也曾在其可持续报告中提出财政可持续的定义，即一国的财政政策不需要对收入与支出进行重大调整而仍能保持债务持续清偿的能力。

随着对财政可持续内涵的深入探讨，大量研究机构与学者从不同维度给出财政可持续的定义与内涵描述。综合不同学者的定义描述来看，具有代表性的观点大致有以下三类：①从维持平衡角度定义的财政（债务）可持续。即政府在未来任何时期债务状态都可以与实现经济增长同步及保持财政平衡

① 张纳新. PPP模式项目财政承受能力论证［J］. 长春工程学院学报（社会科学版），2016（2）：3.

② 郭燕. PPP项目的地方财政承受能力研究［D］. 大连：东北财经大学，2016.

③ 吴艳芳. 论可信任的PPP财政承受能力论证机制［J］. 财会月刊（中），2017（2）：6.

④ BUITER W H, et al. A Guide to Public Sector Debt and Deficits［J］. Economic Policy, 1985（1）：14-79.

（Blanchard O J，1990；Keyder，2002；伏润民、缪小林、师玉朋，2012）①。②从筹资能力角度定义的财政可持续。政府如果能够在债券市场融资，就标志着债务偿付是有保证的，即具有可持续性（Buiter，2002；Milesi－Ferretti、Razin，1996）②。③从偿债能力角度定义的财政可持续。该观点认为，只要政府能够如期还本付息就意味着财政是可持续的（Wilcox，1989）③。

由此可见，财政可持续这个概念主要是指国家财政存续状态和能力，其核心是测量政府所面临的债务风险以及对政府偿还债务的能力做出评价。

四、PPP 项目财政支出责任

PPP 项目财政支出责任主要包括：一是股权投资支出。政府（政府出资代表）与社会资本合作成立项目公司，股权投资支出为项目资本金与政府股权比例的乘积。二是运营补贴支出。在政府付费模式下，政府承担全部运营补贴支出责任；在可行性缺口补助模式下，政府承担部分运营补贴支出责任；在使用者付费模式下，政府不承担运营补贴支出责任。三是风险承担支出。该项支出根据合同约定的风险分担机制确定，政府结合自身职责与所长确认应承担的风险种类及份额，依据风险发生概率、后果等参数量化为财政支出责任。四是配套投入支出，包括政府为顺利推进项目而提供的一些配套设施、投资补助等。

若 PPP 项目行为不违反现有法律法规、规范性文件的规定，可认定该项目为规范的 PPP 项目。规范的 PPP 项目的财政支出责任的特点为：一是地方政府是财政支出责任的法定承担主体。这部分支出是政府基于法律政策及合同约定对项目应付支出责任的量化体现，与政府应承担的责任、可享受的收益对等。二是将其纳入预算管理，在大概率下，项目成立初始便明确规定由哪种预算对应哪类支出。股权投资支出通常从一般公共预算列支（原则上不排除国

---

① BLANCHARD O J. Suggestions for a New Set of Fiscal Indicators [J]. OECD Economics Department Working Papers, No. 79 (April), 1990; KEYDER N. A Note on the Debt Sustainability Issue In Turkey [R]. ERC - Economic Research Center, Middle East Technical University, 2002, 29 (3): 355-366; 伏润民，缪小林，师玉朋. 政府债务可持续性内涵与测度方法的文献综述：兼论我国地方政府债务可持续性 [J]. 经济学动态，2012 (11): 8.

② BUITER W H, GRAFE C. Patching up the Pact: some Suggestions for Enhancing Fiscal Sustainability and Macroeconomic Stability in an Enlarged European Union [J]. CEPR Discussion Papers, 2002, 12 (3496): 67-102; MILESI-FERRETTI G M, RAZIN A. Current Account Sustainability: Selected East Asian and Latin American Experiences [J]. CEPR Discussion Papers, 1996, 96 (110): 50.

③ WILCOX D W. The Sustainability of Government Deficits: Implications of the Present-Value Borrowing Constraint [J]. Journal of Money, Credit and Banking, 1989, 21 (3): 291-306.

有资本经营预算列支的情况）；建设期发生的支出可在符合政府性基金预算规定的前提下从基金预算中列支；运营期发生的运营补贴、风险承担支出，纳入一般公共预算管理；配套支出根据不同预算规定相应列支。三是可获得依规的透明监管。所有项目的财政支出责任会通过全国 PPP 综合信息平台进行线上汇总与监管，公众可通过政府信息披露渠道，查阅项目财政承受能力报告，了解支出情况。四是支出责任的刚性约束程度强。政府按合同约定进行按效付费是其法定责任，这事关 PPP 项目能否稳定安全持续供给公共品和服务，因而除绩效考核影响外，这部分支出是政府完全可预期且必须履行的责任①。

五、PPP 财政风险

国外早期的财政风险研究主要集中在赤字、国债、主权外债等政府直接债务领域，因此对财政风险的概念也主要从这些角度进行界定。其中最具有代表性的是世界银行的哈娜·波拉克科娃等（Brixi et al.，1999）② 提出的财政风险矩阵，其在财政风险矩阵中对政府的直接债务、间接债务、显性债务、或有债务进行了明确的界定。在任何情形下都存在的债务是直接债务，当特定事件发生时才需要承担的债务是或有债务，显性债务则是经某项法律或合同认可的政府负债，隐性债务则反映了政府承担的公众和利益集团压力的道义义务。虽然将财政风险等同于政府的债务风险具有一定的局限性，但这为全面分析和评估 PPP 财政风险提供了一个很好的框架。

国内较早的对于财政风险的定义来自财政部的报告《国家财政困难与风险问题及振兴财政的对策研究》。报告中指出财政风险是“财政发展过程中由于某些经济和社会因素影响，给财政运转造成波动和混乱的可能性，集中表现为巨额财政赤字和债务危机”。国内学者对于财政风险的研究角度不同，对其内涵的界定也存在一些差异。部分学者借鉴世界银行的高级经济学家哈娜·波拉克科娃等（Brixi et al.，1999）的观点，根据财政风险的隐蔽性和不确定性，将其定义为直接显性财政风险、直接隐性财政风险、或有显性财政风险、或有隐性财政风险③。也有部分学者根据财政活动的不同环节，将财政风险界定为

① 贾康，吴昺兵. PPP 财政支出责任债务属性问题研究：基于政府主体风险合理分担视角［J］. 财贸经济，2020，41（9）：16.

② POLACKOVA H，PAPP A，SCHICK A. Fiscal risks and the quality of fiscal adjustment in Hungary［R］. The World Bank，1999：44-46.

③ 温来成. 有效管控 PPP 模式的财政风险［J］. 财会研究，2015（3）：1.

财政收入风险、财政支出风险、财政赤字风险、财政债务风险①。

结合财政风险的概念内涵，在对PPP财政风险这一概念进行界定时，需要明确的问题是PPP项目所产生的财政支出是否属于政府性负债。目前，无论是学界还是实践派对此都无统一定论，而对这一概念也鲜有学者进行详细阐述。刘尚希②认为研究PPP财政风险应将政府要承担的公共支出责任和义务与拥有的公共资源相结合。刘薇③认为PPP财政风险是在政府和社会资本合作过程中形成的，或可能形成的政府财政支出义务或支出责任导致的财政不确定或不稳定状态。参照上述观点，本章认为PPP项目所产生的财政支出责任无论是否具有负债属性，都会造成政府支出压力增大。因此，本章将PPP财政风险定义为"在政府和社会资本合作过程中产生或可能产生的政府支出责任或义务与政府拥有的公共资源不匹配导致的财政不稳定状态"。同时，可将PPP财政风险划分为显性直接风险、显性或有风险、隐性直接风险、隐性或有风险。显性直接风险是指合同中规定应由政府直接承担的PPP财政支出所转化的风险；显性或有风险是指合同中规定由政府承担，但在一定条件下才会发生的支出责任所转化的风险；隐性直接风险是指合同中未规定，但根据项目公共性和政府职责应由政府承担（即推定的）支出责任所转化的风险；隐性或有风险是指合同中虽未规定，但在一定条件下转移转化给政府的支出责任所构成的财政风险。

第二节　PPP与地方财政可持续性的关系

一、PPP对财政可持续性的影响分析

分析PPP对财政可持续性的影响，需要从两个方面来进行考虑：一是PPP的发展会对地方政府的财政状况产生哪些正向影响；二是随着PPP的开展，其对地方政府当前及以后的财政可持续性会造成怎样的负面影响。

（一）PPP对提高财政可持续性的积极影响

一是能够提高政府债务的透明度。2014年，国务院发布的《关于加强地方政府性债务管理的意见》赋予地方举债的权利。这样，地方政府就可以有

① 张彰. 城市化与地方财政风险［M］. 北京：国家行政学院出版社，2014：63-67.

② 刘尚希. 财政风险：一个分析框架［J］. 经济研究，2003（5）：23-31，91.

③ 刘薇. PPP模式财政风险识别与防范［J］. 财政科学，2018（7）：9.

效利用PPP模式在基础设施建设及公共品和服务提供方面做出一些改变，从而降低风险，减少债务的发生。此外，财政部规定融资平台和地方政府控股国有企业不得以社会资本的身份进入PPP项目，此举有利于政企债务分离，防止被腐败分子钻空子。另外，对于每一个PPP项目，国家给予的财政补贴以及政企双方的合同义务都将被纳入预算中明确记录，使得债务资金的使用公开、透明、规范。同时，由于引入市场竞争机制，项目的运行效率提高，地方政府债务的管理也会更加透明。

二是PPP模式能够缓解政府债务压力。中国地方政府事权较多，但没有与之相匹配的财权供其行使相应的事权，又由于其资金来源、融资渠道较为狭窄，于是地方政府借债问题严重。为了缓解地方政府债务压力，国家开展PPP模式以引入社会资本作为地方政府的财政资金。因此，地方政府在相同的事权下，相当于把一部分负债压力转移给了民间资本承担。此外，在PPP模式下，只要项目形成优良资产，就会有现金流回报，从而也会减少地方政府的偿债压力，从而有利于财政可持续。

三是PPP模式有利于降低公共项目成本。政府和企业在项目初始阶段共同参与项目可行性研究，可以缩短工作周期，降低项目费用。由于PPP项目是在得到政府审批后才可以让私人部门获得收益，所以减少了项目失败风险以及失败造成的损失，同时也会降低无谓的成本开支。已有研究表明，运用PPP模式会比传统政府包揽模式费用减少17%，并且项目都能完工。降低了公共项目建设成本，那么财政支出就能够减少，有利于减少财政赤字，促进财政可持续。

四是PPP模式有利于提高政府部门的管理水平，促进经济的增长。在PPP模式下，政府的战略规划、市场监管、公共服务与社会资本的管理效率以及技术创新都被有机地结合起来。此举有助于厘清政府与市场的边界，增强政府的法制意识，全面提升公共管理和服务水平，从而提高项目建设的绩效和产出。PPP模式引入了民间资本，相当于带动了民间投资。作为国民经济“三驾马车”之一的投资对经济增长具有拉动作用。经济增长了，国民可支配收入就会增加，从而税收收入就会增加，税收收入的增加有利于财政可持续。

（二）PPP对财政可持续性的潜在负面影响

一是存在政府盲目投资PPP项目导致投资过剩的可能性。自我国正式开展PPP项目以来，PPP模式发展呈现势不可挡的趋势，以至于近几年来国家一直在加大PPP项目的管控力度，不断规范和清理已入库的PPP项目。究其原因，一是城镇化建设和基础设施建设投资带来巨量融资需求，而地方政府依赖的土地财政却难以为继，信贷刺激的老路也被证明后患无穷，而通过PPP可撬动社会资本参与基础设施投资建设，缓解地方政府财政支出压力。二是

PPP 的推出有利于缓解地方政府债务压力，降低系统性风险，且与预算改革和地方政府债务改革相得益彰，将隐性债务转变为显性债务，各级政府能做到“心中有数”。因此，发展 PPP 项目得到了各级地方政府的青睐，但也导致地方政府为了争取更多的 PPP 项目，而存在主观上忽视项目论证的严谨性，从而导致过度投资反而增加政府财政负担的可能。因此，有必要对 PPP 项目的投资规模、投资领域等加以充分论证以确保其投资的合理性。

二是政府的不规范操作可能导致政府隐性债务增加，财政支出压力变大。尽管国家明确要求各级地方政府在开展 PPP 项目时要对其财政能力进行充分论证，同时也不断出台各种政策法规来规避违规举债等问题，但各级地方政府仍然有不规范操作的动机。首先，社会对于公共服务和基础设施的需求不断增长，由此带来的财政收支矛盾更加明显，这会导致地方政府有更强烈的动机去应用 PPP 项目来引入社会资本缓解财政压力，而忽视项目存在的财政风险。为了弥补 PPP 项目面临的财政资金供给缺口，一方面，地方政府会利用地方政府融资平台、BT（建设—移交）方式、政府购买公共服务名义、出让土地使用权、违规担保、承诺回报等违法违规方式变相举债，以新增的债务资金来为 PPP 项目提供资金供给；另一方面，PPP 项目自身又会尽可能地借助地方政府融资平台，或通过各种方式变相地以地方政府债务的形式来隐性地为自己违规融资。其次，在进行 PPP 项目的财政承受能力论证时，地方政府有可能会通过有意提高对于未来年度一般公共预算支出增长率的预测值，来降低当期本届政府支出责任在一般公共预算支出中所占的比重，从而通过 10%这一红线指标。但这样一来，显然将加大政府以后年度的财政支出压力，从而对其财政可持续性带来不利影响。

二、PPP 财政风险形成的机理分析

尽管我国在 PPP 项目的监管上正逐步规范，但 PPP 项目快速发展阶段所累积的弊端以及后续发展过程潜在的隐患都有引发 PPP 财政风险的可能性。从其形成的机理分析，主要体现在以下几个方面：

（一）PPP 支出责任通过跨期转移实现表外化

从公共品的全生命周期角度来看，PPP 并没有减轻政府的支出责任，但短期内，PPP 可以通过账务的技术处理，利用项目公司将公共支出转移出去，将政府支出责任表外化，暂时掩盖政府实际负债情况①。

基础设施类公共品一般投资规模较大。根据现行的政府会计准则，政府投

① 李丹，王郅强. PPP 隐性债务风险的生成：理论、经验与启示［J］. 行政论坛，2019（4）：7.

资支出必须被纳入相应政府预算报表和相关政府财务报告，因此，政府直接投资兴建基础设施，容易在短期内形成较大的政府支出压力。PPP 模式通过特殊目的公司，可以十分便利地将政府支出责任在未来年度内摊销，而且轻松地将政府支出责任由表内转为表外。从某种意义上说，PPP 模式这一“四两拨千斤”的优点，是地方政府竞相追捧的重要原因。

（二）基于投资需求的地方政府对 PPP 项目过度热衷

改革开放以来，投资在推动国民经济发展中一直扮演着十分重要的角色。在职位晋升的政治激励之下，地方政府官员在经济发展中主要围绕招商与投资方面展开相互竞争，客观上推动了中国经济的快速增长。尽管 40 多年来，中国经济增长的质量不断提升，但发展方式仍未完全实现由粗放式向集约式转变，从某种意义上看，地方政府对投资的渴望永远存在。

近年来，随着中国城镇化与工业化进程的加快，各地有关基础设施建设需求也呈现出新的特征，已有基础设施的更新改造需求和新型基础设施的建设需求叠加在一起，而且，居民对基础设施需求的质量与数量也在增加，甚至在个别地区公共服务的需求增速还要快于收入的增长。在这种情况下，地方的基础设施建设投资任务十分繁重。在经济走势下行、财政增收放缓和地方政府债务管理规范的三重压力下，寻求一种新型的基础设施投融资模式成为地方政府的一种必然选择。

（三）社会资本以追逐自身利润最大化为主要目标

PPP 的本质是政府与社会资本合作，但二者合作中有不同的目标追求。社会资本的最本质特征是追逐利润，基础设施则具有较强的公益性，回报率较低且周期长。地方政府看重的是 PPP 可以在短期内实现“花小钱办大事”，社会资本看重的则是“政府兜底、保证收益”。所以，当社会资本的逐利性与公共设施的公益性和回报率之间出现矛盾时，社会资本自然首先要确保其自身的利益，并通过各种途径将责任或“包袱”甩给政府。

上文已经分析过，地方政府对投资的需求永远存在。因此，在地方政府与社会资本的谈判中，大多数情况下社会资本居于有利地位。这就不难理解，为什么在许多 PPP 项目中，一些地方政府违规采用 BT、政府回购、承诺固定投资回报等明股实债、提前锁定政府大部分支出责任等途径实施 PPP 项目，其背后原因往往是社会资本掌握了大量的话语权和主动权。

根据对财政部 PPP 中心数据的统计，截至 2019 年末，PPP 项目管理库中，最主要的回报机制是采用可行性缺口补助，分别占管理库的 57.0%（个数）和 66.7%（金额），其次是政府付费，分别占管理库的 36.3%（个数）和 23.9%（金额），最少的是使用者付费，分别占管理库的 6.7%（个数）和

9.4%（金额）。由此可见，企业在与政府合作中，无疑更倾向于让政府承担更多的项目支出责任。

（四）PPP 监管体系不完善

从西方国家的成功实践来看，规范有序运行的 PPP 项目离不开监管。一般来说，PPP 项目监管包括准入监管和绩效监管两个方面①。从目前我国 PPP 的监管政策来看，其监管重点主要停留在准入方面，大量政策文件聚焦于“物有所值”论证和财政承受能力论证，对其他环节的风险控制涉及不多，对绩效的监管尚在起步阶段，难以形成有效的 PPP 全生命周期监控体系。脱离了监管，PPP 的发展就容易变成“脱缰的野马”，风险加大。比如，财政承受能力论证走过场，甚至个别地区造假，人为压低 PPP 财政支出占一般预算支出的比重，从而为未来中长期支出压力埋下隐患。再比如，现行的监管政策尚未实现闭环，对诸多管理细节尚未实现全覆盖，对 PPP 项目建成后的日常运行及公共服务提供标准，对如何实现国有资产的保值增值，对如何防止社会资本过度追求暴利进而损害社会公众利益等问题，尚存在部分政策空白，而这最终都可能会转化为地方政府的支出责任。

第三节　PPP 影响地方财政可持续性的实证检验

一、目前我国 PPP 项目的特征事实分析

在考量 PPP 对地方财政可持续性的影响之前，有必要对我国当前 PPP 项目的基本情况进行与之相关的分析和了解，因此本部分主要运用全国 PPP 综合信息平台公布的项目数据来对当前我国 PPP 项目的特征事实进行分析。本章整理了全国 PPP 综合信息平台公布的项目数据，数据截至 2019 年 12 月 29 日。PPP 项目按全生命周期分为识别、准备、采购、执行和移交 5 个阶段，其中，准备、采购、执行和移交 4 个阶段的项目被纳入项目管理库，目前没有项目处于移交阶段，识别阶段的项目被纳入项目储备清单。截至 2019 年 12 月 29 日，管理库涉及项目数 9 258 个、投资额 14.08 万亿元。此外，还有 3 022 个项目处于识别阶段，涉及投资额近 4 万亿元，这些项目未来都可能成为 PPP 项目。处于识别阶段的项目尚未通过“物有所值”评价和财政承受能力论证，此时只能说明地方政府部门在考虑采用 PPP 模式。如果无法通过这两项评价论证，则不采用 PPP 模式。随着这两项评价论证方法的逐步完善以及越来越

---

① 王守清，刘婷. 对加强我国 PPP 项目监管的建议［J］. 经济研究参考，2014（60）：14-15.

多的 PPP 项目实施，PPP 财政预算支出可能超过地方财政承受能力。随着时间的推移，识别阶段的项目进入准备阶段的可能性将降低。因此，本章主要分析管理库中正式采用 PPP 模式的项目。

（一）PPP 项目分省份统计分析

PPP 项目各地区分布如图 5.1 所示。按累计项目数量排序，居于前六位的省份分别是山东、河南、四川、贵州、广东和浙江，分别有 763 个、726 个、557 个、515 个、510 个和 508 个，合计占入库项目总数的 38.66%。按累计投资总额排序，居于前六位的省份分别是贵州、云南、四川、浙江、河南和江苏，分别为 11 925.75 亿元、11 188.49 亿元、10 054.68 亿元、9 746.47 亿元、9 501.16 亿元、8 365.89 亿元，合计占入库项目总投资额的 43.16%。具体如图 5.2 所示。

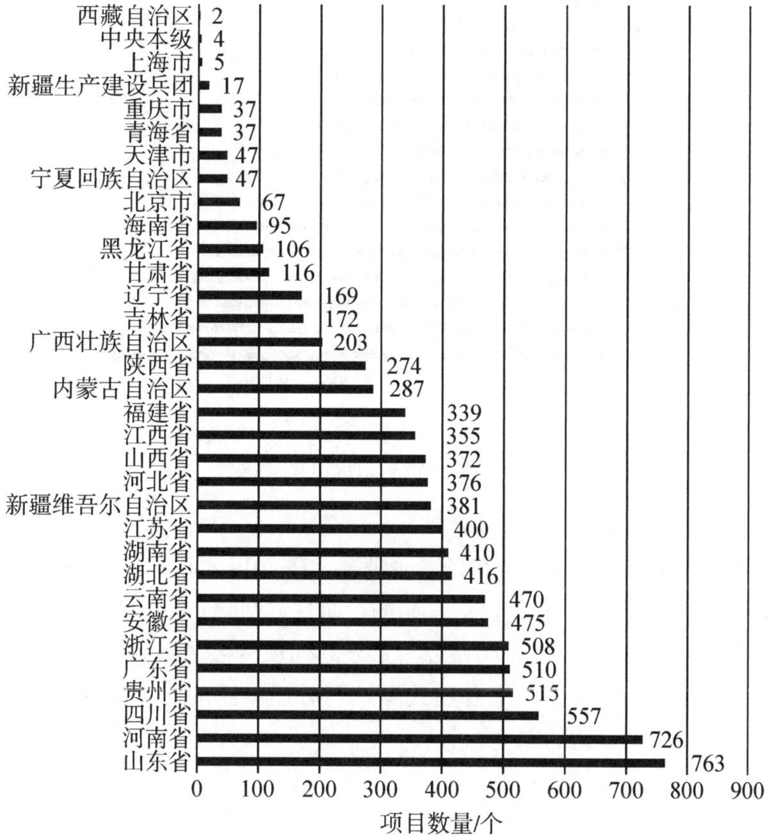

图 5.1　分省份项目数量情况

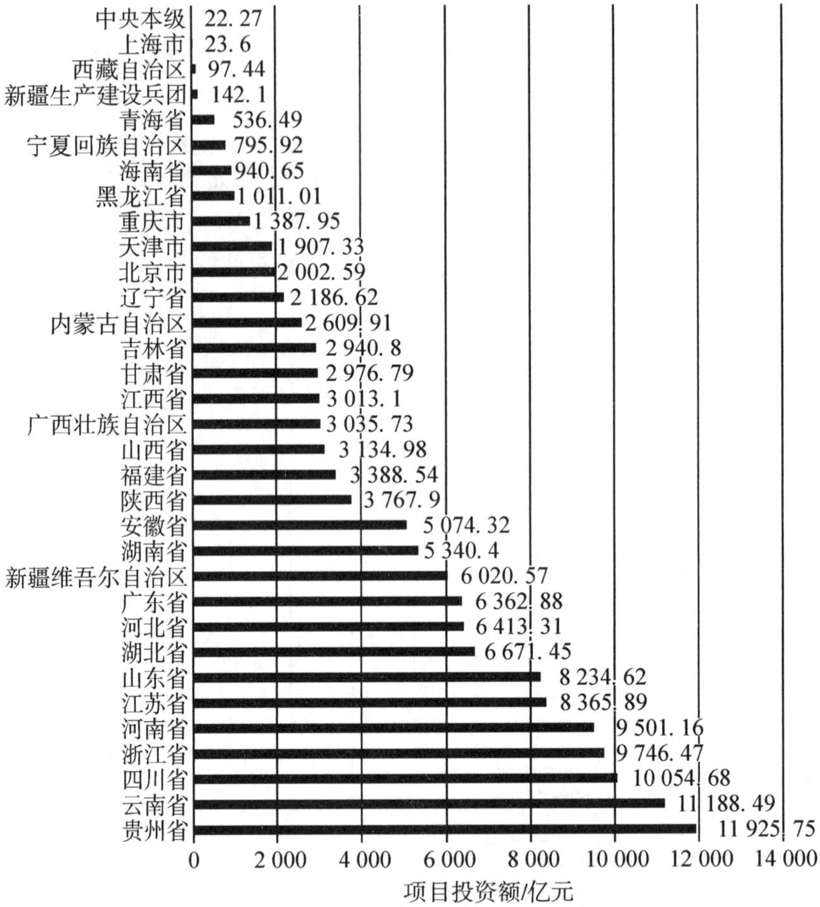

图 5. 2　分省份项目投资总额情况

（二）PPP 项目分年度统计分析

图 5. 3 显示了项目发起年份的分布情况。在 2014 年以前发起的项目很少，超过 95%的项目是在 2014 年以后发起的，而且近 90%的项目集中在 2015 年、2016 年和 2017 年这三年中，2018 年以后发起的项目数量明显减少。可见我国 PPP 项目的设立在经历了一个井喷式爆发期后逐步回落，也说明国家对 PPP 项目的建立持更加审慎的态度。

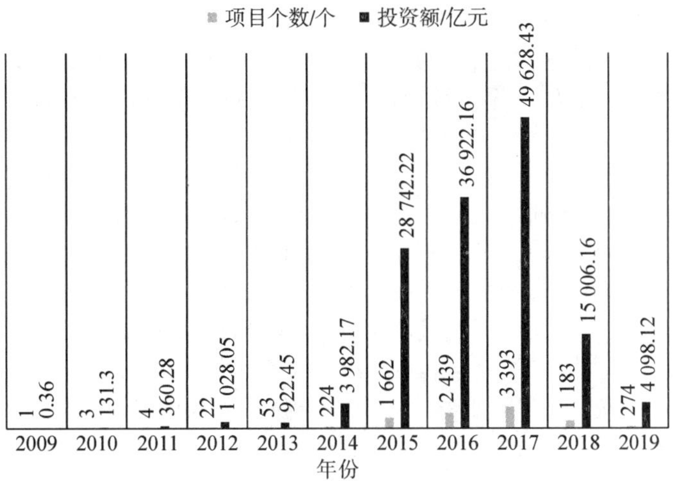

图 5.3　分年度项目基本情况

（三）PPP 项目分阶段统计分析

如图 5.4 所示，截至 2019 年底，6 130 个 PPP 项目已落地，项目落地率 66.21%。项目落地是指政府与社会资本方双方正式签署 PPP 合同，标志着一个项目采购阶段已经完成和执行阶段正式开始。此时，虽然在融资方面可能会面临一些不确定性，但基本上可认定为项目落地，故将签署 PPP 合同的时间认定为项目正式落地时间。官方把项目落地率定义为：执行阶段和移交阶段的项目数除以采购阶段、准备阶段、执行阶段和移交阶段的项目总数，再乘以 100%。此外，落地项目的投资总额为 93 619.86 亿元，占所有项目投资总额的 66.48%。较高的项目落地率意味着地方政府已负有的法定 PPP 项目财政支出达到了一定的规模，面临较大的财政支出压力。

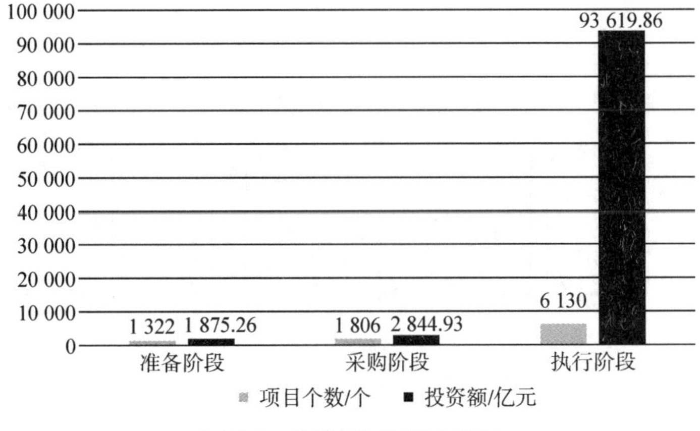

图 5.4　分阶段项目基本情况

（四）PPP 项目分行业统计分析

财政部 PPP 综合信息平台项目库行业划分以国办发〔2015〕42 号为基本依据，将项目划分为 19 个一级行业。图 5.5 提供了管理库内各行业项目数量的分布情况。市政工程是 PPP 项目的主力军，主要包括市政道路、污水处理、垃圾处理等 18 个二级行业。市政工程、交通运输、生态建设和环境保护、城镇综合开发这四大行业，合计占管理库项目总数的 70.25%，占项目总投资额的 81.08%（见图 5.6）。可以看出，当前我国 PPP 项目行业分布不均，主要集中在公共基础设施的提供方面，在教育、医疗卫生、养老等公共服务供给方面应用较少，这主要是因为我国城镇化快速发展对公共基础设施产生了较大的需求。而当前，我国人口老龄化程度加深，教育、医疗卫生、养老等社会问题突出。因此，应该重视 PPP 在社会公共服务供给方面的运用以减轻政府压力，使 PPP 更好地助力社会发展。

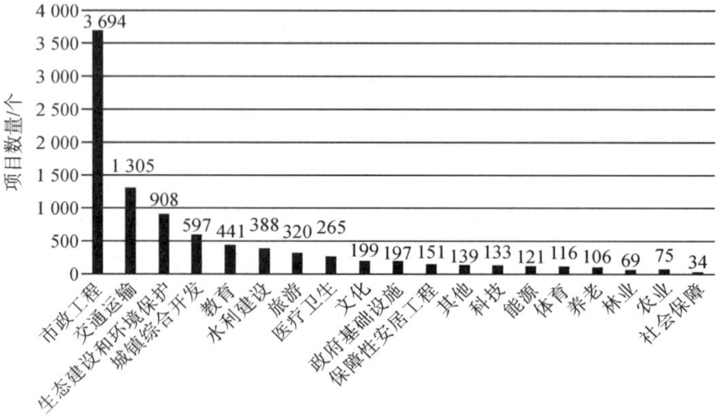

图 5.5 分行业项目数量情况

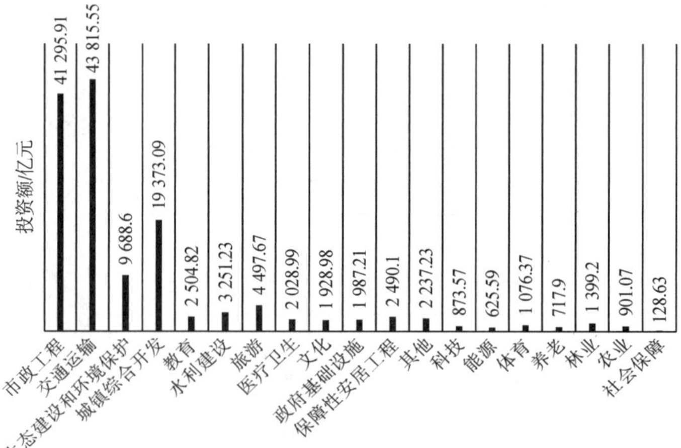

图 5.6 分行业项目投资总额情况

（五）PPP 项目分回报机制统计分析

PPP 项目的回报机制有三种：使用者付费、可行性缺口补助、政府付费。就项目数量情况而言，项目回报机制分布如图 5.7 所示，纯使用者付费占比 6.68%，纯政府付费占比 36.33%，可行性缺口补助 56.99%。我们通过整理数据发现，政府资金参与 PPP 项目付费的比例很高，有 92.91%的项目存在政府付费或补贴。就项目投资额而言，纯使用者付费占比 9.41%，纯政府付费占比 23.85%，可行性缺口补助 66.74%。

纯使用者付费并不能弥补社会资本的投资成本，可行性缺口补助是当前 PPP 项目的主要回报机制。使用者付费的回报机制更符合推行 PPP 模式的初衷，但如何设定合理且可调控的价格是使用者付费机制项目的难点。政府付费的方式能够避免定价难题，但也会导致过高的财政支出压力，违背了缓解地方政府债务压力的初衷。可行性缺口补助既避免了定价机制可能产生的难以吸引社会资本参与 PPP 项目的问题，又避免了地方政府承担全部资金压力的问题，因此可行性缺口补助是更合适的选择。

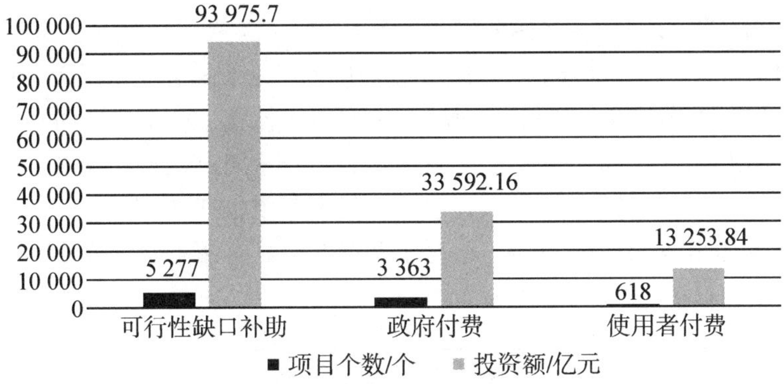

图 5.7　分回报机制项目情况

（六）PPP 项目分运行方式统计分析

目前国内 PPP 项目运行方式主要包括：BOT（建设—经营—转让）、ROT（重构—经营—转让）、TOT（转让—经营—移交）、TOT + BOT、TOT + ROT、TOT+BOO、BOO（建设—拥有—经营）、O&M（经营和维护）、BOOT（建设—拥有—经营—转让）、MC（管理承包）。从图 5.8 可知，目前国内 PPP 项目主要的运行方式为 BOT，该类项目数量占比 78.83%，投资额占比 79.68%。BOT 实质上是基础设施投资、建设和经营的一种方式，以政府和私人机构之间达成协议为前提，由政府向私人机构颁布特别许可，允许其在一定时期内筹集资金建设某一基础设施并管理和经营该设施及其相应的产品与服务。

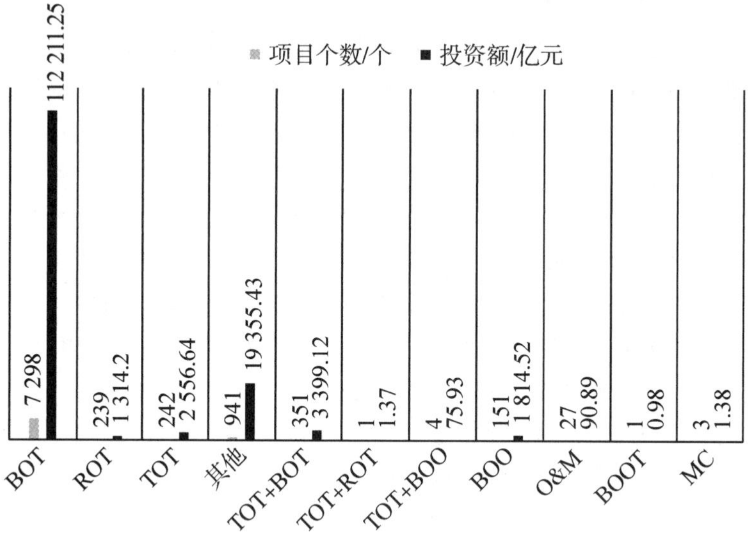

图 5.8　分运行方式项目情况

（七）PPP 项目分合作期限统计分析

目前来看，PPP 项目平均合作期限是 19 年，最短的合作期限是 2 年，最长的合作期限是 52 年。如图 5.9 所示，超过一半数量（54.22%）的 PPP 项目的合作期限处于 11～20 年之间，合作期限处于 21～30 年之间的项目也占很大比重（32.42%），较少项目（10.12%）合作期限低于 10 年，极少数项目（3.24%）合作期限超过 30 年。相比于合作期限只有几年的传统政府采购项目，PPP 项目签订的基本是长期合作契约，政府与社会资本共担风险。

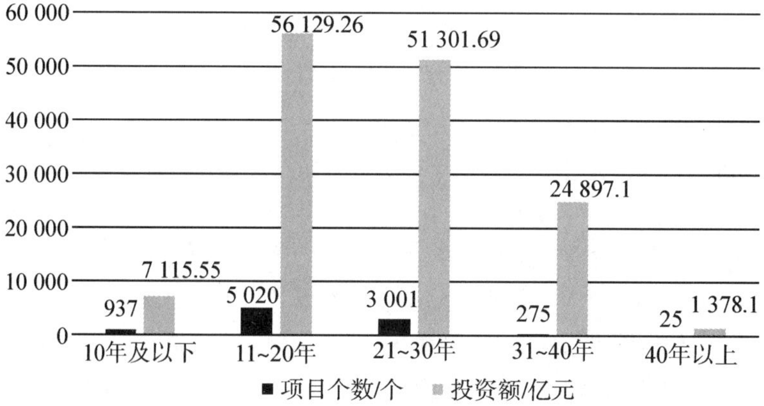

图 5.9　分合作期限项目情况

（八）PPP 项目分企业所有制类型统计分析

PPP 项目由政府方和社会资本方共同成立 SPV 公司（特殊目的公司），股东企业既有政府方代表，也有社会资本方代表。相较于世界其他国家，中国的 PPP 模式有一个显著不同的特点，就是社会资本不仅包括民营和外资企业（含港、澳、台企业），而且包括国有企业，并且国有企业尤其是地方政府融资平台是 PPP 项目的主要参与人。

根据我们整理的数据，6 130 个落地项目中社会资本所有制信息完善的项目共 4 075 个，涉及社会资本共 6 558 家（见图 5.10），包括国有企业 3 489 家，占比 53.20%；民营企业 2 564 家，占比 39.10%；外资企业（包括港、澳、台企业）400 家，占比 6.10%；另有其他不易辨别类型的企业 105 家，占比 1.60%。按投资额来算，国有企业占比远超民营企业和外资企业。从控股情况来看，项目以国有企业控股为主（见图 5.11），国有企业仍然是 PPP 项目最主要的参与人，占比高达 46.40%，其次是民营企业，占比 41.60%。

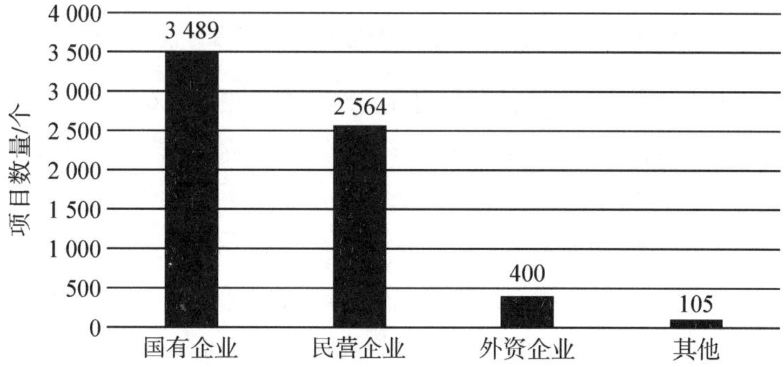

图 5.10　分企业所有制类型项目情况

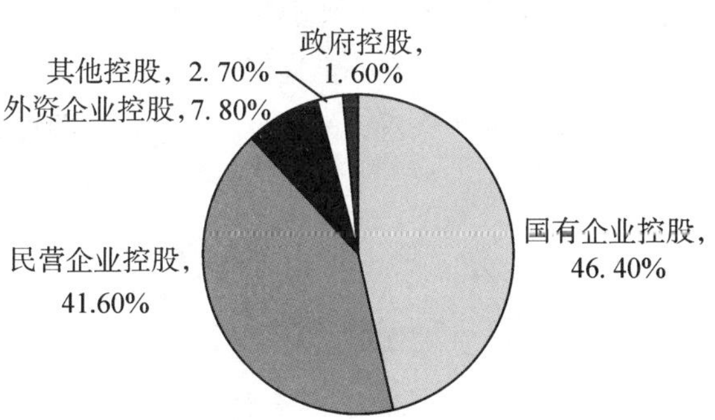

图 5.11　分项目控股情况

此外，从近几年社会资本参与情况来看，民营企业参与的 PPP 项目数量和参与金额都有所下降（见图 5.12）。近几年民营企业参与 PPP 项目市场占比呈现出逐年下滑的趋势，尤其是项目规模占比情况，2019 年锐减，仅占 10%。由此可见，民营资本在 PPP 项目中的地位逐年降低，民营资本的参与也受到了较大的限制。

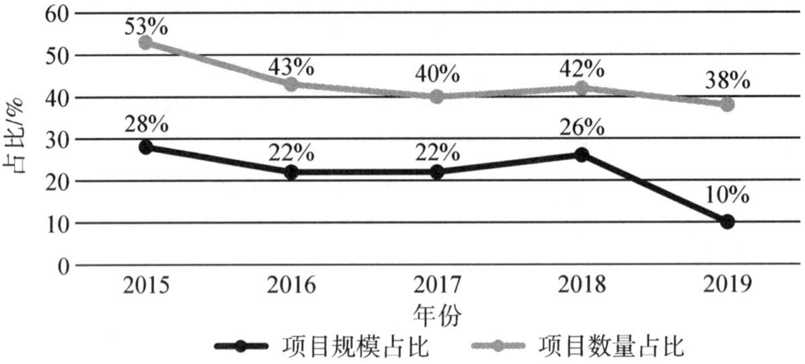

图 5.12　近年民营企业参与 PPP 项目占比情况

通过上述对 PPP 项目特征事实的分析，我们发现存在的主要问题为：

（1）PPP 项目的选择效应与 PPP 的初衷存在明显差异。图 5.13 分析了地级市层面的项目落地率与四个变量的关系。分市项目落地率与职工平均工资正相关、与政商关系健康程度正相关、与财政自给率正相关，而与预算赤字率负相关。这些发现一方面说明，经济发展好、市场制度好、政府财政综合能力强的地区，PPP 项目进展快，有利于项目快速落地，这是 PPP 项目的选择效应；另一方面表明，项目落地情况受经济发展水平、市场化程度和政府财政能力的制约。尤其是在中国地方政府普遍存在预算赤字的情况下，地方政府财政压力很大，促进 PPP 项目的落地和实施在一定程度上可以缓解地方政府财政负担。从资源配置或者设立 PPP 的初衷来看，经济欠发达地区无疑更需要 PPP 项目，但是实际上更难获得 PPP 立项。

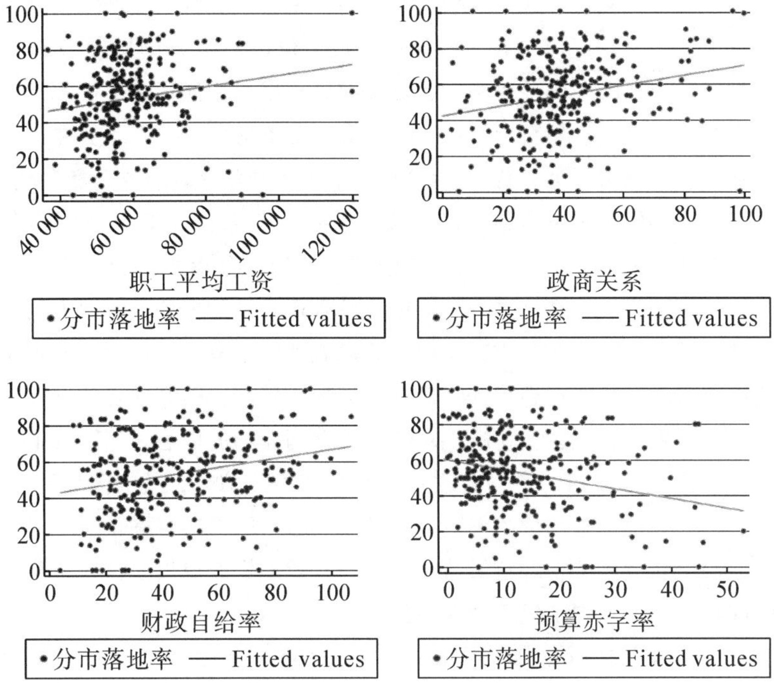

图 5.13　分市落地率与经济、制度和财政的关系

（2）政府资金参与 PPP 项目付费的比例很高，会产生地方政府债务压力大、项目违约、利益输送等问题。超过 90%的 PPP 项目存在政府付费或补贴，政府资金参与 PPP 项目付费的比例很高。短期内，PPP 项目通过引入社会资本在一定程度上降低了地方政府的投资压力，达到了预期的效果，但随着 PPP 项目的持续增多，大量的政府付费项目和可行性缺口补贴项目正式执行，未来政府的长期财政支付压力将会越来越大。PPP 模式的合同期限跨越几届政府，政府财政支出责任过度后移，会加剧以后年度的财政支出压力，导致代际失衡。后期政府资金压力过大，可能会降低未来地方政府的履约意愿和履约能力，因此可能会导致政府无法按时支付项目费用，增加了后期政府违约的可能性。政府资金对 PPP 项目补贴，原因是使用者付费无法弥补社会资本的投资成本，政府补贴可以保证社会资本获得合理收益，社会资本才会参与公共基础设施的建设，但社会资本的成本是非公开信息，政府补贴为利益输送提供了便利。

（3）社会资本方仍以国有企业为主，民间资本参与度不够，在一定程度上背离了推行 PPP 模式的初衷。不论是从参与 PPP 项目的企业数量来看，还是从企业投资金额来看，或是从项目控股情况来看，民营企业都要明显少于国有企业。虽然民营企业参与规模已接近四成，但国有企业仍是参与 PPP 的主体，而且民营企业参与的项目集中在城镇综合开发、交通运输、市政工程以及生态建设和环境保护这些行业。民营企业参与度不够的原因在于其在进入和退出的过程中存在双重阻力。首先，PPP 项目需要的大量启动资金和后续投资，受资金实力和融资实力的限制，满足民营企业参与条件的 PPP 项目有限，限制了民营企业进入 PPP 项目。国有企业的融资成本显著低于民营企业。由于地方政府兜底预期的存在，国有企业更容易获得外部的债务融资。中国的融资体系和金融行业以银行业为主，而银行业以五大国有商业银行为主，相比于民营企业，国有企业可以从银行获得低利率贷款。其次，PPP 项目的周期比传统的政府采购周期长，民营企业缺乏对政府按合同履约的信心。当民营企业预计到政府可能不会履行 PPP 合同，或者政府承诺不可信时，就会降低对 PPP 项目的投入，最终也会增加项目失败的概率。最后，PPP 项目终止时，退出机制不完善、退出效率低下，导致民营企业无法有效地快速退出项目，民营企业资金长时间被占用，增加了民营企业的经营风险。

（4）PPP 项目按行业分布不均衡。截至目前，我国 PPP 项目主要围绕市政工程、交通运输、生态建设和环境保护以及城镇综合开发，尤其是市政工程和交通运输行业，无论是项目数量还是项目投资总额，二者合计占比都高达50%以上。我国城镇化的快速发展使国内对公共基础设施产生较大需求，因此产生这一现象可以理解，但过度的不均衡发展同样会产生弊端。当前，我国人口老龄化程度加深，教育、医疗卫生、养老等社会问题突出，因此，应该重视 PPP 在社会公共服务供给方面的运用以减轻政府压力。同时，旅游、科技、能源等行业比较而言能够产生较好的经济效益，可以在此类行业中多推行 PPP 项目的设立，更好地缓解政府财政压力。

二、PPP 对地方政府财政可持续性的影响分析

根据前文所述财政可持续概念的内涵，可知 PPP 对地方财政可持续的影响程度，主要在于测度 PPP 项目的推行会给地方政府带来多大财政支出责任和隐性债务规模，并且地方政府在不做重大财政调整的情况下是否有能力按时还本付息，从而维持地方政府财政的基本平衡。事实上，PPP 对地方财政可持续的影响是多方面的，难以通过数据对此进行直接测度。首先，PPP 项目的执行会增加地方政府的财政支出，这会对地方政府的财政可持续造成直接的负面影响。其次，PPP 的推行会拉动民间资本参与公共基础设施建设，可以通过乘

数效应的发挥促进经济增长，从而为地方政府带来财政收入的增加。况且，许多 PPP 项目本身具有营利性质，项目运营期间产生的财政收入也会提升地方政府的债务清偿能力，这些是对地方政府财政可持续有着积极影响的方面。

因此，本部分主要从地方政府 PPP 项目财政支出责任和地方政府 PPP 项目财政承受能力这两个方面进行分析，论证 PPP 项目对地方政府财政可持续的影响，并结合当前我国 PPP 项目的事实特征对此给出定量与定性分析相结合的基本结论。

（一）地方政府 PPP 项目财政支出责任基本情况分析

根据财政部《PPP 项目财政承受能力汇总分析报告》的分析，截至 2018 年 1 月 31 日，项目管理库中 6 400 个 PPP 项目，需要一般公共预算在 2015—2045 年间安排的支出责任总额为 9.9 万亿元，年均支出 3 194 亿元（见图 5.14），居于支出责任总额前 5 位的分别为湖南、河南、四川、内蒙古和云南，年均支出分别为 260 亿元、229 亿元、222 亿元、201 亿元和 190 亿元，分别占 2017 年本省（区）一般公共预算支出的 3.8%、3.1%、2.6%、4.4%和 3.3%。

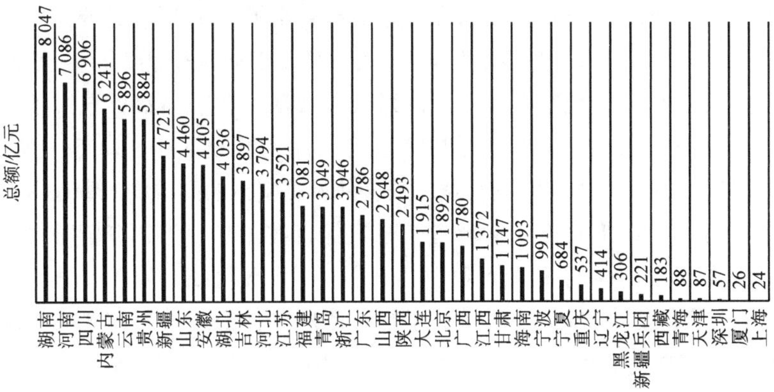

图 5.14　2015—2045 年各地区 PPP 项目财政支出责任总额

根据财政部《PPP 项目财政承受能力汇总分析报告》中的数据，如果分区域来看财政支出责任总额，可发现西部地区的财政支出责任反而最高，而东部地区最小，但二者之间总体相差不大（见表 5.1）。

表 5.1　东、中、西部地区 PPP 项目财政支出责任情况

项目	东部地区	中部地区	西部地区
支出责任总额/亿元	30 236	31 797	36 781
占比/%	30.60	32.18	37.22

从前文 PPP 项目的特征事实可知，截至 2019 年 12 月 29 日，东、中、西部地区的项目个数和投资总额情况如表 5.2 所示。就项目数量而言，东部最多，西部最少；就投资总额而言，则西部地区最高，而中部地区最低。

表 5.2 东、中、西部地区 PPP 项目数量和投资总额情况

项目	东部地区	中部地区	西部地区
项目个数/个	3 279	3 032	2 943
投资总额/亿元	49 572.5	36 687.22	54 539.72
项目个数占比/%	35.43	32.77	31.80
投资总额占比/%	35.21	26.06	38.73

由此可见，根据当前我国 PPP 项目的项目个数和投资总额在各区域的分布情况，可以预测未来西部地区 PPP 项目财政支出责任总额将依然是最高的。

各地区 PPP 项目财政支出责任的增加意味着地方政府债务负担加重，这将直接影响地方政府的财政可持续能力，进而引发 PPP 财政风险。因此，为着力防范财政风险，全国 PPP 综合信息平台启用了 PPP 项目财政支出责任监测预警系统，动态监测 PPP 项目财政支出责任和财政承受能力。截至 2019 年 11 月底，监测预警系统数据显示，按财政行政区（含省本级、地市本级、区县本级）统计，全国 2 607 个有 PPP 项目入库的行政区中，2 558 个行政区（占 99.3%）的各年度 PPP 项目从一般公共预算安排的财政支出责任占一般公共预算的比例（以下简称“财承占比”）保持在 10%以下，符合财政承受能力要求。其中，1 868 个行政区财承占比低于 7%预警线，处于安全区间，含 1 441 个行政区低于 5%，按照《关于推进政府和社会资本合作规范发展的实施意见》（财金〔2019〕10 号，以下简称“10 号文”），可以继续申请各行业领域的政府付费类项目入库。有 19 个行政区（占 0.7%）的财承占比在今后一些年份将超过 10%，按照有关要求，将停止这些行政区新项目入库。主要由于减税降费、被纳入一般公共预算政府债务额度下降等原因，不少行政区 2018 年一般公共预算支出决算数比 2017 年小，使得平台内更新后的未来年度一般公共预算支出预测数相应变小，PPP 项目财政支出责任占比相应上升，从而造成部分地区财承占比超过预警线。

通过地方政府 PPP 项目财政支出责任基本情况分析，结合前文 PPP 项目的特征事实分析，我们发现目前西部地区所承担的 PPP 财政支出责任高于其他地区，而西部地区中以四川、贵州、云南、内蒙古几个省（区）的财政支出压力最大，中部地区则是湖南、河南的财政支出压力最大，东部地区各省份所面临的财政支出责任相对较小。此外，根据 PPP 项目财政支出责任监测预警系统报告的数据，目前 PPP 项目通过财政承受能力论证的占比高达 99%以上，对于项目财承占比超过 10%的地区及时叫停其新项目入库，同时在整理项目数据的过程中，发现不断有项目退库，由此可见财政部对 PPP 项目的监控愈加严格。总体来看，PPP 项目潜在财政风险得到了有效监测和控制。

需要注意的是，各行政区的经济发展状况千差万别，在论证 PPP 项目财政承受能力时，其所预估一般公共预算支出比率是否真实合理仍然值得商榷，因此，有必要对地方政府 PPP 项目的财政承受能力做进一步的测度。

（二）地方政府 PPP 项目财政承受能力测度

为了测算地方政府 PPP 项目财政承受能力，本部分参照张牧扬等①的方法，即在修正一般公共预算支出预测年增长率的情况下，测算 PPP 项目财政支出责任是否超出 PPP 项目财政承受能力 10%红线的项目个数。

（1）PPP 项目财政支出责任样本选择。本章选择以 2009—2019 年财政部 PPP 项目管理库（以下简称“管理库”）中全部 9 258 个项目为对象，并根据这些项目的财政承受能力论证报告的文本信息，采用手工整理每个项目应由地方政府在之后各年承担的支出责任。由于不同的 PPP 项目在运营期限上差异很大，这些项目中最早的将于 2022 年到期，最晚的将在 2069 年到期，其中有一半以上的项目在 2035 年底之前到期。就 2010—2019 年入库的项目而言，2035 年之后的财政支出责任将明显下降。本章对于财政支出责任承受能力的研究，着重考察 2035 年以前的财政支出责任，因此我们把研究的时期确定为 2019—2035 年。

在此基础上，我们依据项目所在地点的信息，去掉了中央政府本级和省级政府本级的 PPP 项目，将剩余的市级和县级 PPP 项目的数据以所在城市为标准进行加总，得到 279 个城市在将来每一年所需承担的 PPP 项目支出责任总额。需要指出的是，PPP 项目的财政支出责任并不都在市本级财政，有相当多的项目属于区县级，由区县财政承担支出责任。本章以城市作为研究单位，将市级和区县级 PPP 项目进行加总，得到全市所有 PPP 项目 2020—2035 年每一年度的财政支出责任。

需要注意的是，本章的研究是基于 2010—2019 年入库的项目进行的。在 2019—2035 年这段考察期内，只要本级财政承担的 PPP 项目支出责任不超过

① 张牧扬，卢小琴，汪峰. 地方财政能够承受起 PPP 项目财政支出责任吗：基于 2010—2018 年 PPP 项目的分析 [J]. 财政研究，2019（8）：11.

一般公共预算的10%，地方政府就可以发起新的PPP项目。因此，如果有新的项目发起，实际的财政支出责任会高于本章的估计。换而言之，本章的估计也反映了2019—2035年各地新发起PPP项目的财政承受能力空间。

（2）一般公共预算支出的估计测算。有了2019—2035年每一年度的财政支出责任，我们还需要对2019—2035年每一年度的一般公共预算支出进行预测。在每个项目的财政承受能力论证报告中，都有当地政府对于本级一般公共预算支出的预测。然而，我们对PPP项目财政承受能力论证报告中一般公共预算支出的预测值进行分析后发现，不少地方设定的一般公共预算支出年增长率较高。由于PPP项目的财政支出责任来自项目自身，是政府与社会资本方协商的结果，数据必须是真实可靠的；而未来一般公共预算支出规模则是一个城市层面的宏观财政指标，与单个项目无关。地方政府在做财政承受能力论证时，对于一般公共预算支出设定较高的增长率，在财政支出责任不变的情况下，这将降低PPP项目财政支出责任占一般公共预算支出比重的预测值。

为了对未来一般公共预算支出进行合理估算，我们统计PPP项目管理库中不同政府层级PPP项目的一般公共预算支出预测的年增长率，发现省级项目对于本级一般公共预算支出的预测增长率明显低于市县级项目。如表5.3所示，省级PPP项目对于省本级一般公共预算支出的预测增长率均值为5.9%，中位数为6.0%，而市县级项目对于本级一般公共预算支出的预测增长率均值高达9.3%，中位数为9.2%。市县级一般公共预算支出的预测增长率的25%分位数为7.0%，与省级PPP项目对于省本级一般公共预算支出的预测增长率75%分位数相当。我们基于2018年各省级财政决算数据分析发现，市县级一般公共预算支出增长率的均值为5.8%，中位数为7.3%。这一对比说明，市县级PPP项目在做财政承受能力论证时，对未来一般公共预算支出增长率的估计可能过高。

表5.3　不同层级PPP项目对一般公共预算支出预测的年增长率统计

项目层级	均值（两侧1%尾）	25%分位数	50%中位数	75%分位数
省级	5.9%	4.0%	6.0%	7.0%
市县级	9.3%	7.0%	9.2%	10.3%

因此，我们有理由怀疑市县级PPP项目在进行财政承受能力论证时，可能有意提高了对于未来年度一般公共预算支出的预测值，以降低PPP项目支出责任的占比。基于此，本章未采用市县级PPP项目财政承受能力论证报告中的相关数值，而是参考了省级PPP项目财政承受能力论证报告中对于一般

公共预算支出增长率的预测和2018年一般公共预算支出实际增长率进行预测。具体分析，省级PPP项目中对于一般公共预算支出增长率估计的三个四分位数分别为4%、6%和7%，考虑到市县级2018年支出增长率的中位数为7.3%，我们将7%一档上调到8%。本章最终以2017年为基期，以每年财政支出增长4%、6%和8%三种情况来估算2020年及以后各城市各年度一般公共预算支出规模。

（3）PPP项目财政支出压力的估计测算。在上述两个部分的估计之后，我们可以计算出各城市各年度PPP项目财政支出责任总额占地方一般公共预算支出规模的比重，尤其是注意哪些城市在哪些年份该比重会超过10%。选择4%、6%和8%这三个比率来估算地方一般公共预算支出增长率，分别对应保守、一般和乐观三种态度，从而更为科学地评估各地方财政是否能够承担PPP项目财政支出责任。基于上述分析，我们最终获得了一个时间跨度为17年（2019—2035年）的城市—年份平衡面板，样本量为4 297个城市—年份对。

根据上述测度估计得出的基本结果分析如下：

首先，我们统计PPP项目财政支出责任总额占地方一般公共预算支出规模比重的数值区间分布。我们从表5.4可以看出，以4%的一般公共预算支出增长率来进行保守估计，超过10%红线的样本数量仅有2.58%左右。而以8%的一般公共预算支出增长率来进行乐观估计，超过10%红线的样本数量不足1%。这说明，由PPP项目财政支出责任带来的地方政府财政支出压力总体是可控的。而且，从区间0~2%至区间10%以上，地方政府的财政支出压力逐级增加，而处于相应区间的样本数量则逐级减少。从表5.4的不同列的数据可以看出，大多数城市在2019—2035年之间的大多数年份，还有较大的财政承受能力空间可以发起新的PPP项目。

表5.4　PPP项目财政支出责任城市数量分布　　单位：个

预计一般公共预算支出年增长率	PPP项目财政支出责任总额占地方一般公共预算支出规模的比重				
	0~2%	2%~5%	5%~7%	7%~10%	10%以上
4%	1 834	1 579	448	325	111
6%	2 135	1 464	369	268	61
8%	2 398	1 427	277	153	42

另外，我们统计了2019—2035年之间会出现PPP项目财政支出责任超10%红线的城市数量。从表5.5可以看出，以4%、6%和8%的增长率来预计一般公共预算支出年增长率，2019—2035年之间会发生超10%红线情况的城

市数量分别为23个、12个和11个。由此可见，即使按最低一档一般公共预算支出增长率估计，会发生超10%红线的城市数量也占全部城市的8.2%左右，这也说明了我国PPP项目财政支出责任带来的地方政府财政支出压力仍然总体可控。

表5.5　PPP项目财政支出责任超10%红线的城市数量及区域分布情况

预计一般公共预算支出年增长率	城市数量总计	东部地区	中部地区	西部地区
4%	23	5	4	14
6%	12	1	2	9
8%	11	1	2	8

通过地方政府PPP项目财政承受能力测度，可见PPP项目财政支出责任带来的地方政府财政支出压力总体可控。在以4%、6%和8%的增长率来估算一般公共预算支出规模时，超10%红线的城市分别为23个、13个和11个，西部地区超10%红线的城市数量明显高于东、中部地区。因此，在管理得当的前提下，大多数城市仍然有较充足的PPP项目的财政承受能力空间。这也说明仅就目前PPP项目所带来的地方财政支出责任来看，基本不会对地方财政可持续造成太大影响。

考虑到市县项目加总后会因为一般公共预算支出的合并测算而掩盖县区级城市PPP项目财政支出责任占比的真实情况，为了更充分地论证县区各本级政府的财政支出压力状况，本章采取抽样的方式来对此做进一步的分析。根据我国地级市与县区数量的大致比例，分别抽取30个地级市及300个县区来作为分析样本（样本中的城市皆为PPP项目处于执行阶段的城市），同时，为了避免样本结果偏差过大，本章分别从东、中、西部各省中抽取相同比例的城市数量。这样分别得到时间跨度为17年（2019—2035年）的样本量496个地级市—年份对和4 472个县区城市—年份对。依照上述相同的测算方法，得出的结果如表5.6~表5.8所示。

表5.6　不同层级PPP项目对一般公共预算支出预测的年增长率统计

项目层级	均值（两侧1%尾）	25%分位数	50%中位数	75%分位数
市本级	9.1%	6.9%	9.0%	10.2%
县区级	9.4%	7.1%	9.4%	10.4%

表 5.7　PPP 项目财政支出责任超 10%红线的地级城市数量及区域分布情况

预计一般公共预算支出年增长率	城市数量总计	东部地区	中部地区	西部地区
4%	6	1	2	3
6%	3	0	1	2
8%	1	0	0	1

表 5.8　PPP 项目财政支出责任超 10%红线的县区级城市数量及区域分布情况

预计一般公共预算支出年增长率	城市数量总计	东部地区	中部地区	西部地区
4%	31	7	6	18
6%	16	2	4	10
8%	12	1	2	9

从以上几个表的统计结果可以看出，在对市本级与县区级城市 PPP 项目财承受能力分别进行测算后，其总体结果与前面的分析基本保持一致，即超 10%红线的城市数量所占比重依然较低，同时西部地区超 10%红线的城市数量同样明显高于东、中部地区，我国 PPP 项目财政支出责任带来的地方政府财政支出压力仍然总体可控。需要注意的是，县区级城市在与地级城市分开测算后，县区级城市对一般公共预算支出预测的年增长率较之前合并测算的有所提高，但提升的幅度相对较低。事实上，在整理数据的过程中，我们也发现县区级城市 PPP 项目财政承受能力报告中对一般公共预算支出预测的年增长率与地级城市相比确实相差不大，这进一步验证了前文分析结果的可靠性，但也说明对 PPP 项目财政支出责任可能超 10%红线的关注重点还是应该放在县区级城市项目上。

此外，我们也发现了其中存在一个重大问题，即财政承受能力红线的设置存在问题。《政府和社会资本合作项目财政承受能力论证指引》中指出，10%的红线是在每一年度，地方全部的 PPP 项目需要从预算中安排的支出责任，这部分支出不能超过一般公共预算支出的 10%。但是该 10%红线的设置并不是十分合理，具体表现为：一是 10%控制标准的适用范围不合理，比如在经济发达的地区，即使 PPP 项目支出责任超出 10%的红线，也并不会对其政府造成多大的财政压力，而在经济落后的地区，即使没有超过 10%红线，也可能会造成政府财政负担过重。因此，我们认为，在实际操作过程中，应当根据当地实际情况灵活设置红线。二是财政承受能力论证指标选取不统一，部门或机构在对一般公共预算支出增长的测算指标、收益率以及年度折现率等指标均存在一定的差异性和随意性。

结合上述分析，本章认为：①在完善 PPP 制度建设层面，需要完善 PPP 投融资管理法律法规，构建财政部把关程序；②在完善 PPP 机制建设层面，需要进一步规范 PPP 项目的遴选和入库管理工作，完善政府保证机制，提升民营资本的参与热度等；③在强化 PPP 绩效管理层面，需要强化财政承受能力论证，合理设置 PPP 财政承受能力红线，建立科学合理的绩效考核机制。

第六章　税收努力对地方政府债务的影响与风险规避机制研究

第一节　税收努力与地方政府债务的关系

一、关于税收努力程度的讨论

根据 IMF（国际货币基金）税收努力模型和美国 ACIR（政府间关系咨询委员会）的定义，税收努力是政府利用税基和其征税资源的能力。税收努力是指政府为提高税收收入所做努力，或者说税收征管部门对潜在税收能力的利用程度。对于税收努力的测度采用的方法比较多，现有文献主要使用税柄法、随机前沿分布法、数据包络分析法、代表性税制法等。

吕冰洋和郭庆旺（2011）研究认为，中央政府和地方政府均有动力提高税收努力，并通过税收信息化建设来提高征税能力，保证各级政府的财政收入。吕冰洋等（2016）提出地方政府针对本辖区制定的税收优惠政策、征管力度差异，造成了企业面临的名义税率是统一的，但实际税负和税率则不同。因此，在财政分权体制下，地方政府具备调整地区实际税负的动机和条件。贾康等（2007）指出地方政府采用税收返还和税收代征等方式进行有差异的税收努力。李永友和沈玉平（2009）实证检验得到税收优惠政策减弱了税收征管力度的结论。赵娜等（2020）实证发现财政纵向失衡激励政府过度偏好资本密集的基础设施投资，降低了资源配置效率，同时为缓解财政压力，地方政府加强了税收努力，扭曲了资本配置效率。范子英和赵仁杰（2020）利用撤县设区准自然实验，发现财政自主权降低导致税收激励下降，弱化了政府税收努力程度，进而导致地方政府税收收入下降。

部分文献研究了税收分成与税收努力的关系。吕冰洋（2009）研究认为，地区税收征管的边际努力大于其边际收益，会造成地方政府税收努力程度下降。刘怡和刘维刚（2015）研究提出税收分享对地方征税努力的作用机制，地方征税努力随着政府税收分成比例提高而降低。田彬彬和范子英（2016）研究发现2002年所得税改革对地方政府所得税收努力程度影响较大，因为地方政府企业所得税分成比例降低了。崔志坤和李娜（2019）研究发现地方收入分成比例与财政努力、税收努力呈现正向相关关系，其中税收努力的正向作用更加明显。储德银等（2019）认为税收努力与税收收入存在正相关关系，地方政府加强税收努力将在短期内增加税收收入与自有财力。

关于转移支付与税收努力的关系，现有研究所得结论在一定程度上达成了共识，即中央政府对地方政府各种类型的转移支付对地方税收具有替代作用，因此总体上抑制了地方税收努力。李建军和肖育才（2012）研究发现地方政府偏好转移支付，税收征管行为呈现"粘蝇纸效应"。吉黎等（2015）研究发现总量性质转移支付（税收返还）、均等性质转移支付（均衡性转移支付和定额补助）等对地方的税收努力起到了负向效应。付文林和赵永辉（2016）研究发现财政转移支付与地方税收努力之间存在策略替代特性。胡祖铨等（2013）在进行转移支付重新分类后得到的结论是税收返还和均衡性转移支付对税收努力的影响是负向的，而专项转移支付的影响是正向的。

二、关于地方政府债务规模的讨论

中国地方政府债务存在债务分散、隐性债务、数据敏感、统计口径复杂等问题，因而数据获取难度较高（杨灿明、鲁元平，2015）。由于地方政府融资平台是政府最主要的创新融资模式且数据具有可获得性，部分研究直接将城投债数据作为估测地方政府债务规模的重要依据（赵全厚，2011）。蒲丹琳和王善平（2014）以省份为研究单位，汇总地方政府融资平台银行贷款的规模，作为度量地方隐性债务规模的间接指标；而陈菁和李建发（2015）用地级市城投债数据衡量地方隐性债务规模。吕健（2014）在测算地级市政府债务存量和年度债务增量时，将市政建设领域固定资产投资与地方政府可用收入的差额定义为地方政府债务规模。

关于地方政府债务规模的其他主要影响因素，国内外文献主要从软预算约束、财政收支压力、官员政绩考核（晋升）机制和地方政府竞争等角度分析了地方政府债务规模扩大的原因。预算软约束主要被用于分析地方政府出现财政危机时中央政府对其实施破产救助，地方政府有举债的激励，预算软约束激励地方政府增大举债规模（杨十二、李尚蒲，2013）。就财政压力与地方政府债务的关系而言，部分学者认为财政缺口压力与地方政府债务增长呈正相关关系（杨灿明，2015）。财政缺口压力对发债规模的影响具有地区性（李一花、亓艳萍，2017）。财政缺口压力与地方政府债务增长呈负相关关系（赵文哲、杨继东，2018）。就官员政绩考核（晋升）机制和地方政府竞争而言，地方官员政绩考核的主要指标是地区 GDP 增长率，晋升的压力转变为提升地方经济增长率的压力，地方官员因经济发展压力展开政府间竞争同时通过举债缓解财政缺口与经济发展之间的矛盾，地方政府竞争与官员晋升考核机制从而与地方政府债券发行规模呈现正相关关系（张旭昆、李晓红，2016）。罗党论和佘国满（2015）分析了地方官员职位变更前后年份辖区发债的平均次数和规模，发现官员变更因素导致政策具有不确定性从而降低了城市发债概率、缩小了发债规模。

三、关于税收努力和地方政府债务关系及空间相关性的研究

基于经典的财政联邦理论，税收努力程度的提高有助于提高财政自给率，缓解地方政府赤字压力。张旭昆和李晓红（2016）认为地方政府财政收入有限的情况使未来偿债压力加大、地方政府债务风险变大、成本提高，影响实际举债规模。史贞（2018）认为地区税收收入占财政收入比重与地方城投债偿还能力呈正相关关系。

在从财政分权、官员晋升、预算软约束等角度解释债务成因的基础上，许多学者关注了地方政府债务的空间溢出性。王宝顺和刘京焕（2011）基于省级面板数据进行空间计量实证研究，发现不同地方政府的公共支出之间存在相互影响，即空间外溢效应。并且生产性公共支出和福利性公共支出的空间外溢效应不同，前者有利于促进本地经济的发展，而后者则抑制了本地经济的发展。李承怡（2019）将财政支出进行分类，发现相比于公共服务类的策略，公共投资类的竞争策略能够带来更多的投资。张军（2015）提出地区之间的经济增长存在关联性，在以经济发展水平为主要考核指标的背景下，地方政府债务规模空间溢出，“登顶比赛”式的横向竞争明显。王术华（2017）从全国和三区（西藏、新疆南疆、四省藏区）两个层面，实证分析出地方财政压力推动了地方政府债务规模扩张，而地方支出竞争对债务规模扩张的作用也很明显。李茹霞等（2020）运用空间计量分析方法实证发现，相邻省域地方政府债券发行规模之间存在显著的空间相关性。刁伟涛（2016）运用 30 个省份的地方政府债务数据，研究了地方政府债务负债率和举债竞争的空间关联性，结论是考虑空间效应后，地方政府债务对经济增长的促进作用不明显。郑威和李

晓龙（2017）利用省级城投债数据实证发现，地方竞争细化为税收竞争和引资竞争，但是不管哪一种竞争，都会导致地方政府债务规模的扩张。在局部区域，二者空间集聚性明显。洪源等（2020）利用30个省份数据采用空间杜宾模型实证研究发现，地方税收竞争和公共投资竞争对地方政府债务增速和绩效都存在正向影响，且这种影响具有空间外溢效应，其中公共投资的影响更大。黄春元和刘瑞（2020）认为影响地方政府债务规模扩张的因素存在区域差异，相对来说，在东部地区，由于财政分权的影响，其空间溢出效应更加显著，而中、西部的空间溢出效应更多地受到城镇化因素的影响。

付文林和赵永辉（2016）研究发现，由于地方政府间竞争机制的存在，税收努力在空间上存在策略替代特性。彭小静和邓明（2016）研究发现经济发展水平相近的地区之间，在税收努力程度上存在互相模仿现象，即地方政府间的税收努力程度存在基于经济距离的正向空间溢出，而转移支付会弱化政府间的税收努力互动。崔志坤和李娜（2019）在探索财政失衡与税收努力关系的时候，发现邻近地区存在竞争性关系，彼此间的税收行为存在策略替代和彼此效仿。黄思明（2019）通过构建空间杜宾模型，指出在现有税收制度约束下，地方政府无权制定名义税率，但是在经济增长竞争下，政府往往通过降低税收征管效率为企业减负，从而达到招商引资目的，而这种行为会在同一级别的地区间形成互相模仿。

四、文献评述

从现有研究成果来看，国内外文献已对地方政府债务规模变化及其成因、税收努力等方面做了大量的研究，但仍然存在如下几个方面的研究不足：

第一，现有文献研究地方政府债务规模变动的成因时，更多地关注软预算约束、财政收支压力、官员政绩考核（晋升）机制和地方政府竞争的作用效果，尚未深入探究税收努力程度对地方政府债务规模的影响关系与作用效应。

第二，现有文献基于地方政府竞争视角研究了地方政府债务规模存在空间溢出效应，尚未从税收竞争视角探讨地方政府债务规模的空间溢出特征。

第三，在数据准备上，现有文献关于地方政府债务空间溢出效应的研究较广泛使用省级数据，较少使用地级市数据进行分析。从实践来看，地级市政府作为基层政府，使用地级市债务数据进行政策分析更能全面分析税收竞争与地方政府债务规模的关系及其空间相关性特征。

第二节　税收努力与地方政府债务的测算

一、税收努力的测算

（一）测算方法

税收努力是政府征收法定应纳税额的程度，以实际税收收入与潜在税收收入的偏离表征政府发掘和利用潜在税收收入的行为，表征政府纳税意愿和主动性。本章使用税柄法进行税收努力测算。

税柄法的核心思想是国家或地区的某些可衡量经济特征决定了其税收收入或者税收能力，而这些可以被衡量的经济特征被称为税柄。国家或地区实际征收税收收入（tax）与潜在税收收入（tax^*）之间的比值作为税收努力指数（teffort）。税收努力指数越大，表明税收努力程度越大。税收努力指数见公式6.1。

$$Teffort = \frac{tax}{tax^*} \tag{6.1}$$

当“税收努力程度指数=实际税收收入/潜在税收收入”=1时，即实际税收收入与潜在税收收入相等，不存在税收的征收过度或超额征收，政府税收努力程度处于中性状态。当“税收努力程度指数=实际税收收入/潜在税收收入”<1时，实际税收收入小于潜在税收收入，存在一定的税收流失。当“税收努力程度指数=实际税收收入/潜在税收收入”>1时，实际税收收入高于潜在税收收入，表征税收努力程度超过了税基承受力，表示政府税收过于努力，可能造成纳税人超额负担。

税柄法计算过程是：引入经济、社会变量作为“税柄”，主要包括：①经济层面，包括地区生产总值（gdp）和产业结构（is）两个变量。②社会层面，包括人口密度（den）、城镇化率（urb）、对外开放度（open）等变量。其主要原因在于：在税收竞争机制推动下，地方政府可以通过调整税收优惠等间接手段引导私人投资方向，进而对产业结构（is）调整发挥乘数效应。反之，产业结构的优化升级，也将带动地方经济发展，进而影响地方税收收入。同理，税收收入与城镇化率（urb）、对外开放度（open）、地区生产总值（gdp）之间都存在一定的互相影响的关系。

本章将上述变量作为解释变量构建回归方程，根据模型回归结果拟合地方政府潜在税收收入（tax^*）；最后根据税收努力表达式估算地方税收努力。在我国实际税收征收中，税收任务以上一年税收收入实际完成情况为基数，结合当年经济情况、政策变化等实际情况确定税收目标，因此税收收入与过去存在很大相关性，故在回归方程模型中加入被解释变量税收收入的滞后一期。综合上述考虑，如果单纯采用固定效应、随机效应、最小二乘法等传统方法进行估计会产生偏误，因此本章采用 GMM 方法进行估计。Arellano 和 Bover（1995）提出了 GMM 模型，可以一定程度缓解变量内生性和短面板的局限。该方法分为差分 GMM 和系统 GMM。通过比较，本章选择使用系统 GMM 方法对模型进行估计，测算地区潜在税收收入（tax^*）。

本章借鉴储德银等（2019）和崔志坤等（2019）的做法，构建计量模型见公式 6.2。

$$\text{tax}_{it} = \alpha + \beta_1 L.\ tax_{it} + \beta_2 PGDP_{it} + \beta_3 ind2_{it} + \beta_4 ind3_{it} + \beta_5 den_{it} + \beta_6 open_{it} + \beta_7 fis_{it} + \beta_8 urb_{it} + \beta_9 dum07 + \beta_{10} dum08 + \cdots + \beta_{16} dum15 + \varepsilon_{it} \quad (6.2)$$

其中，tax_{it} 代表 i 地区在第 t 年的税收收入，gdp_{it} 代表 i 地区在第 t 年的地区生产总值，$open_{it}$ 代表 i 地区在第 t 年的对外开放程度，den_{it} 代表 i 地区在第 t 年的人口密度，$ind2_{it}$、$ind3_{it}$ 代表 i 地区在第 t 年的第二产业、第三产业产值比重，urb_{it} 代表 i 地区在第 t 年的城镇化率，fis_{it} 代表财政分权程度。参考乔宝云等（2006）提出的预期财政收入模型，加入时间虚拟变量 dum。例如：$dum07$ 代表 2007 年，$dum08$ 代表 2008 年，以此类推，$dum15$ 代表 2015 年。

（二）变量说明与数据处理

为了消除异方差影响，本章将模型中的绝对量指标取对数，并进行了去通货膨胀处理。具体如下：

1. 税收收入（tax）

为了能够全面和准确地衡量地方税收收入，本章采用政府各项税收收入总和，以亿元为单位。

2. 对外开放程度（open）

对外贸易开放不仅吸引外资企业进入中国，扩大国内市场规模，增加政府涉外税收收入，同时先进管理模式和思想的竞争与交流，提高了资源配置效率和要素生产率，扩大了生产能力，进而促进了经济产出增长和企业效益提升，推动了政府财政收入增加（李建军 等，2011）。进出口贸易总额反映了该地区参与国际商品贸易的程度，可以作为开放程度的评价指标。我们考虑到数据的完整性，选用 Ceic 数据库中以美元为单位的进出口总额，再利用国家统计局提供的 2006—2015 年年平均美元汇率将其转化为人民币（靳涛、陶新宇，2016）。

3. 产业结构（is）

产业结构决定着地区的税源结构，而税源结构决定了税收水平（李普亮，2016）。党的十九大召开以后，我国加大供给侧结构性改革力度，淘汰落后产业，中高端产业兴起，会对全社会税收收入产生重大影响。我们参考相关文献，利用第二产业、第三产业生产总值在总产值中的占比作为产业结构的指标（干春晖 等，2011）。

4. 城镇化率（urb）、人口密度（den）、生产总值（gdp）和财政分权程度（fis）

城镇化是地区发展的必然趋势，推进提高居民总收入和消费水平，比如增加中产收入群体数量，影响所得税。同时，对城镇化的有序管理，会影响土地财政收入（郭凯明 等，2015）。城市化率（也叫城镇化率）用城镇人口占总人口（包括农业人口与非农业人口）的比重来计算。财政分权程度影响到地方税收努力的积极性。这里选取地级市公共财政预算收支与对应省级财政预算收支之比作为财政分权程度指标。

（三）税收努力测算结果分析

1. 相关检验结果

我们运用系统 GMM 方法估计过程，首先，对数据进行单位根检验，平稳之后进行建模。其次，选用 Arellano-Bond 统计量检验是否存在序列相关。考虑到异方差的影响，在稳健型标准差回归下进行估计。一般情况下，在进行一次差分之后便会出现一阶自相关 AR（1）的结果，二阶及二阶以上不会出现自相关的现象，一般论文平常只需做二阶自相关即可，即 Arellano-Bond 的统计量 AR（2）的 P 值为 0.234，大于 0.1。最后，选用 hansen J 统计量检验 GMM 方法工具变量是否存在过度识别，即 hansen J 的统计量 P 值为 0.146，大于 0.1，说明接受工具变量不存在过度识别的原假设，工具变量是有效的。

2. 省级税收努力测算结果分析

本章基于税收努力的研究方法，测算得到了 31 个省（自治区、直辖市）2006—2015 年的税收努力指数。表 6.1 展示全样本省级税收努力测算结果。图 6.1、图 6.2、图 6.3 分别展示东、中、西部代表省份的税收努力时序图。

首先，根据表 6.1，2007—2015 年，东、中、西部各省份税收努力指数一直保持较高水平，基本都在 0.95 以上。统计数据显示，税收收入增长率在此期间保持在 9%以上，2010 年和 2011 年达到了 20.00%以上，这表明政府税收努力程度的提升与税收高速增长同步提升，政府主观调整征管力度对政府财力水平有决定性影响。这一数据结论与贾康等（2010）对税收努力影响税收收入的理论分析保持一致。其中，多个省份的税收努力程度较为平稳，位处同一区域的省份税收努力指数较为相近。整体来看，税收努力程度以东部为最高，西部次之，中部最低，区域差异明显，说明经济竞争越激烈的区域，税收努力程度越高。这表明税收努力可能会受到经济发展水平、地理位置的影响。

表 6.1　全样本省级税收努力情况

省份	2007 年	2009 年	2010 年	2012 年	2013 年	2015 年
广东	1.015	0.962	0.955	0.953	0.990	1.085
江苏	1.057	1.027	0.981	0.996	0.994	1.061
上海	1.056	0.946	0.908	0.930	0.972	1.103
海南	1.049	1.120	1.238	1.029	1.035	1.045
福建	1.011	0.957	0.960	0.970	1.032	0.972
北京	1.035	0.952	0.921	0.932	0.976	1.053
浙江	1.009	0.975	0.953	0.934	0.957	1.032
河北	1.003	0.977	0.992	0.981	0.961	0.990
山东	0.979	0.984	0.973	0.993	1.003	1.012
天津	0.979	0.974	0.972	0.923	1.013	0.998
江西	1.030	1.040	1.044	1.059	1.041	1.046
河南	1.019	0.966	0.960	0.977	1.032	1.013
吉林	1.019	1.012	0.941	1.028	0.973	0.931
山西	0.988	0.897	0.919	1.008	0.939	0.876
安徽	0.987	1.045	1.073	1.005	1.017	1.018
湖南	0.986	1.014	0.992	1.022	1.006	1.002
湖北	0.963	1.000	0.981	1.059	1.056	1.068
黑龙江	0.861	0.926	0.968	0.960	0.952	0.864
四川	1.060	1.058	1.036	1.012	1.002	0.979
重庆	1.052	1.054	1.107	0.932	0.983	1.068
内蒙古	1.038	1.092	1.028	0.981	0.959	1.018
云南	1.032	0.999	0.996	1.027	0.999	0.938
陕西	0.994	1.011	1.028	1.029	0.965	0.917
贵州	0.983	1.024	0.971	1.095	1.055	1.053
宁夏	0.976	0.991	1.053	0.971	0.975	0.955
广西	0.973	1.051	0.991	0.999	0.993	0.997
新疆	0.964	0.914	1.077	1.004	1.030	0.933
青海	0.964	1.056	0.956	1.011	1.011	0.957
甘肃	0.950	0.913	0.938	1.002	1.009	1.006
西藏	0.919	0.954	0.952	1.163	0.805	0.942

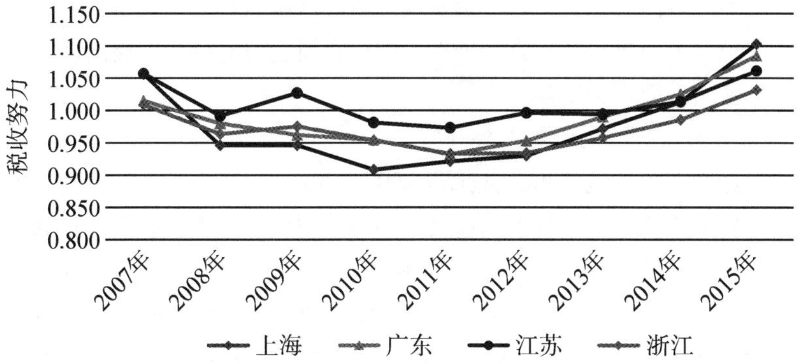

图 6.1　2007—2015 年东部代表省份税收努力时序图

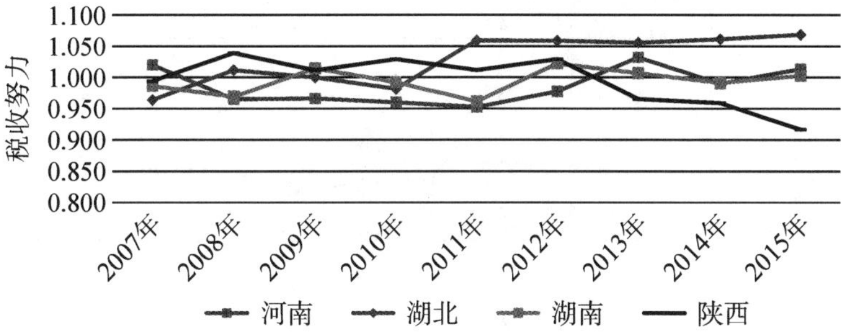

图 6.2　2007—2015 年中部代表省份税收努力时序图

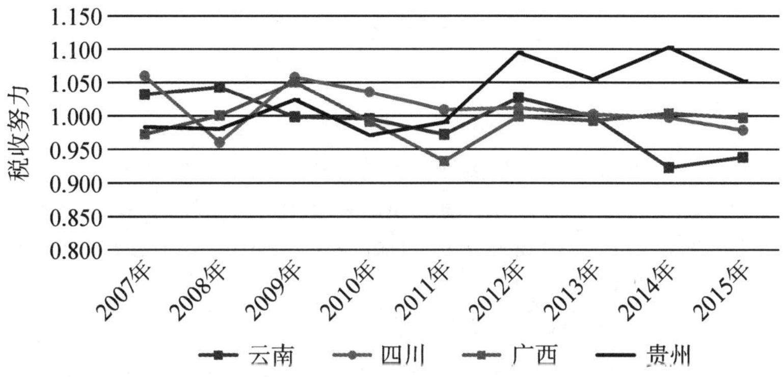

图 6.3　2007—2015 年西部代表省份税收努力时序图

其次，图 6.1 选取东部经济较为发达的上海、广东、江苏、浙江展示 2007—2015 年税收努力变动折线图，可以明显看出其税收努力变动趋势具有同步性，尤其是上海和江苏。图 6.2 和图 6.3 展示中、西部代表省份的税收努力变动情况，虽然整体同步性比东部弱，但是某些省份的互动性还是比较强的，例如中部湖南和湖北、西部贵州和广西。这说明在标杆竞争机制下，政府间调整征税努力程度行为具有传染性，即存在税收努力的空间溢出性，且在经济发达地区表现得更为明显。

3. 地级市税收努力测算结果分析

本章选取 281 个地级市，并选取 2007—2015 年作为研究期间，基于上述模型测算地级市税收努力程度，以及不同城市规模条件下税收努力指数的比较结果。为了保证数据统一，以 Ceic 和 Wind 数据库为基准，缺失数据从各个地方统计局和财政局官方网站进行手工查询，并进行初步处理。根据测算结果，整体来看（图 6.4），全国平均样本条件下税收努力指数处于 0.98~1.02 之间，在 2007—2015 年处于稳中有降的变化趋势。

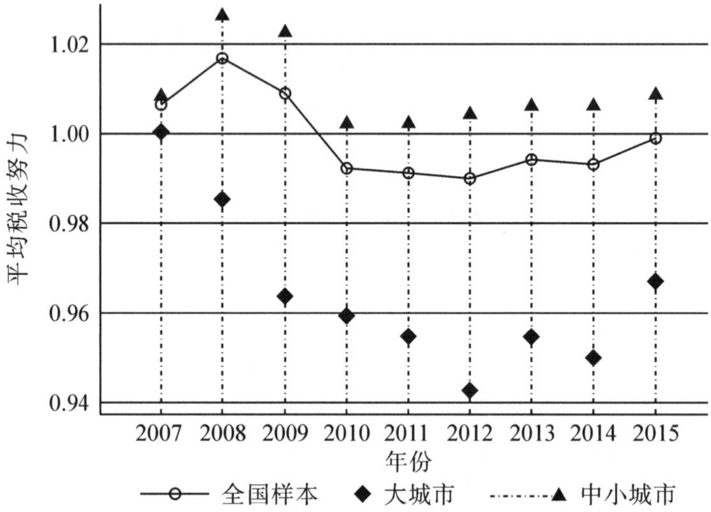

图 6.4 全国地级市样本的税收努力指数比较图

注：大城市是指 2014 年城市常住人口超过 100 万的地级市，中型城市是指 2014 年城市常住人口 50 万~100 万的地级市，小型城市是指 2014 年城市常住人口低于 50 万的地级市。城市常住人口指标来源于《中国城市建设统计年鉴》。

数据来源：笔者根据相关资料自行绘制。

从城市规模来看（图 6.4），2007—2015 年，中小城市的税收努力指数严格高于全国样本与大城市样本，大城市的税收努力指数严格低于全国样本、中小城市样本。这说明，相比于大城市，中小城市的地方政府更有通过调整征管力度对地方财力水平进行影响的主观意愿。

从城市区域来看（图 6.5），2007—2015 年，东部城市的税收努力指数在绝大多数年份里要高于中、西部城市样本，但 2014 年、2015 年中、西部城市的税收努力指数要高于东部城市样本。这说明，东部地区的税收征管力度总体上要大于中、西部地区。

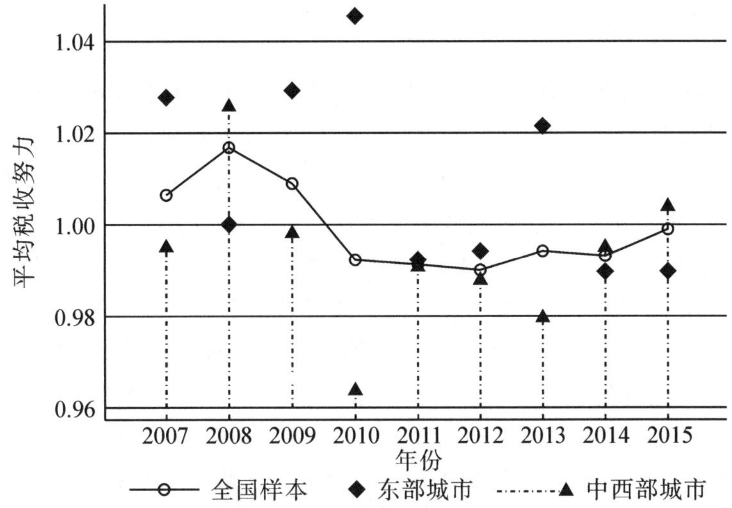

图 6.5　全国地级市样本分区域税收努力指数比较图

注：东部城市是指隶属于北京、天津、河北、辽宁、上海、江苏、浙江、福建、山东、广东、海南共 11 个省（市）的城市，中部城市是指隶属于山西、吉林、黑龙江、安徽、江西、河南、湖北、湖南共 8 个省的城市，西部城市是指隶属于四川、重庆、贵州、云南、西藏、陕西、甘肃、青海、宁夏、新疆、广西、内蒙古共 12 个省（区、市）的城市。

数据来源：笔者根据相关资料自行绘制。

二、地方政府债务

（一）地方政府债务的数据选取

鉴于早期地方政府债务隐蔽性强且披露不彻底，城投债作为地级市层面统计数据最完整的口径之一，成为学术界衡量地方政府债务最常用的代表变量（余国满 等，2015）。Wind 数据库或原银监会公布的融资平台公司名单是基于 2016 年政策出台之后各地调整后的融资平台公司名单。因此，为了更全面地展现城投债情况，2006—2015 年的城投债数据，本章使用曹婧等（2019）公开的数据。他们通过调研和手工整理修正了原银监会或 Wind 口径城投债数据存在的重复、遗漏以及非真实性等问题，生成了一套更加全面的 2006—2015 年的地方政府融资平台公司名单。

（二）地方政府债务的数据特征分析

为了更全面地展示地方政府债务数据特征以及时序特征，本章将综合利用Wind数据库和曹婧等（2019）的数据，进行事实特征分析以及后文的实证分析。

1. 地方政府债务规模的总体情况

据Wind数据库统计，2009—2019年，城投债总共发行1 819只，债券累计发行规模473 263.1亿元。2008年城投债发债金额是992亿元。如图6.6所示，2009年，我国城投债发行金额总计3 223.3亿元，同比增长224.90%。2010年和2011年城投债发行增长较为平缓，和2009年规模相当，城投债进入发展平台期。2012—2014年，国家发展和改革委员会对城投债审核放松，城投债进入井喷式发展期。2012年，债务规模同比增长约142.03%，净融资额为948.13亿元；2014年同比增长84.19%，净融资额达到了15 062.34亿元。随着地方政府债务规模的扩张，国家加强了对地方政府融资的约束，国发〔2014〕43号文下发。2015年城投债发行量降低，同比减少4.20%。之后，城投债规模在稳增长和防风险之间波动。2020年受到新冠肺炎疫情影响，经济低迷，城投融资环境延续宽松状态，发行量和净融资额明显增加。根据Wind数据库最新数据，2020年城投债实现净融资额18 770.72亿元，达到了历史最高水平。

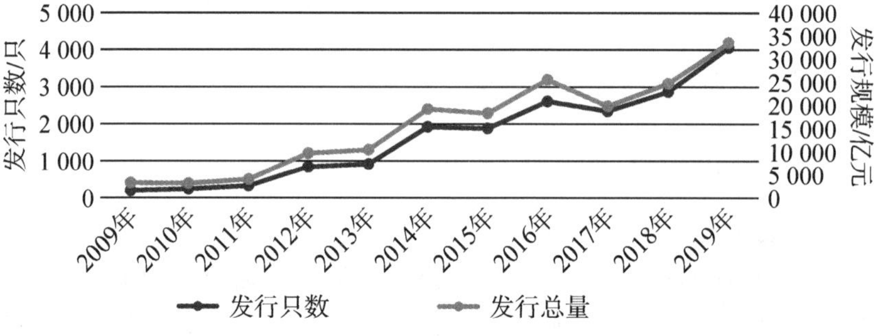

图6.6　2009—2019年城投债发行规模和发行数量情况

数据来源：笔者根据Wind数据库整理而得。

2. 地方政府债务的空间特征

据Wind数据库数据，图6.7展示2009—2019年东、中、西部区域累计城投债发行规模和发行数量占比情况。东部地区累计发行规模占比58.72%，累计发行数量占比57.69%，两个指标都超过了中、西部之和，表明我国地方政府债务规模区域分布非常不均衡，经济越发达、财政实力越雄厚的地方，地区债务规模越大。

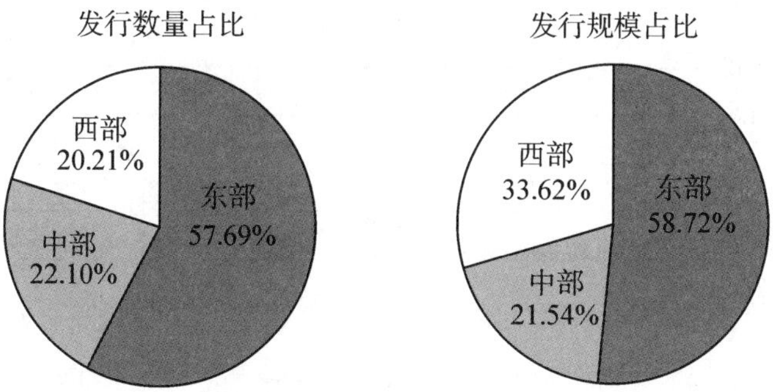

图 6.7　2009—2019 年东、中、西部各区域发行数量和发行规模占比

数据来源：笔者根据 Wind 数据库整理而得。

具体来看，图 6.8 选取东部经济较为发达的广东、江苏、浙江、福建展示 2006—2015 年地方政府发债规模变动时序图，可以看出各地方政府债务规模总体上是逐年增加的。除了江苏发债规模一直处于高位状态以外，位置邻近的广东、浙江和福建发债规模增幅具有明显趋同性。图 6.9 和图 6.10 展示中、西部代表城市的地方政府债务规模时序图，同区域政府间债务规模的变动同步性特征也非常明显。这说明，地方政府发债规模和地区经济发展水平、地方政府财政实力成正比。政府间发债规模的同步性，说明地理和经济邻近的政府间发债行为可能是互相影响的，存在策略模仿。

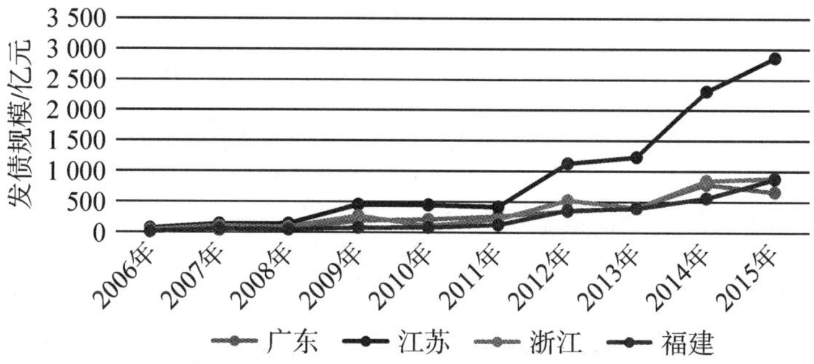

图 6.8　2006—2015 年东部代表省份城投债发行规模时序图

数据来源：笔者根据 Wind 数据库整理而得。

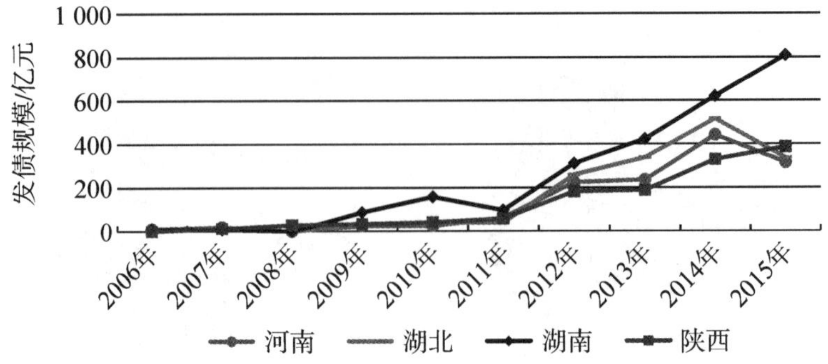

图 6.9　2006—2015 年中部代表省份城投债发行规模时序图

数据来源：笔者根据 Wind 数据库整理而得。

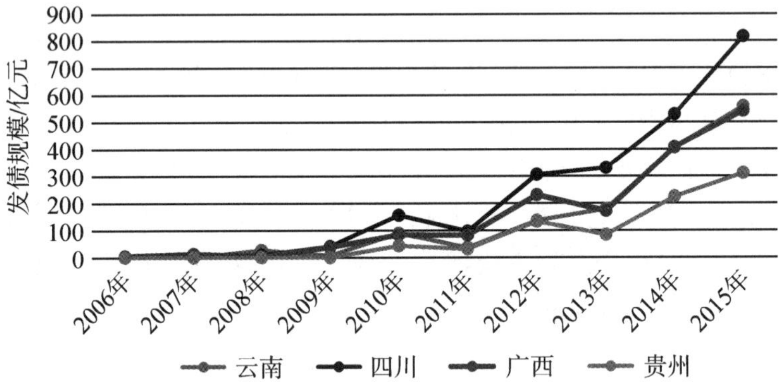

图 6.10　2006—2015 年西部代表省份城投债发行规模时序图

数据来源：笔者根据 Wind 数据库整理而得。

三、变量选取及数据来源

（一）数据来源

本章选择 2006—2015 年全国 281 个地级市的样本进行实证分析，为保持数据统一性和准确性，所涉及的全部数据均以 Ceic 和 Wind 数据库为基础，缺失部分采用手工从各地级市财政决算报告和地方统计年鉴中进行核查补充。城投债规模数据以曹婧等（2019）公开的数据为基础，根据需要进行了相关处理，最终数据缺失量在 2%以下。然而，空间计量研究模型需要保持数据绝对的完整性，因此我们对最终缺失部分采用线性插值法进行补充。具体做法是先取对数再插值，以避免偏差。人均地区国内生产总值的单位为元，其他变量单位均为亿元。地区国内生产总值（gdp）、人均地区国内生产总值（pgdp）、固定资产投资（ive）等名义水平变量指标均以 2006 年为基期，根据 gdp 平减指数进行了去通货膨胀处理。具体见描述性统计表 6.2。

表 6.2 核心变量的描述性统计

变量	样本数	平均数	标准差	最小值	最大值
税收努力（teffort）	2 529	0.999	0.213	0.234	4.191
债务规模（debt1）	2 810	1.098	1.542	0.000	6.407
城镇化率（urb）	2 810	0.050	0.046	0.001	0.695
人口密度（den）	2 810	0.057	0.009	0.015	0.079
对外开放（open）	2 810	0.003	0.038	0.000	1.943
财政分权程度（fis）	2 810	0.066	0.071	0.003	0.458
财政压力（FD）	2 810	0.099	0.093	0.000	0.971
财政能力（FC）	2 810	0.041	0.035	0.000	0.425
第二产业占比（ind2）	2 810	0.496	0.108	0.152	0.910
第三产业占比（ind3）	2 810	0.366	0.086	0.086	0.771
人均地区生产总值（pgdp）	2 810	0.101	0.007	0.079	0.120
样本城市数量	281	281	281	281	281

（二）变量选取

1. 被解释变量

地方政府债务（debt），本章采用曹婧等（2019）公开的城投债数据作为地方政府债务的衡量指标。公开数据包含了 283 个中国地级市 2006—2015 年城投债信息。结合本章数据收集情况，最终选用 281 个地级市（除去安徽巢湖市、西藏拉萨市），2007—2015 年的城投债规模（GMM 模型测算的税收努力指数是 2007—2015 年）。〖Debt1〗_it 表示第 i 个城市 t 年的发债金额（加 1 取对数），若没有发行城投债则设为 0。

2. 核心解释变量

税收努力指标（teffort），采用实际税收收入与潜在税收收入之比来度量。需要说明的是，考虑税收收入在时间上的黏合性和模型内生性问题，采用动态 GMM 进行回归，在拟合潜在税收的时候会导致 2006 年无法拟合，而空间计量要求数据绝对平衡，因此税收努力指标最终采用了 2007—2015 年的。

根据影响机制分析，税收努力通过增强融资平台的政府信用担保能力以及缓解财政压力，影响政府发债策略，进而对政府债务规模产生影响。因此，为了验证上述影响渠道，在回归中加入财政能力（FC）和财政压力变量（FD）。

（1）政府财政能力（FC），本章使用土地出让收入进行衡量。一方面，土地出让收入是全口径政府收入的主要来源，在政府总财政收入中具有重要地位；另一方面，“土地融资”模式是中国大多数城市的重要资金来源，而且许多地方政府倾向于以土地出让金作为担保和偿债来源（李一花，2017）。一般情况下，土地出让收入越多，政府财政能力越强，市场信用评级越高，政府的担保能力越强。

（2）财政压力（FD），本章使用财政缺口进行衡量，以各地级市一般公共预算收入和一般公共预算支出之差的绝对值占本地区 GDP 的比值进行测算（毛捷、黄春元，2018）。一般来说，财政缺口越小，地方政府财政压力（FD）越小。

3. 控制变量

依据现有文献，我们控制以下变量对城投债规模的影响：①财政分权程度（fis），采用市本级公共财政预算收支与省级财政预算收支之比衡量；②城镇化率（urb），采用城镇人口与总人口的比值衡量；③产业结构（ind），选用第二产业和第三产业产值占地区 GDP 比值衡量；④人均地区 GDP（pgdp）；⑤人口密度（den）；⑥固定资产投资（ive），采用固定资产占地区 GDP 的比值衡量；⑦官员晋升压力（com），以市委书记年龄虚拟变量来衡量官员晋升压力。其中，市委书记年龄介于 55~58 岁取 1，否则为 0。

第三节　税收努力影响地方政府债务的实证研究

一、空间权重选择

本章选取的是 281 个地级市，根据研究的目的，即探索区域之间经济互动关系，应该以经济距离为主要权重。本章的经济距离矩阵是充分参考相关文献后设置的嵌套矩阵。

本章地理特征距离矩阵 W_d 以反距离的平方为权重，其中距离数据基于各地级市经纬度测度，具体见公式 6.3。

$$W_d = \begin{bmatrix} 0 & \frac{1}{(d_{1,2})^2} & \cdots & \frac{1}{(d_{1,281})^2} \\ \frac{1}{(d_{2,1})^2} & 0 & \frac{1}{(d_{2,3})^2} & \frac{1}{(d_{2,281})^2} \\ \vdots & \vdots & \vdots & \vdots \\ \frac{1}{(d_{281,1})^2} & \frac{1}{(d_{281,2})^2} & \frac{1}{(d_{281,3})^2} & 0 \end{bmatrix} \tag{6.3}$$

其中，d_{ij} 是个体 i 与个体 j 之间的地理距离，本章研究对象是281个地级市，所以 i 和 j 取值范围是［1，281］。由于距离满足对称性，故 $d_{ij}=d_{ji}$。对角线表示自身距离为0。故上述矩阵是对角线为0的对称矩阵，在实际操作中，可以对其进行行标准化。

简单的邻接矩阵反映空间关系过于粗糙，考虑地级市之间的人均地区GDP竞争关系和本章的研究目的，构建更加精细的嵌套权重矩阵 W_c。本章参考董直庆（2019）的方法，具体见公式6.4。

$$W_c = W_d * dig\left(\frac{\overline{X_1}}{\bar{X}},\ \frac{\overline{X_2}}{\bar{X}},\ \frac{\overline{X_3}}{\bar{X}},\ \cdots,\ \frac{\overline{X_{281}}}{\bar{X}}\right) \tag{6.4}$$

式中，W_d 是地理特征空间矩阵；i 表示个体，n 表示个体总个数，本章是281个地级市；t 表示时间，m 表示时间跨度，本章是2007—2015年，共9年时间。对角元素中 $\bar{X}_I$，表示时间段 t_0 到 t_m 内空间截面 i 的地区人均经济产值 X 的均值。本章采用的 X 是人均地区GDP，故在本章中，其意义是从2007年到2015年，每个地级市的人均地区GDP的均值。而 $\bar{X}$ 表示在考察期内所有地区的经济产值的均值，即全样本均值，故在本章中，其意义是2007—2015年281个地级市人均地区GDP之和的均值。

上述矩阵不仅包含了时间维度，考察时间段的平均水平，而且包含了经济信息的方向性。在这个矩阵中，人均地区GDP越高，其空间权重比重越大，表示对其周围的影响也越大。比如说广州市和杭州市，由于其经济实力强，对邻近地区的辐射作用也越强。

二、空间杜宾模型的选择与设定

本章的核心思想是考察在地方政府间普遍存在竞争的背景下，征税策略对地方政府债务规模的影响。地方政府间模仿追随策略互动在计量经济学上体现为空间溢出效应，基于此，本章选择能够将政府举债行为和税收行为的空间相关性考虑在内的空间计量分析技术来考察政府间举债行为的空间传染性，并通过了相关检验。本章设计两个空间计量模型：

首先，借鉴李婧（2010）构建的包含被解释变量空间滞后项的空间自回归模型（SAR）。SAR模型假设竞争性地方政府的发债策略通过空间相互作用对本地区债务规模产生影响，以识别和检验税收努力对地方政府举债行为的空间传染性，具体见公式6.5。

$$debt_{it} = \alpha + \rho_1 w * debt_{it} + \beta_1 teffort_{it} + \beta_2 X_{it} + \lambda_t + \varepsilon_{it} \tag{6.5}$$

其次，构建包含解释变量空间滞后项的空间杜宾模型（SDM）。当竞争性政府调整税收努力程度，比如降低税率或者减小征管力度，由于信息的溢出性，很有可能会引起本地政府进行税收策略模仿。因此，选择空间杜宾模型（SDM），以验证税收努力外溢性对地方政府发债策略的影响。另外，空间杜宾模型（SDM）是包含了空间被解释变量滞后项的空间自回归模型（SAR）的空间传导，因此也可以作为对税收竞争机制下地方政府发债策略的空间溢出效应的稳健性检验，具体见公式6.6。

$$debt_{it} = \alpha + \rho_2 w * debt_{it} + \beta_3 teffort_{it} + \rho_3 w * teffort_{it} + \beta_4 X_{it} + \lambda_t + \varepsilon_{it} \tag{6.6}$$

其中，$debt_{it}$ 为被解释变量，表示 i 市第 t 年的城投债规模；$teffortit$ 为核心解释变量，表示 i 市在 t 年的税收努力；X_{it} 是控制变量，包括财政分权程度（*fis*）、城镇化率（*urb*）、产业结构（*ind*2、*ind*3）、人均地区生产总值（*pgdp*）、人口密度（*den*）、固定资产投资（*ive*）、官员晋升压力（*com*）；λ_t 表示不随地区变化的时间效应；ε_{it} 为随机扰动项；w 为空间权重矩阵；ρ_1、ρ_2、ρ_3 是变量的空间滞后项的系数。$P_1 w * debt_{it}$ 和 $\rho_2 w * debt_{it}$ 是被解释变量的空间滞后项，主要反映竞争性地区的债务规模对本地政府债务规模的外溢作用。若 ρ_1 和 ρ_2 大于0，表明地区间举债行为存在明显的策略模仿；反之，则存在替代性的策略互动。$P_3 w * teffort$ 是核心解释变量的空间滞后项，主要反映竞争性地区调整税收努力对本地政府发债策略的空间影响。

三、税收努力对地方政府债务影响的空间溢出效应结果

（一）基准回归结果分析

在地区间经济增长竞争机制的作用下，地方政府为获得更快的短期经济增长，在税收努力程度和举债行为上可能表现出策略互动性。表6.3展示了在嵌套经济距离权重矩阵和地理距离权重矩阵下，空间自回归模型（SAR）和空间杜宾模型（SDM）的回归结果。第（1）~（2）列分别为地理距离权重矩阵下的空间自回归模型（SAR）和空间杜宾模型（SDM）的回归结果，第（3）~（4）列分别为嵌套经济距离权重矩阵下的空间自回归模型（SAR）和空间杜宾模型（SDM）的回归结果。

表 6.3 税收努力对地方政府债务影响的空间溢出效应结果

变量	地理距离权重		嵌套经济距离权重	
	(1) SAR	(2) SDM	(3) SAR	(4) SDM
	债务规模 (debt1)	债务规模 (debt1)	债务规模 (debt1)	债务规模 (debt1)
W * teffort		0.378***		0.594**
		(4.031)		(2.265)
W * debt1	0.155***	0.122***	0.271***	0.267***
	(7.113)	(5.457)	(7.934)	(7.827)
税收努力 (teffort)	0.245**	0.291**	0.224**	0.173
	(2.196)	(2.514)	(2.000)	(1.518)
财政缺口 (FD)	-1.585***	-1.797***	-1.448***	-1.397***
	(-4.970)	(-5.407)	(-4.525)	(-4.358)
财政能力 (FC)	4.075***	4.814***	3.953***	3.821***
	(5.881)	(6.753)	(5.718)	(5.513)
城镇化率 (urb)	-1.220**	-1.042	-1.032*	-1.051*
	(-2.009)	(-1.632)	(-1.697)	(-1.729)
第二产业占比 (ind2)	-0.434	-0.090	-0.414	-0.482
	(-1.231)	(-0.243)	(-1.174)	(-1.363)
第三产业占比 (ind3)	1.557***	2.179***	1.552***	1.470***
	(3.453)	(4.523)	(3.449)	(3.258)
人均地区生产总值 (pgdp)	0.000***	0.000***	0.000***	0.000***
	(8.054)	(9.342)	(8.269)	(7.935)
人口密度 (den)	3.460	4.652	4.300	5.837*
	(1.193)	(1.545)	(1.478)	(1.956)
财政分权程度 (fis)	4.745***	3.431***	4.805***	4.844***
	(10.710)	(6.725)	(11.142)	(11.234)
固定资产投资 (ive)	0.224***	0.264***	0.213***	0.223***
	(4.926)	(5.508)	(4.665)	(4.854)
官员晋升压力 (com)	0.146***	0.152***	0.142***	0.144***
	(3.230)	(3.231)	(3.127)	(3.176)
N	2 529	2 529	2 529	2 529
R^2	0.434	0.424	0.464	0.464
时间效应	控制	控制	控制	控制

注：t statistics in parentheses * $p < 0.1$, ** $p < 0.05$, *** $p < 0.01$。

第一，在两种权重矩阵下，地方政府债务空间滞后项系数（W＊）在1%水平下显著为正，说明地方政府债务规模存在显著的正向空间溢出效应，即经济发展水平相近的邻近地级市的举债行为会显著影响到本地政府举债行为，地方政府发债策略存在模仿特点。这与黄春元等（2018）、李一花等（2017）关于地方政府债务空间效应在省级层面的研究结论保持一致。

第二，从解释变量的估计系数来看，在考虑了空间效应后，各列中税收努力 teffort 的系数均显著为正，这说明在地方政府竞争机制下，税收努力对地方政府债务规模具有正向促进作用。基于税收努力对地方政府债务规模影响机制的分析，这表明在税收努力影响地方政府债务的两条不同途径中，正向推动效应高于负向抑制效应，即税收努力可以增强政府财政能力，提升政府信誉和担保能力，进而促使地方政府发债，刺激债务规模扩张。这也反映出，在税收和债务两种财政收入中，地方政府即使通过调整税收努力来增加预算收入，但是依旧会偏好发债。相比于弥补地方财力缺口，政府财政能力对于债务规模扩张的影响更加显著。

第三，在不同权重矩阵下，税收努力、财政能力和财政压力对地方政府债务规模的影响的系数大小和显著性发生了改变，但是系数方向没有改变，验证结论是稳健的。对比经济距离权重矩阵下的各个变量的系数，地理权重矩阵下各系数略微变小，即在地理权重矩阵下税收努力、财政能力、财政压力以及各控制变量对债务规模作用减弱。这说明在举债的若干影响因素中，经济发展水平相近地区间的竞争更加激烈。

（二）空间效应分解结果分析

在空间杜宾模型中，本地政府发债策略会受到本地政府税收努力的影响，称为直接影响。政府税收努力和发债行为是互相影响的，邻近地区税收努力也会对本地政府发债策略产生影响，称为溢出效应。表6.3中的结果是两种影响的综合结果展示，也就是总效应。进一步，通过利用偏微分的方法，我们可以将总效应分解为直接效应和间接效应。

在本章研究中，被解释变量是政府举债策略，用地方政府债务规模度量，解释变量是地方政府的税收努力程度，具体见图6.11。其中，直接效应主要指的是本地政府税收努力对本地政府债务规模的影响效应。同时，由于税收努力对地方政府债务规模的影响也存在空间溢出性，本地政府的税收努力影响邻近地区发债策略后，本地政府地方政府债务规模会对邻近地区地方政府债务规模产生反馈，反馈作用也包含在直接效应中。间接效应是指本地政府债务规模受邻近地区税收努力的影响。

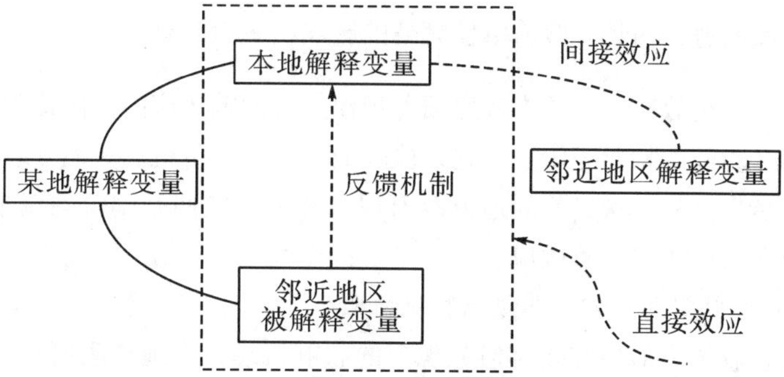

图 6. 11　直接效应和间接效应

表6. 4对应表6. 3第（2）列和第（4）列的税收努力对地方政府债务影响的空间效应分解结果。在两种权重矩阵下，税收努力对地方政府债务规模的直接效应和间接效应均显著正向，这说明税收努力对地方政府债务规模的扩张不仅具有直接作用，而且其所引致的空间溢出效应对地方政府债务规模的扩张也具有促进作用。空间溢出效应意味着当邻近地区提升税收努力程度的时候，可能刺激本地政府通过发债来争夺资源。在税收努力程度对地方政府债务规模的影响中，空间溢出效应占总效应的比重达77%以上。原因可能是，当邻近地区提升税收努力程度，增强财政能力，为地方政府发债提供更高的信用担保时，本地政府更倾向于加强税收竞争，提升税收努力程度，进而对本地区的地方政府债务规模产生影响。

表 6. 4　税收努力对地方政府债务影响的直接效应和溢出效应测算结果
（空间杜宾模型）

项目	地理距离权重	嵌套经济距离权重
	税收努力（teffort）	税收努力（teffort）
直接效应	0. 288**	0. 195*
	（2. 414）	（1. 669）
间接效应	0. 441***	0. 867**
	（3. 249）	（2. 375）
总效应	0. 729***	1. 062***
	（3. 789）	（2. 813）

注：t statistics in parentheses　* $p < 0.1$，** $p < 0.05$，*** $p < 0.01$。

四、税收努力对地方政府举债策略的影响机制检验

本章针对税收努力对地方政府债务规模空间影响效应的机制检验，主要遵从如下两个步骤的检验逻辑：首先，检验地方政府竞争机制下地方政府税收策略的空间传染性；其次，检验地方政府税收努力的空间互动对融资平台信用、政府财政压力产生的影响效应。

（一）税收努力的空间传染性机制检验

根据税收努力对地方政府债务规模的影响机理，在地方政府竞争机制下，地方政府选择的税收策略是互相影响的，最终表现为竞争性地区趋同的税收努力程度。本章将利用空间计量模型进行实证检验。为了结果稳健，我们选择了空间向量自相关（SAR）、空间向量误差（SEM）、空间自回归（SAC）分别进行回归，控制变量选取和基准回归保持一致。由于篇幅有限，表6.5只展示了地理权重矩阵下的回归结果。可以看出，税收努力的空间滞后项系数在三种模型下都显著为正，这说明本地政府的税收策略对邻近地区的税收努力非常敏感。如果邻近地区地方政府加强税收征管或者“用足税收优惠政策”，在竞争机制下，本地政府也会加强税收努力程度来参与地区竞争。

表6.5　税收努力空间传染性检验结果

变量	SAR	SEM	SAC
	税收努力（teffort）	税收努力（teffort）	税收努力（teffort）
W＊税收努力	0.333***	0.385***	0.167***
	(13.598)	(10.387)	(4.193)
控制变量	控制	控制	控制
N	2 529	2 529	2 529
R^2	0.183	0.191	0.189
时间效应	控制	控制	控制
个体效应	控制	控制	控制

注：t statistics in parentheses * $p < 0.1$，** $p < 0.05$，*** $p < 0.01$。

（二）融资平台公司信用担保因素的机制检验结果

城投债的发行主体是地方政府或者部门机构为筹集资金运用于市政建设而设立的融资平台，举债后端来自政府部门的现金流。融资平台公司为地方政府提供融资服务，与地方政府关系密切，以融资平台公司为债务主体，形成地方政府未来可能承担支出或担保责任的债务。地方政府财政能力是融资平台的隐性担保。地方政府通过融资平台公司发行城投债时多以土地为担保（杨灿明、

鲁元平，2015），土地出让收入也是债务偿还的重要保障（罗荣华、刘劲劲，2016），而土地财政的不可持续性导致地方政府难以保持稳健的偿债能力。因此，本部分以土地出让收入作为地方财政能力的代表变量，研究税收努力对融资平台信用的影响。

具体检验结果如表6.6所示，在两种权重矩阵下，提升税收努力都会显著增强地方政府的财政能力，即增强了对融资平台公司信用的担保能力。同时，税收努力的空间溢出效应对于政府财政能力的影响也是显著为正的，这说明政府间的税收互动使得此影响具有空间溢出性。当竞争性地方政府提升税收努力程度，提升政府偿债能力时，本地政府在税收竞争激励下，可能会采用模仿性税收策略，增强本地政府的财政能力，进而有利于本地政府融资平台的市场信用评级，使得发债更加容易，进一步刺激地方政府发债。

表6.6 税收努力对融资平台信用影响的检验结果

类型	变量	地理距离权重	嵌套经济距离权重
		财政能力（FC）	财政能力（FC）
基准回归	W * FC	0.333*** (13.598)	0.549*** (17.655)
	W * teffort	0.015*** (6.081)	0.021*** (2.923)
	税收努力 (teffort)	0.027*** (8.658)	0.028*** (8.884)
空间效应分解	直接效应	0.028*** (8.786)	0.028*** (8.884)
	间接效应	0.040*** (9.972)	0.076*** (4.906)
	总效应	0.068*** (11.652)	0.104*** (6.482)
控制变量		控制	控制
N		2 529	2 529
R^2		0.396	0.419
时间效应		控制	控制

注：t statistics in parentheses * $p < 0.1$，** $p < 0.05$，*** $p < 0.01$。

（三）地方财政压力因素的机制检验结果

现有文献研究已形成一个共识，即地方财政缺口的日益增大是导致地方政府债务规模扩张的重要因素。

地方政府隐性债务的增多与财政压力过重二者之间表里相应，财权与事权不匹配是重要的原因。政府间财政关系及预算软约束引起的地方政府财力减少和支出增加，导致地方政府债务过度膨胀。税收作为地方财政收入的核心组成部分，政府的税收努力将直接影响地方财政压力。本部分以公共财政收支缺口衡量政府财政压力（FD），研究税收努力对发债动机的影响。

因变量是财政压力（FD），自变量是税收努力（teffort），变量详情和基准回归保持一致，结果如表6.7。可以看出，在两种权重矩阵下，提升税收努力都会显著缓解地方政府的财政压力。同时，税收努力的空间溢出效应在地理权重矩阵下，对于政府财政压力的影响也是显著为负的。这说明政府间的税收互动使得此影响具有空间溢出性，即竞争性地方政府间提升税收努力缓解地方财政困境的行为具有空间传染性。进一步，地方政府财政收支状况的改善，将会影响到地方政府发债策略的选择。

表6.7　税收努力对地方政府财政压力影响的检验

类型	变量	地理权重矩阵	嵌套经济距离权重
		财政压力（FD）	财政压力（FD）
基准回归	W * FD	0.160*** (3.097)	0.658*** (24.409)
	W * teffort	−0.037*** (−6.317)	−0.039*** (−2.715)
	税收努力(teffort)	−0.022*** (−3.325)	−0.025*** (−4.072)
空间效应分解	直接效应	−0.021*** (−3.165)	−0.024*** (−3.635)
	间接效应	−0.041*** (−6.062)	−0.063 (−1.518)
	总效应	−0.062** (−4.000)	−0.087 (−1.910)
控制变量		控制	控制
N		2 529	2 529
R^2		0.427	0.311
时间效应		控制	控制

注：t statistics in parentheses * $p < 0.1$，** $p < 0.05$，*** $p < 0.01$。

本章首先根据税柄法思想，利用动态 GMM 模型，计算地方税收努力指数，并分析出我国省级和 281 个地级市税收努力的真实情况，用以表征地方政府竞争的事实特征。然后，利用空间计量模型，研究地方政府举债策略的空间传染性。主要结论：①我国地级市政府之间在地方政府债务规模上存在显著的空间溢出特征；②税收努力对本地政府债务规模具有显著的正向直接效应，同时对于邻近地区地方政府债务规模具有显著的正向间接效应；③融资平台公司信用担保因素和地方财政压力因素对于税收努力与地方政府债务规模空间关系均具有显著的调节效应。

第七章　地方政府债务密集度攀升的乘数和双重挤出效应研究

第一节　地方政府债务与经济增长的关系

一、地方政府债务与经济增长的相关文献

回顾现有文献，我们发现政府债务与经济增长的关系一直是备受关注而未有定论的话题。有的学者认为政府债务不利于经济增长（Cochrane，2011；Corsetti et al.，2013；Eberhardt、Presbitero，2015；Brida et al.，2017），有的学者认为政府债务有利于经济增长（Delong、Summers，2012；Panizza、Presbitero，2014；Grobéty，2018）。而近些年来，越来越多的学者发现二者之间存在非线性关系（Reinhart、Rogoff，2010；Cecchetti et al.，2011；Padoan et al.，2012；Kumar、Woo，2015）。其实，这些结论虽表面看来存在分歧，细究起来却并不矛盾。

首先，政府债务是从举借、使用到偿还的复杂过程，每一个环节都与国民经济密切联系并产生不同的经济效应，其作用机制和影响渠道必然是多重交织的，因此政府债务对经济增长的总体效应是各种正面和负面效应的总和。当正面效应占上风时，总体效应为正；当负面效应占上风时，总体效应便转为负。各种经济效应随着债务规模的动态变化促使总效应呈现非线性特征。

其次，对经济增长关注的长短期不同也会导致结论的差异。经济系统在短期很可能处于非充分就业状态，这正是凯恩斯理论建立的经济背景。此时政府通过举债增加财政支出能够弥补私人部门有效需求的不足，通过刺激总需求产生乘数效应和加速效应，进而促进私人投资和增加国民收入。而经济系统在长期会接近和达到充分就业状态，这时新古典理论对现实的解释更为有效。此时

政府举债会造成实际利率升高，进而挤占私人部门资金，挤出私人投资（Elmendorf、Mankiw，1999）。很多学者的研究基于政府债务对长期经济增长的影响（Saint－Paul，1992；Checherita et al.，2012；Efthimiadis、Tsintzos，2012；Eberhardt、Presbitero，2015），也有部分研究者提及或者专门区分了长短期影响（Cochrane，2011；Pescatori et al.，2014）。

再者，举债的用途不同也会带来结论的差异。过去，政府举债只是作为弥补赤字的一种手段，纯粹是税收的替代，故此阶段的研究大都关注收入端的经济效应。而随着政府将举债更多地用于资本性支出，其在资金运用端对公共资本积累的正向作用便不容忽视。因此，有不少文献认为政府债务对经济增长的影响依赖于债务资金的用途（Greiner，1999；Checherita－Westphal et al.，2014）。

由此可见，考察政府债务对经济增长的总体效应需基于研究目的、针对特定对象提出合理的前提假设和研究方法，方能增强研究结论的适用性。现有文献除了关注政府债务总体经济效应外，还对其影响渠道和作用机制做了大量研究，认为政府债务会通过市场利率（Blanchard，1984；Ahmed、Miller，2000；Voss，2002）、公共投资（Arrow、Kurz，197；Baxter、King，1993；Dreger、Reimers，2016）、扭曲税（Barro，1979；Bhattacharya、Mukherjee，2013；Cho、Rhee，2013）、风险－预期（Cecchetti，2011；Corsetti et al.，2013）、流动性（Grobéty，2018）等渠道作用于经济增长。

我国地方政府债务备受关注，国内学者对地方政府债务与经济增长的关系也做了大量研究。在地方政府债务的总体经济效应方面，大部分学者的实证结果支持非线性关系的观点（韩健、程宇丹，2018；陈志刚、吴国维，2018；毛捷、黄春元，2018）。但也有不同看法，陈诗一和汪莉（2016）认为倒U形关系以地方政府的负债规模与财政赤字对政府行为不构成约束为前提，吕健（2015）研究的实证结果则根本不支持倒U形关系。在影响渠道和作用机制方面，大部分国内文献认为我国地方政府债务对经济增长的影响主要依靠公共投资尤其是基础设施投资（钱海燕、李俊杰，2013；缪小林、伏润民、师玉朋，2014；范剑勇、莫家伟，2014），还有的从扭曲税（程宇丹、龚六堂，2015）、流动性（吕健，2015）等视角关注其作用机理。

通过以上文献梳理可以看到，尽管对政府债务与经济增长关系的研究已浩如烟海，但结合我国地方政府债务特征的研究还远远不够。具体表现在：①政府债务对经济增长的影响研究存在长短期差别，而从已有文献来看，关注长期影响的居多，关注短期影响的较少，且鲜有从新增债务与存量债务的不同机制视角来研究地方政府债务短期经济效应的。宋立（2004）提到将地方政府债务存量和增量分流解决的思路来控制债务风险，但并未做理论分析。②地方政府债务对经济增长的影响存在多重渠道，至于哪种渠道和作用机制是符合我国地方政府债务特点的，范剑勇和莫家伟（2014）、程宇丹和龚六堂（2015）等对此做出了理论贡献，但尚有拓展空间。③对政府债务经济效应的分解已有成熟的理论基础，但鲜有人将其体现在实证分析研究中。

二、地方政府债务密集度逐渐攀升的作用机理

地方政府债务密集度逐渐攀升的现象，反映出地方政府新增债务经济效应逐渐降低的事实。因此寻找地方政府债务密集度攀升的内在逻辑，需深入剖析地方政府新增债务经济效应的作用机理。从债务产生到消亡的全周期来看，地方政府债务由举借、使用、付息到偿还的多环节构成，每一个环节都会对经济运行产生影响，仅关注其中任何一个方面都无法全面反映地方政府债务的经济效应。

在债务举借环节，无论通过发行债券等直接融资方式，还是通过银行贷款等间接融资方式获取债务资金收入，地方政府此时作为资金的需求方必然会增加全社会的资金需求，在全社会资金供给不变的情况下，将挤占流动性推高市场利率，进而产生挤出效应，从而抑制产出。若此时资金供给相应增加，比如中央银行增加货币供应量，或者由于区域间金融市场的流动性导致资金从其他地区流入本地区从而增加了本地区的资金供给，那么地方政府举债对全社会或者本地区的挤出效应将相应减弱。但若此时资金供给反而减少，比如中央银行减少货币供应量，或者金融资金从本地区流出，那么地方政府举债对全社会或者本地区的挤出效应将变得更加严重。

在债务使用环节，地方政府将债务资金用于公共投资，会增加全社会投资总需求，进而在短期内产生乘数效应，拉动经济增长。根据《全国政府性债务审计结果（2013）》，我国地方政府债务主要被用于基础设施建设和公益性项目等公共投资，符合地方政府债务资金使用的“黄金法则”。通过债务资金的运用，形成了大量优质资产，进而对短期和长期的经济增长提供助力。将债务举借和使用环节分离开来单独剖析，能更加清晰地分解新增债务的经济效应，增强对现实的解释力。比如现实中存在债务资金使用低效的问题，债务举借后资金放在财政账户上迟迟不支出或支出缓慢，此时挤出效应在举借时已经发生。而且由于债务资金还未转化为实际投资因而支出环节的乘数效应并未产生，造成新增债务的乘数效应和挤出效应脱节，加剧了对经济增长的负面影响。

在债务还本付息环节，根据还本付息的方式不同，地方政府债务对经济增长的影响路径有所差异。如果还本付息的资金完全来源于财政自有资金，那么还本付息额会增加财政负担，压缩财政空间，降低财政资金可用于公共投资的规模，进而限制财政政策作用的发挥，削弱乘数效应，不利于产出增加。如果还本付息的资金来源于金融市场，即通过举借新债的方式予以偿付，那么会再次挤占流动性，产生挤出效应，抑制产出。由于该笔债务在新（第一次）举借时已经产生了一次挤出效应，那么此时是第二重挤出效应。

以上对地方政府债务每一环节作用机理的分析，是在假设其他环节不变的情况下的局部推导，地方政府债务的总体经济效应是各局部效应的总和。债务的举借和使用环节与新增债务密切相关，反映了地方政府债务流量与经济增长的关系；债务的付息和偿还环节与债务余额密切相关，反映了地方政府债务存量与经济增长的关系。我们将以上各环节的理论分析总结在机制图上，如图7.1所示。新增债务在当期以流量的形式产生经济影响，表现为举借环节即收入端通过挤占流动性产生第一重挤出效应（挤出效应1），进而抑制产出；使用环节即支出端通过增加公共投资产生乘数效应，进而促进产出。新增债务在未来累积为债务余额，以存量的形式产生经济影响，表现为如果用财政自有资金偿付本息，将压缩公共投资规模，削弱乘数效应，进而抑制产出；如果用举借新债的方式偿付本息，将再次挤占流动性，产生第二重挤出效应（挤出效应2），进而抑制产出。将以上各局部效应进行加总，便可得到地方政府债务对短期经济增长的总效应或净效应。

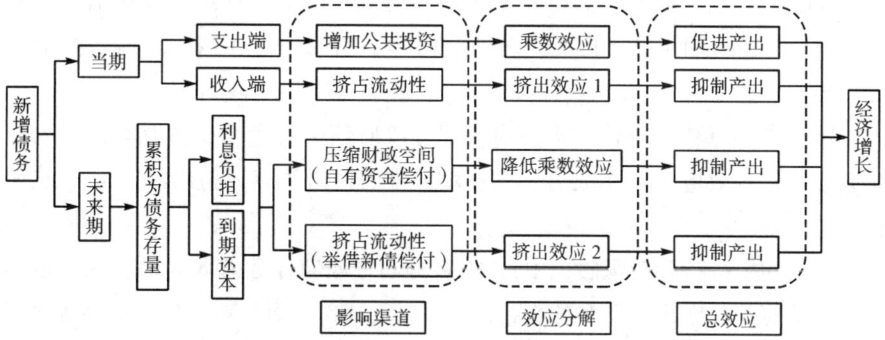

图7.1　地方政府债务对经济增长的影响渠道和经济效应

三、待检验命题

上文对地方政府新增债务经济效应作用机制的剖析，为解释地方政府债务密集度不断攀升现象提供了依据。我们通过理论分析发现，新增债务只有在当期才会产生正效应，即债务支出环节产生乘数效应，而且该正效应还会因资金供给充裕状况的不同而受到一定程度的削弱，即债务举借环节的挤出效应 1；新增债务一旦转化为债务存量，便主要对经济增长产生负效应，即偿付本息带来的降低乘数效应或者产生挤出效应 2，或者二者兼而有之。从静态来看，如果新增债务的正效应能超过各负效应的总和，那么在当期地方政府新增债务的总效应为正，否则为负。随着时间的推移，如果新增债务一直为正，则意味着债务存量在不断累积增加（目前我国地方政府债务的发展态势正属于此种情况），那么每期新增债务的正效应都将扣除与累积债务存量相关的不断扩大的负效应，因此地方政府新增债务的总效应将逐渐递减，进而呈现出新增债务对经济增长的拉动作用越来越小，地方政府债务密集度不断攀升的现象。

基于以上分析，我们可以得到四个待检验命题假说：

H1：地方政府新增债务对经济增长的拉动作用受到债务存量的影响，随着债务存量的累积叠加，其拉动作用逐渐递减，进而导致地方政府债务密集度攀升。

H2：地方政府新增债务通过增加公共投资和挤占流动性两个渠道影响经济增长，并分别产生乘数效应和挤出效应（挤出效应 1）。

H3：当由财政自有资金偿付本息时，地方政府债务存量通过压缩地方政府新增债务中可用于公共投资的规模而削弱新增债务的正向乘数效应，进而抑制产出。

H4：当由举借新债偿付本息时，地方政府债务存量会挤占流动性产生挤出效应（挤出效应 2），并加强当期新增债务的挤出效应（挤出效应 1），进而抑制产出。

以上四个待检验命题假说中，H1 是对地方政府债务总效应的验证，也是对地方政府债务密集度攀升的直接解释。H2、H3 和 H4 是对地方政府新增债务总效应作用机制的验证，对命题 H1 形成证据支撑，进而对地方政府债务密集度攀升的内在逻辑进行解释。根据偿付本息的现实情况不同，命题 H3 和 H4 可能存在其一，也可能同时存在，实证结果可作为现实情况的印证。

第二节　地方政府债务规模的测算

一、测算方法

本章借鉴张忆东和李彦霖（2013）、吕健（2015）的测算公式并进行一定的修正，采取直接与间接相结合的方法测算地方政府债务规模。由于地方政府债务主要被用于基础设施建设投资，因此可以从投资端倒推出债务规模，此为间接法。而自2008年中央政府启动以棚户区改造为重要内容的保障性安居工程以来，保障性住房成为地方政府的投资重点，由此累积的债务规模逐年增加，因此需将其纳入地方政府债务测算的范围内。但由于数据可得性的限制，我们无法直接获知保障性住房投资的年度数据，因此对这部分投资所形成的债务采取从融资端出发进行测算，此为直接法。最后我们将间接法和直接法测算得到的数据进行加总，进而获得最终的地方政府债务规模。具体测算过程说明如下。

对于间接法测算部分，地方政府用于基础设施建设投资的资金支出与资金来源存在如表7.1所示的平衡关系。

表7.1　地方政府基础设施建设投资资金收支平衡关系

<table>
<tr><th>地方政府投资资金支出</th><th colspan="2">地方政府投资资金来源</th></tr>
<tr><td rowspan="4">基础设施建设投资
（国有控股-中央政府项目）</td><td rowspan="3">自有资金投入</td><td>①国家预算内资金</td></tr>
<tr><td>②土地出让纯收益</td></tr>
<tr><td>③投资项目的盈利现金流入</td></tr>
<tr><td colspan="2">新增债务</td></tr>
</table>

根据地方政府投资资金支出=地方政府投资资金来源，可得到地方政府债务的测算公式：

新增债务=基础设施建设中地方投资额-地方财政预算内资金-土地出让纯收益-投资项目的盈利现金流入

根据国家统计局的分类标准，基础设施建设投资主要包括：①电力、燃气及水的生产和供应业；②交通运输、仓储和邮政业；③科学研究、技术服务和地质勘查业；④水利、环境和公共设施管理业；⑤教育；⑥卫生、社会保障和社会福利业；⑦公共管理和社会组织。本章将这七个行业固定资产投资额作为基础设施建设投资额，用对应的国有股减去中央政府项目数额得到其中的地方政府投资额。

基础设施建设投资的来源之一是财政收入，即国家预算内资金。本章用上述七个行业固定资产投资中国家预算内资金来作为第一项自有资金投入。根据国家统计局对国家预算内资金的指标解释，各级政府债券也被归入其中。由于本章测算地方政府全口径债务规模，地方政府债券这部分显性债务也应包括在内，故按照间接法测算得到债务规模结果后，需把作为国家预算内资金被扣掉的地方政府债券这部分债务重新加上。这部分统计将在下文直接法测算部分详细说明。

国有土地出让金收入是地方政府用于基础建设的重要资金来源，但土地出让金收入在可用于投资之前需弥补征地拆迁等费用支出，因此本章将土地出让纯收益作为第二项自有资金投入。需要说明的是，土地收储也是地方政府举债的重要用途。根据《土地储备项目预算管理办法（试行）》（财预〔2019〕89号）文件的说明，“土地储备是指县级（含）以上自然资源主管部门为调控土地市场、促进土地资源合理利用，依法取得土地，组织前期开发、储存以备供应的行为”[①]。可见土地收储是土地出让前的各项准备活动，其相关开支最终都对应着土地出让的相应收入。根据该文件附则中公布的《土地储备预算管理报表》，可以看到土地储备成本包括征地和拆迁补偿支出、土地开发支出和其他支出。道路、供水、供气等土地开发支出是与储备宗地相关的基础设施建设支出，这部分已在上文的基础设施建设投资额中予以计算。而征地和拆迁补偿支出依据土地储备与土地出让相对应的原则也在计算土地出让纯收益时予以扣除，减计收入即是增加支出，因此这部分支出也计算在内。如果储备的土地并未在同年实现出让，那么储备支出和出让收入可能出现年度不对等，但通常来说，土地从依法取得到出让之间的周期并不长。而且从年度土地总收支平衡的角度来看，土地出让收入与征地和拆迁补偿支出基本能保持一定比例关系，因此本章不再对土地收储项目单独进行计算。

投资项目的盈利现金流入是可用于投资的第三项自有资金投入。本章借鉴魏涛（2018）的做法，用 EBITDA 率，即息税折旧及摊销前收入这一指标来代表投资收益。但由于该指标是付息前的收益，因此需扣除利息支出才能得到盈利现金流入。考虑 2015 年之后地方政府债务通过置换大大降低了利息负担，

---

① 财政部和自然资源部. 关于印发《土地储备项目预算管理办法（试行）》的通知（财预〔2019〕89 号），2019 年 5 月 20 日。

因此2015年前后利率水平应存在明显差异。根据2016年政府工作报告中透露2015年“发行地方政府债券置换存量债务3.2万亿元，降低利息负担约2 000亿元”①，可推出置换后比置换前利率水平降低了6.25个百分点。结合2015年发行地方政府置换债的利率水平普遍在3%左右，说明之前存量债务利率平均水平为9.25%，因此我们按9.25%的利率水平计算利息支出。2015年之后的利息支出需在此基础之上再扣除因置换债而节约的利息来得到。

对于直接法测算部分，主要针对地方政府债券和保障性住房投资的举债两部分进行统计。对于地方政府债券，为了保持与新增债务口径一致，本章统计的是地方政府债券的新增部分，即用一般公共预算和政府性基金预算两本（公共财政和政府性基金）预算中的地方政府债券收入减去地方政府债券还本支出得到。2015年地方政府才拥有合法举债权，能够“自发自还”地方政府债券，但2009年中央政府便开始进行财政部“代发代还”地方政府债券的探索，因此对地方政府债券的统计以2009年财政部代理发行地方政府债券为起点。

目前我国保障性住房的建设方式包括政府投资自建、政府贴息企业贷款建和企业自建政府回收三种②，各方式最终的支出责任都直接或间接落在政府身上，成为地方政府举债的重要用途之一。保障性住房举债的资金来源方式包括发行债券、银行贷款、保险资金、社保基金、住房公积金、民间资本等。其中地方政府债券上文已做统计，银行贷款是最重要的资金来源方式，其他几项融资渠道则占比不大。例如，住房公积金从用于发放保障性住房项目贷款试点的2009年开始到2018年底截止，累计发放的贷款总额仅为872.15亿元③。因此鉴于重要性和数据可得性的考虑，本章将保障性住房开发贷款作为近似口径来测算保障性住房投资而形成的非债券类地方政府债务。1995年我国实施“安居工程”，开始推行保障性住房。但2008年启动的以棚户区改造为重要内容的保障性安居工程才是促使地方政府大力投资保障性住房的起点，尤其是在2009年之后投资需求猛增，资金缺口巨大。有鉴于此并兼顾数据可得性，本章对保障性住房开发贷款数据的统计从2010年开始。

---

① 中国人民银行. 2011年中国金融稳定报告［R/OL］.（2011-06-14）［2022-10-01］. http://www.pbc.gov.cn/jingrongwendingju/146766/146772/146776/2872392/index.html.

② 董倩. 保障性住房建设方式的思考［EB/OL］. http://www.stats.gov.cn/tjzs/tjsj/tjcb/dysj/201704/t20170421_1487053.html.

③ 新浪财经记者. 住房公积金支援保障房渐入尾声 2018年贷款仅4 600万［EB/OL］. http://finance.sina.com.cn/roll/2019-06-15/doc-ihvhiqay5777083.shtml.

综上所述，地方政府全口径债务测算结果由三部分加总得到：

全口径新增债务=间接法测算部分+直接法测算部分=基础设施建设投资形成的非政府债券类地方政府新增债务+保障性住房投资形成的非政府债券类地方政府新增债务+地方政府债券新增部分

在得到全口径地方政府新增债务的基础之上，通过历年累加可得全口径地方政府债务存量：

$$\text{全口径债务存量}=\sum_{i=1}^{n}\text{全口径新增债务}_i\ (\text{n 为样本期})$$

需要说明的是，地方政府债务存量之所以可以通过新增债务累加直接得到，是因为从上述测算过程可知，本章测算的新增债务相当于当年地方政府总收支的缺口，是地方政府债务的净增加值，是考虑了举债和还本之后的数额。该数额可能为正，可能为零，也可能为负。如果当年新增债务为正，说明举借额大于还本额，债务存量增加；如果当年新增债务为零，说明举借额等于还本额，债务存量保持不变；如果当年新增债务为负，说明举借额小于还本额，债务存量缩减。

二、测算数据及结果

根据审计署的审计报告，1996 年以来地方政府举债现象已经非常普遍。但政府债务规模迅速扩张开始于 2000 年后，再加上受数据可得性的限制，我们将样本期起点定在 2004 年。用于测算的指标数据来自《中国统计年鉴》《中国国土资源统计年鉴》《中国固定资产统计年鉴》《金融机构贷款投向统计报告》《中国财政年鉴》以及全国和各省份财政预决算报告及 Wind 数据库。测算结果如表 7.2 所示。

从测算结果可以看到，2014—2017 年地方政府新增债务均大于 0 且不断增加，说明地方总收支始终处于赤字状态，且收支缺口越来越大，由此积累起来的债务余额也自然呈递进式增长态势。而且测算中我们发现，从 2009 年开始，非政府债券类债务的利息额超过了盈利性现金流入，即投资收益无法完全覆盖利息费用（此处的利息并不包含地方政府债券利息，地方政府债券利息已在财政预算表中的地方政府债券利息支出项目予以支付）。随着债务余额叠加，利息负担越来越重，投资收益与利息的差距越来越大。从 2015 年开始实施的债券置换对利息负担的降低起到了重要作用，尤其是 2017 年直接降低利息负担 1.2 万亿元，改变了投资收益与利息差距继续扩大的趋势，否则情况会更加恶化。

表 7.2　2004—2017 年全国地方政府新增债务和债务存量

单位：亿元

年份	2004 年	2005 年	2006 年	2007 年	2008 年	2009 年	2010 年	2011 年	2012 年	2013 年	2014 年	2015 年	2016 年	2017 年
新增债务	7 839.88	10 700.35	12 883.69	13 640.72	17 631.22	26 063.36	28 761.47	28 029.15	31 808.08	35 601.20	50 594.70	66 470.61	87 137.37	99 817.38
债务存量	7 839.88	18 540.23	31 423.92	45 064.64	62 695.87	88 759.23	117 520.7	145 549.9	177 357.9	212 959.1	263 553.8	330 024.4	417 161.8	516 979.2

资料来源：笔者根据相关资料计算。

另外，地方政府隐性债务（表外债务）的积累开始于2015年，故本章对2015—2017年显性债务和隐性债务进行比较。如表7.3所示，可以看到显性债务增长缓慢，但隐性债务增长迅速，隐显比（隐性债务/显性债务）从2015年的1.06上升到了2017年的2.13。孙付（2018）在2017年对东、中部一些地区的调研中发现地方政府全口径债务的体量约为表内债务的3~8倍，即隐性债务是显性债务的2~7倍，说明本章的测算结果与调研情况基本相符。闫衍（2018）提到2017年我国地方政府整体隐性债务规模在26.5万亿~35.9万亿元之间，约为显性债务的1.6~2.2倍，这与本章测算结果非常相近。

表7.3　2004—2017年地方政府显性债务与隐性债务对比情况

年份	2015年	2016年	2017年
债务总额/亿元	330 024.40	417 161.80	516 979.20
显性债务/亿元	160 074.30	153 164.01	165 099.80
隐性债务/亿元	169 950.10	263 997.79	351 879.40
隐显比	1.06	1.72	2.13

资料来源：笔者根据相关资料计算。

三、地方政府债务密集度指标

本章将债务密集度定义为新增债务增量对产出增量的比值，将其应用于地方政府债务即地方政府债务密集度=地方政府新增债务增量/产出增量。该指标反映了地方政府新增债务对经济增长的拉动作用，即为了增加1个单位的产出所需增加的新增债务量，其本质是对地方政府新增债务经济效应的反映。地方政府新增债务的经济效应越大，则地方政府债务密集度越低，反之，则地方政府债务密集度越高。基于上文对全口径地方政府债务的测算结果，用GDP表示地区产出值，便可得到2004—2017年我国地方政府债务密集度的变化情况，如表7.4所示。

表 7.4　2004—2017 年地方政府债务密集度变化情况

年份	2004 年	2005 年	2006 年	2007 年	2008 年	2009 年	2010 年	2011 年	2012 年	2013 年	2014 年	2015 年	2016 年	2017 年
新增债务/亿元	7 839.88	10 700.35	12 883.69	13 640.72	17 631.22	26 063.36	28 761.47	28 029.15	31 808.08	35 601.20	50 594.70	66 470.61	87 137.37	99 817.38
新增债务增量/亿元	—	2 860.47	2 183.34	757.03	3 990.50	8 432.14	2 698.11	−732.32	3 778.93	3 793.12	14 993.50	15 875.91	20 666.76	12 680.02
地区 GDP 增量/亿元	24 418.20	25 478.70	32 119.60	50 653.80	49 152.30	29 273.10	63 601.60	75 820.90	50 639.80	54 383.20	48 317.40	44 712.30	54 067.90	80 693.50
债务密集度（比值）	—	0.11	0.07	0.01	0.08	0.29	0.04	−0.01	0.07	0.07	0.31	0.36	0.38	0.16

由于本章对地方政府债务测算的起点为2004年，因此表7.4反映的是2005—2017年的地方政府新增债务增量和地方政府债务密集度。从表7.4可以看到，地方政府债务密集度的变化趋势是：2013年之前呈波动中缓慢升高态势，2013年之后呈迅速升高态势。在2005年，增加1个单位的产出只需增加0.11个单位的新增债务，而在2016年则需要增加0.38个单位的新增债务。地方政府债务密集度逐渐攀升，说明地方政府新增债务的经济效应在逐渐降低。下文将对这一现象的内在逻辑进行理论分析。

第三节　地方政府债务影响经济增长的实证检验

一、实证策略

为了检验以上四个命题，本章运用有中介的调节效应模型来进行实证，具体的实证策略和步骤如下：

第一步，验证地方政府新增债务的总效应，即命题H1。由上文理论分析可知，地方政府新增债务的总效应由地方政府新增债务与存量债务的交互作用产生。本章将地方政府新增债务作为解释变量，地方政府债务存量作为调节变量，产出作为被解释变量，构建调节效应模型，以验证地方政府债务存量对地方政府新增债务经济效应的调节作用，即地方政府新增债务对产出的影响是否会随着地方政府债务存量的不同而变化，以及这种变化趋势如何，如图7.2所示。

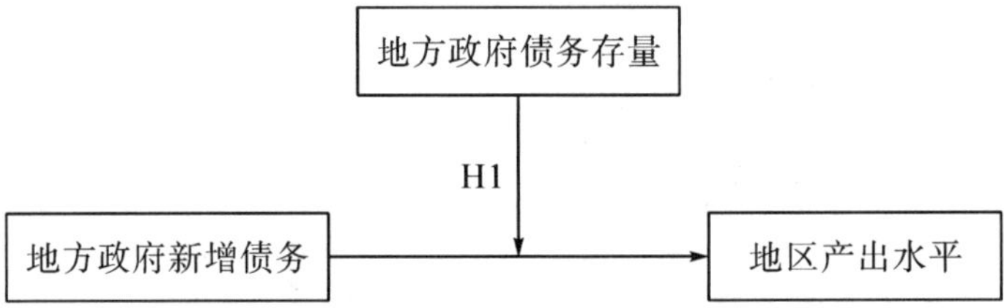

图7.2　地方政府债务存量对地方政府新增债务经济效应的调节效应模型

第二步，验证地方政府新增债务对经济增长的影响渠道，即命题H2。由上文理论分析可知，地方政府新增债务通过增加公共投资和挤占流动性两个渠道影响经济增长。本章将地方政府新增债务作为解释变量，公共投资和流动性作为中介变量，产出作为被解释变量，构建中介效应模型，以验证公共投资和流动性是否成为影响渠道，以及对应的乘数效应和挤出效应1的大小，如图7.3所示。

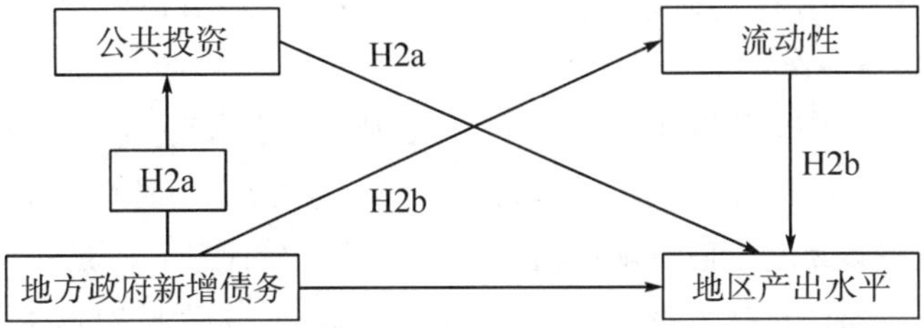

图 7.3　地方政府新增债务经济效应的中介效应模型

第三步，验证地方政府债务存量对公共投资和流动性这两个影响渠道的调节作用，即命题 H3 和命题 H4。由上文理论分析可知，地方政府债务存量通过降低公共投资和/或挤占流动性两个渠道削弱新增债务的正向乘数效应和/或产生挤出效应 2 并加强新增债务的挤出效应 1。本章将地方政府债务存量作为调节变量，放入公共投资和流动性的两个中介变量中，构建有中介的调节效应模型，以验证地方政府债务存量对公共投资和流动性的调节作用，即乘数效应和挤出效应是否随地方政府债务存量的不同而变化，以及这种变化趋势如何，同时对地方政府债务存量是否通过挤占流动性产生挤出效应 2 进而抑制产出进行验证。根据理论分析，地方政府债务存量只在中介效应的前半路径发挥调节作用，因此只在公共投资和流动性中介的前半路径加入地方政府债务存量进行验证，如图 7.4 所示。

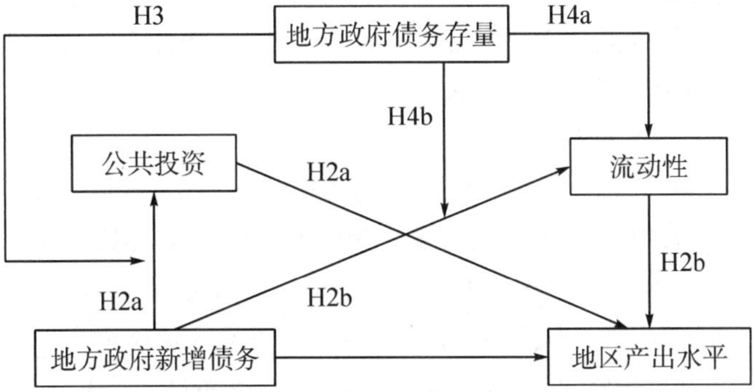

图 7.4　地方政府债务存量对地方政府新增债务中介路径的调节效应模型

二、模型设定

（一）调节效应模型设定

根据实证策略，对命题 H1 的检验转化为对地方政府债务存量是否调节地方政府新增债务经济效应的验证，为此将调节效应模型设定如下：

$$GDP_{it} = \alpha + \beta\, new\_debt_{it} + \gamma\, new\_debt_{it} \times debt_{i,\ t-1} + \sigma\, debt_{i,\ t-1} + \delta X_{it} + \mu_i + \omega_t + \varepsilon_{it} \tag{7.1}$$

式（7.1）中，GDP_{it} 是地区生产总值，代表地区产出水平。new_debt_{it} 是地方政府新增债务，$debt_{it-1}$ 是期初地方政府债务存量，用滞后一期的地方政府债务存量表示，这样设定基于假设新增债务在下一期开始计息。X_{it} 是一系列控制变量，对控制变量的选择主要基于三个方面的考虑：一是反映宏观经济发展和稳定因素的变量，包括人口增长率和物价等；二是考虑到样本期间我国正值经济结构转型，因此对产业结构、城市化和对外贸易等影响经济增长的变量进行控制；三是由于本章实证使用省级面板数据，无法反映省级内部市县之间横向竞争产生的外溢性等因素，因此将省辖县级区划数作为控制变量，对该竞争程度做近似反映。μ_i、ω_t 和 ε_{it} 分别表示省份固定效应、年份固定效应和随机误差项。调节效应模型的关注重点是地方政府新增债务和债务存量交互项系数 γ 的显著性和大小。式（7.1）对新增债务求一阶导数可得：

$$\frac{\partial GDP_{it}}{\partial\, new\_debt_{it}} = \beta + \gamma\, debt_{i,\ t-1} \tag{7.2}$$

式（7.2）表示地方政府新增债务的总效应，如果 γ 的实证结果显著，说明地方政府新增债务的总体经济效应受到地方政府债务存量的调节。如果 $\gamma > 0$，则地方政府新增债务的经济效应随着地方政府债务存量的升高而递增；如果 $\gamma < 0$，则地方政府新增债务的经济效应随着地方政府债务存量的升高而递减。注意到式（7.2）正是地方政府债务密集度的倒数，因此实证结果若是 γ 显著小于0，那么命题 H1 便得到验证。

（二）中介效应模型设定

根据实证策略，对命题 H2 的检验转化为对公共投资和流动性是否地方政府新增债务经济效应中介机制的验证，为此将中介效应模型设定如下：

$$pubinvest_{it} = \alpha + \beta\, new\_debt_{it} + \delta X_{it} + \mu_i + \omega_t + \varepsilon_{it} \tag{7.3}$$

$$new\_privatedebt_{it} = \alpha + \beta\, new\_debt_{it} + \delta X_{it} + \mu_i + \omega_t + \varepsilon_{it} \tag{7.4}$$

$$GDP_{it} = \alpha + \beta\, new\_debt_{it} + \gamma pubinvest_{it} + \theta new\_privatedebt_{it} + \delta X_{it} + \mu_i + \omega_t + \varepsilon_{it} \tag{7.5}$$

式（7.3）、式（7.4）和式（7.5）中 $pubinvest_{it}$ 是公共投资，$new\_privatedebt_{it}$ 是私人部门新增负债，其他变量设定与上文调节效应模型相同。通常来说，市场利率是验证挤出效应传导机制的理想中介变量（Engen、Hubbard，2004；Paesani et al.，2006；Kameda，2014），但由于我国市场利率在省级层面缺乏高质量的可得数据，因此本章将私人部门新增负债作为挤出效应的直接反映。其基本逻辑是：地方举借新债挤占流动性，如果市场利率由此被推高，那么私人部门融资成本也随之提高，其融资规模必然受到抑制，因此私人部门新增负债会是测度该挤出效应程度的良好指标。

中介效应模型关注重点是公共投资和流动性中介效应的显著性和大小。如果式（7.3）中地方政府新增债务变量系数 β 与式（7.5）中公共投资变量系数 γ 的乘积显著且大小为正，那么公共投资渠道和乘数效应得到验证；进一步，如果两系数分别都显著为正，那么说明公共投资中介效应的前半路径和后半路径均发挥了重要作用。如果式（7.4）中地方政府新增债务变量系数 β 与式（7.5）中私人部门新增负债变量系数 θ 的乘积显著且大小为负，那么流动性渠道和挤出效应（挤出效应 1）得到验证；进一步，如果系数 β 显著为负、系数 θ 显著为正，那么分别说明流动性渠道的前半路径和后半路径均显著，且符合预期。如果式（7.5）中地方政府新增债务变量的系数 β 不再显著，说明公共投资和流动性是地方政府新增债务经济效应的完全中介，否则是部分中介。

（三）有中介的调节效应模型设定

根据实证策略，对命题 H3 的检验转化为对地方政府债务存量是否通过调节公共投资和流动性两个中介变量而影响地方政府新增债务经济效应发挥的验证，为此将有中介的调节效应模型设定如下：

$$pubinvest_{it} = \alpha + \beta\, new_{debt_{it}} + \gamma new_{debt_{it}} \times debt_{i,t-1} + \sigma\, debt_{i,t-1} + \delta X_{it} + \mu_i + \omega_t + \varepsilon_{it} \quad (7.6)$$

$$new\_privatedebt_{it} = \alpha + \beta\, new\_debt_{it} + \gamma\, new\_debt_{it} \times debt_{i,\ t-1} + \sigma\, debt_{i,\ t-1} + \delta X_{it} + \mu_i + \omega_t + \varepsilon_{it} \quad (7.7)$$

$$GDP_{it} = \alpha + \beta\, new\_debt_{it} + \gamma pubinvest_{it} + \theta new\_privatedebt_{it} + \varphi\, new\_debt_{it} \times debt_{i,\ t-1} + \sigma\, debt_{i,\ t-1} + \delta X_{it} + \mu_i + \omega_t + \varepsilon_{it} \quad (7.8)$$

式（7.6）、式（7.7）和式（7.8）中各变量设定与上文调节效应模型相同。有中介的调节效应模型关注的重点是各方程交互项系数的显著性和大小。如果式（7.6）中地方政府新增债务和债务存量的交互项系数 γ 显著为负，那么说明地方政府债务存量在公共投资中介效应的前半路径发挥了调节作用，其压缩财政空间、降低新增债务向公共投资支出转化而削弱乘数效应的作用机制得到验证。如果式（7.7）中地方政府债务存量的系数 σ 显著为负，说明其本身挤占流动性产生了挤出效应（挤出效应 2）；且若地方政府新增债务和债务存量的交互项系数 γ 显著为负，那么说明地方政府债务存量在地方政府新增债务经济效应的流动性中介前半路径发挥了调节作用，加强了地方政府新增债务的挤出效应（挤出效应1），举借新债偿付本息进而产生第二重挤出效应并加强第一重挤出效应的作用机制得到验证。如果式（7.8）中地方政府新增债务和债务存量的交互项系数 φ 仍然显著，说明地方政府债务存量还可能通过其他渠道对地方政府新增债务经济效应的发挥起调节作用。

三、变量和数据

本章涉及的变量数据来源于《中国统计年鉴》《中国国土资源统计年鉴》《中国固定资产统计年鉴》《金融机构贷款投向统计报告》《中国财政年鉴》以及全国和各省财政预决算报告及Wind数据库。由于全国层面地方政府债务总额数据的时间跨度不长，为了提高计量模型的估计准确性，本章进一步测算出省级层面的地方政府债务规模，以增加样本容量。需要说明的是，由于缺乏各省级基础设施建设投资的国有控股、中央政府项目、预算内资金和投资收益数据，本章采用间接方法进行处理，即按照各省全社会固定资产投资占全国的比例作为权重去计算全国地方政府基础设施建设投资中属于各省份的数额；由于缺乏金融机构保障性住房开发贷款的分省份数据，考虑到财政预算内资金作为保障性住房项目资本金的重要支撑，与贷款资金存在正向比例关系，因此本章按各省份财政预算内住房保障支出数额占全国的比例作为权重去计算全国各金融机构保障性住房开发贷款中属于各省份的数额。另外，由于省级数据滞后，故只能测算截止到2016年底的数据，得到数据完整的30个省份（不含西藏）2005—2016年的面板数据，测算的2004年地方政府债务数据作为初始债务存量。

各变量定义如下：

地区产出水平（GDP）：用各省份年度地区GDP表示；地方政府新增债务（new_debt）：采用测算出的历年各省份新增债务数额表示；地方政府债务存量（debt）：即地方政府债务余额，通过将地方政府历年新增债务数额累加得到；公共投资（pubinvest）：用各省份地方政府总投资表示；私人部门新增负债（new_privatedebt）：用私营工业企业负债增加值表示；人口增长率（human）：采用人口自然增长率表示；物价水平（price）：采用居民消费价格指数表示；产业结构（tip）：采用第三产业增加值表示；城市化（urban）：用城镇人口占总人口比重表示，其中城镇人口是指居住在城镇范围内的全部常住人口；对外贸易（trade）：用进出口贸易总额的对数值表示；县级区划数（county）：由各省份所辖县级行政区划单位数目表示。

各变量描述统计结果如表7.5所示。

表 7.5　变量的描述性统计

变量符号	变量含义	单位	样本量	平均值	标准差	最小值	最大值
GDP	地区生产总值	百亿元	360	159.987	143.652	5.433	808.549
new_debt	地方政府新增债务	百亿元	360	11.557	10.956	-0.910	68.227
debt	地方政府债务存量	百亿元	360	55.956	63.670	0.681	403.424
pubinvest	公共投资	百亿元	360	15.616	13.840	0.589	78.182
new_privatedebt	私人部门新增负债	百亿元	360	2.967	4.534	-7.264	39.612
human	人口增长率	‰	360	11.256	2.630	5.360	17.890
price	价格水平	%	360	102.807	1.972	97.700	110.100
tip	产业结构	百亿元	360	69.283	68.464	2.134	420.509
urban	城市化	%	360	52.384	14.031	26.863	89.607
trade	对外贸易	—	360	5.681	1.648	1.419	9.298
county	县级区划数	个	360	92.739	44.987	16.000	183.000

四、回归结果分析

为了提高估计的准确性，本章的回归均采用聚类稳健标准误，交互项均进行中心化处理。

（一）调节效应模型回归结果

调节效应模型回归结果如表 7.6 所示。模型（7.1）为基本回归结果，地方政府新增债务系数显著为正（beta = 1.825，$p<0.01$），说明其对经济增长有显著的正向影响，但该回归并没有控制省份和年份固定效应。模型（7.2）对双向固定效应进行了控制，回归整体效果有所提升，此时地方政府新增债务系数仍然显著为正（beta = 1.417，$p<0.01$），但其值比模型（7.1）有所下降。模型（7.3）进一步加入地方政府债务存量滞后项及其与地方政府新增债务的交互项，此时地方政府新增债务系数仍然显著为正（beta = 1.363，$p<0.01$），比模型（7.1）略有下降，交互项系数显著为负（beta = -0.007，$p<0.01$），符合预期。根据上文的分析，地方政府债务密集度即为模型（7.3）对地方政府新增债务求一阶导数的倒数，即如下等式：

$$\text{地方政府债务密集度} = 1/\frac{\partial GDP_{it}}{\partial\, new\_debt_{it}} = 1/(1.363 - 0.007\, debt_{i,\, t-1})$$

从上式可知，地方政府新增债务的总效应受到地方政府债务存量的调节。

当地方政府债务存量偏低时，地方政府新增债务的总效应较大，此时地方政府债务密集度较低；当地方政府债务存量偏高时，地方政府新增债务的总效应较小，此时地方政府债务密集度较高。而由于我国地方政府债务存量一直处于不断累积增加的发展态势中，因而地方政府新增债务的总效应随着时间推移而不断下降，地方政府债务密集度则不断攀升，命题 H1 得到验证。而且实证结果显示，地方政府债务存量每增加 1 个单位，地方政府新增债务的总效应将下降 0.007 个单位。

表 7.6 调节效应模型回归结果

变量	GDP		
	(1)	(2)	(3)
new_debt	1.825*** (0.267)	1.417*** (0.240)	1.363*** (0.508)
new_debt × lag_debt	—	—	-0.007*** (0.001)
lag_debt	—	—	0.393*** (0.127)
human	-1.067** (0.482)	-2.180* (1.244)	-0.514 (1.100)
price	1.730*** (0.556)	-1.207 (0.855)	-0.619 (0.694)
tip	1.695*** (0.059)	1.735*** (0.043)	1.638*** (0.065)
urban	-1.430*** (0.233)	2.849*** (0.509)	2.339*** (0.456)
trade	12.757*** (1.692)	5.575** (2.354)	5.410*** (1.863)
county	0.154*** (0.042)	3.237*** (0.667)	1.812*** (0.504)
Constant	-156.227*** (58.416)	-243.978** (101.746)	-231.686*** (83.406)
省份固定效应	NO	YES	YES
年份固定效应	NO	YES	YES
Adjusted R-squared	0.974	0.996	0.997
N	360	360	360

注：*、**、*** 分别表示系数在 10%、5%、1%水平下显著；系数下方圆括号中数值为其标准误；后面各表同。

（二）中介效应模型回归结果

中介效应模型的回归结果如表 7.7 所示。

表 7.7　中介效应模型回归结果

变量	pubinvest	new_privatedebt	GDP
	(1)	(2)	(3)
new_debt	0.826*** (0.049)	−0.173** (0.068)	−0.198 (0.409)
pubinvest	—	—	2.071*** (0.388)
new_privatedebt	—	—	0.545*** (0.196)
human	−0.077 (0.188)	−0.065 (0.395)	−1.984* (1.025)
price	−0.179 (0.178)	−0.296 (0.223)	−0.676 (0.752)
tip	0.053*** (0.009)	0.040*** (0.014)	1.603*** (0.047)
urban	0.323*** (0.079)	0.303** (0.131)	2.016*** (0.444)
trade	0.450 (0.461)	0.707 (0.625)	4.258* (2.189)
county	0.010 (0.129)	0.297 (0.242)	3.054*** (0.590)
Constant	−11.986 (19.925)	−8.702 (29.498)	−214.414** (88.091)
省份固定效应	YES	YES	YES
年份固定效应	YES	YES	YES
Adjusted R-squared	0.979	0.528	0.997
N	360	360	360

模型（7.1）反映出地方政府新增债务对公共投资的影响，回归系数显著为正（beta=0.826，p<0.01），即每增加 1 个单位地方政府新增债务，能增加公共投资 0.826 个单位。结合模型（7.3）中公共投资的系数也显著为正（beta=2.071，p<0.01），说明地方政府新增债务通过增加公共投资产生乘数效应进而促进产出，该乘数效应为 0.826 × 2.071=1.711，命题 H2a 得到验证。

模型（7.2）反映出地方政府新增债务对私人部门新增负债的影响，回归系数显著为负（$beta=-0.173$，$p<0.01$），即每增加 1 个单位地方政府新增债务，将使得私人部门新增负债减少 0.173 个单位，说明地方举债挤占流动性，导致资金从私人部门流向地方公共部门。结合模型（7.3）中私人部门新增负债的系数显著为正（$beta=0.545$，$p<0.01$），说明地方政府新增债务通过挤占流动性产生挤出效应进而抑制产出，该挤出效应大小为 $-0.173\times0.545=-0.094$，命题 H2b 得到验证。

模型（7.3）中地方政府新增债务系数不再显著（$beta=-0.198$，$p>0.1$），说明公共投资和流动性是地方政府新增债务影响经济增长的完全中介。中介效应通过上述依次检验法已得到印证，其结果强于 Bootstrap 法的检验结果（温忠麟、叶宝娟，2014），因此不必再对系数乘积进行检验。而且依次检验法非常清晰地反映出两种中介效应的前半路径和后半路径都是显著的。

地方政府新增债务对经济增长的中介效应=公共投资中介效应+流动性中介效应
=乘数效应+挤出效应（挤出效应 1）
$=0.826\times2.071+(-0.173)\times0.545$
$=1.711+(-0.094)$
$=1.617$

其中，乘数效应（公共投资路径）占总中介效应的 105.81%，挤出效应（流动性中介）占总中介效应的-5.81%。

（三）有中介的调节效应模型回归结果

有中介的调节效应模型回归结果如表 7.8 所示。

模型（7.1）检验地方政府债务存量是否在公共投资中介的前半路径发挥调节作用，结果显示具有显著的负向调节效应（$beta=-0.001$，$p<0.01$），说明地方政府债务存量的还本付息负担会压缩财政空间，降低地方政府新增债务向公共投资的转化能力。模型（7.3）中公共投资变量的系数显著为正（$beta=1.236$，$p<0.01$），说明有非常显著的乘数效应。至此，地方政府债务存量削弱地方政府新增债务在公共投资路径上乘数效应的作用机制得到印证，命题 H3 获得验证。

模型（7.2）检验地方政府债务存量是否产生第二重挤出效应（挤出效应 2），并在地方政府新增债务的流动性中介前半路径发挥调节作用。结果显示地方政府债务存量的系数为负，但并不显著（$beta=-0.029$，$p>0.1$），说明第二重挤出效应（挤出效应 2）可能存在但并不明显。而交互项系数显著为负，说明地方政府债务存量具有显著的负向调节效应（$beta=-0.001$，$p<0.01$），即举借新债的挤出效应（挤出效应 1）受到地方政府债务存量的密切影响，高

债务存量很可能会恶化融资环境，进而加强新债举借的挤出效应。模型（7.3）中私人部门新增债务的系数显著为正（beta=0.443，p<0.01），说明增加私人部门的融资规模有利于经济增长。而地方政府债务存量加强了挤出效应 1，限制了私人部门融资规模的增加，进而抑制产出，至此命题 H4 得到验证。

表 7.8 有中介的调节效应模型回归结果

变量	pubinvest	new_privatedebt	GDP
	(1)	(2)	(3)
new_debt × lag_debt	-0.001***	-0.001***	-0.006***
	(0.000)	(0.000)	(0.001)
pubinvest	—	—	1.236***
			(0.299)
new_privatedebt	—	—	0.443**
			(0.172)
new_debt	0.495***	0.065	0.722
	(0.046)	(0.094)	(0.534)
lag_debt	0.140***	-0.029	0.233*
	(0.009)	(0.020)	(0.128)
human	0.608***	-0.258	-1.152
	(0.130)	(0.381)	(1.101)
price	-0.053	-0.276	-0.431
	(0.129)	(0.227)	(0.686)
tip	0.001	0.060***	1.609***
	(0.009)	(0.016)	(0.063)
urban	0.178**	0.313**	1.980***
	(0.072)	(0.126)	(0.422)
trade	0.523	0.620	4.488**
	(0.335)	(0.595)	(1.831)
county	0.010	0.020	1.790***
	(0.101)	(0.253)	(0.502)
Constant	12.730	-5.749	-213.402***
	(15.483)	(29.720)	(80.751)
省份固定效应	YES	YES	YES
年份固定效应	YES	YES	YES
Adjusted R-squared	0.988	0.546	0.997
N	360	360	360

地方政府债务存量在地方政府新增债务影响经济增长的两个中介路径上都发挥了调节作用，说明地方政府债务存量还本付息的两种方式同时存在，即债务本息部分通过财政自有资金偿付，部分通过举借新债偿付。两种路径上的调节作用都显著为负，而从前半路径来看，地方政府债务存量对流动性的负面影响略大于公共投资路径（$-0.000\,914<-0.000\,670$，表格中只保留到小数点后三位），但考虑到公共投资的正向作用远大于私人部门的流动性（$1.236>0.443$），因此为了短期“保增长”，举借新债偿付本息是更好的选择。

地方政府新增债务影响经济增长的总效应

=直接效应+间接效应

=直接效应+乘数效应(公共投资中介效应)+挤出效应(流动性中介效应)

$$=(\underline{0.722}-0.006\ \mathrm{debt}_{i,t-1})+(0.495-0.001\ \mathrm{debt}_{i,t-1})\times 1.236+$$

$$(\underline{0.065}-0.001\ \mathrm{debt}_{i,t-1})\times 0.443$$

上式包含有下划线的数字表示其回归结果不显著。注意到与上文中介效应模型（7.2）相比，此处有中介的调节效应模型（7.2）中的地方政府新增债务系数变得不再显著（$beta=0.065$，$p>0.1$），符号由负转正，意味着债务存量的高低直接决定了举借新债挤出效应的大小。若没有债务存量，新增债务的挤出效应为0。另外，模型（7.3）中交互项系数仍显著为负（$beta=0.006$，$p<0.01$），说明地方政府债务存量对地方政府新增债务的直接效应也存在负向调节作用。

将地方政府债务存量对中介变量的调节效应反映在图形上，如图7.5、图7.6所示。图中的中介效应值体现了地方政府新增债务在所有控制变量取均值情况下的边际效应，置信区间通过Bootstrap法得到。从图7.5可以看到，公共投资和流动性中介的总体效应是随着调节变量地方政府债务存量的升高而递减的。图7.6左侧为公共投资中介效应即乘数效应，右侧为流动性中介效应即挤出效应，二者皆随调节变量地方政府债务存量的升高而递减。需要说明的是，图7.6右侧流动性效应值起点大于0，是因为如前所述，在加入地方政府债务存量后，地方政府新增债务的挤出效应被完全吸收进交互项中，其本身的系数转成正号但已不显著，故此图主要说明地方政府债务存量的负向调节作用。

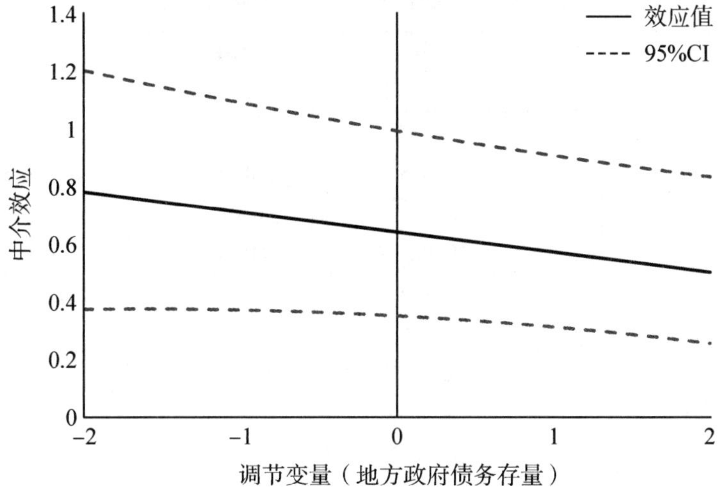

图 7.5　地方政府债务存量与中介效应

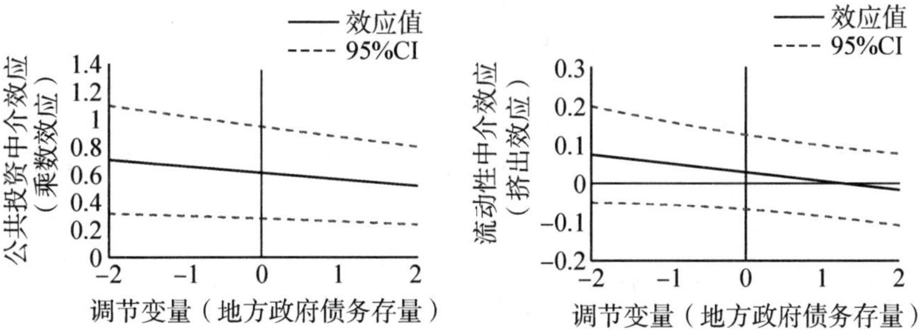

图 7.6　地方政府债务存量与乘数效应和挤出效应

综上所述，可知地方政府新增债务的经济效应逐渐递减，是因为其乘数效应在随着地方政府债务存量的升高而减弱，而挤出效应在随着地方政府债务存量的升高而加剧，最终呈现出地方政府债务密集度攀升的结果。

五、异质性分析

我们按照地域位置将样本划分为东部、中部和西部三个子样本，分别对其进行调节效应和中介调节效应回归，以分析地方政府新增债务的经济效应是否存在区域异质性。如表 7.9 所示，各区域地方政府新增债务的经济效应都为正（东、中部显著，西部不显著），但受到地方政府债务存量的显著负向调节，调节效应存在区域差异：从东部到西部，该负向调节作用逐渐加强。

表 7.9　调节效应的区域异质性回归结果

变量	GDP		
	（1）东部	（2）中部	（3）西部
new_debt	1.770***	2.334***	0.724
	(0.578)	(0.402)	(0.479)
new_debt × lag_debt	-0.006***	-0.017***	-0.022***
	(0.001)	(0.002)	(0.003)
lag_debt	0.185	1.349***	0.613***
	(0.128)	(0.111)	(0.097)
human	-3.308**	5.435***	0.318
	(1.408)	(1.513)	(1.252)
price	-0.362	2.310*	0.139
	(1.560)	(1.350)	(0.642)
tip	1.735***	1.097***	1.623***
	(0.062)	(0.145)	(0.112)
urban	4.473***	-1.345***	1.886***
	(0.710)	(0.434)	(0.717)
trade	6.876	-15.404***	5.446**
	(7.119)	(3.670)	(2.435)
county	2.675***	3.166	1.404
	(0.819)	(1.948)	(0.956)
Constant	-446.213**	-535.416*	-250.006
	(184.931)	(295.973)	(152.097)
省份固定效应	YES	YES	YES
年份固定效应	YES	YES	YES
Adjusted R-squared	0.998	0.997	0.994
N	132	96	132

如表 7.10 所示，地方政府债务存量对地方政府新增债务经济效应中介路径上的调节作用也存在异质性。模型（7.1）至模型（7.3）反映了公共投资中介路径上的调节效应，地方政府债务存量的负向调节作用从东部到西部，逐渐加强；模型（7.4）至模型（7.6）反映了流动性中介路径上的调节效应，地方政府债务存量的负向调节作用在各区域并不显著，但从地方政府债务存量的系数可以发现，第二重挤出效应在中、西部非常突出。这可能有两方面原因：一是在中、西部，地方政府债务存量的举借新债偿付本息情况更为突出；

二是中、西部的资金供给相对不充裕，地方政府举债的挤出效应更强。

表 7.10　中介调节效应的区域异质性回归结果

变量	pubinvest			new_privatedebt		
	(1)东部	(2)中部	(3)西部	(4)东部	(5)中部	(6)西部
new_debt	0.434***	0.526***	0.319***	0.073	-0.036	0.135
	(0.082)	(0.125)	(0.116)	(0.191)	(0.175)	(0.116)
new_debt × lag_debt	-0.000**	-0.001*	-0.002***	-0.001	-0.000	-0.000
	(0.000)	(0.001)	(0.001)	(0.001)	(0.001)	(0.001)
lag_debt	0.130***	0.117***	0.140***	-0.036	0.092**	-0.037**
	(0.013)	(0.033)	(0.021)	(0.030)	(0.041)	(0.018)
human	0.694***	-0.064	0.055	-0.146	-0.453	-0.120
	(0.227)	(0.409)	(0.245)	(0.810)	(0.553)	(0.252)
price	-0.396	0.211	0.127	0.023	0.413	-0.108
	(0.316)	(0.299)	(0.131)	(0.722)	(0.482)	(0.125)
tip	0.003	0.081**	0.085***	0.087***	-0.007	0.003
	(0.012)	(0.040)	(0.026)	(0.020)	(0.050)	(0.029)
urban	0.382**	0.160	0.331	0.358	0.281	0.024
	(0.146)	(0.107)	(0.203)	(0.355)	(0.193)	(0.198)
trade	-1.057	-0.330	0.935*	4.980	-3.813**	0.942
	(1.829)	(1.006)	(0.516)	(3.663)	(1.704)	(0.594)
county	-0.023	-1.031**	0.412***	-0.312	0.753	0.024
	(0.187)	(0.391)	(0.149)	(0.550)	(0.495)	(0.185)
Constant	16.387	96.335*	-73.108**	-68.241	-121.639	6.187
	(35.311)	(55.165)	(29.453)	(92.228)	(83.600)	(35.244)
省份固定效应	YES	YES	YES	YES	YES	YES
年份固定效应	YES	YES	YES	YES	YES	YES
Adjusted R-squared	0.988	0.989	0.988	0.512	0.398	0.474
N	132	96	132	132	96	132

六、内生性问题

考虑到地方政府新增债务和地区经济增长之间可能存在反向因果关系而引发内生性问题，本章进一步寻找适当的工具变量进行回归，以验证实证结果的稳健性。寻找工具变量的关键在于找到促使地方政府举债但与经济增长没有直接关系的因素。回顾地方政府债务的形成机理可知，地方举债的动机可划分为两个方面：一是基于财力与支出责任不匹配而产生的被动举债，二是基于晋升激励而产生的主动举债。晋升激励以考核经济增长目标为重点，预算软约束的体制背景激励着地方政府不断扩张举债规模，因此主动举债与经济增长密切相关。而被动举债主要由分权体制下财政垂直不平衡导致，反映的是中央政府和地方政府之间的博弈关系，与经济增长没有直接关联。如果把地方政府债务中与经济增长密切相关的主动举债部分分离出去，那么剩下的由被动举债而形成的地方政府债务部分可以作为地方政府债务的工具变量，因其与经济增长没有直接关联，可以较好地处理由反向因果带来的内生性问题。

反映财政垂直不平衡的常用指标即 VFI（vertical fiscal imbalance），通常被理解为政府间收入和支出的不匹配，但对其中收入和支出涵盖内容的界定存在差异（李永友、张帆，2019）。借鉴 Jia et al.（2017）的度量方法并结合本章研究目的，我们将其界定为 VFI=（地方一般公共预算支出-地方一般公共预算收入）/地方一般公共预算支出。将一般公共预算作为收支口径，是因为在政府四本（一般公共财政、政府性基金、国有资本经营、社会保险基金）预算中一般公共预算最能反映地方政府基本公共服务职能，与经济增长没有直接关联，最符合本章寻找工具变量的标准。但是一般公共预算的收支缺口仍然会受到政府整体赤字规模的影响，即预算赤字会造成财政缺口系统性扩大，进而带来 VFI 升高。由于政府整体赤字与经济周期相关，为了获得更加良好的工具变量，需要将这部分剔除掉。借鉴 Eyraud 和 Lusinyan（2013）对 VFI 指标的简单变形可分离出其中与赤字相关的部分：

$$VFI=1-(\text{收入分权}/\text{支出分权})(1-\text{预算赤字率})$$

其中，预算赤字率=（全国一般公共预算支出-全国一般公共预算收入）/全国一般公共预算支出，收入分权=地方一般公共预算收入/全国一般公共预算收入，支出分权=地方一般公共预算支出/全国一般公共预算收入。从上式可以看到 VFI 随着预算赤字率的上升而提高，进一步可以将预算赤字率分离出来，得到不受预算赤字率影响的仅反映央地关系的垂直财政不平衡部分，用 NVFI（net VFI）表示，即当预算赤字率等于 0 时 VFI 的大小：

$$NVFI=1-\text{收入分权}/\text{支出分权}$$

最后，为了匹配本章变量口径，根据 NVFI 可以倒算出净垂直财政缺口 NVFG（net vertical fiscal gap）= 地方一般公共预算支出×NVFI。

但是，将 NVFG 作为地方政府新增债务的工具变量仍存在两个疑虑。

第一个疑虑是，是否存在经济实力不同的地方政府在与中央政府的博弈中拥有不同谈判力进而带来净垂直财政缺口与地区经济发展水平系统相关的问题？为此本章设计如下证伪检验（falsification test）：将滞后两期的被解释变量GDP与工具变量NVFG和其他控制变量进行回归，如果此时工具变量系数不显著，则证明工具变量和地区经济水平没有系统性关系。回归结果如表7.11所示，可以看到工具变量NVFG的系数并不显著，故工具变量与地区经济水平间没有系统性关系得证。

表7.11 证伪检验（falsification test）

变量	lag2_GDP
NVFG	0.268 (0.186)
lag_debt	0.678*** (0.050)
human	0.566 (0.771)
price	-0.932 (0.589)
tip	1.179*** (0.053)
urban	0.386 (0.330)
trade	-2.015 (1.808)
county	2.362*** (0.703)
Constant	8.364 (69.382)
省份固定效应	YES
年份固定效应	YES
Adjusted R-squared	0.997
N	360

第二个疑虑是，财政垂直不平衡是否通过除新增债务之外的其他渠道间接影响经济增长？众所周知，土地财政是地方政府谋求自身财力弥补财政缺口的另一重要途径（刘晨晖、陈长石，2017），进而间接地对地区经济增长产生影响。借鉴李兵和任远（2015）的处理方法，我们将其他间接渠道引入控制变量，来控制这些渠道产生的影响。因此本章将土地出让金引入控制变量，以解

决财政垂直不平衡通过土地财政渠道间接影响经济增长的问题。

为了提高估计有效性，本章采用 2SLS 方法进行回归。Kleibergen-Paap rk LM 检验统计量的 P 值小于 0.05，说明工具变量对内生变量是可识别的。Cragg-Donald Wald F 检验的统计量值均大于 10，说明不存在弱工具变量的问题。回归结果如表 7.12 所示。模型（7.1）是上文 OLS 回归结果，模型（7.2）采用工具变量法 2SLS 回归，二者比较来看，新增债务的系数值差别不大，显著性有所降低，交互项的系数值和显著性几乎相同。模型（7.3）在模型（7.2）基础上增加了控制变量土地出让金，新增债务的系数值和显著性有所提升，交互项的系数和显著性也几乎没有变化。以上结果表明，新增债务对经济增长有显著正向影响，其总效应受到地方政府债务存量的负向调节这一基本结论是稳健的。

表 7.12 工具变量法 2SLS 回归结果

变量	GDP		
	OLS	工具变量法 2SLS	
	(1)	(2)	(3)
new_debt	1.363***	1.355*	1.830**
	(0.508)	(0.749)	(0.747)
new_debt × lag_debt	−0.007***	−0.007***	−0.007***
	(0.001)	(0.001)	(0.001)
lag_debt	0.393***	0.394***	0.350***
	(0.127)	(0.137)	(0.118)
human	−0.514	−0.507	−0.386
	(1.100)	(1.166)	(1.032)
price	−0.619	−0.619	−0.736
	(0.694)	(0.646)	(0.667)
tip	1.638***	1.638***	1.524***
	(0.065)	(0.061)	(0.049)
urban	2.339***	2.342***	1.730***
	(0.456)	(0.484)	(0.512)
trade	5.410***	5.409***	3.932**
	(1.863)	(1.738)	(1.647)
county	1.812***	1.817***	1.910***
	(0.504)	(0.553)	(0.573)
landfee	—	—	0.008***
			(0.002)

表7.12(续)

变量	GDP		
	OLS	工具变量法 2SLS	
	(1)	(2)	(3)
Constant	-231.686***	-232.152***	-157.733*
	(83.406)	(84.406)	(89.682)
省份固定效应	YES	YES	YES
年份固定效应	YES	YES	YES
Adjusted R-squared	0.997	0.997	0.997
N	360	360	360

本章将债务密集度定义为新增债务增量对产出增量的比值，在这一理论设定的基础上，深入剖析地方政府债务密集度攀升的作用机理，从地方政府债务产生、使用到偿还的全过程分析其对经济增长的影响渠道，分解地方政府新增和存量债务的不同经济效应。主要结论：①在地方政府债务存量不断累积叠加的前提下，地方政府新增债务对经济增长的拉动作用逐渐减弱；②地方政府新增债务通过公共投资和流动性渠道影响短期经济增长，其总效应由乘数效应和第一重挤出效应构成，前者为正后者为负，总和为正；③地方政府债务存量的还本付息压力会压缩财政空间，降低地方政府新增债务向公共投资的转化能力，进而削弱乘数效应；同时还会加强地方政府新增债务在流动性渠道的第一重挤出效应，进而抑制产出；④地方政府债务存量会挤占流动性，产生第二重挤出效应，进而抑制产出。

第八章　地方政府债务管理政策与货币政策的协同配合研究

第一节　地方政府债务与货币政策的关系

我国地方政府债务的迅速膨胀开始于 2008 年全球金融危机发生之后，是在以投资拉动经济的积极财政政策引导下产生的。举债投资有效避免了我国经济受到全球金融危机波及，并对世界经济复苏做出了贡献。然而地方政府也因此积累了大量债务存量，并且在晋升激励、事权与支出责任不匹配和预算软约束的机制作用下举债乱象层出不穷，债务余额迅速攀升，债务风险不断积累。与此同时，银行贷款规模迅速扩张，宏观杠杆率高企，货币供应量大增，资产价格攀升：2008 年后的十年间银行贷款占 GDP 的比值上升了足足 76.2%；在此期间，宏观杠杆率从 145.4%上升至 248.7%，十年间上升超过 100 个百分点；M_2/GDP 只用七年时间就从 1.49 上升到 2.02①。那么，地方政府债务与经济货币化程度的不断加深是否存在关联？地方政府举债是否存在货币效应？其作用机理和传导机制究竟如何？厘清这些问题有助于对当前地方政府债务管理和货币政策的协同配合提供理论依据。

大量的文献在研究政府债务与货币政策时，主要针对中央政府债务或者整体债务，专门以地方政府债务为研究对象的较少。冯静和彭月兰（2006）认为地方政府过多举债和支出会削弱中央政府运用财政政策和货币政策稳定经济的能力。Fujiki 和 Uchida（2011）证明，对中央银行施加的最优通货膨胀目标会随着财政分权的程度而变化。其文章比较了两种地方政府债券管理的财政制度：中央政府决定地方政府债券数额的部分分权（PD）制度，以及完全分散

---

① Wind 数据库，经笔者整理得到。

（FD）机制，即每个地方政府决定地方政府债券的发行数额。在这两种制度中，通货膨胀目标会带来意外通货膨胀和地方政府债券过度发行两方面影响。然而，由于决定地方政府债券水平的因素具有外部性，因此通货膨胀目标的最优水平在 FD 制度下比在 PD 制度下要小。其文章还发现，即使财政分权本身会恶化社会福利，但在采取财政分权措施时，可以通过引入通货膨胀目标来改善社会福利。张文君（2012）通过结构突变模型检验，发现宽松的货币政策并不是地方政府债务规模扩张的决定因素，在地方政府债务规模扩张的过程中，宽松的货币政策起到的只是推动作用。Carlo（2014）使用一个新的高频数据集，研究了常规和非常规货币政策对市政债券的影响。其文章运用三个指标来衡量货币政策的意外变化：当前联邦基金目标利率的意外变化，联邦公开市场委员会（FOMC）的风险平衡声明中的意外成分，以及未来大规模资产购买的意外宣布。估计结果表明，货币政策消息对市政债券价格具有重要的经济意义和高度显著的影响。然而，它们的每日反应远远低于可比的美国国债。陈宝东和邓晓兰（2019）建立了一个有限竞争信贷市场的两部门动态局部均衡模型，深入探讨了在存在信贷扭曲的条件下，地方政府债务规模扩张与货币政策调控之间的关系。他们基于中国大陆 30 个省份（不含西藏自治区和港、澳、台地区）2010—2017 年的面板数据，利用面板向量自回归模型分析了地方政府债务规模扩张对中央银行货币政策调控相关变量的冲击效应。实证结果显示：地方政府债务规模的扩张会引起商业银行的信贷规模扩张，迫使中央银行实行宽松的货币政策；而在宽松的货币政策条件下，由于地方政府的信贷干预，地方政府债务规模会加速扩张，形成“债务扩张—货币扩张”的循环模式，缩小了中央银行的货币政策调控空间。因此，严控债务规模、降低信贷干预是做好地方政府债务管理的关键。

由于美国等西方国家的中央政府债务在整体政府债务中所占比重更高，且地方政府举债在体制背景和职能目标等方面与中国有所不同，因此国外文献大都关注中央政府债务的货币效应。国内文献受到数据可得性的限制，对地方政府债务的货币效应研究也较少。少数关注此问题的文献，存在理论基础和方法较陈旧等缺陷。当前我国地方政府债务规模已超过国债规模，并进入有序管理的新阶段，结合新形势和新背景，亟须运用现代宏观理论模型全面分析地方政府债务与货币供给的传导机制，为地方政府债务管理和货币政策的协同配合提供富有前瞻性和建设性的政策建议。

第二节　地方政府债务与货币供给的传导机制

一、地方政府举债对货币供给的影响机制

从表面上看，中央银行创造基础货币，基础货币与广义货币之间保持着货币乘数的倍数关系，这是货币数量论的基本观点。这样看来，中央银行是货币创造的核心，货币供给外生于市场。然而，基础货币、货币乘数与广义货币三者之间的关系只是统计意义上的平衡式，并不能真正反映银行信用体系下货币的产生机制。事实上，商业银行能通过贷款创造出存款货币，因此货币需求（贷款）与货币供给（存款）天然相等，后者完全由前者决定。而中央银行所持有的基础货币（如准备金）只是在贷款创造存款的货币内生过程中强制抽取的一定比例，以达到中央银行调节和控制信贷规模与货币供应量的目的，否则商业银行创造出的货币量将是无限的。但这并不意味着中央银行能替代银行体系的货币创造功能。而且，为了保证银行体系的安全，中央银行往往通过非常规货币政策手段向银行注入流动性以满足其贷款规模扩张而带来的准备金需求。可见，此时准备金这种基础货币规模并不完全受中央银行的控制，而是在被动地适应存款货币的增长。正因为如此，为了提高货币政策的有效性，各国中央银行的政策手段逐渐由数量型转向价格型，调控工具从货币供应量转向利率，调控的逻辑从控制货币供给转向调节货币需求：利率能改变资金成本，进而直接影响货币需求，货币供给自然随之而变化。

地方政府举债成为银行的贷款需求方，贷款协议一旦达成，地方政府的举债额便通过银行体系创造出等额的存款货币，从这个意义上讲，地方政府向银行举债会增加货币供给。当然，如果贷款协议不能达成，则相应的货币创造不存在。但事实上，一方面，在晋升激励和预算软约束的体制背景下，地方政府有强烈的举债需求；另一方面，我国商业银行体系的体制特征决定了银行在主动和被动的多重激励下有应债供给的动机，因此双方很容易达成合作。

图 8.1 详细描述了地方政府举债对货币供给的影响机制。地方政府举债的经济效应产生于资金举借和使用的全过程，因此将该过程分解为收入端和支出端两个渠道进行分析。在收入端，地方政府作为需求方向银行举借资金，从量上来看，这会增加信贷需求，内生货币供给机制下存款供给随之增加，进而广义货币供给量上升；从价上来看，地方政府举债会推高市场利率，由于贷款利率先于存款利率上升，因此银行信贷利差扩大，刺激银行扩张信贷规模，存贷

款规模增加带来广义货币供给量上升，这是地方政府举债的货币扩张效应的第一个表现。同时，由于利率上升，私人投资需求受到抑制，投资规模下降，这会导致短期产出和资本积累减少，产生挤出效应。银行信贷规模上升，意味着银行资产负债规模扩张，作为银行资产的地方政府债券和私人股权资产的规模均会增加，但前者增加的比例高于后者（因地方政府债券对私人股权资本产生挤出效应），因此银行资产组合表现为私人股权资产占比下降，地方政府举债对其产生信贷挤出。私人股权资产由资产价格和资产数量两方面构成，随着私人资本积累的减少，私人股权资产的数量下降，意味着资产总规模的提高全部转化为资产价格的上升，资产泡沫化风险增加，这是地方政府举债的货币扩张效应的第二个表现。

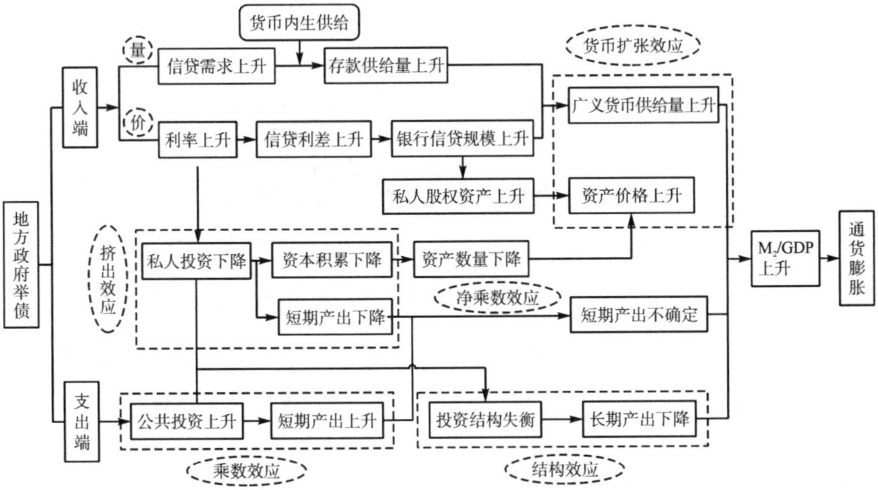

图 8.1　地方政府举债对货币供给的影响机制

从支出端来看，地方政府举债获得的资金将被用于公共投资，在乘数效应的作用下将提高短期产出。由于在前述挤出效应作用下私人投资减少导致短期产出下降，因此短期产出的最终变化取决于乘数和挤出效应的加总结果，即净乘数效应的数值（如图 8.2 所示）。信贷挤出是地方政府举债导致银行信贷资源向地方政府债券倾斜而对私人股权资产产生的挤出效应，真实挤出是地方政府举债资金用于公共投资而对私人投资机会产生的挤出效应。二者之和，即为总挤出效应。乘数效应和挤出效应的数值与边际消费倾向和投资的利率弹性等因素相关。若乘数效应大于挤出效应，则净效应为正，短期产出增加，否则短期产出减少，因而存在不确定性。随着私人投资下降和公共投资上升，社会整体的投资结构会偏离均衡状态，产生资源配置扭曲，这种结构性失衡将导致长期产出下降。

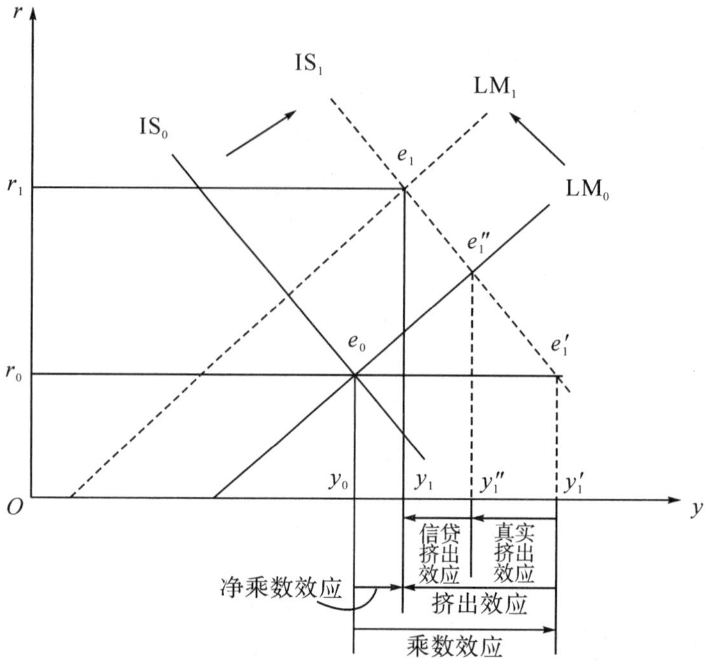

图 8.2　地方政府举债的短期经济效应

将收入端和支出端的经济效应联合起来看，地方政府举债具有货币扩张效应，导致广义货币供给量增加，而净乘数效应和结构效应导致短期产出不确定和长期产出下降。那么广义货币供给量与产出的比值M_2/GDP，在长期会上升，在短期也很可能会上升。因为如果净乘数效应为负，短期产出下降，那么该比值肯定上升；如果净乘数效应为正，短期产出虽然上升，但只要其上升比例不超过货币扩张的程度，则该比值也会上升。M_2/GDP 上升意味着货币的产出效应减弱，要推动单位产出增加，需要花费更多的货币资源。而且更多的货币追逐更少的产品，极易带来资产价格上升加剧和通货膨胀的风险。

二、地方政府举债与货币政策的协同配合机制

通过上述分析可以看到，地方政府举债用于公共投资能在短期起到净乘数效应进而刺激产出增加，但同时具有货币扩张效应，会带来M_2/GDP 上升引发资产泡沫和通货膨胀的风险。因此地方政府举债与货币政策协同配合具有必要性，能最大限度地体现政策效果，减少负面效应。为达此目的，二者如何协同配合显得尤为重要。我们认为，应根据经济形势的具体状况，采取适合且适度

的配合措施以提高政策效力。如图 8.3 所示，当前经济系统正面临一个负向的外部冲击，该冲击的性质不同将对经济形势产生差异化影响，因此对政策协同配合需审慎分析，“对症下药”。

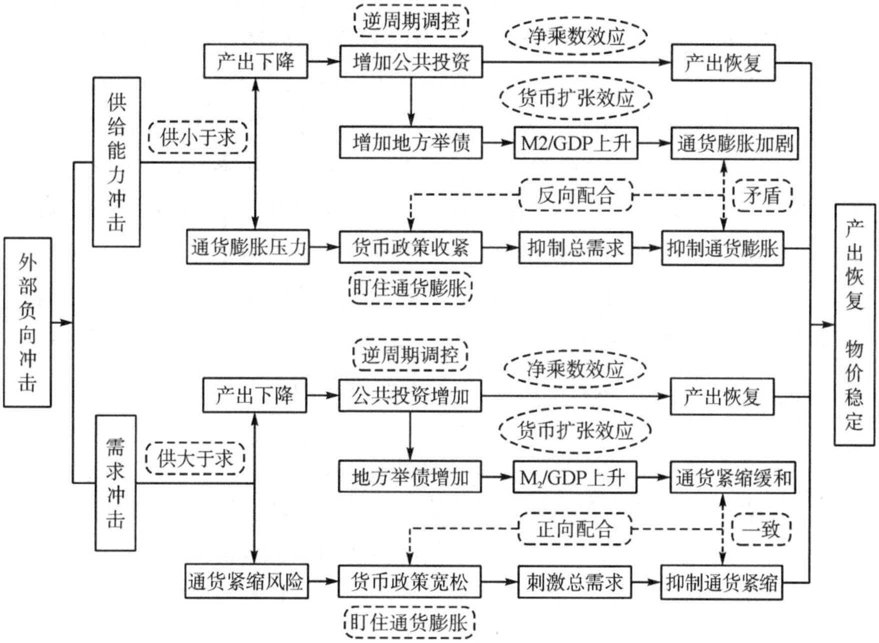

图 8.3　地方政府举债与货币政策的协同配合机制

如果经济系统当前面临的是对供给能力的负向冲击，即会造成社会整体供给能力下降，呈现供小于求的经济形势。供给能力下降会导致社会整体产出锐减，而供小于求的经济状况会推升通货膨胀。面对产出下降和通货膨胀压力，财政政策和货币政策将应声启动发挥宏观调控功能。一方面，产出下降将触发逆周期调控的财政政策增加公共投资，通过净乘数效应促进产出恢复。同时，加大公共投资会增加地方政府举债，举债的货币扩张效应将推高 M_2/GDP 比值，加剧当前的通货膨胀状况。另一方面，通货膨胀上升将触发盯住通货膨胀的货币政策收紧，通过提高利率来抑制社会总需求，缓解供小于求的经济形势，达到抑制通货膨胀的目的。此时财政政策与货币政策的政策效果产生矛盾，地方政府举债的货币扩张效应增加了货币政策控制通货膨胀的难度。为此，二者应进行反向配合以化解矛盾，即货币政策将地方政府举债行为纳入考量，设置利率上升程度与举债规模保持适当比例，举债规模越大利率上升越多，从而抵消和抑制地方举债的货币扩张效应，控制通货膨胀。这意味着财政政策越宽松，货币政策反而越从紧，因此是一种反向配合的政策组合。通过这样的协同配合，最终实现产出恢复、物价稳定的政策目的。

如果经济系统当前面临的是对需求的负向冲击，即会造成社会整体需求下降，呈现供大于求的经济形势。需求减少会导致社会整体产出水平下降，而供大于求的经济状况会引发通货紧缩风险。面对产出下降和通货紧缩风险，财政政策和货币政策将应声启动发挥宏观调控功能。一方面，产出下降将触发逆周期调控的财政政策增加公共投资，通过净乘数效应促进产出恢复。同时，加大公共投资会增加地方政府举债，举债的货币扩张效应将推高M_2/GDP 比值，缓解当前的通货紧缩状况。另一方面，通货紧缩将触发盯住通货膨胀的货币政策放松，通过降低利率来刺激社会总需求，缓解供大于求的经济形势，达到缓解通货紧缩的目的。此时财政政策与货币政策的政策效果保持一致，地方政府举债的货币扩张效应缓和了通货紧缩状况，降低了货币政策应对通货紧缩的难度。此时，若二者继续保持反向配合，将抵消彼此的政策效果。因而，二者应进行正向配合，即货币政策将地方政府举债行为纳入考量，设置利率降低程度与举债规模保持适当比例，举债规模越大利率下降越多，从而有效利用地方举债的货币扩张效应抑制通货紧缩。这意味着财政政策越宽松，货币政策也越宽松，因此是一种正向配合的政策组合。值得注意的是，政策配合的时机和力度应精准并及时调整，避免力度过猛导致经济状况由通货紧缩风险转入通货膨胀压力。通过这样的协同配合，最终实现产出恢复、物价稳定的政策目的。

第三节　地方政府债务与货币供给的影响分析

一、地方政府债务与货币供给的模型构建

本章基于 Gertler 和 Karadi（2011）、Kirchner 和 Wijnbergen（2016）的框架，构建了包括家庭、厂商、商业银行和政府的多部门动态随机一般均衡模型，通过引入地方政府举债规则研究地方政府举债对货币供给的影响和传导机制，并探讨地方政府债务管理与货币政策的协同配合机制。

（一）模型构建

1. 家庭

假设经济中存在同质且无寿命期限的代表性家庭。按照 Gertler 和 Karadi（2011）的处理方式，每个代表性家庭中一部分成员是工人，另一部分成员是银行家，二者的身份可以随机互换，在每个家庭中所占的比例分别为$1-\vartheta$和ϑ。

代表性家庭将储蓄以存款的形式存放在其没有所有权的商业银行中。商业银行的寿命是有限的，在每期期初继续存在的商业银行和退出经营的商业银行所占比例分别为 θ 和 $1-\theta$。商业银行的所有利润都不分红，即都用于资本积累。如果某家商业银行退出经营，那么经营该银行的银行家将转变为工人，并将其所拥有的剩余资本存量转移给拥有该银行的家庭，于是每期共有 $(1-\theta)\vartheta$ 比例的银行家转变为工人。为保证工人和银行家的比例不变，相应的，每期也有 $(1-\theta)\vartheta$ 比例的工人转变为银行家。新转变的银行家从其所属家庭中得到转移支付并作为经营银行的启动资金。

我们采用 MIU 模型将货币直接引入家庭的效用函数，并依据 Christiano 等（2005）的设定，引入消费习惯形成参数。代表性家庭的优化问题为最大化折现效用：

$$E_t \sum_{i=0}^{\infty} \beta^i \left[\log(c_{t+i} - \sigma c_{t-1+i}) - \chi \frac{h_{t+i}^{1+\eta}}{1+\eta} + \varphi \log\left(\frac{M_{t+i}}{P_{t+i}}\right) \right]$$

其中，c_t 表示家庭消费，h_t 表示家庭劳动时间，M_t 表示家庭持有的名义货币量，P_t 表示社会一般价格水平，β 表示主观贴现率，σ 表示消费习惯形成参数，χ 表示效用函数中的劳动偏好系数，η 表示劳动供给弹性的倒数，φ 表示效用函数中的货币偏好系数。家庭预算约束表示为：

$$c_t + \frac{M_t}{P_t} + \frac{D_t}{P_t} + \tau_t = w_t h_t + \frac{M_{t-1}}{P_t} + (1 + R_t^d) \frac{D_{t-1}}{P_t} + \Sigma_t$$

其中，$\frac{M_t}{P_t}$ 表示家庭 t 期末的实际货币余额，$\frac{M_{t-1}}{P_t}$ 表示家庭 t 期初的实际货币余额，$\frac{D_t}{P_t}$ 表示家庭 t 期末的实际储蓄额，$\frac{D_{t-1}}{P_t}$ 表示家庭 t 期初的实际储蓄额，τ_t 表示家庭的一次性总付税，w_t 表示家庭实际工资收入，R_t^d 表示名义存款利率，Σ_t 表示家庭持有非金融企业和金融企业得到的支付减去为其家庭成员中新银行家提供的启动资金。代表性家庭在预算约束下通过选择 c_t、h_t、$\frac{M_t}{P_t}$ 和 $\frac{D_t}{P_t}$ 以最大化其折现效用，构造拉格朗日函数可得到相应的一阶条件分别为：

$$\lambda_t = \frac{1}{c_t - \sigma c_{t-1}} - \sigma\beta E_t \frac{1}{c_{t+1} - \sigma c_t}$$

$$\lambda_t w_t = \chi h_t^{\eta}$$

$$\lambda_t = \frac{\varphi}{m_t} + \beta E_t \frac{\lambda_{t+1}}{\pi_{t+1}}$$

$$\lambda_t = \beta E_t \lambda_{t+1} r_{t+1}^d$$

其中，λ_t 是家庭预算约束的拉格朗日乘子，$m_t = \frac{M_t}{P_t}$ 即是实际货币量，$\pi_t = \frac{P_t}{P_{t-1}}$ 表示通货膨胀率，$d_t = \frac{D_t}{P_t}$ 表示实际储蓄额，$r_t^d = \frac{R_t^d}{\pi_t}$ 表示实际存款利率。

2. 商业银行

假设商业银行连续分布于区间［0，1］，每个商业银行 $j \in [0, 1]$ 所持有的资产包括厂商发行的股权和地方政府债券，资金来源包括自有资金和吸收家庭存款。为了最大化向家庭的期望转移支付，每个商业银行的决策包括两个方面：一是根据自身的融资状况确定资产规模水平；二是在已确定的资产规模水平下选择合适的资产组合。

单个商业银行 $j \in [0, 1]$ 在 t 期末持有的总资产规模为 $p_{j,t}$，持有的资产包括中间品厂商发行的股权 $q_t^k s_{j,t}^k$ 和地方政府债券 $q_t^b s_{j,t}^b$，即

$$p_{j,t} = q_t^k s_{j,t}^k + q_t^b s_{j,t}^b$$

其中，q_t^k 和 q_t^b 分别是股权和债券的价格，$s_{j,t}^k$ 和 $s_{j,t}^b$ 分别是股权和债券的数量。单个商业银行的资金来源于吸收的家庭存款 $d_{j,t}$ 和自有资金 $n_{j,t}$，即

$$p_{j,t} = d_{j,t} + n_{j,t}$$

商业银行自有资金的变化依赖于其经营收益的现金流变化，$t+1$ 期末的自有资金可表示为：

$$n_{j,t+1} = (r_{t+1}^k - r_{t+1}^d)\, q_t^k s_{j,t}^k + (r_{t+1}^b - r_{t+1}^d) q_t^b s_{j,t}^b + (1 + r_{t+1}^d)\, n_{j,t}$$

其中，r_{t+1}^k 和 r_{t+1}^b 分别表示 $t+1$ 期股权和债券的收益率。商业银行的寿命是有限的，在每期期末继续存在和退出经营的商业银行占比分别为 θ 和 $1-\theta$。商业银行的目标是最大化自有资金流的预期贴现和，即

$$V_{j,t} = E_t \sum_{i=1}^{\infty} (1-\theta)\, \theta^{i-1} \beta^i (\lambda_{t+i} / \lambda_t)\, n_{j,t+i}$$

考虑到厂商股权和政府债券两类资产的差异性，储户和商业银行的债务合约安排对商业银行施加如下的激励约束条件：

$$V_{j,t} \geqslant \omega(p_{j,t} - e\, q_t^b s_{j,t}^b)$$

其中，参数 ω 反映了商业银行偏离储户利益擅用资金的情况。对于同样的经营收益，商业银行更容易挪用从股权上得到的收益，因此参数 $e \in [0, 1]$ 反映了厂商股权和政府债券在这点上的差异，其值越大说明两种资产的经营收益被挪用难度的差异越大，或者说政府债券的经营收益被挪用的可能性更低。

商业银行在上述激励约束条件下，通过选择中间厂商股权 $s_{j,t}^k$ 和地方政府

债券 $s_{j,t}^{b}$，以实现自有资金流预期贴现和 $V_{j,t}$ 的最大化。假设持有中间厂商股权的边际收益为 v_t^k，持有地方政府债券的边际收益为 v_t^b，持有自有资金的边际收益为 ρ_t，杠杆率用 φ_t 表示。通过求解优化问题可知：

$$(1-e)v_t^k = v_t^b$$

$$\varphi_t = \frac{\rho_t}{\omega - v_t^k}$$

每期新进入的商业银行的自有资金通过居民转移支付提供，假设其在前一期总资金中所占比例为 $\zeta/(1-\theta)$，同时对单个商业银行进行加总可得到整个银行体系的自有资金变化情况：

$$n_{t+1} = \theta[(r_{t+1}^k - r_{t+1}^d)q_t^k s_t^k + (r_{t+1}^b - r_{t+1}^d)q_t^b s_t^b] + [\theta(1+r_{t+1}^d)+\zeta]n_t$$

3. 最终品厂商

最终品厂商处于完全竞争状态，利用零售品生产最终品：

$$y_t = \left[\int_0^1 y_{f,t}^{(\epsilon-1)/\epsilon} dj\right]^{\epsilon/(\epsilon-1)}$$

其中，y_t 表示最终品，$y_{f,t}$ 表示零售品，ϵ 表示零售品替代弹性。求解最终品厂商最大化利润的一阶条件可得到零售品需求量满足：

$$y_{f,t} = \left(\frac{P_{f,t}}{P_t}\right)^{-\epsilon} y_t$$

其中，P_t 和 $P_{f,t}$ 分别表示最终品和零售品的价格。在完全竞争和零利润假设下，可得到价格方程满足：

$$P_t = \left(\int_0^1 P_{f,t}^{1-\epsilon} dj\right)^{1/(1-\epsilon)}$$

4. 零售品厂商

零售品厂商利用中间品生产零售品，其生产函数为 $y_{f,t} = y_{j,t}$，其利润为 $(P_{f,t} - P_t^m)y_{f,t}$，其中 $y_{j,t}$ 表示中间品的数量，P_t^m 表示中间品的价格。零售品厂商处于垄断竞争状态，假设采用 Calvo 定价策略，即其中 $1-\psi$ 比例的零售品厂商可重新定价，ψ 比例的零售品厂商不可重新定价。零售品厂商的优化问题可描述为：

$$\max_{P_{f,t}} E_t \sum_{i=0}^{\infty}\left[(\beta\psi)^i(\lambda_{t+i}/\lambda_t)\left(\frac{P_t}{P_{t+i}}\right)(P_{f,t} - P_{t+i}^m)y_{j,t+i}\right]$$

$$\text{s. t.} \quad y_{f,t} = \left(\frac{P_{f,t}}{P_t}\right)^{-\epsilon} y_t$$

假设可调整价格的厂商统一的最优定价为 P_t^*，并定义中间品相对价格为

$mc_t = \frac{P_t^m}{P_t}$。求解上述优化问题可得到：

$$\frac{P_t^*}{P_t} = \frac{\epsilon}{\epsilon - 1} \frac{E_t \sum_{i=0}^{\infty} [(\beta\psi)^i \lambda_{t+i} mc_{t+i} P_{t+i}^{\epsilon} P_t^{-\epsilon} y_{t+i}]}{E_t \sum_{i=0}^{\infty} [(\beta\psi)^i \lambda_{t+i} P_{t+i}^{\epsilon-1} P_t^{1-\epsilon} y_{t+i}]}$$

令 $\pi_t^* = \frac{P_t^*}{P_{t-1}}$，$\Delta_t = \int_0^1 \left(\frac{P_{f,t}}{P_t}\right)^{-\epsilon} df$，将最优价格 P_t^* 代入最终产品价格加总方程，可得到通货膨胀和价格膨胀因子的动态过程：

$$\pi_t^{1-\epsilon} = (1 - \psi)(\pi_t^*)^{1-\epsilon} + \psi$$

$$\Delta_t = \left(\frac{\pi_t^*}{\pi_t}\right)^{-\epsilon} (1 - \psi) + \psi \pi_t^{\epsilon} \Delta_{t-1}$$

5. 中间品厂商

中间品厂商处于完全竞争状态，其生产函数采用科布-道格拉斯函数形式，即

$$y_{j,t} = A_t g_t^{\omega} (\xi_t k_{j,t-1})^{\alpha} h_{j,t}^{1-\alpha}$$

其中，$y_{j,t}$ 表示中间品，$k_{j,t}$ 是中间品厂商向资本品厂商租用的资本，$h_{j,t}$ 是中间品厂商向家庭雇佣的劳动，资本和劳动的产出弹性分别为 α 和 $1 - \alpha$。我们借鉴 Barro（1990）、吴化斌等（2011）的研究，将政府投资性支出 g_t 引入中间品厂商的生产函数之中，其产出弹性用 ω 表示。A_t 和 ξ_t 为外生变量，均服从 AR（1）过程，分别表示全要素生产率和资本质量。中间品厂商在生产条件约束下，通过选择资本租用量和劳动雇佣量来最大化其净利润，即

$$\max_{\{k_{j,t-1}h_{j,t}\}} [mc_t y_{j,t} + q_t^k(1 - \delta) \xi_t k_{j,t-1} - r_t^k q_{t-1}^k k_{j,t-1} - w_t h_{j,t}]$$

其中，mc_t 表示中间品相对价格，δ 表示资本折旧率。求解上述优化问题可得一阶条件：

$$r_t^k = \frac{\alpha mc_t y_{j,t} / k_{j,t-1} + q_t^k(1 - \delta) \xi_t}{q_{t-1}^k} - 1$$

$$w_t = (1 - \alpha) mc_t y_{j,t} / h_{j,t}$$

$$mc_t = \frac{[(1 + r_t^k) q_{t-1}^k - q_t^k \xi_t(1 - \delta)]^{\alpha} w_t^{1-\alpha}}{\alpha^{\alpha} (1 - \alpha)^{1-\alpha} A_t g_t^{\omega} \xi_t^{\alpha}}$$

6. 资本品厂商

资本品厂商使用投资品 i_t 和折旧后资本品 $(1 - \delta) \xi_t k_{t-1}$ 生产新资本 k_t，返售给中间品厂商。引入投资调整成本 $\Psi(\epsilon)$，资本品厂商的生产过程可表示为：

$$k_t = (1-\delta)\xi_t k_{t-1} + [1-\Psi(\epsilon)]i_t$$

$$\Psi(\epsilon) = \frac{\kappa}{2}\left(\frac{i_t}{i_{t-1}} - 1\right)^2$$

资本品厂商的优化问题可描述为：

$$\max_{i_{t+i}} E_t \sum_{i=0}^{\infty} \beta^i(\lambda_{t+i}/\lambda_t)\left\{q_{t+i}^k\left[1-\Psi\left(\frac{i_{t+i}}{i_{t-1+i}}\right)\right]-1\right\} i_{t+i}$$

对上述优化问题求解可得：

$$\frac{1}{q_t^k} = 1-\frac{\kappa}{2}\left(\frac{i_t}{i_{t-1}}-1\right)^2 - \kappa\frac{i_t}{i_{t-1}}\left(\frac{i_t}{i_{t-1}}-1\right) + \beta\kappa E_t(\lambda_{t+1}/\lambda_t)\frac{q_{t+1}^k}{q_t^k}\left(\frac{i_{t+1}}{i_t}\right)^2\left(\frac{i_{t+1}}{i_t}-1\right)$$

7. 地方政府

我们按照 Woodford（2001）的处理方式，引入多期债券。假设地方政府债券的价格为 q_t^b，收益率为 r_t^b，票面利率为 r^c。自发行起，地方政府每期按照 r^c、$\rho^c r^c$、$(\rho^c)^2 r^c$、$(\rho^c)^3 r^c$……的递减方式支付利息，$\rho^c \in [0, 1]$ 是反映息票利率递减率的常数。衰减速度 ρ^c 反映了地方政府债券的期限结构，当 ρ^c 较高时，现金流支付分布于未来较长的时期，债券期限较长；当 ρ^c 较低时，现金流支付集中于近期，债券期限较短，平均期限为 $1/(1-\beta\rho^c)$。地方政府债券的收益率和价格之间的关系可表示为：

$$r_t^b = \frac{r^c - 1 + \rho^c q_t^b}{q_{t-1}^b}$$

地方政府通过一次性总付税和举债收入为公共投资提供资金。设定地方政府预算约束为

$$\tau_t + q_t^b b_t = g_t + r_t^b q_{t-1}^b b_{t-1}$$

公共投资 g_t 分为日常性投资 $\widetilde{g_t}$ 和相机抉择投资两种类型，相机抉择投资用于逆周期调节。设定地方政府公共投资为

$$g_t = \bar{g}_t + \rho^g(y_t - \bar{y})$$

其中，$\rho^g < 0$，表征地方公共投资对产出波动的响应程度。日常性公共投资 $\bar{g}_t$ 服从如下的外生过程：

$$\log\frac{\bar{g}_t}{\bar{g}} = \rho^g \log\frac{\bar{g}_{t-1}}{\bar{g}} + u_t^g$$

其中，u_t^g 反映地方政府公共投资的支出冲击。由于政府税收和支出规模的决定体系相互独立，因而支出冲击往往带来收支缺口，进而导致政府债务增加。而且我国税收体系由中央政府制定，随着金融市场的发展，面对支出冲击时地方

政府往往通过举债予以应对。有鉴于此，我们引入地方政府举债规则：

$$gb_t = \log b_t - \log b_{t-1}$$

$$Z_t = b_t / \tau_t$$

$$gb_t = \rho^b gb_{t-1} + \kappa^Z (Z_{t-1} - \bar{Z}) + \kappa^g \log\left(\frac{g_t}{\bar{g}}\right) + u_t^b$$

其中，gb_t 表示地方政府债务的对数增长率，Z_t 是反映地方政府债务风险的指标。$\kappa^g > 0$ 衡量地方举债对公共投资支出波动的响应程度，其值越高意味着公共投资对举债的依赖更大。$\kappa^Z < 0$ 衡量中央政府对地方政府举债风险的管控程度。当前为了管控债务风险，我国中央政府对地方政府举债实行新增限额分配的债务管理制度，即地方政府当期可新举借的债务规模受到新增限额的限制。新增限额的确定与债务率、偿债率、利息支出率等风险指标的评估密切相关，本章的举债规则正契合这一债务管理实践。以债务率作为风险指标为例，若上一期地方政府债务率 Z_{t-1} 正向偏离稳态债务率 $\bar{Z}$，意味着债务风险增加，风险程度随着偏离程度递增，因而中央政府分配给地方政府的新增举债额度将减少（$\kappa^Z < 0$），以控制风险直到债务率回归稳态水平。当债务率低于稳态值时，中央政府将增加新增举债额度的分配，形成“奖惩有度”的正向激励机制。

当然中央政府对地方政府债务率（正向）偏离程度的容忍度是有上限的，即债务率存在警戒线，若超过该警戒线，新增举债额度将为0；反过来，为了避免地方政府债务率触及警戒线，中央政府可通过提高 κ^Z 的绝对值，即提高对债务率偏离稳态的响应程度，来降低外部冲击下地方政府债务率的偏离峰值，提早预防风险。同时，通过评估债务率、偿债率、利息支出率等各类指标在冲击响应中的表现，为债务风险管控实践中的指标选择和优化提供依据。

8. 货币政策

我国货币政策框架正由数量型向价格型转变（陈雨露、马勇，2012），国内文献也大量采用泰勒利率规则。不失一般性，设定货币政策规则为泰勒规则如下：

$$R_t = \rho^R R_{t-1} + (1 - \rho^R)\left[\bar{R} + \kappa^\pi (\pi_t - \bar{\pi}) + \kappa^y log\left(\frac{y_t}{\bar{y}}\right)\right] + u_t^R$$

其中，R_t 表示名义利率，ρ^R 表示利率持久性，κ^π 和 κ^y 分别表示名义利率对通货膨胀和产出波动的响应程度。这里忽略了中央银行基本利率调整到存款利率传导中的摩擦，即假设中央银行直接调控的是名义存款利率：

$$1 + R_t = (1 + r_t^d)(1 + \pi_t)$$

9. 市场出清

模型中商品市场的出清条件：

$$y_t = c_t + i_t + g_t$$

模型中信贷市场和债券市场分别满足以下的出清条件：

$$s_t^k = k_t$$

$$s_t^b = b_t$$

（二）参数校准

家庭部门的主要参数包括 $\{\beta,\ \sigma,\ \eta,\ \chi,\ \varphi\}$。主观贴现率 β 取值 0.98。居民消费习惯 σ 取值 0.9，与 Liu 等（2011）的取值 0.907 接近。劳动供给弹性的倒数 η 设置为 1.5。代表性消费者的时间禀赋被标准化为 1，效用函数中劳动权重取值 χ 匹配稳态下的劳动供给校准为 1/3，这意味着每天将 1/3 的时间用于工作。鉴于现实社会中（广义）货币大量以储蓄等电子货币的形式存在，现金对居民的重要性大大降低，根据上节数据可知我国 $M_2/GDP = 25$，根据此数据进行校准将现金形式的货币效用权重 φ 取值为 0.012。

生产部门的主要参数包括 $\{\alpha,\ \epsilon,\ \psi,\ \omega,\ \delta,\ \kappa\}$。参考许志伟和林仁文（2011）的研究，资本产出弹性 α 取值 0.45，零售品替代弹性 ϵ 取值 10。参考 Calvo（1983）、许志伟等（2015）的研究，每期零售品厂商不能调整价格的概率 ψ 取值 0.33。根据王国静和田国强（2014）、Gertler 和 Karadi（2011）的研究，公共投资产出弹性 ω 取值 0.06。参考毛锐等（2018）的研究，私人资本折旧率 δ 取值 0.025，投资调整成本函数的参数 κ 取值 0.3。

商业银行和政府部门的主要参数包括 $\{\theta,\ \omega,\ \zeta,\ e,\ r^c,\ \rho^c,\ \kappa^\pi,\ \kappa^y\}$。模型中商业银行继续存在的概率为 10 年，这样设定参数 θ 为 0.975，这与 Gertler 和 Karadi（2011）、朱军（2020）的设定保持一致。银行家将现有资产兑换转移的比例 ω 匹配信贷利差稳态值 Γ 为 0.01/4，即折年率 100 个基本点。选取 e 值为 0.5 以使稳态时的期限利差为信贷利差的一半。新进入商业银行自有资金占上一期全部商业银行自有资金的比例 ζ 匹配杠杆率稳态值 $\bar{\varphi}$ 为 12.5，此时刚好满足《巴塞尔协议》对资本充足率 8%的要求。息票票面利率设定为一个百分点即 r^c 取值 0.01。根据地方政府债券平均期限 10 年即 40 个季度来设定债券息票利率递减率 ρ^c 取值 0.99。政策利率对通货膨胀的反馈 κ^π 和对产出缺口的反馈 κ^y 分别取值 1.5 和 0.5，这与朱军（2020）的设定保持一致。

二、地方政府债务与货币供给的冲击动态分析

（一）地方政府举债冲击对货币供给的影响

为了分析地方政府举债对货币供给的影响，本节考察货币供给对地方政府

举债冲击的脉冲响应。由于本模型的设定是地方政府支出只盯住产出水平，那么地方举债冲击将不直接影响地方政府投资，这样更能反映地方政府举债在融资端的货币性影响，更符合本章的研究目的。

假设经济遭受了一个正的政府举债冲击，该冲击使得地方政府债券的对数增长率相对于其稳态在当期增加1%。下面从几个维度进行模拟和比较：一是新增限额管理对上述脉冲效应的影响；二是限额管理的盯住指标选择对上述脉冲效应的影响；三是债券期限对上述脉冲效应的影响。

1.“自由放任”与“限额管理”

2014年新预算法赋予我国地方政府举债权，2015年开始地方政府可“自发自还”债券，但新增债券额度受到中央政府新增限额的控制。随着专项债券的大量发行，地方政府债券是否能不受限额限制自由发行的讨论逐渐兴起。为此，本小节对地方政府举债冲击在不设新增限额和设置新增限额的两种情形下对货币供给的影响进行模拟和比较，从货币效应的角度看“自由放任”与“限额管理”的经济后果。

如图8.4所示，地方政府举债冲击将导致地方政府债券余额增加，政府债务率上升，引发货币余额提高，进而推高实际利率和通货膨胀率。在信贷市场上，地方政府举债导致资金需求增加，进而推高实际利率水平。在实际利率和通货膨胀水平上升的情况下，居民为应对货币贬值将减少现金持有量，同时将财富更多地存储于银行以获取高利息，进而储蓄形式的货币供应量增加。广义货币等于现金与居民储蓄之和，尽管现金在下降，但居民储蓄的增加更多，因而最终广义货币余额上升，货币名义增长率上升。尽管银行资产规模中私人信贷和政府债券的规模均有所增加，但后者增加得更多，导致银行资产组合率降低，即私人信贷占总资产比重下降，说明地方政府举债在信贷市场上存在对私人信贷的挤出现象。

中央政府对地方政府举债采取“自由放任”和“限额管理”两种措施背景下，地方政府举债冲击的脉冲效应程度存在差异。在“自由放任”即不设新增限额的情形下，地方政府举债冲击将导致债务余额累积更多，以债务率表征的地方政府债务风险更大，对实际利率和通货膨胀水平的推高和对私人信贷的挤出效应更严重。而“限额管理”能有效控制地方政府债务风险的攀升，能适当缓和地方举债对实际利率和通货膨胀水平的冲击，降低货币名义增长率和其对私人信贷的挤出效应。对于货币产出比指标，即广义货币供应量与产出水平之比，两种管理模式下的变化有明显不同：在1~8期，“限额管理”情形下地方政府举债可以显著提高货币产出比，意味着其对货币的经济效应有较大的拉低效果，“自由放任”似乎是更好的选择；而在 8 期之后，“限额管理”情形下地方政府举债对货币经济效应的负面作用低于“自由放任”情形，并逐渐将该负面效应彻底消化，而在“自由放任”情形下该负面效应始终处于较高水平。说明尽管短期来看，“限额管理”会在一定程度上降低货币供应的经济效应，但长期来看，仍然好于“自由放任”的管理模式。“自由放任”是以更高的风险和未来长期的低效为代价换取的短暂繁荣，该模式不利于可持续发展。

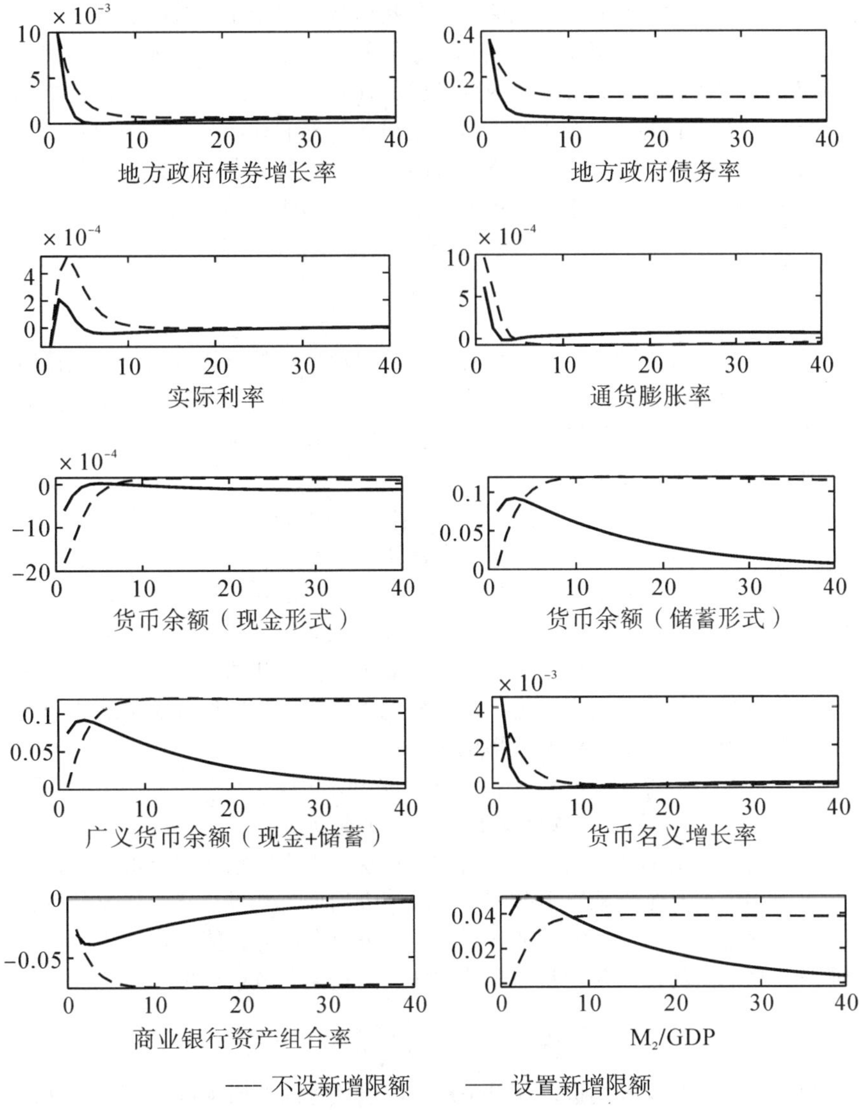

图 8.4 “自由放任”与“限额管理”情形下地方政府举债冲击的脉冲响应

2. 盯住指标的选择

从我国政府当前债务管理实践来看，债务限额管理是约束地方政府举债的重要行政举措，即各地方政府当年所能举借的新增债务额度受到中央政府确定的限额限制。该限额管理的主要目的是控制地方政府债务风险，避免地方举债规模无序扩张。中央政府可通过核准每年的限额空间来达到控制地方政府举债增速、防控风险的目的。因此，合理制定风险评估指标和风险测算，并据此设定地方政府新增限额显得尤为重要。当前可供选择的风险评估指标包括负债率、债务率、偿债率和利息支出率等。各指标从不同视角和维度反映了地方政府的债务负担和流动性风险。多指标兼顾固然能更全面地反映地方政府债务风险状况，但细致分析各指标作为风险评估盯住对象的实际效果，把握各指标优劣，能更有助于有的放矢和管理实践。现对各指标的计算公式详细说明如下：

负债率指标如下式所示，由债务余额除以当年产出水平得到，一般用 GDP 衡量产出水平。该指标从宏观层面衡量政府债务的负担程度，具有较好的国际横向对比性，但由于指标计算所用变量偏宏观，加大了债务管理实践的难度。

$$负债率 = \frac{债务余额}{产出水平} \times 100\%$$

债务率指标如下式所示，由债务余额除以债务年限再除以当年可偿债财力得到。此处债务年限即债务久期，当年可偿债财力可用本模型中的税收减去公共投资支出得到。该指标较直观地反映出地方财政的债务负担程度，对债务管理实践有较好的参考价值。

$$债务率 = \frac{债务余额 \div 债务年限}{当年可偿债财力} \times 100\%$$

偿债率指标如下式所示，由债务还本支出除以预算支出和债务还本支出之和得到。其中债务还本支出即本模型中债务余额减去债务余额与债务衰减速度之积得到，预算支出即本模型中公共投资支出与债务利息之和。该指标直观地反映出地方财政的债务还本压力，能较好地衡量地方政府债务还本的流动性风险，是债务管理实践的重要参考指标之一。

$$偿债率 = \frac{债务还本支出}{预算支出 + 债务还本支出} \times 100\%$$

利息支出率指标如下式所示，由债务付息支出除以预算支出得到。其中债务付息支出即债务余额乘以债务利率，预算支出即公共投资支出与债务付息支出之和。该指标直观地反映出地方财政的债务付息压力，能较好地衡量地方政府债务付息的流动性风险，是债务管理实践的重要参考指标之一。

$$利息支出率 = \frac{债务付息支出}{预算支出} \times 100\%$$

以上四个指标各有侧重，在设定地方政府债务的新增限额时应选择盯住哪个指标更好，或者指标组合中赋予哪个指标更高权重更为合理，现通过四种情形的模拟和比较进行分析。如图 8.5 所示，四个指标情形具有大体相似的变化趋势，但变化程度存在差异。盯住偿债率和盯住利息支出率情形下地方举债冲击会极大地推高通货膨胀水平，对私人信贷的挤出效应非常明显，而且无论是从负债率、债务率、偿债率还是从利息支出率的变化趋势来看，其对地方政府债务风险的控制效果并不理想，因此这两个指标不宜作为新增限额设定的盯住指标，只能作为参考指标。二者效果不尽如人意，与其指标计算公式相关。公式中，还本额或付息额均同时出现在分子和分母中，这导致还本付息额增加并不必然带来偿债率和利息支出率的提高，即这两个指标的控制具有不确定性。

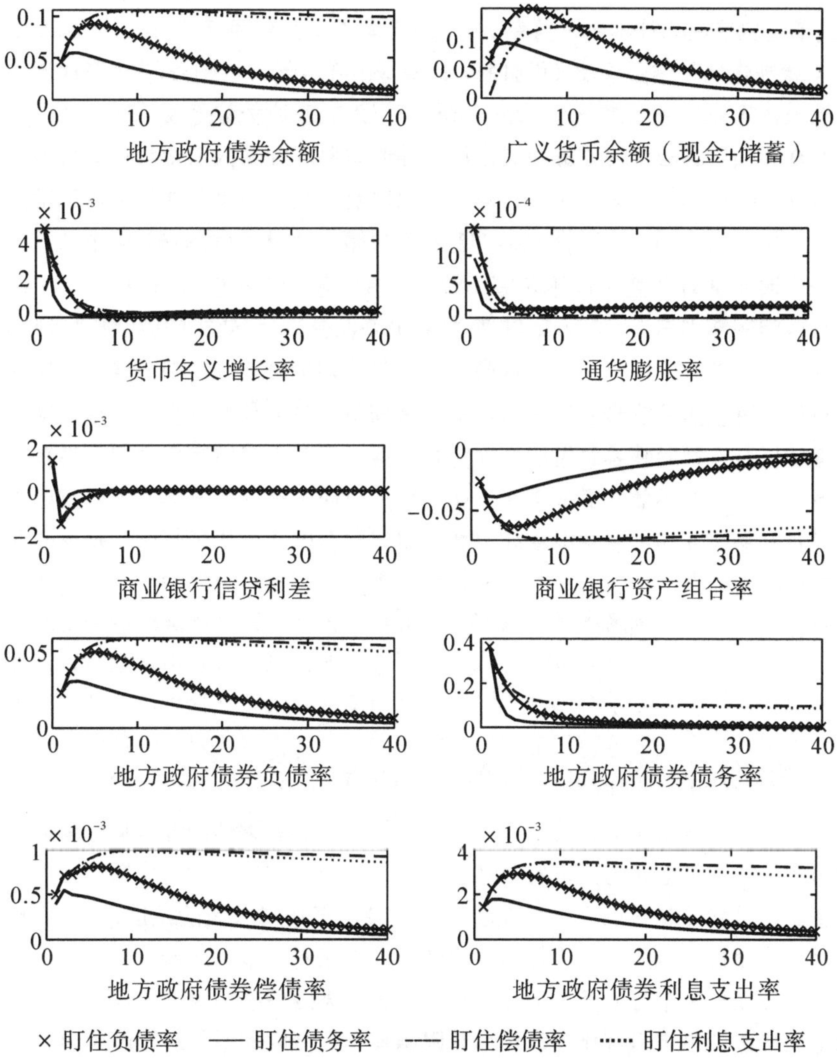

图 8.5　不同盯住指标选择下地方政府举债冲击的脉冲响应

相比而言，盯住负债率和盯住债务率的实际效果优于另外两种指标情形，其对货币供应量的冲击消化得更快，对通货膨胀率的推高程度也更小，对私人信贷的挤出效应更低，对地方政府债务风险的控制效果更明显。因此二者更适宜作为盯住指标来设定新增限额。从盯住负债率和盯住债务率的进一步比较来看，盯住债务率的效果则更胜一筹，表现在：其将债务累积的波峰控制在更低水平，对货币供应量的冲击更小并能更快恢复稳态，对通货膨胀率的冲击是四个指标情形中最小的，对私人信贷的挤出效应最小，对债务风险的控制也最好。由此可见，盯住债务率指标是设定新增限额的最佳选择。

3. 债券期限结构

我国从 2015 年开始进行的债务置换，有效地降低了债务利息并延长了债务期限，大大缓解了流动性风险。近年来，地方政府债券蓬勃发展，债券期限也呈逐年递增态势。对债券市场来说，地方政府债券期限的变化将影响整个债券市场的期限结构和利率结构；对地方政府自身来说，债券期限结构决定着还本付息压力的时间分布特征。本小节从期限结构视角分析地方政府举债冲击的脉冲响应，以期对地方政府债券的期限管理实践提供参考。

如图 8. 6 所示，将地方政府债券久期设置为 3 年、5 年和 10 年三种情形。可以看到，地方政府举债冲击推高了期限利差和信贷利差，利差放大促使商业银行扩大资产负债规模，广义货币余额增加，而且债券期限越长其扩张效应越明显。尽管作为商业银行资产构成的私人股权和地方政府债券规模均呈现增长态势，但二者的结构比例显示私人股权资产占比下降而地方政府债券资产占比上升，意味着存在地方政府债券对私人股权资产的信贷挤出效应，且该效应随着债券期限的增加而减弱。私人股权资产规模受到资产价格和资产数量两方面因素影响，而从结果来看私人股权资产规模的扩张主要是由资产价格上升引起的，而资产数量的提升有限，意味着资产规模的扩张呈现货币化倾向，从货币产出比和通货膨胀率上升的结果也可清晰地反映出来，且该货币化倾向随着债券期限延长而加强。这也解释了期限较长的债券冲击尽管对私人信贷的挤出效应更小，但货币产出比却更大。

以上是从货币市场、信贷市场角度分析地方政府举债的冲击响应及期限结构影响，初步结论是地方政府举债会导致银行资产规模的货币化倾向和整体通货膨胀，且期限越长该经济后果越明显。接下来从财政风险角度进一步分析。从具有代表性的风险评估指标债务率和偿债率来看，地方政府举债会提高财政风险；从债务率指标来看，债券期限越长，地方政府举债对财政风险的冲击越大，而从偿债率来看则相反，债券期限越长，地方政府举债对财政风险的冲击越小。之所以产生指标选择不同导致结论不同的现象，是因为两个指标评估风险的侧重点有所差异：债务率衡量的是全期债务总量负担，债券期限越长，其当期折现总规模越大，风险自然随着期限延长而增加，其表征着地方政府债务的长期风险；偿债率衡量当期还本压力，债券期限越长，其当期还本额越小，风险自然随着期限延长而减少，表征着地方政府债务的短期流动性风险。对地方政府债务的短期风险和长期风险都应予以重视，需予以兼顾，进而实现债务平滑与总体合理的统一。

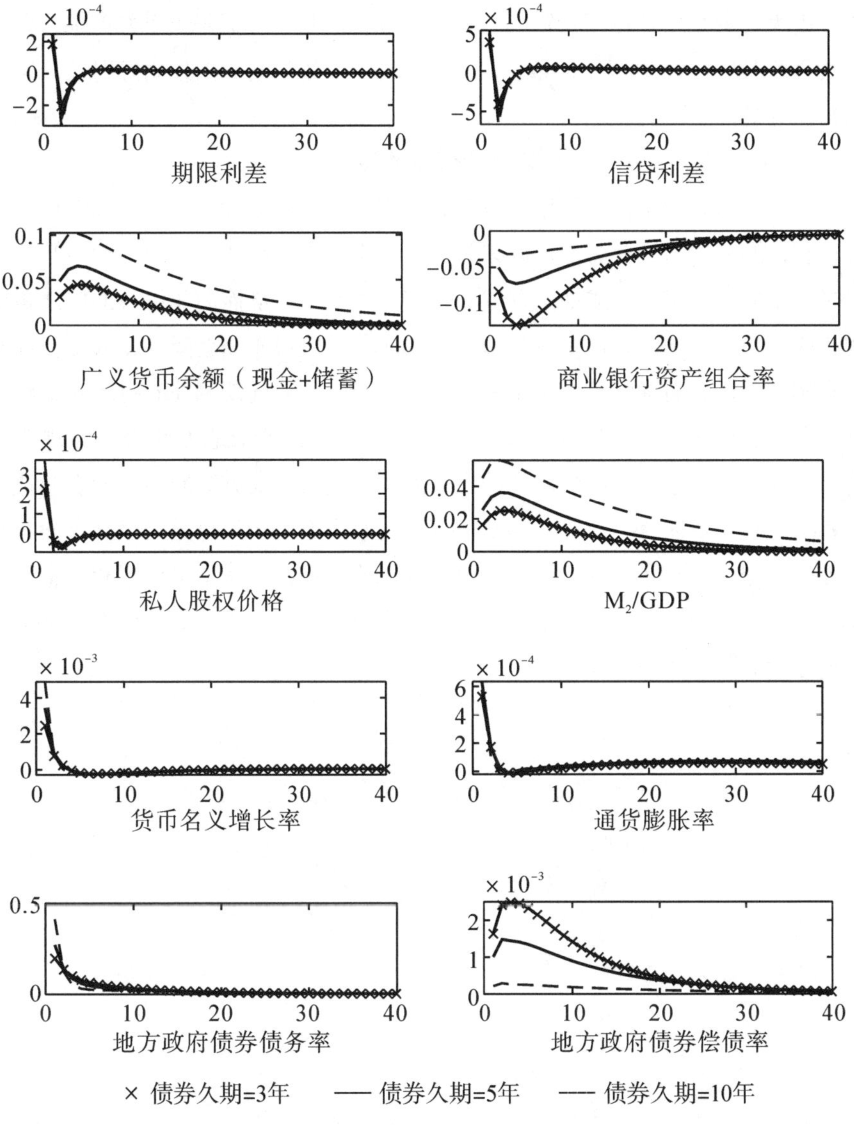

图 8.6　不同债券期限结构下地方政府举债冲击的脉冲响应

上述分析对期限结构的价值判断产生了相反的结果：站在市场的角度来说，债券期限延长不利于货币和信贷稳定，地方政府举债应以短期为主，方能减少市场冲击和负面效应；站在政府自身的角度来说，债券期限延长有利于缓解财政短期还本付息压力，因而地方政府举债应以长期为主，方能避免流动性风险。在这样的矛盾情况下，政府需在市场和自身风险之间进行权衡，不能一味追求自身风险的缓解而忽略市场冲击，也不能只看市场结果而不顾及自身风险，因为二者之间存在相互转化的可能。有鉴于此，为了兼顾两方需求，财政与货币政策的协调就非常有必要，如何在稳定市场的基础上控制好财政风险是值得研究的课题。

（二）货币政策冲击对地方政府债务的影响

本章模型采用价格型货币政策形式，因此货币政策冲击表现为一个标准单位的正向利率冲击，此时货币政策趋于紧缩态势。如图 8.7 所示，货币政策冲击推高了实际利率，造成期限利差和信贷利差收窄，继而商业银行的资产负债规模收缩，导致广义货币供应量减少。私人股权规模压缩会降低私人投资和私人资本积累，进而抑制总产出水平。在此情景下，逆周期调控的财政政策将增加公共投资以应对总产出的下降，公共投资扩大会带来地方政府债务规模上升。与此同时，总产出和顺周期的税收降低必然推高地方政府的负债率和债务率水平，表征短期流动性风险的偿债率和利息支出率指标也随之攀升。面对货币政策冲击，债券期限越长地方政府债务风险越小，尤其是偿债率和利息支出率指标在较长期限上的攀升幅度更小，说明债券期限越长，应对利率冲击下短期流动性风险的能力越强。

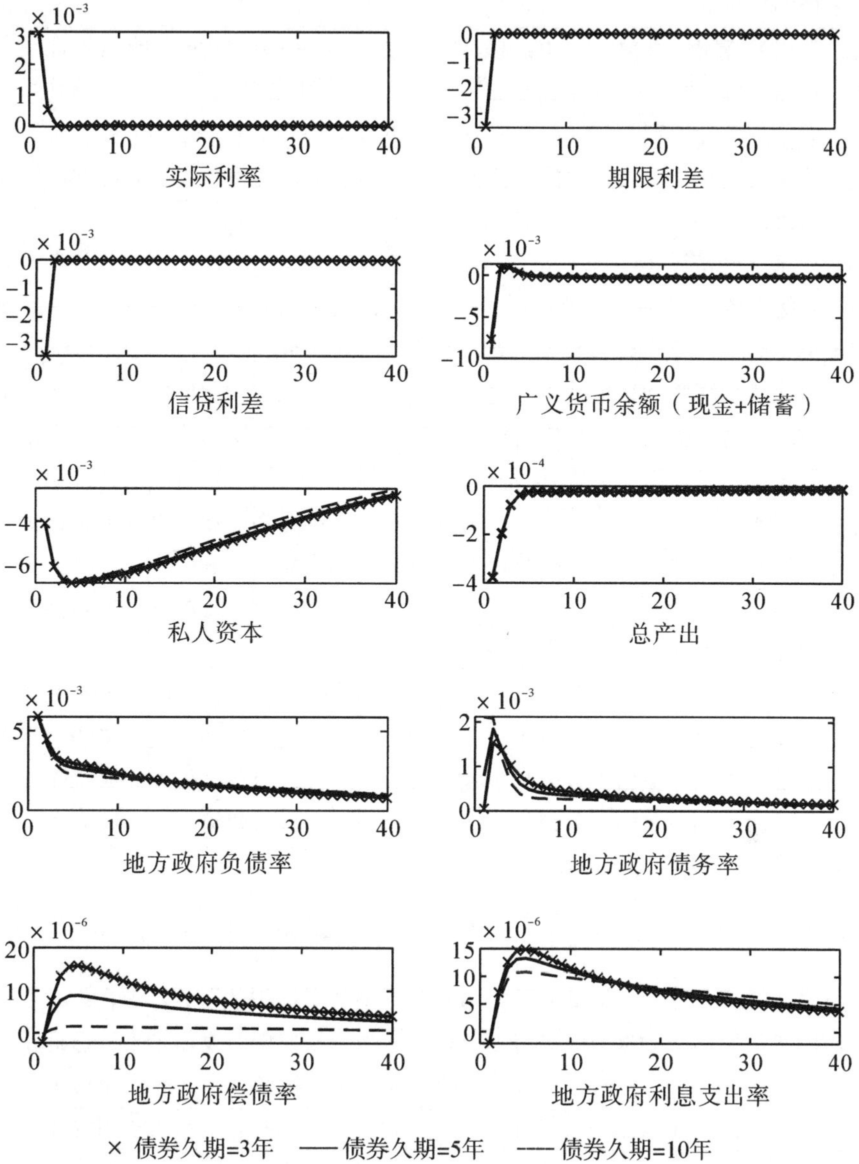

图 8.7　不同债券期限结构下利率冲击的脉冲响应

三、政策协调仿真模拟

（一）政策工具协调

本小节分别考察在实体经济和金融两种外部冲击背景下，债务管理与货币政策协同配合的作用效果。面对外部冲击，仿真模拟政策工具在三种搭配组合情景下的冲击响应：第一，“自由放任”与独立货币政策情景，即债务管理不设定新增限额，且货币政策独立行事；第二，“限额管理”与独立货币政策情景，即债务管理设定新增限额，但货币政策独立行事；第三，“限额管理”与货币政策协同配合情景，即债务管理设定新增限额，且货币政策对地方政府发债做出反应。

1. 实体经济冲击

经济系统受到一个标准单位的负向技术冲击，供给生产能力下降，导致产出萎缩，居民消费和私人投资均随之降低，此时供给不足引发通货膨胀率上升。盯住通货膨胀的货币政策通过升息抑制总需求，维持物价平稳。盯住产出的财政政策通过扩大公共投资促进产出恢复，地方政府支出增加导致地方政府债务增长率提高，债务率攀升。地方政府债券规模增加会推高期限利差和信贷利差，货币增长率提高，进一步加剧通货膨胀，这势必增加货币政策稳物价的难度。而债务率攀升带来的财政风险也对金融体系稳健构成威胁。可见，面对实体经济冲击，“自由放任”的债务管理政策与独立行事的货币政策间存在矛盾，存在相互削弱政策效果的现象。

如图 8.8 所示，通过引入新增限额分配的债务管理政策，地方政府债务率明显降低，财政风险得到有效控制，且对产出、居民消费和私人投资的下降起到一定缓解作用。但由于货币政策独立行事，地方政府举债带来的通货膨胀加剧、货币增长率高企的问题仍然存在。于是，引入货币政策对地方政府举债的反应系数 κ^b，货币政策规则变为如下等式：

$$R_t = \rho^R R_{t-1} + (1-\rho^R)\left[\bar{R} + \kappa^{\pi}(\pi_t - \bar{\pi}) + \kappa^y log\left(\frac{y_t}{\bar{y}}\right)\right] + \kappa^b gb_t + u_t^R$$

设定反应系数 $\kappa^b = 0.5$，即货币政策把地方政府举债行为考虑在内，若地方政府举债增加，则货币政策将相应提高名义利率以应对发债带来的通货膨胀压力。如图 8.8 所示，通过货币政策的协同配合，扭转了地方政府举债扩大信贷利差的现象，在保证产出刺激效果的同时对通货膨胀和货币增长率的控制效果更加明显。可见，面对实体经济冲击，“限额管理”与货币政策协同配合更有利于物价稳定和产出恢复。

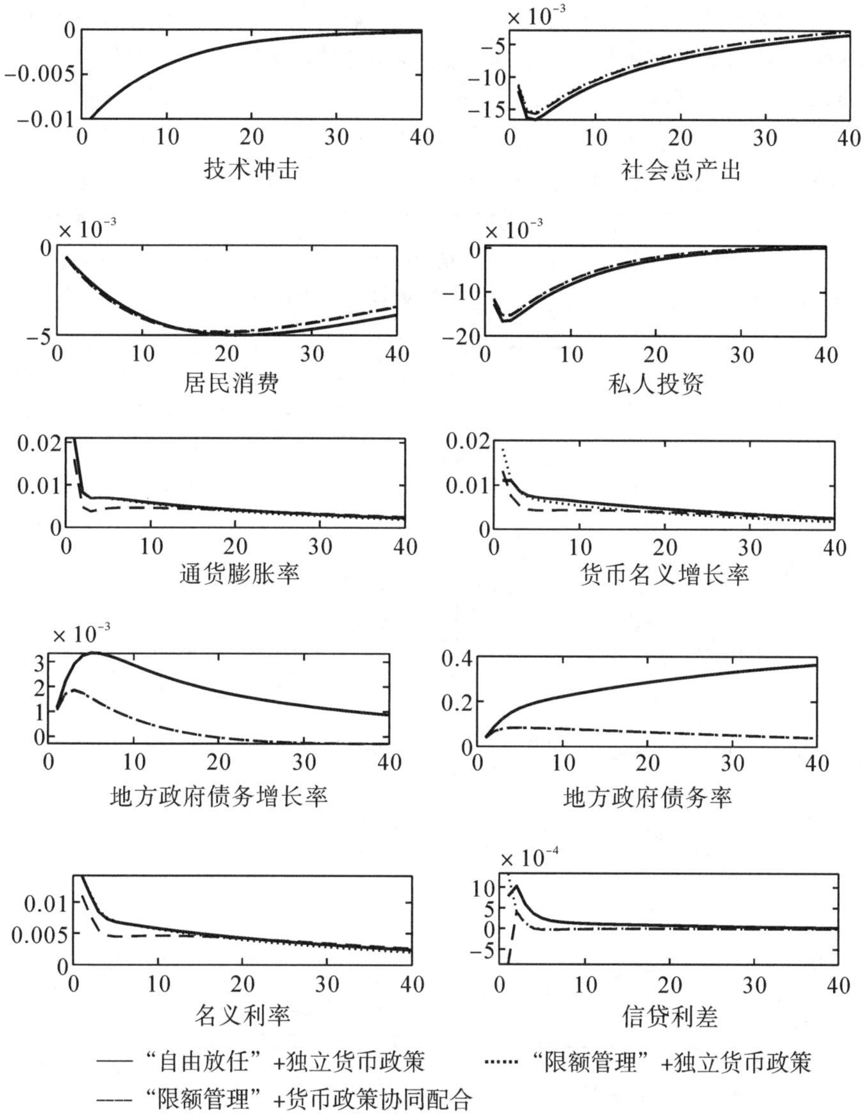

图 8.8　实体经济冲击下仿真模拟

2. 金融冲击

经济系统受到一个标准单位的负向资本质量冲击，社会总产出萎缩，私人资本规模降低，资产价格下跌，信贷利差缩小，信贷收紧，货币增长率下降，经济陷入通货紧缩。盯住通货紧缩的货币政策通过降息刺激总需求，应对通货紧缩风险。盯住产出的财政政策通过扩大公共投资促进经济复苏，地方政府支出增加导致地方政府债务增长率提高，债务率随之攀升。

如图 8.9 所示，“自由放任”+独立货币政策情景下，地方政府债务增长率偏高带来较大的挤出效应，不利于私人资本积累和产出恢复，并且将面临债务率攀升的财政风险。引入新增限额分配的债务管理制度，有效控制地方政府债务增长率，减小挤出效应，私人资本积累和产出恢复效果明显提升。由于地方政府举债的货币扩张效应能缓解金融冲击下的通货紧缩现象，因此“自由放任”情景下地方政府举债规模更大，通货紧缩程度更小，而“限额管理”情景下地方政府举债规模受限，通货紧缩程度更大，但二者差别并不大，因此结合挤出效应和通货紧缩效应来看，“限额管理”仍然优于“自由放任”。

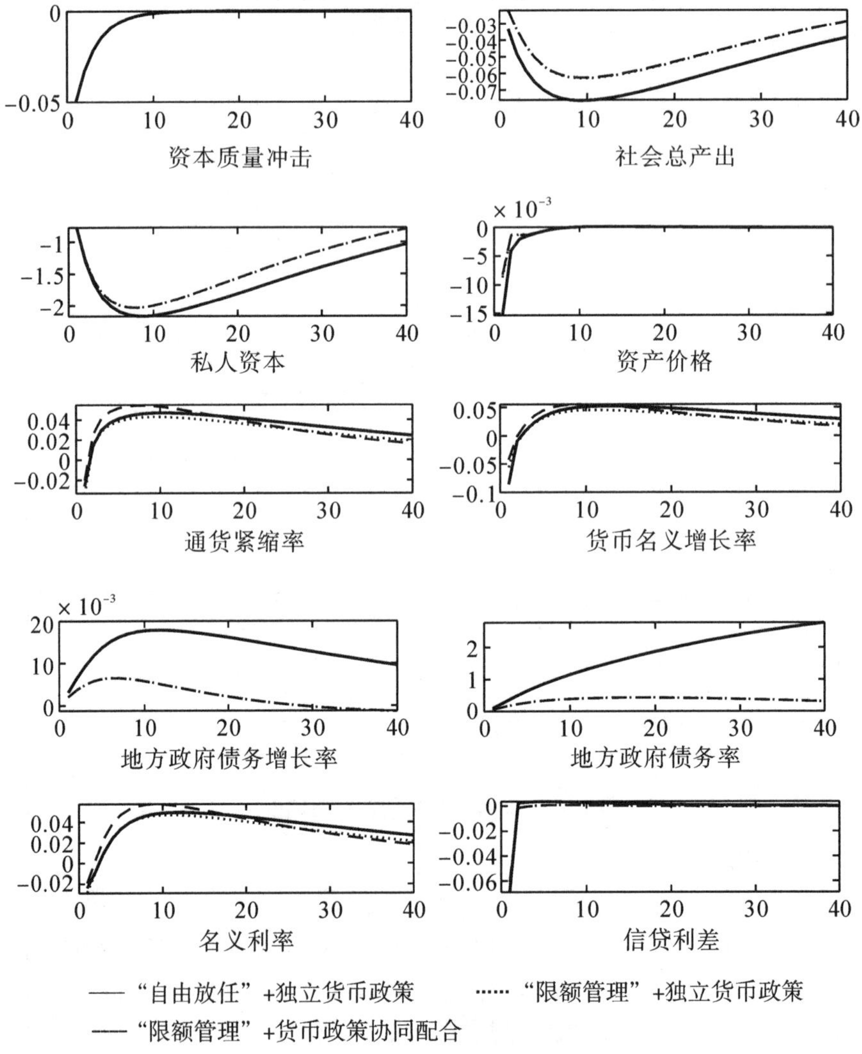

图 8.9　金融冲击下仿真模拟

为了达到更好的政策效果，可在债务限额管理基础上搭配货币政策联动，即货币政策将地方政府举债行为考虑在内。此时设定反应系数 $\kappa^b=-0.5$，若地方政府举债增加，则货币政策将相应降低名义利率以增强发债对通货紧缩的对冲能力。如图 8.9 所示，“限额管理” +货币政策协同配合情景下，既保证了私人资本和产出的尽快恢复，又控制和缓解了财政风险和通货紧缩风险，是应对金融冲击的最佳政策组合。

值得注意的是，此处货币政策反应系数设定方向与前述实体经济冲击下相反，是因为二者经济背景不同。实体经济冲击下经济系统面临通货膨胀压力，而金融冲击下经济系统面临通货紧缩风险，地方政府举债的货币扩张效应在通货膨胀压力下需要抑制，而在通货紧缩风险下需要加强。可见，限额管理与货币政策的协同配合并非一成不变的，而应根据具体经济状况灵活应对和及时调整。比如在金融冲击下，为应对通货紧缩风险采用加强地方政府举债的货币扩张效应的货币政策与之配合，同时应注意根据通货紧缩变化情况及时调整货币政策反应力度和方向，避免用力过猛导致经济形势从通货紧缩风险转入通货膨胀压力。

（二）社会福利水平比较

1. 社会福利的冲击响应

从社会福利角度看，政府决策的目标应等同于居民效用函数。以居民效用函数度量社会福利水平 W，即 $W=E_t\sum_{i=0}^{\infty}\beta^i\left[\log(c_{t+i}-\sigma c_{t-1+i})-\chi\frac{h_{t+i}^{1+\eta}}{1+\eta}+\varphi\log\left(\frac{M_{t+i}}{P_{t+i}}\right)\right]$。考察经济系统遭受实体经济冲击和金融冲击时，福利水平 W 的变化情况，并以此作为决策评价的标准。

如图 8.10 所示，实体经济冲击和金融冲击下经济系统均受到负面影响，导致社会福利水平下降，在不同政策组合情景下其下降程度存在差异。在“自由放任”的债务管理制度和独立行事的货币政策情景下，社会福利水平下降程度最为剧烈。当债务管理制度放弃“自由放任”转而采取“限额管理”举措时，社会福利水平明显改善。当在“限额管理”基础上增加货币政策对地方政府举债的反应机制时，社会福利水平得到进一步提升。由此可见，从社会福利角度看，实施“有所为”即“限额管理”的地方政府债务管理制度与货币政策的协同配合是应对外部冲击的最优策略。

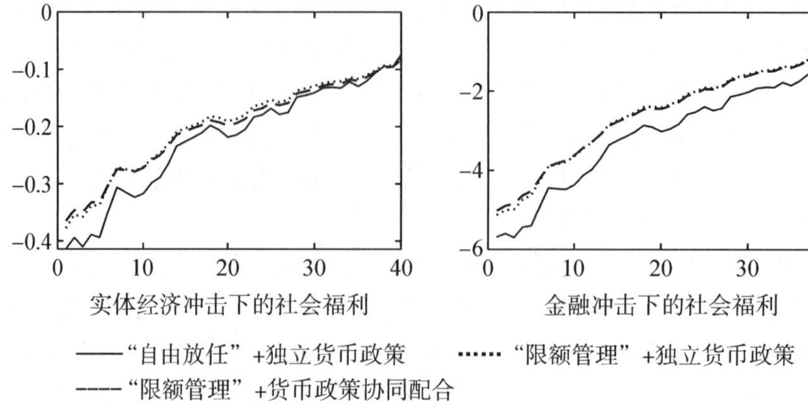

图 8.10 实体经济和金融冲击下仿真模拟

2. 福利水平比较——基于消费补偿变化

为了量化比较不同政策组合情景下的福利水平，本小节进一步基于消费等价变化（consumption equivalent variation，CEV）进行福利分析，即将基准情景下的效用水平作为参照，计算各政策组合情景下需要多少额外的消费量才能达到参照系的效用水平，该额外的消费量即为消费补偿变化。若消费补偿变化为正值，说明基准情景福利水平更高，其值越大差距越大；若消费补偿变化为负值，说明各政策组合情景福利水平更高，其绝对值越大差距越大。此处，将公共投资通过税收融资的情景作为基准（$\kappa^g=0$），而将公共投资依赖举债融资的各政策组合作为比较情景。

根据福利度量方法的不同，可将福利水平分为条件福利水平和无条件福利水平。条件福利水平对福利水平的度量基于某一初始状态，如稳态值，期望算子是基于时刻 t 的状态来计算的，得到的消费补偿变化即为条件消费补偿变化，用 λ^c 表示；无条件福利水平的计算基于无条件值函数，选择无条件期望即均值作为度量，得到的消费补偿变化即为无条件消费补偿变化，用 λ^u 表示。一般来说，条件福利水平更能反映短期内政策的过渡性或转换性，适用于短期福利效应评估；无条件福利水平更能反映政策的长期效果，更适用于长期福利效应评估，因其依赖于长期的状态空间分布，短期的转换效应和成本会在长期内消失。结合本章模型的效用函数，可推导得到条件消费补偿变化和无条件消费补偿变化的解析表达式分别为：

$$\lambda^c=\exp((1-\beta)(W^\tau-W^b))-1$$

$$\lambda^u=\exp((1-\beta)(EW^\tau-EW^b))-1$$

其中，W^{τ} 表示税收融资情景（基准）的福利水平，W^{b} 表示债务融资情景的福利水平。基于前文分析，债券期限的冲击响应存在显著差异，故计算消费补偿变化时按照债券期限进行分类比较。比较结果如表 8.1 所示。

表 8.1　独立行事与协同配合情景下福利水平的数值模拟量化结果

债券期限	情景	福利	
		短期福利水平（条件消费补偿变化 λ^{c}）	长期福利水平（无条件消费补偿变化 λ^{u}）
3 年期	基准	-387.765 9	-299.135 3
	独立行事	-0.664 6	-0.990 1
	协同配合	-0.716 5	-0.927 6
5 年期	基准	-383.780 1	-239.180 0
	独立行事	-0.797 1	-0.787 8
	协同配合	-0.828 8	-0.574 1
10 年期	基准	-372.964 0	-377.819 3
	独立行事	-0.900 5	-0.917 3
	协同配合	-0.915 5	-0.984 9

从整体来看，与税收融资的基准情景相比，债务融资情景下的消费补偿变化均为负值，说明用债务融资替代税收融资有利于福利水平的改善。随着债券期限的增加，消费补偿变化的绝对值基本呈增大趋势（3 年期 λ^{u} 除外），说明债券期限越长，债务融资对福利水平的提升作用越明显。3 年期和 10 年期的债务融资对长期福利水平的提升作用更大，而 5 年期的债务融资对短期福利水平的提升作用更大。

从债务融资的各政策组合情景来看，在对短期福利水平的提升上，债务管理制度与货币政策协同配合均优于二者独立行事。在对长期福利水平的提升上，若债券期限是 3 年和 5 年，则债务管理制度与货币政策独立行事优于协同配合；若债券期限是 10 年，则债务管理制度与货币政策二者协同配合优于独立行事。因此，若关注短期福利效应，无论债券期限长短，债务管理制度与货币政策的协同配合都是更好的选择；若关注长期福利效应，债务管理制度与货币政策二者协同配合更适用于长期债券发行，或者说货币政策应将长期限的政府债券发行纳入盯住目标考量，对短期限的政府债券发行可不做反应。结合我国地方政府债券发行实践来看，债券期限逐步延长，平均期限从 5.8 年（2018 年 5 月）增至 15 年（2020 年 9 月），因此货币政策的协同配合显得越发重要。

本章通过构建包含金融摩擦、债券期限、债务限额等要素的DSGE模型，全面分析地方政府债务与货币供给的传导机制，并对地方政府债务管理与货币政策协同配合进行政策仿真模拟。主要结论：①地方政府举债具有货币扩张效应；②限额管理能有效控制地方政府债务风险的攀升；③盯住负债率和盯住债务率的实际效果更优；④货币政策收紧会增大地方政府债务风险。

第九章 货币政策不确定性与地方政府债务风险

第一节 地方政府债务风险简述

党的十九大将防范化解重大风险列为三大攻坚战之一。在新发展理念的指导下，中国政府高度关注包括地方政府债务风险在内的系统性金融风险。近年来，我国的地方政府债务规模持续扩张，并形成了一定的风险隐患。就已有文献而言，依据研究主题和研究内容，探讨中国地方政府债务风险的文献大致可以分为三类。

第一类文献主要研究了地方政府债务的分类、表现及风险。就地方政府债务的分类而言，可以从三个层面进行划分：①从责任与义务产生的条件层面，可分为直接债务和或有债务；②从责任与义务产生的依据层面，可分为显性债务与隐性债务（Polackova，1998）；③从预算收支表层面，可分为表内债务和表外债务（郭玉清 等，2020）。龚强等（2011）、郭敏等（2020）研究发现，隐性债务更易导致“灰犀牛”事件，从而对我国的金融安全和财政可持续发展造成冲击。杨志勇和张斌（2017）、李丽珍和安秀梅（2019）的研究，在界定地方政府债务类型和表现的基础上，通过测算地方政府债务规模来评估地方政府债务风险。

第二类文献进一步研究了地方政府债务风险的形成原因。具体而言有以下几点：①分税制改革后，各级政府间事权与财权高度不匹配；②不恰当的政绩观；③地方财政制度不健全（巴曙松，2011）。微观层面，徐军伟等（2020）研究指出，金融势能是驱动地方政府隐性负债的重要市场因素。

第三类文献探讨了地方政府债务风险的特征。例如周世愚（2021）将地方政府债务风险归纳为两类：①表内债务风险：专项债务风险隐患集聚；②表外债务风险：风险载体的多元化和风险来源的分散化。熊琛等（2018）研究发现地方政府债务风险与金融部门风险存在“双螺旋”的结构特征。毛锐等（2018）研究表明，地方政府投资冲动驱使地方政府债务规模呈现顺周期特征。

美国经济学家海曼·明斯基（Hyman Minsky）曾提出经济长时期稳定可能导致债务增加、杠杆比率上升，进而从内部滋生爆发金融危机和陷入漫长去杠杆化周期的风险，危机发生的时刻也被称为“明斯基时刻”。中国地方政府部门和非金融部门的杠杆率不断上升，“明斯基时刻”是否会发生在地方政府债务上？因此，分析地方政府债务带来的风险具有十分重要的意义。地方政府债务风险主要有两个方面的内涵：

（1）地方政府债务风险会向上级政府传导，引发全国性的财政风险。黄国侨和徐永胜（2011）研究证明，若地方政府不能及时偿付债务，中央政府必然会从大局出发，通过加大转移支付或者豁免地方政府债务的方式为地方政府的债务买单。中央政府被迫承担了地方政府债务的风险，地方政府债务风险演化为中央财政风险。

（2）地方政府债务风险会向金融机构蔓延，引发金融危机。胡援成和张文君（2013）认为，地方政府债务规模的快速膨胀会导致银行信贷风险的增加，增加金融系统的不稳定性，引发系统性金融风险。徐忠（2018）指出，地方政府债务风险可能直接转化为金融风险。毛锐等（2018）构建了包含地方政府债务和商业银行部门的 DSGE 模型，探讨了地方政府债务规模扩张与系统性金融风险之间的关系。研究表明，地方政府的债务规模呈现顺周期的特性，商业银行持有大量地方政府债券使得债务风险转换为系统性金融风险。

上述研究仅仅考虑了政府债务风险对金融部门风险的单方面传导，而忽略了金融部门风险对政府债务风险的传导。朱军等（2018）在一个与本章类似的“财政—金融”关系框架中讨论了财政整顿政策，强调宏观审慎政策要配合财政整顿政策才能达到更好的福利水平并保证金融稳定。熊琛和金昊（2018）认为金融部门风险与地方政府债务风险之间是相互强化的。金融部门风险的上升会强化地方政府债务风险，地方政府债务风险的上升也会加剧金融部门风险。金融部门风险的上升会通过直接的资产负债表渠道和间接的一般均衡效应渠道向地方政府债务风险传导，引起地方政府债券收益率与国债收益率的价差上升以及违约风险上升。

第二节　货币政策不确定性简述

一、货币政策不确定性的影响

对于货币政策不确定性，相关文献主要研究了货币政策不确定性对投资、消费及产出的影响。Bloom（2009）指出，面临不确定性冲击时，投资的不可逆成本将带来实物期权价值，企业会推迟投资。Gourio（2012）研究发现，厌恶风险的家庭面对政策不确定性会增加预防性储蓄，从而减少消费。在宏观层面，黏性价格、黏性工资以及劳动力市场摩擦的存在会放大不确定性冲击对经济活动的影响（Born、Pfeifer，2014）。王博等（2019）研究发现，货币政策不确定性的增加会造成违约风险上升，并带来产出下降。

特别地，已经有学者研究货币政策不确定性对中国经济的影响。Chen 和 Tillmann（2021）通过统计国际报纸对中国中央银行货币政策的报道，提出了一种衡量中国人民银行货币政策不确定性的新指标。他们使用中国货币政策不确定性的向量自回归（VAR）模型和一小部分变量识别与中国经济周期和金融状况正交的货币政策不确定性的组成部分，并使用一系列货币政策不确定性冲击对中国内地其他变量进行多个本地预测，发现货币政策不确定性的增加促使中国内地的私营部门减少了投资，随着不确定性的增加，实体经济活动大幅下降。因此，中国货币政策的不确定性具有相当大的商业周期效应。此外，该文还研究了货币政策不确定性对亚洲其他经济体的溢出效应，发现中国货币政策不确定性的冲击会导致亚洲股票价格大幅下跌，实际 GDP 增长下降。Li et al.（2020）则采用贝叶斯 MCMC 算法，基于货币供应量中不可预见部分的条件波动率，提出了一种衡量中国货币供应量的方法，通过估计货币供应量对信用风险和经济波动的影响来考察货币供应量对经济影响的传导机制。结果表明，中国货币政策的不确定性显著提高了商业银行的不良贷款率，导致了更高的信用风险，并且 GDP 增长对货币政策的不确定性冲击的反应是负的。由于过去几年中国的高信用风险制度放大和拉长了 GDP 增长对货币冲击的负面反应，货币政策的突然变化会通过提高不确定性来抑制经济活动，同时货币政策不确定性的上升加剧了信用风险，较高的信用风险进一步放大了货币政策不确定性冲击对经济活动的影响，进而抑制了中国经济增长。

就货币政策不确定性对地方政府债务风险的影响而言，李力等（2020）探讨了货币政策和宏观审慎政策对于地方政府债务风险和宏观经济波动的具体影响，合理的货币政策可以有效防止地方政府融资平台企业杠杆率进一步提高而加剧债务风险。

然而，关于货币政策不确定性对地方政府债务风险的影响这一重要问题，目前尚无相关的实证研究。为填补这一空白，本章拟从货币政策不确定性出发，探究货币政策不确定性对地方政府债务风险的影响。本章的研究对于中国调控货币政策不确定性，防范和化解地方政府债务风险具有一定的政策参考价值。

二、货币政策不确定性的测度

中国经历了银行高水平放贷推动的经济快速增长，引发了全球对中国金融体系风险和不稳定的担忧。中国的货币政策考虑的目标超出了传统的产出和通货膨胀目标。特别是近年来，中国人民银行试图在稳定货币供应的背景下通过限制高风险贷款来增强金融稳定性。与此同时，中央银行采用的工具数量不断增加，使得外界很难理解中国中央银行的货币政策立场。

国内外经济和金融市场面临着中央银行当前和未来货币政策的不确定性。造成这种不确定性的因素很多。一个原因可能是，市场无法确定中央银行的反应，即增长和通货膨胀的相对权重。另一个原因可能是无法获得及时的经济数据，这使得评估经济基本面变得困难。此外，政策决策委员会的成员可能对经济评估、增长和通货膨胀有着不同的看法，市场参与者也会对中央银行的政策做出不同的解读。因此，货币政策的不确定性对实体经济变量以及金融市场变量造成了超出货币政策本身的影响，带来产出、投资以及消费的下降，引起经济衰退。

研究政策不确定性面临着两个困难。第一，不确定性是一个无法观察到的潜在变量，我们需要找到一个与不确定性的真实程度相关的代表变量，并可以用于经验模型中的输入。第二，货币政策不确定性与货币政策本身、商业周期或金融周期等因素有关，是内生变量，必须将其从这些因素中分离出来。

根据现有文献对货币政策不确定性进行估计时所选用的方法，常用的测度方法和指标可以分为以下几类：

（1）以货币政策的不可预测部分度量货币政策不确定性。例如，使用货币供应量增长率均值中历史信息无法解释的部分（Stulz，1986）、短期利率的预测误差（Favero、Mosca，2001）、基金利率的预期值与实际值的均方根误差（Albulescu、Ionescu，2018）测度货币政策不确定性。

（2）借助金融衍生品的波动率测度货币政策不确定性。因为利率期货合约能够反映市场对未来货币政策的预期（Gurkaynak et al.，2007），因此可以采用利率期货价格的已实现波动率和利率期货期权价格的隐含波动率来分别衡量过去和未来的货币政策不确定性。

（3）利用 GARCH 模型估算货币政策不确定性。例如，Boug 和 Fagereng（2010）采用名义汇率的条件异方差作为货币政策不确定性指标，Kumo（2015）则采用通货膨胀率的条件异方差来反映货币政策不确定性。

（4）利用随机波动模型估算货币政策不确定性。Creal 和 Wu（2017）指出，相对于广义自回归条件异方差模型，随机波动（SV）模型认为波动自身会受到冲击，而不是历史数据的确定性函数。因此，Mumtaz 和 Surico（2018）以及 Fasolo（2019）等用随机波动模型描述利率变化，将其嵌入具有内生随机波动反馈的结构向量自回归（SVAR）模型来评估货币政策不确定性冲击的影响。

（5）基于文本数据方法测度货币政策不确定性。该方法记录了报纸上的文章中包含有关货币政策和不确定性的术语出现的频次，它能够反映公众所感知的货币政策及其后果的不确定性程度。

（6）利用标准差或残差度量货币政策不确定性。例如，King 和 Levine（1993）将国内信贷增长率的标准差作为货币政策不确定性的测度指标。Sinha（2016）则使用期货交易所交易的两年期国债 30 日至 90 日合约看涨期权观察价格的标准差作为货币政策不确定性的代理指标。

综上所述，已有文献在对货币政策不确定性进行估计和测度过程中所选用的测度指标和方法存在较大差异，各种测度方法和指标各有优缺点。目前学术界在货币政策不确定性研究中使用较多的方法是基于文本数据的测度方法和随机波动模型。前者能够较准确地捕捉微观主体的真实感知，但其测度精度取决于媒介范围和关键词的选择，与微观主体行为特征紧密相关；后者能够分离政策不确定性冲击与政策水平冲击，但模型结构因不同时期、不同地区而存在差异。

第三节　货币政策不确定性影响地方政府债务风险的实证检验

一、研究方法

（一）货币政策不确定性的识别

货币政策不确定性的识别方法是国内外研究的难点，这里可以借鉴关于经济政策不确定性测度的相关研究。第一类为事件法。Ait-Sahalia et al.（2012）

将特定事件按照发生到结束的发展顺序进行记录，特别是记录市场对政策宣布的反应，并据此构建政策不确定指数。但是由于信息存在一定的传导过程，其定义事件的发生和完成并不能反应不确定性的开始与结束。第二类为选举法。如 Belo et al.（2013）将政府选举作为经济政策不确定性的代理指标。但是由于选举具有时间间隔，这一指数不具有连续性。第三类则是 Baker et al.（2016）基于新闻报道连续量化了经济政策不确定性。本章借鉴 Sun（2019）的方法，采用事件分析法识别中国货币政策的不确定性。

事件研究法提供了一个简便的识别货币政策不确定性的方法。事件分析法可以用以下简单模型表示：

$$y_t = \beta s_t + \varepsilon_t \tag{9.1}$$

s_t 代表各类宏观事件，一般包含政策宣布和宏观消息中不可预期的部分，在本章中表示货币政策公告中政策的变化部分，以捕捉货币政策的不确定性。y_t 为事件窗口期内研究的证券收益率的变化，在本章中定义为事件窗口期内地方政府债到期收益率的变化部分。ε_t 为误差项。具体而言，利用事件分析法的步骤主要分为以下几点：

第一步是清楚地定义出我们所需研究的事件，即对 s_t 进行量化处理。如邹文理等（2020）的研究中，为了探究中央银行政策对股票市场的影响，他们首先就对中央银行政策事件进行了明确的定义。因此本章的首要任务就是定义货币政策不确定性发生的事件。本章把 3 种货币政策公告即存贷款基准利率（BLR）变化公告、法定存款准备金率（RRR）变动公告和中期借款便利（MLF）利率变化公告定义为货币政策不确定性事件。

第二步是界定事件窗口期，即设定研究事件对市场产生影响的时间区间。本章的研究目的为探究货币政策不确定性对地方政府债务的影响，那么事件发生日即为上文定义的 3 种货币政策公告的宣布时间。如果在事件发生日，货币政策不确定性事件对地方政府债务市场有显著的影响，我们称货币政策不确定性对地方政府债务存在即时效应。此外，由于市场可能会对货币当局实施的政策存在一定的预期，事件窗口期一般会包括事件发布日的前几日。市场对政策公告也存在反应滞后的可能性，事件窗口期也会包括事件发布日的后几日。本章的事件窗口期最短只能取到 1 天。虽然这可能不能消除一些内生性的影响，例如在事件窗口期内存在别的宏观经济消息影响，但是比起依赖于月度和季度数据识别货币政策不确定性的方法，使用日度数据的时间分析法在处理内生性问题上更为有效。

表 9.1 列出了 2010—2022 年的 3 种货币政策公告的时间和相应货币政策

工具的变动，一共得到46组观测值。其中，存贷款基准利率（BLR）变化公告有13次，法定存款准备金率（RRR）变动公告有24次，中期借款便利（MLF）利率变化有9次。

具体而言，第一种货币政策公告是存贷款基准利率（BLR）调整的公告。存贷款基准利率被视为中国宏观调控的利率工具。在2015年10月以前，中国利率还未完全市场化，存贷款基准利率完全处于中国人民银行的直接管控之下。所有商业银行提供的存贷款利率只能在存贷款基准利率的上下小幅度范围内浮动。后来中国人民银行逐渐放松对商业银行贷款利率的管控，并最终在2013年6月不再设置贷款利率上限。2015年10月3日，中国利率市场化完成，此后存贷款基准利率再也没有发生改变。在本章的所有样本当中，中国人民银行对存款基准利率和贷款基准利率（BLR）的调整时间与调整数值都是相同的。所以选用两者之间的任何一个都可以（本章选用贷款基准利率作为指标）。与存款准备金率一样，存贷款基准利率的调整是一个强烈的政策信号，吸引了市场大量的关注。在2015年10月以前的利率管制时代，存贷款基准利率在很大程度上能够反映中央银行在利率方面的政策态度。虽然中国人民银行能直接调控的利率也包括再贴现率、法定存款准备金率和超额存款准备金率，但是在样本期内中央银行只有一次运用了这种利率调控手段：2010年12月25日中央银行上调再贴现率，与之同时发生的还有存贷款基准利率上升（同时发布了多个货币政策公告的日期都在表9.1当中做出了标注）。

在样本期内一共有13次存贷款基准利率调整，表9.1当中的基准利率的数值为1年期基准贷款利率，日期为中国人民银行发布基准利率调整公告的日期。最早的一次发生在2010年10月19日，最后一次发生在2015年10月23日。存贷款基准利率调整的公告时间都在下午6点以后，这时债券市场已经停止交易。所以本章设定公告日之后的第一个交易日为事件日。

第二种货币政策公告是有关法定存款准备金率（RRR）变动的政策决定。法定存款准备金率是在现有汇率制度下中国人民银行进行流动性管理的重要工具，反映了当前中央银行的政策态度。法定存款准备金率的变化能够对市场流动性产生巨大的冲击，其数值的变化是市场参与者关注的重要指标。法定存款准备金率的下调能够向市场大幅释放流动性。例如，根据2018年第四季度中国货币政策执行报告，中国人民银行两次下调大型商业银行、股份制商业银行、城市商业银行、非县域农村商业银行和外资银行人民币法定存款准备金率各1个百分点，并置换部分中期借贷便利，净释放资金约1.15万亿元。

中国人民银行会在实际下调法定存款准备金率的日期之前发布公告。表

9.1 列举的日期即为宣告法定存款准备金率变动的日期。本章记录最早的样本发生在 2010 年 11 月 10 日，最晚的法定存款准备金率调整发生在 2021 年 12 月 6 日。由于所有法定存款准备金率变动公告发布的时间都在下午 5 点以后或者发生在节假日，此时的债券市场已经停止交易。与存贷款基准利率变动一样，我们选取公告日之后的下一个交易日作为事件日，用事件日的地方政府债券利率与公告日之前的第一个交易日的地方政府债券利率计算差值，作为地方政府债券收益率对于法定存款准备金率变动的市场响应。2010 年到 2011 年 6 月 14 日期间（9 个样本），中央银行一直在上调法定存款准备金率。然而从 2011 年 11 月至今（15 个样本），法定存款准备金率一直都在下降，释放了大量流动性。

第三种货币政策公告是关于中期借款便利（MLF）中标利率变动的公告。中期借款便利是中国人民银行继常备借款便利之后于 2014 年 9 月创立的提供中期基础货币的货币政策工具，发挥中期政策利率的作用，使用对象为符合宏观审慎管理要求的商业银行、政策性银行。MLF 的期限包括 3 个月、6 个月和 1 年，3 个月期和 6 个月期中期借款便利自创设之日起一共只使用了三次，作为引导中期市场利率的 1 年期 MLF 使用频次更高，在样本期内中标利率一共改变了 9 次。所以我们使用 1 年期 MLF 中标利率作为政策利率的代表。

表 9.1 当中 MLF 的变动日期即为中央银行发布 MLF 中标利率公告的日期。与前两种货币政策公告不同的是，中期借款便利的政策公告都是在工作日早上 9 点至 11 点之间发布的。此时债券市场正处于交易时间，债券市场参与者能够快速地根据货币政策变化做出相应的调整。所以本章选用中央银行 MLF 中标利率公告的发布日作为事件日。

表 9.1　公告日的货币政策调整（2010—2022 年）

日期	存贷款基准利率（BLR）		法定存款准备金率（RRR）		1 年期中期借款便利（MLF）		多个公告
	利率	变化	比率	变化	中标利率	变化	
2010/10/19	5.56	0.25					
2010/11/10			17.5	0.5			
2010/11/19			18	0.5			
2010/12/10			18.5	0.5			
2010/12/25	5.81	0.25					✓
2011/1/14			19	0.5			
2011/2/8	6.06	0.25					
2011/2/18			19.5	0.5			

表9.1(续)

日期	存贷款基准利率（BLR）		法定存款准备金率（RRR）		1年期中期借款便利（MLF）		多个公告
	利率	变化	比率	变化	中标利率	变化	
2011/3/18			20	0.5			
2011/4/5	6.31	0.25					
2011/4/17			20.5	0.5			
2011/5/12			21	0.5			
2011/6/14			21.5	0.5			
2011/7/6	6.56	0.25					
2011/11/30			21	-0.5			
2012/2/18			20.5	-0.5			
2012/5/12			20	-0.5			
2012/6/7	6.31	-0.25					
2012/7/5	6	-0.31					
2014/11/21	5.6	-0.4					
2015/2/4			19.5	-0.5			
2015/2/28	5.35	-0.25					
2015/4/19			18.5	-1			
2015/5/10	5.1	-0.25					
2015/6/27	4.85	-0.25					
2015/8/25	4.6	-0.25					✓
2015/8/25			18	-0.5			
2015/10/23	4.35	-0.25					✓
2015/10/23			17.5	-0.5			
2016/2/19					3	-0.25	
2016/2/29			17	-0.5			
2017/1/24					3.1	0.1	
2017/3/16					3.2	0.1	
2017/9/30			16.5	-0.5			
2017/12/14					3.25	0.05	
2018/4/17			15.5	-1			
2018/4/17					3.3	0.05	
2018/10/7			14.5	-1			
2019/1/4			13.5	-1			

表9.1(续)

日期	存贷款基准利率(BLR)		法定存款准备金率(RRR)		1年期中期借款便利(MLF)		多个公告
	利率	变化	比率	变化	中标利率	变化	
2019/9/6			13	-0.5			
2019/11/5					3.25	-0.05	
2020/1/1			12.5	-0.5			
2020/2/17					3.15	-0.1	
2020/4/15					2.95	-0.2	
2021/12/6			12	-0.5			
2022/1/17					2.85	-0.1	

注：本表列出了46个货币政策公告的宣布日，其中有3个日期中央银行同时宣布了多个货币政策操作，已在多个事件一列中用✓标注。其中，2010年12月25日中央银行同时上调了存贷款基准利率和再贴现率，2015年8月25日与2015年10月23日中央银行同时下调了存贷款基准利率和法定存款准备金率。

资料来源：中国人民银行官网。

（二）地方政府债务利率数据

现有研究中不少学者用城投债利差来反映地方政府债务风险，本章亦采用这一方法构建数据来反映地方政府债务风险。为了探究地方政府债务利率对货币政策公告的反应，本章采用了不同期限（0期限、1个月、3个月、6个月、1年、3年、5年、10年、15年、20年、30年）的地方政府债务到期收益率数据，分别用i^{0}、i^{1m}、i^{3m}、i^{6m}、i^{1y}、i^{3y}、i^{5y}、i^{10y}、i^{15y}、i^{20y}、i^{30y}来表示。所有期限的地方政府债务到期收益率数据都是从Wind金融数据库中获得的，地方政府债务利率对于货币政策公告的反应用事件日当天债券市场收盘价的收益率与前一个交易日收盘价的收益率之间的差值表示。

二、实证结论：地方政府债券利率对货币政策公告的反应

（一）模型设定

本章用如下方程来检验三种货币政策公告变化对于地方政府债券每日利率变化的影响。事件的窗口期为一个交易日。

$$\Delta R_t = a + b\Delta M_t + \varepsilon_t \tag{9.2}$$

式（9.2）中，ΔR_t是分别用i^{0}、i^{1m}、i^{3m}、i^{6m}、i^{1y}、i^{3y}、i^{5y}、i^{10y}、i^{15y}、i^{20y}、i^{30y}的日变化来表示的地方政府债券利率变化。ΔM_t表示的是三种货币政策公告变化的一种：贷款基准利率的变化（ΔBLR_t）、法定存款准备金率（ΔRRR_t）的变

化或者中期借款便利（ΔMLF_t）中标利率的变动。T 表示每个货币政策公告变化的事件日，已在第三部分做出定义。货币政策公告变化对地方政府债券利率冲击系数用 b 表示，事件窗口期为 1 天。ε_t 是误差项，包含了在事件日除去货币政策公告变化以外所有能影响地方政府债券利率的因素。假设这些因素与货币政策公告变化不相关。

理论上来说，如果时间窗口期足够短的话，模型（9.2）能满足严格的外生性假设（解释变量 ΔM_t 和扰动项 ε_t 不相关），可以得到一个无偏的估计结果。本章把事件窗口期缩短到了一天，尽可能地杜绝了其他影响地方政府债券利率变动的因素。然而由于数据可获得性的限制，本章使用的日度数据不能完全避免内生性的影响，比如在事件日内存在别的有关宏观经济的消息也同时影响着货币政策公告与地方政府债券利率。

（二）基准模型估计结果

基准事件研究模型的回归结果如表 9.2 所示，地方政府债券利率变动、存贷款基准利率、法定存款准备金率和中期借款便利中标利率的单位都为 100 个基点。

表 9.2 当中的方程（9.1）估计结果展示的是地方政府债券收益率对于 BLR 调整公告的反应。除了 1 个月和 3 个月期限的短期地方政府债券收益率，BLR 调整公告都产生了显著的影响。总体而言，随着期限的增加，BLR 调整公告的影响呈现先升后降的趋势。100 个基点的 BLR 变化将会对 6 个月期限的地方政府债券收益率造成约 14 个基点的变化，对 1 年期、3 年期地方政府债券收益率造成约 20 个基点的变化影响。BLR 调整公告对于 5 年期地方政府债券收益率的影响最大，约为 24 个基点。然后 BLR 调整的影响随着期限的增加而减弱。BLR 调整公告大约能解释事件日中长期地方政府债券收益率变化的 40%至 60%。

对于 RRR 调整公告的估计结果由方程（9.2）给出，比起 BLR 调整的估计结果，RRR 调整公告的影响在 1%的显著性水平上显著不等于 0（除 1 个月期限以外），结果更加精确。一个原因可能是 RRR 调整公告的观测值比 BLR 要多，RRR 有 24 组观测值，而 BLR 最多只有 13 组。RRR 调整公告对 3 个月期的地方政府债券收益率影响最大，RRR 上升 100 个基点会导致 3 个月期地方政府债券收益率上升约 23 个基点。随着期限的增加，RRR 调整的影响逐渐减弱，对于 3 年期期限及以上地方政府债券的影响只有 5 至 6 个基点。RRR 调整公告大约能解释事件日中长期地方政府债券收益率变化的 30%至 60%。

表 9.2　基准模型回归结果

	i^{0}	i^{1m}	i^{3m}	i^{6m}	i^{1y}	i^{3y}	i^{5y}	i^{10y}	i^{15y}	i^{20y}	i^{30y}
（1）$\Delta R_t = a + b\Delta BLR_t + \varepsilon_t$											
b	0.272*	−0.042 8	0.635	0.144***	0.204***	0.205***	0.238***	0.225***	0.170**	0.155**	0.147**
	（0.131）	（0.902）	（0.345）	（0.045 3）	（0.049 0）	（0.056 1）	（0.061 9）	（0.068 5）	（0.056 1）	（0.056 5）	（0.056 6）
观测值	13	6	6	13	13	13	13	13	12	12	12
R^2	0.280	0.001	0.459	0.478	0.612	0.549	0.573	0.494	0.478	0.431	0.404
（2）$\Delta R_t = a + b\Delta RRR_t + \varepsilon_t$											
b	0.165***	0.126	0.234***	0.110***	0.108***	0.067 0***	0.068 8***	0.062 0***	0.055 7***	0.051 6***	0.051 6***
	（0.054 0）	（0.088 0）	（0.065 8）	（0.030 0）	（0.024 7）	（0.014 6）	（0.014 2）	（0.014 3）	（0.012 3）	（0.012 0）	（0.010 5）
观测值	24	12	12	24	24	24	24	24	18	18	18
R^2	0.298	0.170	0.559	0.381	0.465	0.491	0.516	0.461	0.564	0.536	0.603
（3）$\Delta R_t = a + b\Delta MLF_t + \varepsilon_t$											
b	0.412	0.098 7	0.158*	0.141	0.047 7	0.015 1	−0.003 01	−0.035 5	−0.206	−0.181	−0.122
	（0.230）	（0.159）	（0.079 6）	（0.094 7）	（0.038 6）	（0.068 8）	（0.046 1）	（0.083 6）	（0.291）	（0.343）	（0.375）
观测值	9	9	9	9	9	9	9	9	4	4	4
R^2	0.314	0.052	0.360	0.240	0.179	0.007	0.001	0.025	0.202	0.122	0.051

注：本表列出了每日地方政府债券利率变动对于三种货币政策公告变化的回归结果。存贷款基准利率变化 ΔBLR 回归结果在（1）中展示；法定存款准备金率变动 ΔRRR 在（2）中展示；中期借款便利中标利率 ΔMLF 变化在（3）中展示。事件日内货币政策公告的变化都已在表 9.1 中列出。回归常数 a 并没有列在本表中，因为本章不对它进行研究。T 统计量用上标 *、**、*** 来表示，分别代表 10%、5%和 1%的显著性水平。

有两个传导渠道可以解释 BLR 与 RRR 调整公告对于地方政府债券收益率的显著影响。一是信号效应，不论是 BLR 调整公告还是 RRR 调整公告，都对市场释放出强烈的政策信号，传达了中国人民银行对于当前经济形势的判断和态度。二是流动性效应，BLR 与 RRR 调整都会直接对市场流动性产生巨大的影响，从而影响地方政府债券市场的需求。

然而对于 MLF 的调整公告，只有 3 个月期地方政府债券收益率的反应在 10%的显著性水平上不为 0，别的期限的地方政府债券收益率的反应都不显著，并且不等于 0。

为了研究货币政策不确定性与地方政府债券风险的关系，本章使用事件分析法，即利用中央银行货币政策公告事件识别中央银行的货币政策不确定性，然后用地方政府债券收益率对货币政策不确定性进行回归。研究结论：第一，BLR 调整公告对地方政府债券收益率产生了显著的影响。第二，信号效应和流动性效应两个传导渠道可以解释 BLR 与 RRR 调整公告对于地方政府债券收益率的显著影响。

第十章 地方政府债务风险与家庭杠杆

第一节 地方政府债务风险与家庭杠杆简述

防范化解重大风险是党的十九大提出的三大攻坚战之一。近年来，我国家庭部门债务问题得到了社会各界的广泛关注。截至2020年底，我国家庭部门贷款总额达63.18万亿元，占GDP比重达到了62.2%。虽然该比重仍低于美国（79.5%）、发达经济体（77.1%）和欧盟（62.7%），但已经明显超过了G20国家（59.8%）和除中国以外的新兴市场国家（46.6%）。从家庭部门负债水平的变动来看，2010—2020年，我国家庭部门贷款的年平均增长率达到了18.8%，占GDP比重的年平均增速为8.6%。这表明，我国家庭部门的债务规模呈现较快增长的态势，因此，家庭部门的债务风险问题需引起我们的重视。

与此同时，我国地方政府债务规模不断增加，部分地区的地方政府债务风险逐渐显现。那么，地方政府债务风险是否会增加家庭部门的债务风险？其对家庭负债行为的影响如何？目前，鲜有文献关注地方政府债务风险对家庭负债风险的影响。我们认为，地方政府债务可以从两个方面影响家庭负债：一方面，地方政府债务具有明显的正外部性，地方政府债务融资资金主要被用于基础设施建设投资以促进经济增长，这可能刺激居民的消费和投资需求，进而增加家庭部门的资金需求，从而推动家庭债务增加；另一方面，地方政府债务的所有者依然为银行和基金等机构，地方政府债务的增加会刺激金融体系信贷资金膨胀，使得金融体系信贷资金向政府和企业倾斜，进而可能挤出家庭部门债务，使得家庭债务减少。

因此，本章内容围绕地方政府债务风险对家庭负债的影响，从负债持有、负债规模、负债风险等维度细致分析地方政府债务风险对家庭负债行为的影响，并据此回答地方政府债务风险是否会传导至家庭部门。

第二节　地方政府债务风险与家庭杠杆的关系

研究地方政府债务的文献较为丰富，且研究内容和研究方向较为集中，主要可以分为两个层次（饶品贵 等，2022）：一是基于宏观角度看待地方政府债务的影响，包括其经济后果、可能导致的经济与金融风险等；二是基于微观角度的作用效果，例如对居民个人、家庭单位、企业等微观实体的具体影响。

一、地方政府债务与经济增长

在地方政府债务的经济后果方面，学者们未能达成一致的研究结论，存在的分歧较大，主要有以下四种观点：

一是地方政府债务对经济具有促进作用。这一观点认为，由于私人资本具有逐利性，加之公共基础设施的非排他性和非竞争性特征，导致私人资本不愿投资此类耗资巨大而收益较小的项目，而政府债务恰好填补了这一空白，完善了公共基础设施配套服务，并对经济增长形成促进作用（胡翠、许召元，2011）。范剑勇和莫家伟（2014）构建了工业投资者-地方政府模型，认为地方政府债务不仅以直接投资的方式增加地区 GDP，还能够通过公共基础设施建设吸引来工业投资。无独有偶，吕健（2015）的研究更进一步，他以工业投资作为中间变量，认为地方政府债务通过承担地方政府事权、推动地方公共基础设施建设等方式吸引工业投资，进而促进经济增长。胡奕明和顾祎雯（2016）应用审计署 2010—2013 年地方性债务审计数据，认为二者之间具有正相关关系而非存在转折点的倒 U 形关系，并认为该促进作用在经济不发达地区、高金融支持力度地区和人口迁出地区更显著，因为上述地区融资便利或更加依赖政府推动，使得作用效果更为突出。

二是地方政府债务对经济具有抑制作用。这一观点认为，地方政府债务的增长导致长期利率提升，在短期内促进消费并对长期私人投资形成挤出效应，同时也会造成通货膨胀并增加财政政策的不确定性，最终将不利于经济的增长（Diamond，1965；Reinhart et al.，2012；Lo 和 Rogoff，2015；陈思霞、陈志勇，2015）。Reinhart 和 Rogoff（2010）研究了 40 余个国家的样本后发现，当政府债务超过 GDP 的 90%后，政府债务与经济增长将呈负相关关系。余海跃和康书隆（2020）基于2009—2013年我国280个城市的面板数据分析表明，地方政府债务会扭曲资源配置并降低经济效率。Kumar和Woo（2010）、Baum et al.（2013）、Greiner（2013）等学者的研究也证实了上述结论。

三是地方政府债务与经济增长之间存在非线性关系，具体表现为倒U形关系。郭步超和王博（2014）使用52个国家1970—2011年的面板数据进行估算，指出地方政府债务对经济增长的作用机制在发达国家和新兴市场国家的表现并不相同，由于后者的资本回报率较高，因此倒U形的转折点要高于前者。Reinhart和Rogoff（2010）更加细化了不同国家的转折点位置，认为新兴市场国家为60%，而其他国家为90%。同理，毛捷和黄春元（2018）也认为地方政府债务在转折点前能够缓解财政压力和支出短板，超过转折点后则会扭曲经济效率，抑制经济增长。其他学者（Afonso、Jalles，2013；Eberhardt、Presbitero，2015；程宇丹、龚六堂，2015；陈诗一、汪莉，2016；Roberts，2017）也支持倒U形结论和转折点理论，认为控制地方政府债务规模是合理且必要的，但对于转折点的确定则众说纷纭。

四是地方政府债务对经济增长没有影响。这方面的文献相对较少。杨云（2019）考察了2008—2016年中国城市层面的地方政府债务与经济增长的关系，发现由于同时受到经济增长率和实际债务利息率的影响，二者之间并没有明显的影响关系，也不存在所谓的倒U形关系，只有公共设施领域地方政府债务比例的上升能够促进经济增长，但结论没有普适性和代表性。

二、地方政府债务与经济金融风险

在地方政府债务可能涉及的经济与金融风险方面，部分研究探讨了地方政府债务与金融风险之间的相互传导和联动关系。熊琛和金昊（2018）通过DSGE模型刻画了两者之间的“双螺旋”传导结构，前者在提升后者风险的同时也向实体经济部门进行传导，而后者可以通过直接的资产负债表渠道和间接的一般均衡效应渠道影响前者。在解释力度上，后者对于前者的影响效果反而更高。Farhi和Tirole（2018）重点研究了其中的资产负债表渠道机制的循环传导，并将其称为“致命的拥抱”和“厄运循环”，旨在说明二者相互传染、相互加强的特殊关系。朱军等（2018）则基于其中的一般均衡视角，发现地方政府债务规模的增加不仅会造成财政空间缩减，抑制积极财政政策的有效性，还会影响金融市场的定价机制，据此提出“宏观审慎双支柱+财政整顿”政策以解决金融不稳定问题，减少金融摩擦，提升社会福利。毛锐等（2018）的DSGE模型关注的是地方政府债务与商业银行部门的关系，认为地方政府债务规模的扩张可能会引发流动性风险，而商业银行部门作为金融部门的重要组成部分，存在进一步触发系统性金融风险的可能。其他类似研究还包括 Gennaioli et al.（2014）、Bocola（2016）等。

也有部分研究探讨了地方政府债务对金融风险的影响及其路径。Lu 和 Sun（2013）认为，地方政府债务会随着土地价格的变化而变化。当经济增速放缓时，土地价格表现疲软，可能会存在偿债能力方面的问题和风险。此外，地方政府债务规模过大会降低银行资产质量，使得经济很容易受房地产市场波动的影响，带来债务风险和金融不稳定因素。范剑勇和莫家伟（2014）也关注了土地资源与房地产价格的关系，并对不同经济发展条件与禀赋的地区进行分类，发现禀赋较好的地区在招商引资中极具竞争力，使得土地资源紧张，价格自然水涨船高，而禀赋较差的地区由于自身劣势和环境条件所限，未来可能导致土地出让收入不足以偿付地方政府债务的风险。

三、地方政府债务的微观影响

在地方政府债务的微观影响方面，多数文献聚焦于企业的日常生产经营、资源配置和投融资行为影响。一般认为，地方政府债务规模的扩张加剧了市场的竞争，抬高了市场的利率水平，扭曲了资金配置和使用成本，且负债规模扩张大多来源于银行贷款，特别是本地的资本市场，挤占了金融市场有限的信贷资源，迫使企业转向其他更高利率的融资渠道，影响企业的投资和创新行为，尤其是对中小企业的冲击更大，形成挤出效应（王燕武 等，2014；Croce et al.，2019）。在此基础上，饶品贵等（2022）拓展研究了企业的杠杆操纵行为，即迫于以上挤占压力的影响，企业有较强动机通过粉饰真实杠杆率来增强外部融资能力，杠杆操纵程度可能导致企业存在虚假降杠杆的情况。余海跃和康书隆（2020）甄别了挤出效应的具体体现，认为挤出效应不是地方政府公开发行的城投债所致，而是来自挤占地方金融资源的非公开发行债务，且挤占作用对高效率民营企业的负面效果更大。余明桂和王空（2022）研究了企业后续的劳动雇佣问题，地方政府债务通过加剧企业融资约束和企业金融化，进而抑制了企业劳动雇佣，其中主要是高学历员工的劳动雇佣，这无疑会给当下严峻的经济形势、下行压力和就业环境雪上加霜。

同时，也有部分文献关注到了地方政府财政风险对债务的影响。多数学者对地方政府财政风险与债务之间的关系表达了担忧和警觉。虽然目前我国地方政府债务总量风险并不高，但大量隐性债务长期游离于预算约束之外，是我国地方政府债务的主要风险点（贾康、孟艳，2009；武彦民，2010；伏润民 等，

2013；武彦民、竹志奇，2017）。张甜和曹廷求（2022）采用城市商业银行样本，发现无论是从静态角度还是从动态角度来看，地方政府财政风险越大的地区，城市商业银行中长期贷款投放和影子银行业务占比越高，且两类资产业务占比更高的银行有更高的同业负债比率，继而具有更大的流动性风险。朱莹和王健（2018）从城投债风险溢价的视角，发现地方政府的财政不透明和财政不平衡会抑制市场约束效应，加剧城投债的风险溢价效果。何杨和满燕云（2012）指出，我国地方政府高度依赖土地出让收入偿债，使得土地财政风险与地方政府债务风险相互交织，以土地为杠杆借债融资的模式可能由于国内外经济形势的变化而暴露出显性风险，增加了地方政府债务风险控制的难度。

然而，对于居民消费、收入分配的考察却相对匮乏，仅有寥寥数篇相关的研究，且学者们的研究结论未能达成一致。在居民消费方面，李中南（2022）采用联立方程模型分析发现房价与地方政府债务之间存在双向促进作用，而高房价对于非住房消费具有抑制效应，对于住房消费有促进效应。陈志刚等（2017）拓展了 Ramsey-Cass-Koopmans 模型，发现地方政府举债冲动会对居民消费起到抑制作用。与上述结论相反，叶菁菁和唐荣（2021）的省级数据研究认为地方政府债务有可能促进居民消费升级。从中介效应来看，地方政府债务发挥的是弱化房价上涨负面影响的遮掩效应。黄显池（2021）基于 2009—2019 年的地方政府债务数据，认为地方政府债务对经济增长的影响可能通过消费、投资等途径而发生，同时地方政府债务对居民消费、城镇居民消费存在显著的“挤进效应”，对农村居民消费则没有证据表现出明显的关系。在收入分配方面，李红权和尹盼盼（2019）实证发现地方政府债务与城乡收入分配差距呈现 U 形关系，域值水平约为 36%。徐彦坤等（2021）的结论则直接表现为加剧居民收入分配差距，尤以城乡居民收入差距和城市居民内部收入差距最为明显，且主要来源于经营性收入和工资性收入差距。

第三节　地方政府债务风险影响家庭杠杆的实证检验

一、微观层面家庭部门债务演变

本章分析中使用的数据主要来源于中国家庭金融调查数据（China Household Finance Survey，CHFS）。中国家庭金融调查是由西南财经大学于 2011 年开始在全国范围内开展的大型入户追踪调查，该调查每两年开展一次，目前已全部完成 2011 年、2013 年、2015 年、2017 年和 2019 年共五轮数据调查工作。该数据已被国内外大量学者使用，具有较好的数据代表性。特别地，中国家庭金融调查数据详细询问了家庭农业生产经营、工商业生产经营、住房购建、汽车购买、商铺购买、教育、医疗等方面的银行贷款情况和非正规借款情况，这为讨论家庭负债行为提供了很好的数据基础。因此，本章也借助于该数据对家庭负债行为展开分析。具体而言，本部分将从以下几个方面讨论家庭负债行为：

（1）负债拥有，即家庭对于银行贷款、非正规借款等的使用情况。负债使用对于家庭而言至关重要，这是因为，适度的负债使用有助于缓解流动性约束，从而助力家庭福利水平提升。这里，如果家庭因为农业生产经营、工商业生产经营、住房购建、汽车购买、商铺购买、教育、医疗等任一方面有使用银行贷款等正规借贷或非正规借贷，则负债拥有取值为1，否则为0。同时，还分别定义了正规借贷拥有和非正规借贷拥有两个变量以分别衡量家庭对于正规借贷和非正规借贷的使用。如果家庭因为农业生产经营、工商业生产经营、住房购建、汽车购买、商铺购买、教育、医疗等任一方面有使用银行贷款，则正规借贷拥有取值为1，否则为0。如果家庭因为农业生产经营、工商业生产经营、住房购建、汽车购买、商铺购买、教育、医疗等从亲朋好友等获得借款，则非正规借贷取值为1，否则为0。

（2）负债规模。该变量主要用来衡量家庭的负债使用水平。这里分别设定了总负债规模、正规借贷规模和非正规借贷规模，以分别反映家庭的总体负债使用水平、正规渠道负债使用水平和非正规渠道负债使用水平。

（3）债务负担，讨论的是家庭债务水平相对于其收入或财富的适度性问题，因此这里选取债务资产比和债务收入比作为家庭债务负担的衡量。

本章关注的是地方政府债务风险对家庭负债行为及债务负担的影响，如前文所述，地方政府财政风险与地方政府债务风险相互交织、促进，因此，我们参考张甜和曹廷求（2022）的做法，选取家庭所在地级市的（一般公共预算支出+一般公共预算收入）/一般公共预算收入（地方政府债务缺口）作为地方政府债务风险的衡量，该变量取值越高，代表地方政府债务风险越大。

接下来，我们使用中国家庭金融调查数据对家庭负债行为展开分析。

首先是家庭负债使用情况。从家庭的负债使用情况来看（见表10.1），我国家庭中使用负债的家庭比例呈下降趋势，从2011年的43.0%下降至2019年的28.1%。从不同渠道的负债使用来看，我国家庭中使用正规渠道负债的家庭占比总体变化不大，一直围绕着15%上下波动；而我国家庭中使用非正规渠道负债的家庭占比下降明显，从2011年的35.2%下降至2019年的17.3%。这表明，我国家庭对于非正规渠道负债的使用下降趋势明显，可能与近年来数字金融快速发展背景下互联网信贷发展以及私人借贷难度的增加有关（吴雨 等，2019）。

表 10.1　家庭负债使用变化情况分析（2011—2019 年）

年份	有负债家庭	有正规渠道负债	有非正规渠道负债
2011	0.430	0.148	0.352
2013	0.394	0.137	0.322
2015	0.285	0.137	0.182
2017	0.271	0.141	0.164
2019	0.281	0.154	0.173

其次是家庭负债规模的变动情况。从表 10.2 中数据分析结果可以发现，2011—2019 年期间家庭的平均负债规模增加明显，从 2011 年的 41 821.76 元增加至 2019 年的 109 862.40 元。

表 10.2　家庭负债规模变化情况分析（2011—2019 年）　　单位：元

年份	2011	2013	2015	2017	2019
负债规模	41 821.76	57 597.54	91 813.45	102 262.60	109 862.40

最后从家庭债务负担来看（见表 10.3），我国家庭的债务负担呈现出逐年增加趋势。我国家庭的平均资产负债比从 2011 年的 0.228 上升至 2019 年的 0.352，我国家庭的平均债务收入比则从 2011 年的 2.193 上升至 2019 年的 2.325。两个变量的数据分析结果均表明，近年来家庭债务负担总体呈现出上升趋势，家庭的债务风险有所增加。

表 10.3　家庭债务负担变化情况分析（2011—2019 年）

年份	2011	2013	2015	2017	2019
资产负债比	0.228	0.273	0.355	0.324	0.352
债务收入比	2.193	2.876	3.658	3.339	2.325

二、地方政府债务风险与家庭负债行为的统计分析

本部分我们对地方政府债务风险与家庭负债行为展开相关性分析。这里我们按照各地级市的地方政府债务缺口将家庭划分为低地方政府债务风险、中地方政府债务风险和高地方政府债务风险三组。

首先，从家庭负债使用和负债规模来看（表 10.4），与低地方政府债务风险城市的家庭相比，高地方政府债务风险城市的家庭中使用负债的家庭比例更高，且家庭的平均负债规模也更大。这表明，地方政府债务风险可能促进家庭更多地使用负债，也推动了家庭债务水平的提升。

表 10.4　地方政府债务风险与家庭负债使用及债务水平的相关性分析

地方政府债务风险程度	家庭负债比例	家庭负债规模/元
低	0.234	54 649
中	0.289	62 596.35
高	0.367	65 685.08

其次，从地方财政风险与负债来源渠道的分析结果来看（表 10.5），与低地方政府债务风险城市的家庭相比，高地方政府债务风险城市家庭的平均银行贷款规模更大，但其平均非正规借款规模则更小。这表明，地方政府债务风险可能更多地通过推动家庭对于银行贷款的使用而推动了家庭债务水平提升。

表 10.5　地方政府债务风险与家庭负债渠道的相关性分析　单位：元

地方政府债务风险程度	家庭银行负债	家庭非正规负债
低	35 144.61	18 578.7
中	55 946.73	14 307.06
高	74 072.54	13 868.15

最后，从地方政府债务风险与家庭债务负担的分析结果来看（见表 10.6），与低地方政府债务风险城市的家庭相比，高地方政府债务风险城市家庭的平均债务资产比更高，平均债务收入比也更高。这表明，地方政府债务风险在推动家庭债务水平提升的同时可能加大了家庭的债务负担。我们还进一步分析了地方政府债务风险与家庭还款能力①的相关性。从分析结果来看，与低地方政府债务风险城市家庭相比，高地方政府债务风险城市家庭中认为其归还银行贷款存在困难的家庭占比更高（即归还银行贷款或借款存在一定困难或完全还不上）。这意味着，地方政府债务风险与家庭债务负担呈正相关关系，即可能存在地方政府债务风险向家庭部门的传染。

① 中国家庭金融调查设计了“您家偿还生产经营项目欠款的能力如何?”“您家偿还住房欠款的能力如何?”“您家偿还各类欠款的能力如何?”等问题以考察家庭的还款能力。这里认为家庭对以上任一问题的回答如果为“很难偿还”或者“完全没有能力偿还”，则为家庭面临还款困难。

表 10.6　地方政府债务风险与家庭债务负担的相关性分析

地方政府债务风险程度	家庭债务资产比	家庭债务收入比	家庭偿债困难度
低	0.186	2.240	0.023
中	0.228	2.433	0.039
高	0.286	2.687	0.081

以上统计分析了地方政府债务风险与家庭负债行为的相关性。分析结果表明，地方政府债务风险推动了家庭对于负债的使用，且提升了家庭的债务水平，但同时也在一定程度上增加了家庭的债务负担。以上仅是基于统计分析的研究发现，接下来将采用计量模型进一步实证分析地方政府债务风险对家庭负债行为的具体影响。

三、地方政府债务风险与家庭负债使用

本部分首先分析地方政府债务风险对家庭负债使用的影响，使用的是线性概率模型。模型设定如下：

$$Debt\_have_{ic} = \beta_0 + \beta_1 Fin\_risk_c + X\gamma + \varepsilon_{ic} \tag{10.1}$$

式（10.1）中，$Debt\_have_{ic}$ 为被解释变量，取值为 1 代表家庭使用负债，否则为 0。Fin_risk_c 代表的是家庭所居住城市的地方政府债务缺口，取值越大，代表地方政府债务风险越高。X 代表控制变量，主要包括户主特征（含年龄及其平方、性别、受教育年限、婚姻状况、是否为中共党员、是否在国有单位工作等）、家庭特征（含是否拥有自有住房、是否从事工商业生产经营、家庭总收入、家庭净资产、农村地区）和城市层面控制变量（含经济发展水平、城镇化率）。此外，实证分析中还控制了省级固定效应和年份固定效应。

表 10.7 中汇报了地方政府债务风险对家庭债务使用影响的估计结果。从结果可知，地方政府债务风险显著提高了家庭对于负债的使用。具体而言，地方政府债务风险每上升 1 个单位，辖区内家庭使用负债的可能性增加 0.305 7 个百分点。从家庭正规信贷使用和非正规信贷使用来看，地方政府债务风险显著增加了家庭对于银行贷款等正规信贷的使用，而对非正规信贷的使用没有显著影响。具体而言，地方政府债务风险每上升 1 个单位，辖区内家庭使用银行贷款等正规信贷的可能性增加了 0.408 3 个百分点。

表 10.7　地方政府债务风险与家庭负债使用

变量	(1) 家庭拥有负债	(2) 家庭拥有正规借贷	(3) 家庭拥有非正规借贷
地方政府债务风险	0.305 7*** (4.026 5)	0.408 3*** (5.381 3)	0.104 7 (1.360 0)
年龄	−0.005 5*** (−5.166 3)	−0.011 2*** (−11.298 3)	0.003 5*** (5.324 2)
年龄的平方	−0.001 1 (−1.267 0)	0.006 2*** (8.044 4)	−0.006 4*** (−9.921 5)
男性户主	0.000 1 (0.020 8)	−0.012 2*** (−4.019 4)	0.013 2*** (3.471 3)
受教育年限	−0.001 8*** (−2.966 2)	0.004 8*** (9.481 3)	−0.006 9*** (−13.936 3)
已婚	−0.010 0** (−2.398 1)	0.002 6 (0.752 6)	−0.011 5*** (−3.231 8)
党员	−0.003 1 (−0.671 7)	0.013 2*** (3.039 5)	−0.012 1*** (−3.295 6)
国有单位工作	0.013 9* (1.944 7)	0.046 3*** (6.906 3)	−0.029 6*** (−7.157 3)
家庭人口数	0.026 0*** (21.689 8)	0.008 1*** (8.653 5)	0.023 0*** (19.630 6)
拥有自有住房	0.018 6*** (2.746 3)	−0.006 8 (−1.027 7)	0.021 8*** (4.326 1)
从事工商业生产经营	0.045 7*** (6.838 3)	0.059 6*** (9.953 8)	0.003 7 (0.608 0)
ln（家庭总收入）	0.002 0** (2.306 6)	0.007 3*** (12.040 6)	−0.004 4*** (−6.046 7)
ln（家庭净资产）	0.017 3*** (10.110 4)	0.024 3*** (16.061 5)	−0.001 5 (−1.574 1)
农村地区	0.052 7*** (8.456 9)	0.007 3 (1.457 6)	0.052 7*** (10.564 6)
log（人均 GDP）	0.049 9*** (2.721 9)	0.079 1*** (5.206 0)	0.004 5 (0.257 3)
城镇化率	−0.233 6*** (−5.177 1)	−0.116 1*** (−2.802 6)	−0.202 0*** (−4.441 8)
R^2	0.103 1	0.118 3	0.101 3
N	99 549	99 549	99 549

注：表中各列均控制了省份固定效应和年份固定效应，括号中为城市层面聚类的稳健标准误。后同。

四、地方政府债务风险与家庭负债水平

接下来分析地方政府债务风险对家庭负债水平的影响，我们使用的是 OLS 模型。模型设定如下：

$$Debt\_level_{ic} = \beta_0 + \beta_1 Fin\_risk_c + X\gamma + \varepsilon_{ic} \tag{10.2}$$

式（10.2）中，$Debt\_level_{ic}$ 为被解释变量，反映家庭的债务使用水平。其余变量与表 10.7 相同，不再赘述。表 10.8 中汇报了地方政府债务风险对家庭债务水平影响的估计结果。从结果可知，地方政府债务风险显著提高了家庭债务水平。具体而言，地方政府债务风险每上升 1 个单位，辖区内家庭使用负债的可能性增加了 2.342 2 个百分点。从家庭正规渠道债务规模和非正规渠道债务规模来看，地方政府债务风险显著提高了家庭的正规渠道债务规模，而对非正规渠道债务规模没有显著影响。具体而言，地方政府债务风险每上升 1 个单位，辖区内家庭的正规渠道债务规模增加了 3.617 4 个百分点。为进一步验证地方政府债务风险对家庭负债渠道的影响，这里定义了正规渠道债务占比（正规渠道负债占家庭总负债的比重）并重新进行回归分析，结果汇报于表 10.8 第（4）列。结果表明，地方政府债务风险对正规渠道负债占比的影响也在 1%水平上显著为正。这表明，地方政府债务风险不仅使得家庭总体债务水平增加，也使得家庭更多地使用银行等正规渠道负债。

表 10.8　地方政府债务风险与家庭债务水平

变量	(1)	(2)	(3)	(4)
	Log（家庭总负债）	Log（正规渠道负债）	Log（非正规渠道负债）	正规渠道负债占比
地方政府债务风险	2.342 2***	3.617 4***	−0.182 8	0.267 1***
	(2.935 2)	(4.991 7)	(−0.295 3)	(4.650 2)
年龄	−0.058 8***	−0.092 2***	0.018 8***	−0.006 9***
	(−5.458 5)	(−8.340 5)	(3.065 5)	(−8.058 5)
年龄的平方	0.008 9	0.057 8***	−0.040 7***	0.004 4***
	(1.021 6)	(6.669 3)	(−7.248 8)	(6.473 7)
男性户主	−0.012 3	−0.150 3***	0.137 5***	−0.011 8***
	(−0.316 0)	(−4.304 7)	(4.163 6)	(−4.555 4)
受教育年限	−0.027 9***	0.026 5***	−0.057 3***	0.002 2***
	(−4.856 2)	(5.423 3)	(−13.913 4)	(6.123 6)

表10.8(续)

变量	(1) Log（家庭总负债）	(2) Log（正规渠道负债）	(3) Log（非正规渠道负债）	(4) 正规渠道负债占比
已婚	-0.027 5	0.050 4	-0.047 6	0.003 7
	(-0.670 3)	(1.528 3)	(-1.447 1)	(1.400 0)
党员	-0.037 0	0.101 7**	-0.110 9***	0.007 8**
	(-0.806 7)	(2.223 6)	(-3.586 9)	(2.238 6)
国有单位工作	0.619 7***	0.923 8***	-0.175 6***	0.070 3***
	(7.109 6)	(11.033 2)	(-4.020 9)	(10.816 7)
家庭人口数	0.207 8***	0.048 9***	0.181 1***	0.003 4***
	(18.350 4)	(5.827 5)	(16.783 4)	(5.103 1)
拥有自有住房	0.372 9***	0.150 0***	0.268 5***	0.010 8**
	(5.566 5)	(2.674 5)	(4.920 4)	(2.499 8)
从事工商业生产经营	0.717 0***	0.731 9***	0.048 6	0.055 0***
	(9.475 7)	(11.445 2)	(0.850 4)	(11.132 0)
ln（家庭总收入）	0.024 7***	0.055 4***	-0.027 9***	0.004 3***
	(2.827 9)	(8.911 7)	(-3.995 8)	(9.275 0)
ln（家庭净资产）	0.234 5***	0.208 1***	0.062 1***	0.015 3***
	(15.251 2)	(14.808 4)	(6.709 3)	(14.127 2)
农村地区	0.641 3***	0.183 8***	0.533 9***	0.013 2***
	(10.606 1)	(3.804 0)	(11.740 9)	(3.478 3)
log（人均 GDP）	0.439 7**	0.726 2***	-0.051 0	0.054 9***
	(2.286 3)	(4.752 7)	(-0.297 0)	(4.688 0)
城镇化率	-2.254 3***	-1.257 3***	-1.694 2***	-0.091 9***
	(-4.403 9)	(-3.025 9)	(-3.716 5)	(-2.843 4)
R^2	0.155 3	0.107 6	0.136 6	0.100 6
N	95 598	95 598	95 598	95 598

我们对上文进行分析后发现，地方政府债务风险使得家庭来自银行等正规渠道的负债显著增加。一个值得关心的问题是：地方政府债务风险导致了哪种类型的家庭正规渠道负债增加呢？为了回答这一问题，我们将家庭正规渠道负债按照用途划分为住房贷款、生产经营性贷款和其他贷款。其中，住房贷款指的是家庭由于住房购买、建造等而持有的银行贷款；生产经营性贷款指的是家庭因农业、工商业生产经营而持有的银行贷款；其他贷款指的是家庭因购买汽

车、教育、医疗、信用卡使用等而持有的银行贷款，因此也可称之为消费型贷款。依据这一分类，我们分别计算了各类贷款占家庭正规渠道负债的比重，并据此分析地方政府债务风险对家庭各类型正规渠道负债的影响。表 10.9 中汇报了这一实证分析结果。从结果来看，地方政府债务风险对住房贷款占比和其他贷款占比的影响在 1%水平上显著为正，而地方政府债务风险对生产经营性贷款占比则没有显著影响。这表明，地方政府债务风险使得因住房购建、汽车购买、教育、医疗、信用卡使用等而持有的银行贷款显著增多，而对因工商业生产经营而持有的银行贷款则影响不显著。也就是说，地方政府债务风险主要刺激了家庭部门的住房贷款和消费型贷款的增加。

表 10.9　地方政府债务风险与家庭债务水平

变量	(1) 住房贷款占比	(2) 生产经营贷款占比	(3) 其他贷款占比
地方政府债务风险	0.165 3*** (3.053 0)	0.067 0 (1.457 9)	0.150 7*** (3.482 6)
年龄	−0.008 6*** (−9.250 4)	−0.000 3* (−1.943 6)	−0.004 3*** (−10.574 9)
年龄的平方	0.005 4*** (7.538 6)	0.000 0 (0.180 4)	0.002 4*** (7.361 0)
男性户主	−0.014 4*** (−4.543 8)	0.002 4*** (3.081 2)	−0.002 3 (−1.304 0)
受教育年限	0.003 3*** (7.735 9)	−0.000 1 (−1.021 6)	0.002 3*** (9.751 1)
已婚	0.009 4*** (3.145 6)	−0.001 6* (−1.855 7)	−0.006 0*** (−3.296 9)
党员	0.005 0 (1.396 5)	0.004 2*** (3.417 9)	0.002 9 (1.351 1)
国有单位工作	0.050 1*** (8.880 7)	−0.007 8*** (−4.301 9)	0.014 6*** (5.088 8)
家庭人口数	0.001 8** (2.545 6)	0.001 2*** (3.396 2)	0.004 0*** (7.392 2)
拥有自有住房	−0.002 5 (−0.491 9)	0.003 1* (1.829 8)	−0.014 7*** (−3.705 5)
从事工商业生产经营	−0.011 2** (−2.567 9)	0.045 0*** (13.437 4)	0.023 2*** (8.550 4)

表10.9(续)

变量	(1) 住房贷款占比	(2) 生产经营贷款占比	(3) 其他贷款占比
ln（家庭总收入）	0.004 1*** (8.738 8)	0.000 5*** (2.688 4)	0.001 9*** (6.102 4)
ln（家庭净资产）	0.022 0*** (14.164 4)	0.001 9*** (6.558 5)	0.002 7*** (7.337 0)
农村地区	−0.007 2** (−2.198 4)	0.010 8*** (5.577 2)	0.001 5 (0.775 1)
log（人均 GDP）	0.036 8*** (3.964 8)	0.012 3** (2.249 2)	0.017 6** (2.547 3)
城镇化率	−0.030 0 (−1.221 5)	−0.034 1** (−2.258 7)	−0.008 1 (−0.431 8)
R^2	0.100 1	0.043 5	0.038 7
N	95 598	95 598	95 598

五、地方政府债务风险与家庭债务负担

最后，值得讨论的问题是：地方政府债务风险会增大家庭的债务负担吗？为了回答这一问题，这里分别选取债务收入比、债务资产比①作为被解释变量进行回归分析。从表 10.10 第（1）~（2）列的估计结果来看，地方政府债务风险越高，辖区内家庭的债务收入比和债务资产比也越高，即地方政府债务风险显著提高了家庭的债务收入比和债务资产比。这一定程度上说明，地方政府债务风险使得家庭债务负担增加。那么，需要进一步思考的是：地方政府债务风险会加大家庭的债务风险吗？如果地方政府债务风险导致家庭债务负担增加，但仍处于合理范围内的话，则不会有太大问题。有鉴于此，这里将前文所界定的家庭偿债困难指标作为被解释变量重新进行回归分析，结果汇报于表 10.10 第（3）列。从结果来看，地方政府债务风险显著增加了家庭存在偿债困难的可能性。这意味着，地方政府债务风险增加使得辖区内家庭债务水平超过其合理负债水平，从而出现了偿债困难问题，使得家庭债务风险增加。

① 需要说明的是，关于债务收入比、债务资产比的合理水平是多少尚没有统一的观点。一般而言，债务收入比、债务资产比的取值越高，家庭的债务负担相对越大。

表 10.10 地方财政风险与家庭债务水平

变量	(1)	(2)	(3)
	债务收入比	债务资产比	偿债困难
地方政府债务风险	1.200 8***	0.139 2***	0.091 8**
	(3.546 3)	(3.771 1)	(2.005 6)
年龄	−0.028 5***	−0.001 2**	0.000 9**
	(−5.055 4)	(−2.575 5)	(2.158 3)
年龄的平方	0.010 5**	−0.000 3	−0.001 9***
	(2.182 6)	(−0.757 7)	(−4.920 4)
男性户主	−0.023 6	−0.001 9	0.005 9***
	(−1.028 4)	(−1.096 7)	(3.407 9)
受教育年限	−0.012 7***	−0.000 6**	−0.003 7***
	(−4.258 2)	(−2.223 9)	(−9.748 3)
已婚	0.006 1	0.002 5	−0.008 1***
	(0.251 0)	(1.124 4)	(−3.606 1)
党员	0.029 5	0.002 0	−0.003 1
	(1.223 6)	(0.999 2)	(−1.278 4)
国有单位工作	−0.028 5	0.007 6**	−0.005 3*
	(−0.987 4)	(2.459 6)	(−1.954 1)
家庭人口数	0.052 8***	0.007 1***	0.006 2***
	(7.909 3)	(12.380 6)	(9.030 3)
拥有自有住房	0.139 6***	0.003 1	0.000 3
	(5.915 4)	(1.094 2)	(0.074 0)
从事工商业生产经营	0.182 0***	0.006 1**	−0.011 5***
	(6.374 2)	(2.434 8)	(−3.759 4)
ln（家庭总收入）	−0.187 5***	0.001 1**	−0.005 8***
	(−18.703 2)	(2.579 5)	(−8.737 4)
ln（家庭净资产）	0.123 7***	−0.008 7***	0.003 7***
	(14.404 7)	(−7.540 6)	(5.758 5)
农村地区	0.139 2***	0.018 6***	0.018 4***
	(5.940 2)	(7.603 0)	(5.589 0)
log（人均 GDP）	0.201 4***	0.022 6***	0.008 8
	(2.709 4)	(3.172 0)	(1.069 3)
城镇化率	−0.672 0***	−0.077 0***	−0.061 5**
	(−3.089 7)	(−3.737 8)	(−2.523 2)

表10.10(续)

变量	(1)	(2)	(3)
	债务收入比	债务资产比	偿债困难
R^2	0.056 6	0.058 7	0.036 0
N	93 470	93 470	55 086

本章使用我国代表性的家庭微观数据实证分析了地方政府债务风险对家庭负债行为的影响。主要结论：①地方政府债务风险显著促进了家庭的负债使用；②地方政府债务风险推动了家庭债务水平提升，且使得家庭更多地使用银行贷款，其对非正规渠道负债水平则没有显著影响；③地方政府债务风险在一定程度上增大了家庭的债务负担，使得家庭的债务收入比和债务资产比显著提高。同时，地方政府债务风险还显著增加了家庭还款困难的可能性。这在一定程度上说明，可能存在地方政府债务风险向家庭部门的传染。

第十一章　新冠肺炎疫情对我国城投债发行利差的影响研究

第一节　新冠肺炎疫情背景下的城投债发行

回顾历史，1931年经济大萧条、2008年全球金融危机等对世界经济均造成了巨大破坏，新冠肺炎疫情的发生对全球经济的负效应逐步累积，部分国家和地区出现了经济停摆的迹象。普遍的共识是需要政府有效担当，即采取有效的刺激政策进行救市和复苏经济，而城投企业作为基础设施建设以及公共设施建设主要主体，在这种情况下，承担着重要的任务。

2020年，我国基础设施建设投资额为18.82万亿元，基础设施建设已成为中国社会经济健康可持续发展的有力支撑。但与一些发达国家相比，我国基础设施建设在很多方面仍存在较大差距。这说明我国基础设施建设在一定程度上仍具有很好的发展前景和巨大的发展潜力。为推进基础设施建设，我国地方政府必须筹集大笔资金。然而现实情况是，我国地方政府的财政资金明显不足，因此有必要建立地方投融资平台来达到融资的目标，即建立城投公司，以该公司作为载体向外发行债券（“城投债”）进行融资，从而解决城市建设中资金不足的问题。目前，城投债经历了几十年的快速发展，已经成为我国债券市场中不可或缺的一部分。

受新冠肺炎疫情影响，中国经济下行压力加大，资本市场正在做出相应的调整和变化，这给正在高速发展的城投企业带来了“危”与“机”（孙兰英，2020）。疫情冲击给城投企业带来了很大影响，一是使得我国劳动力供给减少，工程建设项目进度受到影响，导致各种成本增加（张桂文、吴桐，2020；蔡昉等，2021）。二是与城投业务相关的服务业（旅游、餐饮）、交通运输、商业贸易以及房地产在内的四大行业遭到疫情的重大打击。三是疫情直接打击地方政府财力，同时地方政府用于防疫的支出增加，这都影响到地方政府财政对城投企业的支持（朱启荣 等，2020）。

但是，疫情也给城投企业带来了“危”中之“机”。第一，为保居民就业和基本民生，中央政府相继出台了财政、金融、就业扶持等 8 个方面 90 项政策措施（李克强，2020）。随着新冠肺炎疫情逐步受控以及中国政府加大经济刺激力度，我国的融资环境逐步得到改善（郭栋，2020）。因疫情影响，经济发展水平严重下滑，但由于“翻番”目标属于刚需，政策对冲力将会达到历史新高。第二，国家发展和改革委员会、交易所、交易商协会为促进经济发展，加大金融支持力度，先后发布一系列规定，主要包括三个方面：一是构建债券发行的“绿色通道”，变相增加了债券发行总金额，延长了批文的时长。对信息披露的时限等具有针对性的问题进行科学调整。二是对一些有关城投债的政策进行有效的改变并强调重视在网上处理业务，保障债券市场的发行登记、承销分销、付息兑付以及交易结算等业务有序、正常开展。三是提高对受疫情困扰地区的机构发行登记、交易以及托管等手续费的减免比例。这一系列政策使得城投平台可以选择更加多样的债券品种发行债券，债券审批也会变得相对容易。第三，中央银行货币政策进一步宽松，开放了资金利率的波动下限，市场对货币的宽松预期再次进行调整，资金利率大幅度降低，甚至低于 2008 年全球金融危机时期的低点。中央银行的政策使得各大银行放宽了对城投债的准入审批，进一步优化了城投平台的融资环境。

在城投平台大力发展以及新冠肺炎疫情重大冲击的背景下，研究新冠肺炎疫情对于城投债发行利差的影响就变得更加有意义。本章对新冠肺炎疫情发生前后我国城投债的发行利差进行研究，目的是更清楚地了解在重大灾难冲击的情况下，城投企业融资成本究竟会如何变化，进而为城投企业融资提供一定的参考价值，更好地助力当地经济发展。

第二节　城投债发行利差的影响因素

一、城投债发行利差影响因素分析

（一）新冠肺炎疫情因素分析

新冠肺炎疫情对我国城投企业产生的影响是显而易见的。疫情发生后，我国推出了“疫情防控债”这一特殊品种，一定程度上促进了城投平台的融资。在疫情防控期间，城投平台承担着城市建设的职责，并积极参与到当地医院建设、医疗物资采购等疫情防控工作中，金融机构对平台的融资支持也大大增加（赵想想，2018）。在此背景下，城投债的政府背书力度得到了加强，疫情也引起了资本市场的动荡，更多的资本被转移至风险较小的债券中，从而“城投信仰”被再度强化，城投债受到市场大力追捧。

（二）投资者情绪因素分析

Brown 和 Cliff（2004）对股票市场上反映投资者情绪的变量进行了总结：①市场表现指标；②交易行为指标；③衍生品相关变量、折价率、收益率等其他变量。债券市场存在的不稳定因素，以及债券发行企业出现违约等情况，都会在一定程度上影响投资者的情绪。债券市场存在二级市场，所以投资者情绪也会在一定程度上反映到发行利差方面（Harris、Piwowar，2006）。当投资者看好市场时，他们会对城投企业的偿付能力充满信心，认为城投债风险可控且收益率可观，就会加大在债券市场的投入（Schultz，2012；Tang、Yan，2010）。当投资者对市场缺乏信心时，他们会认为城投企业风险较高，存在较大的违约风险，这时他们会减少在债券市场的投入，并要求提高利率，对其所承担的风险进行风险补偿（Altman，1990；Madan、Unal，2000）。因此，投资者情绪是研究城投债发行利差的一个重要影响因素，并且债券市场是否发生违约，会影响投资者购买债券的信心，进而影响投资者情绪。

（三）市场情况与城投债发行利差因素分析

Kidwell 和 Trzcinka（1983）通过对 1975 年的纽约公债违约事件进行深入探究，说明了地方政府制定的政策具有很强的易变性，因此市政债券所存在的信用风险远远高于具有相同信用等级的企业债券。Collin-Dufresne 等（2001）通过研究发现，市场因素与企业因素会从不同的两个层次干扰债券的发行利差，但他们并没有发现明确的干扰因素。Hattori 等（2001）发现日本政府债券的违约风险和整体金融状况是解释信用价差的重要因素。公司债券发行与政府债券发行的比率也是利差的一个重要决定因素，市场中的一些不确定因素也是债券交易活动中应重点关注的，特别是期限风险和更大规模的地方政府债务的挤出效应。Peng（2002）结合市政债券违约的事件，说明了地方政府与公众之间存在的信息不对称与经济下行压力可能会使债券发生违约。Tang 和 Yan（2010）研究了市场与违约风险之间的相互作用对企业信用利差的影响。他们利用信用违约互换（CDS）利差，发现平均信用利差降低了地区 GDP 增长率，但增加了地区 GDP 增长的波动性和市场的跳跃风险。在市场层面，投资者情绪是决定信贷利差的最重要因素。Schwert（2017）使用三种不同的互补方法将市政债券利差分解为违约和流动性两部分，研究了市政债券的定价问题，并发现在调整免税状态后，违约风险占平均利差的74%以上。第一种方法使用交易数据估计流动性成分，第二种方法使用信用违约掉期数据测量违约成分，第三种方法是准自然实验，用于估计预退款事件前后违约风险的变化。鉴于市政债券违约的罕见发生率，违约风险的价格很高，意味着高风险溢价。

（四）宏观影响因素分析

1. 地区 GDP 增长率

由于地域因素的影响，各地区 GDP 增长率会有所不同。地区经济差异导致地方政府不同的融资需求，地方政府需要通过城投平台进行融资的程度也会有差异，从而影响城投债的发行利差。当地区 GDP 增长率较高时，代表其地方经济处于相对较好的情况，地方正大力发展当地经济，随之城投平台就会承担更多的建设任务。当地方政府重视经济发展时，其城投平台的融资能力也会变得更加重要，投资者对其的预期也会更加向好，从而使得城投债的发行利差降低，进一步缓解地方政府快速发展经济时的资金压力。

2. 一般公共预算收入

对于地方政府而言，一般公共预算收入分为税收收入和非税收收入，其中税收收入占很大比重，所以地方政府一般公共预算收入越高，其税收收入也将越高，地方政府偿还债务能力也就越强，其平台公司发行债券融资成本就越低，发行利差也就相对较低。

3. 金融市场发展水平

地方金融市场发展水平代表着地方政府的融资能力（庞晓波、李丹，2015），这也是发行利差的影响因素之一。金融市场发展水平越高，金融市场越成熟，相关配套政策和制度越健全、越合规、越完备，发生系统性金融风险的可能性越小；金融市场发展水平越低，发生系统性金融风险的可能性越大（龚强 等，2011；陈菁、李建发，2015）。影响金融市场发展水平的因素较多，其中资本的使用效率和资本本身的利益驱动行为是金融市场固有的重要特征，因此可将地方政府负债率和债务率作为衡量金融市场发展水平的重要指标，通过地方政府负债率和债务率对城投债发行利差的影响来评价金融市场发展水平对城投债发行利差的影响（潘俊 等，2015；姜子叶、胡育蓉，2016）。

（五）微观影响因素分析

1. 债券因素

债券因素也会影响城投债发行利差。一般来说，城投债的基本要素包括发债人的企业性质、地域分布、发行期限、发行方式、发行品种、是否有担保等（Collin-Dufresn 等，2001）。

2. 公司财务因素

虽然城投债是地方政府平台发行的债券，但其也受公司财务状况的影响，所以需要考虑公司的财务状况。对于同一个城市的发行主体而言，不同城投公司的财务状况也会对其发行利差产生较大影响（Dutta、Shekhar，2019；Duffie、Lando，2001）。与民营企业不同，城投公司的某些财务指标并不会显著影响城投债的发行利差（张颖、李珊珊，2014；王博森、施丹，2014）。故本章实证研究中采用逐步回归的方法，筛选出相关性较低且对发行利差影响较大的财务指标。首先，净资产可衡量城投公司的体量大小以及城投平台在当地的重要程度。在债券市场中，城投公司的体量大小以及城投平台在当地的重要程度是投资者对城投债认可程度的重要指标。城投公司的体量越大表明其在当地越重要，投资者对其认可程度就越高，城投债发行利差也就越低。就公司层面考虑，公司净资产越多，当其面临资金周转压力时，其偿付风险也就越低（Cuny，2016）。其次，净资产负债率可以体现公司的个体融资能力以及市场对公司的认可程度。当公司的净资产较多、负债较少时，公司融资会相对容易，融资成本也会相对较低（Ohlson，1980；Zmijewski，1984）。最后，流动比率也是重要的财务指标之一（Mansi 等，2004；Merton，1974）。企业的流动比率可反映企业遇到特殊情况时的及时应对能力。当企业流动比率较低时，其应对风险能力较差，违约风险较高，故而发行利差也会较高。

二、研究假设

我国是社会主义国家，在民生问题上，从来都是全力支持以保障人民生活幸福。当我国出现新冠肺炎疫情时，中央政府相继出台了财政、金融、就业扶持等 8 个方面 90 项政策措施（李克强，2020）。在这些宏观政策的指引下，当地政府以及城投企业所需要的资金增多而税收收入因疫情减少，故而当地政府更有动力利用相关政策支持城投企业发行债券融资，帮助城投企业快速恢复发展，这就变相增强了地方政府的隐性担保以及干预意愿，使得市场上对城投债的认可程度增加。

当我国出现新冠肺炎疫情时，债券审批部门（国家发展和改革委员会以及证监会等）均出台了相应的疫情防控债以及实施政策性开放，使得城投企业获得批文更加容易并且批文有效期得到延长，使得城投类企业议价空间变大，而监管部门的政策性宽松，使得城投类企业可以选择市场认可度高的项目发行债券。这一系列政策使得城投平台发行债券审批相对容易，更加有利于城投平台融资。对于投资者而言，中央银行的政策使得各大银行放宽了对城投债的审批，投资者由于宏观经济的不确定性而更愿意购买比股票信用度更高的城投债，从而形成更加有利于卖方的市场，使得城投平台融资变得相对容易。

综上所述，疫情因素（n-Cov Epidemic factors）的数值越大，表示疫情越严重，需要的基础设施建设及其他医疗相关工程也就越多，城投平台所承担的任务也就越重。而疫情越严重，政府税收收入就越低，政府面临更严峻的财政短缺问题，政府通过城投类企业募资的意愿就会更加强烈，这也变相增加了政府对城投企业发行债券的隐性担保以及干预意愿。进而，当地政府作为实际控制人就更有动力帮助城投类企业进行融资并降低其融资成本、减少还债压力，使得城投平台发行债券融资相对容易，发行价也会随之降低，而该指标和城投债的发行利差负相关，因此我们提出如下假设 1。

假设 1：疫情因素对城投债发行利差存在负向影响。

当市场上出现债券违约情况时，会打击投资者的情绪。当投资者情绪不好时，债券发行价会随之升高，因此债券市场违约情况与城投债发行利差正相关，因此提出如下假设 2。

假设 2：债券市场违约对城投债发行利差存在正向影响。

第三节　新冠肺炎疫情影响我国城投债发行利差的实证检验

一、变量选取与数据来源

在研究新冠肺炎疫情发生前后我国城投债发行利差的影响因素时，由于 2018 年以前的债券发行体量相对较小，并且与疫情发生时间相距较远，故我们选取 2018 年 1 月—2020 年 9 月的数据作为样本进行研究分析。在样本期内，我国共发行城投债 9 528 只，剔除掉部分财务数据缺失的数据以及 4 只债券评级低于 AA-的数据；考虑到部分日期缺少 AAA 债券发行，无法度量投资者的情绪，所以也剔除掉相关数据，最终共选取了 8 771 只城投债进行研究。

明确样本数据后，我们进一步获取影响城投债发行利差的控制变量。其中，宏观类因素分别是一般公共预算收入、地区 GDP 增长率、地方政府负债率、地方政府债务率，微观类因素分别为公司债务因素以及债券基本信息（程宇丹、龚六堂，2015；戴国强、孙新宝，2011；韩鹏飞、胡奕明，2015；何杨、满燕云，2012；胡奕明、顾祎雯，2016；Diebold、Li，2016）。进一步加入主要研究的解释变量，包括疫情因素、投资情绪因素、市场违约因素。各个变量的定义以及相关说明见表 11.1。各个城市宏观数据来源于 Wind 数据库、中国城市统计年鉴以及通过手工查询方式搜集各大政府官方网站数据，其他数据均来源于 Wind 数据库。

表 11.1　变量定义及说明

变量分组	变量含义	变量符号	变量说明
被解释变量	城投债发行利差	SPR	债券发行利率减去发行当日同期限国债利率
解释变量	疫情因素	nCoV	发行债券城投公司所在市的新冠肺炎疫情确诊人数减去治愈人数后进行对数处理
	投资者情绪	IS	城投债券发行前一周除其本身外的所有主体评级为 AAA 的信用债券发行利率的平均值
	市场违约情况	Defaults	若城投债发行当日债券市场出现违约情况，则此变量取值为 1，否则取值为 0
控制变量（宏观层面）	地区 GDP 增速	GDPI	发行债券城投公司所在市当年公布的地区 gdp 增速
	一般公共预算收入	GPBR	发行债券城投公司所在市当年公布的一般公共预算收入
	地方政府负债率	GDR	发行债券城投公司所在市当年公布的地方政府负债率
	地方政府债务率	DR	发行债券城投公司所在市当年公布的地方政府债务率
控制变量（公司层面）	净资产	Equity	发行债券城投公司当年公开的净资产
	流动比率	CR	发行债券城投公司当年公开的流动比率
	净资产负债率	NDAR	发行债券城投公司当年公开的净资产负债率
控制变量（债券基本面）	债券期限	BDL	该只城投债的债券期限
	担保情况	GUA	若该只城投债存在担保，取值为 1，否则为 0
	含权情况	CRD	若该只城投债存在含权情况，取值为 1，否则为 0
	债券评级	RAT	若该只城投债评级为 AAA，则 RAT1 取值为 4；评级为 AA+，则 RAT 取值为 3；评级为 AA，则 RAT 取值为 2；评级为 AA-，则 RAT 取值为 1
	债券发行总额	BIS	该只城投债的发行总额

（一）被解释变量

被解释变量是城投债发行利差，即票面利率等于无风险收益率和发行利差之和。在具体实践过程中，在相同的时间范围内，国债到期无风险收益率和无风险收益率可以认为是相同的（Longstaff、Schwartz，1995），所以本章以与城投债发行日期相同、到期期限相同的国债到期收益率作为城投债无风险收益率。为此，我们通过手工查询方式获取 2018 年 1 月到 2020 年 9 月期间每一个工作日的国债到期收益率，并计算债券发行日的国债到期收益率与发行时的票面利率的差值作为发行利差。

（二）解释变量

1. 主要解释变量［疫情因素（nCoV）］

疫情因素是本研究的主要研究指标之一，用于研究疫情严重程度对我国城投债利差的影响。我们用债券发行日各发行债券城投平台所在市的确诊病例与治愈病例之差的对数值衡量疫情的严重程度（蔡昉 等，2021）。由于发行利差采用的是发行日的相关数据，所以疫情因素也为发行日的相关数据。

2. 其他解释变量［投资者情绪（IS）、债券市场违约（Defaults）］

投资者情绪通过除债券本身外的债券在发行日前一周发行主体评级为AAA的信用债券发行时的票面利率均值来衡量。因为市场对于主体评级为AAA的信用债券认可程度较高，主体评级为AAA的公司财务因素对于发行利差影响较小，主要受投资者情绪波动而变化，故而采用主体评级为AAA的信用债券发行时票面利率作为衡量投资者情绪的指标。当主体评级为AAA的信用债券发行票面利率高时，表明投资者情绪相对较低，反之则反是。此外，债券市场发生违约也会反映市场上的情绪变化。通过归纳整理债券市场上的违约日期，我们采用虚拟变量的形式，对存在违约的日期进行表示。

（三）控制变量

控制变量包括宏观因素、城投平台财务因素以及债券因素。其中，宏观因素包括一般公共预算收入（GPBR）、GDP增长率（GDPI）、政府负债率（GDR）、债务率（DR）。城投平台财务因素包括流动比率（CR）、净资产（Equity）、净资产负债率（NDAR），若债券发行日在4月30日（公司年报最晚发布时间）之前，使用前年年报的公司财务数据；若债券发行日在4月30日之后，则使用去年年报的公司财务数据。债券因素包括债券期限（BDL）、债项评级（RAT）、债券发行总额（BIS）、是否含权（CRD）、是否存在担保（GUA），其中债项评级（RAT）能从评级机构的角度反映债券相关因素（Katz，1974；嵇杨、曹慧敏，2014；寇宗来 等，2015）。选取AA-、AA、AA+、AAA这四种评级的数据表示债券评级情况，若该只城投债评级为AAA，则RAT取值为4；评级为AA+，则RAT取值为3；评级为AA，则RAT取值为2；评级为AA-，则RAT取值为1。

二、模型构建

为了探讨疫情因素、投资者情绪、市场违约情况对我国城投债发行利差的影响，本研究借鉴潘俊等（2016）、钟辉勇等（2016）的方法，构建如下多元回归模型来对我国城投债发行利差展开研究：

$$SPR=\alpha+p_1nCoV+p_2IS+p_3Defaults+p_4GDPI+p_5GPBR+p_6GDR+p_7DR+p_8Equity+p_9CR+p_{10}NDAR+p_{11}BDL+p_{12}CRD+p_{13}GUA+p_{14}RAT+p_{15}BIS+p_{16}CITY+p_{17}TIME$$

三、回归分析

(一)阶段城投债发行利差影响因素分析

本小节研究新冠肺炎疫情发生前后各影响因素对城投债发行利差的影响，通过控制平台自身的财务资质、所在市级宏观数据，以及债券基本情况包括有无担保、是否含权、债券期限、债券评级等，对疫情发生前、疫情发生后、2018年开始到2020年9月份整体时间段分别进行回归分析。回归结果见表11.2。

表11.2 各阶段城投债发行利差回归结果

变量	城投债发行利差 SPR		
	疫情发生前	疫情发生后	2018—2020年9月全样本
疫情因素 (nCoV)		−0.027 9*** (−2.92)	−0.046 0*** (−5.20)
投资者情绪 (IS)	0.345 1*** (15.86)	−0.324 1*** (−6.19)	0.391 4*** (24.12)
市场违约情况 (Defaults)	0.105 6*** (4.00)	−0.035 6 (−1.12)	0.053 6** (2.57)
GDP增速 (GDPI)	−0.080 0*** (−8.72)	−0.148 1*** (−12.83)	−0.097 4*** (−13.33)
一般公共预算收入 (GPBR)	−0.000 2*** (−15.33)	−0.000 1*** (−7.48)	−0.000 2*** (−15.95)
政府负债率 (GDR)	0.014 9*** (7.44)	0.035 3*** (14.54)	0.024 0*** (15.41)
政府债务率 (DR)	0.002 8*** (9.86)	0.001 6*** (5.90)	0.002 1*** (10.28)
净资产 (Equity)	−0.000 4*** (−16.01)	−0.000 3*** (−9.60)	−0.000 4*** (−19.45)
流动比率 (CR)	0.000 1 (1.20)	0.044 0*** (7.29)	0.000 1 (0.75)
净资产负债率 (NDAR)	−0.065 2*** (−7.06)	−0.032 2** (−2.29)	−0.059 7*** (−7.52)

表11.2(续)

变量	城投债发行利差 SPR		
	疫情发生前	疫情发生后	2018—2020 年 9 月全样本
债券期限 (BDL)	−0.094 2*** (−11.77)	0.012 3 (1.31)	−0.029 1*** (−4.76)
含权情况 (CRD)	0.487 5*** (15.61)	0.519 6*** (11.83)	0.526 8*** (20.05)
担保情况 (GUA)	0.013 3 (0.32)	0.115 9** (2.09)	0.021 0 (0.61)
债券评级 (RAT)	−0.428 8*** (−26.38)	−0.419 2*** (−21.74)	−0.422 3*** (−33.03)
债券发行总额 (BIS)	−0.012 9*** (−5.76)	−0.020 0*** (−5.94)	−0.012 6*** (−6.58)
Constant	3.075 7*** (23.15)	4.506 1*** (21.14)	2.476 2*** (25.65)
月份固定效应	控制	控制	控制
城市固定效应	控制	控制	控制
N	5 059	3 712	8 771
调整后 R^2	0.446 6	0.421 8	0.427 5
F	273.157 6	170.232 6	410.277 4

注：括号中为相应系数的 t 值，***、**、* 分别表示系数在 1%、5%、10% 的显著性水平下显著。

根据表 11.2 中内容可知，疫情因素在疫情发生前回归模型、2018—2020 年 9 月城投债整体回归模型中，都在 1% 显著性水平下显著且影响方向为负，表明当存在疫情时，疫情越严重，发行利差越小，这一结果验证了假设 1。

对主体评级为 AAA 的信用债发行利率所代表的投资者情绪进行分析可知，三个模型中投资者情绪均在 1% 显著性水平下显著。在疫情发生前以及 2018—2020 年 9 月城投债整体回归模型中的系数为正，在疫情发生后回归模型中的系数为负。疫情发生后出现系数异常，是因为疫情发生后为支持国家建设、共同面对疫情，债券投资者多数为银行等国有控股企业，使得投资者对于市场支持力度增大，所有债券的发行利率都随之降低。这种降低效应会影响到我们研究的主体评级为 AAA 的信用债发行利率所代表的投资者情绪，因为在这个情况下，主体评级为 AAA 的信用债发行利率没有办法准确地代表投资者的情绪。AAA 债券发行利率会受疫情因素影响而降低，所以在疫情期间，投资者的情绪会出现数值异常。但是将其纳入整体中，投资者情绪系数还是为正，这表明当主体评级为 AAA 的信用债发行利率高时发行利差较大，也就是说当投资者情绪较低时发行利差较大。

当市场上出现违约时，在疫情发生前回归模型、2018—2020 年 9 月城投债整体回归模型中，分别在 1%显著性水平、5%显著性水平下显著且影响方向为正。这表明债券市场出现违约会打击投资者情绪，从而使得发行利差变大，该结果验证了假设 2。由于疫情的发生，投资者对市场支持力度增大，一定程度上弱化了债券市场违约带来的影响，所以在疫情期间其结果表现为不显著。

对三个模型的控制变量进行分析可知，首先，就宏观指标而言，一般公共预算较多，会缩小城投债发行利差；地方政府负债率以及债务水平较高时，会扩大城投债发行利差。这些宏观指标表明当政府财政情况越好时，当地的城投平台债券发行利差越小。其次，对公司财务状况进行分析后可以发现，流动比率越高，债券发行利差越大。对于城投平台而言，其大部分资产为土地、房屋等固定资产，其流动比率高时，一般而言其资产也相对较小，体量不够大，而一个小的平台公司风险水平一般较高，所以其发行利差也会随之变大。公司净资产越多，债券发行利差越小；净资产负债率越高，债券发行利差越小；但疫情减弱了公司净资产对发行利差的影响。这些结果说明公司的财务状况越好，相关违约风险越低。

（二）各阶段各品种城投债发行利差影响因素分析

为进一步探究解释变量对各阶段各类城投债品种发行利差的影响，本小节对三个阶段各类城投债的发行利差展开实证分析。模型中依旧控制了平台自身的财务资质、所在市级宏观数据以及债券基本情况。表 11.3 为各阶段城投债-定向工具发行利差回归结果。

表 11.3　各个阶段城投债-定向工具发行利差回归结果

变量	城投债发行利差 SPR		
	疫情发生前	疫情发生后	2018—2020 年 9 月全样本
疫情因素 （nCoV）		−0.047 8** （−2.26）	−0.056 3*** （−2.92）
投资者情绪 （IS）	0.369 1*** （8.68）	−0.490 3*** （−3.97）	0.397 8*** （12.34）
市场违约情况 （Defaults）	0.166 1*** （3.16）	−0.100 0 （−1.36）	0.078 7* （1.80）

表11.3(续)

变量	城投债发行利差 SPR		
	疫情发生前	疫情发生后	2018—2020 年 9 月全样本
GDP 增速 (GDPI)	−0.127 6*** (−6.57)	−0.244 3*** (−8.53)	−0.160 7*** (−9.89)
一般公共预算收入 (GPBR)	−0.000 2*** (−5.41)	−0.000 1*** (−2.83)	−0.000 1*** (−5.67)
政府负债率 (GDR)	0.019 7*** (4.44)	0.046 4*** (6.35)	0.027 8*** (7.23)
政府债务率 (DR)	0.001 2** (2.18)	0.000 3 (0.48)	0.000 9** (2.06)
净资产 (Equity)	−0.001 2*** (−7.99)	−0.000 4** (−2.07)	−0.000 9*** (−7.57)
流动比率 (CR)	−0.003 3 (−1.02)	0.011 2 (0.70)	−0.001 3 (−0.39)
净资产负债率 (NDAR)	−0.101 8*** (−3.50)	−0.053 0 (−1.29)	−0.086 3*** (−3.56)
债券期限 (BDL)	−0.171 6*** (−4.71)	−0.187 9*** (−3.81)	−0.166 4*** (−5.56)
含权情况 (CRD)	0.378 2*** (5.00)	0.322 9*** (2.81)	0.321 6*** (4.94)
担保情况 (GUA)	0.139 3 (1.23)	−0.086 7 (−0.49)	0.050 2 (0.51)
债券评级 (RAT)	−0.359 1*** (−11.90)	−0.450 5*** (−10.80)	−0.395 9*** (−15.69)
债券发行总额 (BIS)	−0.002 8 (−0.58)	−0.026 8*** (−2.71)	−0.003 4 (−0.75)
Constant	3.879 2*** (13.78)	7.343 6*** (13.59)	3.925 4*** (17.60)
月份固定效应	控制	控制	控制
城市固定效应	控制	控制	控制
N	1 017	524	1 541
调整后 R^2	0.383 8	0.431 6	0.394 0
F	43.183 9	25.820 8	63.577 1

注：括号中为相应系数的 *t* 值，***、**、* 分别表示系数在 1%、5%、10%的显著性水平下显著。

从表 11.3 中的结果可知，在定向工具的回归模型结果中，主要解释变量疫情因素、投资者情绪因素结果显著且系数符号与前文一致。市场违约情况的系数符号，疫情发生前及整体回归模型结果一致，与疫情发生后不一致。这说明疫情的发生对市场违约情况产生了一定的影响，使得投资者对于是否存在市场违约的关心程度下降。市场违约情况在全样本整体回归模型中表现显著，在全样本定向工具分类回归模型中显著性水平下降，进一步说明对于定向工具来说，投资者并不完全在意市场是否存在违约情况。定向工具是向特定投资人发行的金融产品，发行人与投资人的协商在注册之前基本完成。因为其具有非公开、定向发行、协商确定等特点，其发行利差具有独有的特征，所以才会出现投资者对于市场不敏感的情况。

在控制变量方面，当地政府债务率、公司的一些财务指标（包括流动比率、净资产负债率）、是否存在担保的影响都显著降低。由于非公开、定向发行、协商确定等特点，发行利差不能完全代表其公司所付出的实际成本，比如公司会向银行承诺存款以及合作等事情，非市场化情况较为严重，所以公司的财务指标以及是否存在担保就变得不再那么重要了。

表 11.4 报告了各阶段城投债-短期融资券发行利差回归结果。从表 11.4 中的结果可知，疫情发生前的样本数据只有 78 只，疫情发生后的样本数据却达到了 869 只，这说明疫情的发生使得城投企业大量发行短期融资券进行融资。其原因可能在于，疫情影响下大量工程施工停滞，进而导致企业的资金回款出现期限差异，所以需要增加短期借款进行融资。在对短期融资债券进行分析时，疫情因素显著性水平以及系数符号不变，表明疫情的发生对企业短期借贷也产生了较大的助力，不管是总量还是利率。投资者情绪在疫情发生后以及 2018—2020 年 9 月全样本回归模型中变得显著但系数异常，这表明整体市场对疫情发生后债券的支持使得整体利率下行，才会出现这个结果。

在控制变量方面，当地政府财政情况的影响远远低于整体回归模型结果。在公司财务状况方面，净资产影响显著，净资产负债率在疫情发生后以及 2018—2020 年 9 月全样本回归模型中显著，流动比率并不能很好地解释发行利差。在债券基本情况方面，除是否存在担保外基本都显著，说明短期融资债券更加看重债券基本要素（徐强，2007）。这表明投资者购买短期融资债券主要基于债券基本信息、债券相关评级以及公司资产负债情况，主要关心公司短期内是否会违约，较少考虑长期市场情况以及当时的投资者情绪。

表 11.4　各个阶段城投债-短期融资债券发行利差回归结果

变量	城投债发行利差 SPR		
	疫情发生前	疫情发生后	2018—2020 年 9 月全样本
疫情因素 (nCoV)		−0.066 7*** (−3.76)	−0.054 9*** (−3.80)
投资者情绪 (IS)	0.164 2 (0.31)	−0.181 9** (−2.26)	−0.178 0** (−2.26)
市场违约情况 (Defaults)	−0.049 2 (−0.21)	0.001 5 (0.03)	0.022 2 (0.45)
GDP 增速 (GDPI)	−0.212 9*** (−2.80)	−0.156 5*** (−7.63)	−0.154 3*** (−7.93)
一般公共预算收入 (GPBR)	−0.000 0 (−0.10)	0.000 0 (0.23)	0.000 0 (0.12)
政府负债率 (GDR)	0.019 6 (1.01)	0.033 8*** (8.56)	0.032 2*** (8.26)
政府债务率 (DR)	−0.005 0 (−1.52)	0.000 1 (0.24)	−0.000 0 (−0.01)
净资产 (Equity)	−0.000 7*** (−3.33)	−0.000 2*** (−5.88)	−0.000 3*** (−6.55)
流动比率 (CR)	−0.007 5 (−0.13)	0.024 2 (1.55)	0.020 9 (1.37)
净资产负债率 (NDAR)	0.172 4 (1.65)	0.038 6* (1.90)	0.042 2** (2.09)
债券期限 (BDL)	2.040 1** (2.01)	0.620 9*** (4.51)	0.651 5*** (4.83)
担保情况 (GUA)	−0.524 5 (−0.98)	0.007 4 (0.04)	−0.039 8 (−0.24)
债券评级 (RAT)	−0.253 1* (−1.86)	−0.327 5*** (−10.88)	−0.318 5*** (−10.74)
债券发行总额 (BIS)	−0.048 0* (−1.91)	−0.023 1*** (−3.52)	−0.027 5*** (−4.34)
Constant	1.712 9 (0.85)	3.086 4*** (8.38)	3.030 7*** (8.39)
月份固定效应	控制	控制	控制
城市固定效应	控制	控制	控制

表11.4(续)

变量	城投债发行利差 SPR		
	疫情发生前	疫情发生后	2018—2020 年 9 月全样本
N	78	869	947
调整后 R^2	0.340 6	0.379 5	0.367 5
F	3.840 4	36.390 7	37.650 1

注：括号中为相应系数的 t 值，***、**、* 分别表示系数在 1%、5%、10%的显著性水平下显著。

我们对各阶段中期票据回归结果（表 11.5）进行分析后发现，疫情因素、投资者情绪变量的回归结果显著且影响方向与整体回归模型一致。市场违约情况在三个阶段中均不显著，这表明投资者对于中期票据是否出现违约并不是那么关心。这可能是由于中期票据的期限结构多为 5 年以上，理性投资者对于市场违约的反应较小。

在控制变量方面，当地政府债务情况大部分保持显著，与整体回归模型一致。在公司财务状况方面，流动比率、净资产保持显著，净资产负债率较难影响发行利差。其原因可能在于城投公司由地方政府作为实际控制人，投资者对城投公司存续充满信心，就中长期而言，投资者对城投公司的净资产负债率较不敏感。

表 11.5 各个阶段城投债-中期票据发行利差回归结果

变量	城投债发行利差 SPR		
	疫情发生前	疫情发生后	2018—2020 年 9 月全样本
疫情因素 (nCoV)	—	−0.046 9*** (−2.61)	−0.034 3** (−2.01)
投资者情绪 (IS)	0.445 0*** (12.81)	−0.262 2*** (−2.64)	0.386 0*** (14.87)
市场违约情况 (Defaults)	0.070 4 (1.58)	−0.024 1 (−0.41)	0.028 4 (0.79)
GDP 增速 (GDPI)	−0.080 1*** (−4.85)	−0.139 7*** (−6.33)	−0.092 3*** (−6.95)
一般公共预算收入 (GPBR)	−0.000 1*** (−7.74)	−0.000 1*** (−2.94)	−0.000 1*** (−8.39)
政府负债率 (GDR)	0.005 4 (1.42)	0.026 4*** (5.51)	0.013 1*** (4.46)

表11.5(续)

变量	城投债发行利差 SPR		
	疫情发生前	疫情发生后	2018—2020 年 9 月全样本
政府债务率 (DR)	0.002 1*** (3.90)	0.001 7*** (3.83)	0.001 8*** (5.21)
净资产 (Equity)	-0.000 2*** (-7.14)	-0.000 1*** (-2.64)	-0.000 2*** (-8.00)
流动比率 (CR)	0.015 8*** (2.97)	0.021 0** (2.47)	0.016 9*** (3.70)
净资产负债率 (NDAR)	-0.008 8 (-0.64)	0.009 8 (0.39)	-0.010 3 (-0.84)
债券期限 (BDL)	-0.138 6*** (-8.32)	-0.144 3*** (-5.71)	-0.144 3*** (-10.26)
含权情况 (CRD)	0.515 1*** (10.78)	0.311 3*** (4.84)	0.432 7*** (11.22)
担保情况 (GUA)	0.025 2 (0.22)	0.222 6 (1.59)	0.099 4 (1.10)
债券评级 (RAT)	-0.311 3*** (-10.57)	-0.319 4*** (-8.57)	-0.317 3*** (-13.49)
债券发行总额 (BIS)	-0.008 1** (-2.32)	-0.025 7*** (-3.95)	-0.009 9*** (-3.21)
Constant	2.173 1*** (9.25)	4.720 5*** (11.53)	2.467 8*** (13.79)
月份固定效应	控制	控制	控制
城市固定效应	控制	控制	控制
N	1 492	782	2 274
调整后 R^2	0.360 1	0.375 7	0.353 0
F	56.945 9	30.373 1	78.509 5

注：括号中为相应系数的 t 值，***、**、* 分别表示系数在 1%、5%、10% 的显著性水平下显著。

我们对各阶段企业债券回归结果（表 11.6）进行分析后发现，疫情因素在回归结果显著且影响方向与整体回归模型一致，投资者情绪变量在疫情发生后及 2018—2020 年 9 月全样本回归模型中显著且影响方向与整体回归模型一致，市场违约情况在各个阶段中均不显著。企业债券具有自身特点，本质上还是需要经国家发展和改革委员会审批通过后才可以发行，募集的资金多数被用于实体工程施工相关项目，与市政工程联系紧密，因此市场是否出现违约对于其发行利差的影响就没有那么明显（赵银寅、田存志，2010）。

我们对控制变量进行分析后发现，除了地区 GDP 增速外，当地政府财政情况大部分与整体回归模型一致，保持显著。由于地区 GDP 增速代表其地方财政增长速度，而国家发展和改革委员会更加看重金融融资水平以及其税收收入，故地区 GDP 增速对其发行利差影响不显著。公司财务情况多数显著且影响方向与整体回归模型一致。企业债券基本要素都显著影响发行利差且影响方向与整体回归模型一致。在企业债券中，是否存在担保变得显著，因企业债券大多数情况下与主体债券评级一致，若追加担保则会明显降低其发行利率，从而影响发行利差。

表 11.6 各个阶段城投债-企业债券发行利差回归结果

变量	城投债发行利差 SPR		
	疫情发生前	疫情发生后	2018—2020 年 9 月全样本
疫情因素 (nCoV)	—	-0.113 4*** (-4.52)	-0.140 4*** (-5.95)
投资者情绪 (IS)	0.020 6 (0.44)	-0.280 2** (-2.05)	0.126 5*** (3.42)
市场违约情况 (Defaults)	-0.041 0 (-0.77)	-0.019 4 (-0.24)	0.001 5 (0.03)
GDP 增速 (GDPI)	0.003 6 (0.18)	-0.043 9 (-1.53)	-0.019 5 (-1.19)
一般公共预算收入 (GPBR)	-0.000 1*** (-3.22)	-0.000 1** (-2.52)	-0.000 1*** (-4.42)
政府负债率 (GDR)	0.007 8** (2.26)	0.033 0*** (5.54)	0.017 6*** (5.93)
政府债务率 (DR)	0.002 8*** (6.19)	-0.000 0 (-0.01)	0.001 7*** (4.50)
净资产 (Equity)	-0.001 0*** (-10.50)	-0.000 2* (-1.71)	-0.000 7*** (-9.26)
流动比率 (CR)	0.000 2*** (2.81)	0.036 8*** (3.48)	0.000 2*** (2.82)
净资产负债率 (NDAR)	-0.113 2*** (-5.13)	-0.173 9*** (-4.28)	-0.141 7*** (-7.40)

表11.6(续)

变量	城投债发行利差 SPR		
	疫情发生前	疫情发生后	2018—2020 年 9 月全样本
债券期限 (BDL)	−0.030 0** (−1.99)	−0.069 4*** (−3.72)	−0.048 9*** (−4.05)
含权情况 (CRD)	0.431 5*** (3.19)	0.549 6*** (3.15)	0.303 5*** (2.85)
担保情况 (GUA)	−0.459 6*** (−7.31)	−0.357 8*** (−3.09)	−0.454 1*** (−8.02)
债券评级 (RAT)	−0.677 7*** (−18.29)	−0.414 4*** (−7.28)	−0.641 4*** (−20.15)
债券发行总额 (BIS)	−0.015 9*** (−3.22)	−0.040 2*** (−6.11)	−0.022 5*** (−5.56)
Constant	4.536 1*** (15.09)	4.832 1*** (7.92)	4.355 5*** (17.47)
月份固定效应	控制	控制	控制
城市固定效应	控制	控制	控制
N	1 020	399	1 419
调整后 R^2	0.614 4	0.566 0	0.608 1
F	109.264 0	33.443 6	138.529 9

注：括号中为相应系数的 t 值，***、**、* 分别表示系数在 1%、5%、10%的显著性水平下显著。

表 11.7 中各阶段城投债-公司债券发行利差回归结果表明，疫情因素的回归结果显著且影响方向与整体回归模型一致，投资者情绪在回归模型中显著且影响方向与整体回归模型一致，市场违约情况除疫情发生前在 10%的显著性水平下显著外，在其余阶段均不显著。

在控制变量方面，当地政府财政情况对公司债券的影响更加明显，由表 11.7 中可知，所有代表当地政府财政情况的变量都在 1%的水平下显著。公司的财务情况对各阶段发行利差产生显著影响。除是否存在担保外，公司债券基本要素显著影响发行利差且影响方向与整体回归模型一致。是否存在担保情况在各个阶段均不显著，这是前文提及的主体与债券评级不一致导致的。

表 11.7　各个阶段城投债-公司债券发行利差回归结果

变量	城投债发行利差 SPR		
	疫情发生前	疫情发生后	2018—2020 年 9 月全样本
疫情因素 (nCoV)	—	-0.042 2** (-2.45)	-0.052 2*** (-3.40)
投资者情绪 (IS)	0.304 6*** (7.14)	-0.512 2*** (-5.44)	0.219 3*** (6.82)
市场违约情况 (Defaults)	0.086 7* (1.86)	-0.047 0 (-0.81)	0.020 6 (0.56)
GDP 增速 (GDPI)	-0.103 7*** (-6.77)	-0.120 6*** (-6.28)	-0.107 6*** (-8.90)
一般公共预算收入 (GPBR)	-0.000 2*** (-9.79)	-0.000 2*** (-5.72)	-0.000 2*** (-10.89)
政府负债率 (GDR)	0.017 8*** (4.74)	0.039 4*** (9.55)	0.027 9*** (10.27)
政府债务率 (DR)	0.004 6*** (7.49)	0.003 1*** (6.06)	0.003 6*** (9.29)
净资产 (Equity)	-0.000 3*** (-7.89)	-0.000 5*** (-6.00)	-0.000 4*** (-9.84)
流动比率 (CR)	0.088 9*** (10.83)	0.093 2*** (6.72)	0.087 9*** (12.06)
净资产负债率 (NDAR)	-0.042 3*** (-2.74)	-0.020 7 (-0.78)	-0.036 3*** (-2.64)
债券期限 (BDL)	-0.131 0*** (-7.29)	-0.129 0*** (-5.99)	-0.122 2*** (-8.79)
含权情况 (CRD)	0.305 3*** (4.60)	0.408 2*** (5.06)	0.395 9*** (7.69)
担保情况 (GUA)	0.039 4 (0.51)	0.011 9 (0.14)	0.016 5 (0.29)
债券评级 (RAT)	-0.384 5*** (-13.53)	-0.462 1*** (-13.42)	-0.421 0*** (-18.87)
债券发行总额 (BIS)	-0.017 2*** (-4.43)	-0.027 5*** (-4.65)	-0.021 9*** (-6.59)
Constant	3.109 6*** (12.77)	5.878 6*** (15.54)	3.445 3*** (19.39)

表11.7(续)

变量	城投债发行利差 SPR		
	疫情发生前	疫情发生后	2018—2020 年 9 月全样本
月份固定效应	控制	控制	控制
城市固定效应	控制	控制	控制
N	1 452	1 138	2 590
调整后 R^2	0.518 8	0.505 8	0.494 0
F	105.295 5	73.727 3	158.998 6

注：括号中为相应系数的 t 值，***、**、* 分别表示系数在 1%、5%、10%的显著性水平下显著。

（三）机制检验

疫情因素影响城投债发行利差的途径之一在于疫情因素增强了政府的隐性担保预期。参考罗荣华与刘劲劲（2016）、闫晓东等（2019）对于政府隐性担保的研究方法，本节采用倍差法验证疫情因素是否增强了政府的隐性担保预期。我们将受疫情影响的无担保城投债设置为实验组，将不受疫情影响的有担保城投债设置为对照组，通过对比疫情前后与组间差异捕捉疫情效应。疫情因素-i 为虚拟变量，当 nCoV-i=1 时表示存在疫情因素影响的城市所发行的城投债，当 nCoV-i=0 时表示没有发生疫情因素影响的城市所发行的城投债。当 GUA′=1 时表示无担保城投债，当 GUA′=0 时表示有担保城投债。机制检验结果见表 11.8，第（1）列交互项回归系数为-0.154 2，并且在 5%的水平下显著，第（2）列交互项回归系数为-0.209 8，并且在 1%的水平下显著，交互项的结果表明疫情发生缩小了无担保城投债的发行利差，这说明疫情因素确实强化了政府对城投债的隐性担保预期。这也说明了疫情因素可以通过影响隐性担保进而影响城投债发行利差。

表 11.8 机制检验回归结果

变量	城投债发行利差 SPR	
	(1)	(2)
疫情因素-i (nCoV-i)	-0.426 8*** (-5.77)	-0.180 9*** (-2.92)
担保情况′ (GUA′)	0.085 6*** (16.84)	0.042 6* (1.85)
交互项 (nCoV-i×GUA′)	-0.154 2** (-2.06)	-0.209 8*** (-3.33)

表11.8(续)

变量	城投债发行利差 SPR	
	(1)	(2)
投资者情绪 (IS)	—	0.250 0*** (12.27)
市场违约情况 (Defaults)	—	0.035 4* (1.70)
GDP 增速 (GDPI)	—	-0.101 4*** (-13.97)
一般公共预算收入 GPBR	—	-0.000 2*** (-16.32)
政府负债率 (GDR)	—	0.023 5*** (15.20)
政府债务率 (DR)	—	0.002 2*** (11.03)
净资产 (Equity)	—	-0.000 4*** (-19.42)
流动比率 (CR)	—	0.000 1 (1.12)
净资产负债率 (NDAR)	—	-0.062 8*** (-7.97)
债券期限 (BDL)	—	-0.037 3*** (-6.10)
含权情况 (CRD)	—	0.521 3*** (19.99)
债券评级 (RAT)	—	-0.420 2*** (-33.10)
债券发行总额 (BIS)	—	-0.012 7*** (-6.70)
Constant	3.227 2*** (65.92)	3.167 5*** (27.10)
月份固定效应	控制	控制
城市固定效应	控制	控制
N	8 771	8 771
调整后 R^2	0.105 1	0.436 3

注：括号中为相应系数的 *t* 值，***、**、* 分别表示系数在 1%、5%、10%的显著性水平下显著。

本章以2018年—2020年9月期间城投公司发行的债券为研究对象，研究了疫情因素以及其他因素对于城投债发行利差的影响差异，并探讨了疫情因素影响城投债发行利差的渠道机制。结论发现：①疫情因素会显著影响城投债发行利差，疫情越严重，城投债发行利差越小；②在疫情发生前以及整体时间段内，投资者情绪因素可以显著影响城投债发行利差，但是衡量指标选取问题使得在疫情期间不能准确地衡量投资者情绪；③在疫情发生前，市场违约情况显著影响城投债发行利差，但是在疫情期间，市场违约情况不太受到投资者关注；④疫情对不同类型城投债发行利差的影响存在差异。

第十二章　债务融资对房地产企业系统重要性的影响机制分析

第一节　房地产与金融部门风险的关系

就系统性金融风险防范而言，“系统重要性金融机构”的认定规则、调整机制和监管政策等至关重要。一国内的系统重要性金融机构指业务规模较大、业务复杂程度较高、一旦发生风险事件将给金融体系带来巨大冲击的金融机构，其判定主要依据为该金融机构在“金融网络”中的“相对重要性”，“太大而不能倒”和“太关联而不能倒”是与此高度相关的两个重要因素。不同房地产企业在“经济金融风险关联网络”中的相对重要性有差异，那些出现经营困境后对整个经济体系有着重大影响的房地产企业就是本章重点关注的“系统重要性房地产企业”，这类房地产企业的运营状况对我国系统性金融风险的演化和经济金融风险关联网络拓扑结构的演变有着重要的影响。

《中华人民共和国国民经济和社会发展第十四个五年规划和2035年远景目标纲要》要求，“注重防范化解重大风险挑战，实现发展质量、结构、规模、速度、效益、安全相统一”。面对日益复杂的经济金融环境，如何让金融回归服务实体经济的本源，是我国当前亟待解决的重大问题。自1998年住房体制改革以来，我国房地产业飞速发展，与金融体系之间的联系日益紧密。近期房地产业已成为我国金融风险防范的最大“灰犀牛”。因此，有必要结合我国房地产业和金融业之间的交织演化状况，基于多个维度分析房地产企业在“经济金融风险关联网络”中的“系统重要性”，厘清其演化机制和驱动成因，为防范化解房地产领域金融风险提供决策参考。

诸多学者基于不同视角构建了金融机构或实体企业在金融风险关联网络中系统重要性的多种测度方法。Adrian 和 Brunnermeier（2016）、Acharya 等（2017）、Brownlees 和 Engle（2017）等基于市场收益率数据和左尾风险关联机理所提出的 MES、ΔCoVaR 和 SRISK 等方法在实践中被广泛使用。由于我国房地产企业与金融部门之间的关联性较为复杂，金融风险关联信息的扩散具有一定的持续性，在将这些方法应用于我国房地产金融风险问题分析时会导致一些关键维度和信息缺失。因此，对我国房地产金融风险管控而言，应基于风险溢出效应的强度和持续时间等多维信息，对房地产企业在风险防范过程中的系统重要性进行全面分析。

房价持续上涨促使房地产企业快速扩张规模，金融部门是其重要的资金来源。当房地产企业经营状况恶化时，风险极有可能通过信贷渠道向金融机构蔓延，致使系统性金融风险集聚和扩散。房地产企业对金融部门的风险溢出效应与其债务融资的方式和房价的波动状况紧密相关。因此，考察房地产企业债务融资的方式对其在经济金融风险关联网络中的系统重要性的作用机理具有重要的理论和实践意义。房地产企业对金融部门风险溢出效应的强度和持续性有着怎样的时变特征？债务融资方式对它们的作用机制是什么？其作用机理是否与房地产企业的规模相关？在房价运行周期的不同阶段，债务融资方式有着怎样的差异化效应？我们借鉴 Kubitza（2021）的研究思路，试图基于条件损失概率方法和面板回归模型对这些问题进行探讨。本研究为我国金融风险的防范、房地产市场的监管及双支柱调控框架的完善具有重要意义。

第二节　房地产企业风险溢出效应的相关研究

一、风险溢出效应测度

与本章最相关的一类文献采用市场收益率数据度量风险溢出效应。Adrian 和 Brunnermeier（2016）提出了 ΔCoVaR 方法度量金融机构的系统性风险贡献，该指标是系统性风险领域最常见的度量方法。为更准确度量小于临界值的风险，Girardi 和 Ergün（2013）提出采用多元条件波动率模型计算 ΔCoVaR，并给出了“一致风险度量指标”的定义。Acharya 等（2017）认为基于在险价值的系统性风险度量指标忽略了超过域值的极端风险，并提出了 MES 方法。为解决上述指标未考虑资产负债表信息的问题，Brownless 和 Engle（2017）等通过将风险指标与杠杆率和市值结合提出了 SRISK 方法，较为全面地度量了美国大型金融机构的系统重要性。

杨子晖和李东承（2018）、梁琪和李政（2014）、王擎和田娇（2016）等就我国跨部门风险溢出效应测度等问题进行了深入研究。Kubitza（2021）认为 ΔCoVaR、MES 等方法仅度量了同期系统性风险，忽略了风险传染过程中的滞后效应，进而提出分别采用超额条件损失概率和溢出久期等指标度量风险溢出效应强度和持续时间，这在一定程度上弥补了前述缺陷。相比于 ΔCoVaR 等基于同期相依性的测度方法，Kubitza 所提出的方法具有以下优点：一是充分考虑了风险溢出效应可能存在的滞后性；二是基于该方法构建的指标借鉴了格兰杰因果检验的思想，便于分析风险溢出效应的方向。

二、房地产与金融体系风险溢出效应的驱动成因分析

一些文献认为房地产企业对银行业的信贷依赖是其形成风险溢出效应的重要驱动因素。房价上涨时，房地产企业可以获得更多的融资，金融机构对房地产企业的风险暴露逐渐增加。房地产市场衰退时，信贷收紧使得房地产企业违约风险加大。Koetter 和 Poghosyan（2010）认为房价适度上涨会增加抵押品价值和借款人的净财富，对信贷违约有缓释作用。Anumdsen 和 Jansen（2013）基于结构向量误差修正模型研究了住房价格与家庭信贷之间的关系，发现家庭对未来自身收入的预期及经济增长的预期对房价有重要影响。Vandenbussche（2015）等研究了宏观审慎政策工具对房价周期与信贷周期协同演化的影响，发现资本充足率和非标准的流动性政策能熨平房价非理性波动。骆永民和刘艳华（2011）发现信贷对房价的影响存在地域差异，叶欣和王婕（2013）基于贝叶斯向量自回归模型发现信贷与房价波动的关系与宏观经济状况有关。

因此，债务融资方式可能是房地产企业系统重要性的重要驱动因素之一。He 和 Xiong（2012）得出的结论是，短期债务融资状况会导致流动性风险和信用风险。Battiston 等（2012）发现，债务违约会导致系统性风险，金融机构内在关联性使得贷款分散对潜在损失有非线性影响。Chiu 等（2015）发现行业债务融资规模是其形成风险溢出效应的重要驱动因素。范小云等（2013）认为银行间的负债关联是形成系统性金融风险的重要驱动因素。苟文均等（2016）研究表明，非金融部门债务杠杆显著推升了我国系统性风险水平。为此，这里基于房地产企业融资方式视角，对房地产企业在经济金融风险关联网络中系统重要性的影响机制进行深入考察。

第三节　房地产企业风险溢出效应的实证检验

一、条件损失概率（CoSP）

定义公司（系统）收益率小于其 q 分位数时，即 $r^i \leqslant VaR^i(q^i)[r^s \leqslant VaR^s(q^s)]$ 时，公司（系统）处于极端风险状况。给定系统处于极端风险状况的无条件概率为 q^S，公司对系统的风险外溢效应会导致系统处于极端风险状况的概率超过无条件概率 q^S。采用条件损失概率（CoSP）量化公司对系统的溢出效应，该指标定义为公司处于极端风险状况下 τ 天后系统也处于极端风险状况的概率。

$$\varphi_\tau = P[r_\tau^s \leqslant VaR^s(q^s) \mid r_0^i \leqslant VaR^i(q^i)] \tag{12.1}$$

如果 $\varphi_\tau > q^S$，表明单家公司对系统的溢出效应导致系统陷入极端风险状况的概率增加 $(\varphi_\tau - q^S) \times 100\%$。当 τ 趋于无穷大时，机构对系统的溢出效应可以忽略不计，系统陷入极端风险状况的概率趋于无条件概率。

$$\lim_{\tau \to \infty} \varphi_\tau = q^s \tag{12.2}$$

φ_τ 的非参数估计量如下：

$$\hat{\varphi}_\tau = \frac{1}{q^s(n-\tau)} \sum_{t=1}^{n-\tau} 1_{\{r_t^i \leqslant V\hat{a}R^i(q^i),\ r_{t+\tau}^s \leqslant V\hat{a}R^s(q^s)\}} \tag{12.3}$$

n 为样本个数，τ 为滞后天数，$V\hat{a}R^i(q^i)$ 为机构收益率观测值的 q^i 分位数，$V\hat{a}R^s(q^s)$ 为系统收益率观测值的 q^s 分位数。$1_{(i)}$ 为指示函数，当满足括号内的条件时取 1，否则取 0。后文的实证分析表明，无穷期后公司对系统的风险溢出效应趋于 0，基于溢出效应呈指数衰减的假设，采用广义线性模型（GLM）对 φ_τ 进行拟合：

$$\varphi_\tau^{GLM} = q^s + e^{b\tau + c},\ \tau \geqslant 1 \tag{12.4}$$

q^s 为系统陷入极端风险状况的无条件概率，b 反映了溢出效应的衰减速度。采用极大似然估计方法估计 φ_τ^{GLM}，给定 $1_{\{r_{t+\tau}^S \leqslant V\hat{a}R^S(q^S),\ r_t^I \leqslant V\hat{a}R^I(q^I)\}}$ 独立的条件，Y_τ 服从如下所示的二项分布：

$$Y_\tau = \sum_{t=1}^{n-\tau} 1_{\{r_{t+\tau}^s \leqslant V\hat{a}R^s(q^s),\ r_t^i \leqslant V\hat{a}R^i(q^i)\}} \sim Bin(n_\tau,\ \varphi_\tau q^i) \tag{12.5}$$

n_τ 等于 $n-\tau$，为样本容量。$Bin(n_\tau,\ \varphi_\tau q^i)$ 代表样本容量为 n_τ，概率为 $\varphi_\tau q^i$ 的二项分布。

假设 Y_τ 独立，则观测值 $y_1, y_2, \cdots, y_{n.}$ 的对数似然函数如式（12.6）所示：

$$L = \sum_{\tau=1}^{\tau^{\max}} \log\binom{n-t}{y_\tau} + y_\tau \log(q^I \varphi_\tau^{GLM}) + (n - \tau - y_\tau)\log(1 - q^I \varphi_\tau^{GLM}) \quad (12.6)$$

运用 Levenberg-Marquardt 算法求解式（12.7）、式（12.8）即可估计参数 b、c：

$$\frac{\partial L}{\partial b} = \sum_{\tau=1}^{\tau^{\max}} \frac{\tau y_\tau}{q^i + e^{b\tau+c}} e^{b\tau+c} - q^i \frac{\tau(n - \tau - y_\tau)}{1 - q^i(q^i + e^{b\tau+c})} e^{b\tau+c} = 0 \quad (12.7)$$

$$\frac{\partial L}{\partial c} = \sum_{\tau=1}^{\tau^{\max}} \frac{y_\tau}{q^i + e^{b\tau+c}} e^{b\tau+c} - q^i \frac{n - \tau - y_\tau}{1 - q^i(q^i + e^{b\tau+c})} e^{b\tau+c} = 0 \quad (12.8)$$

将求解得到的参数 b、c 代入公式（12.4）中即可求得基于参数估计的条件损失概率 φ_τ^{GLM}。为了得到更小的估计误差，后文的变量计算和实证分析均采用基于参数估计的条件损失概率 φ_τ^{GLM}。

二、房地产企业风险溢出效应强度及其持续时间

采用平均超额条件损失概率 $\bar{\psi}$ 度量风险溢出效应的强度：

$$\bar{\psi} = \frac{1}{\tau^{\max}} \int_0^{\tau^{\max}} (\varphi_\tau^{GLM} - q^S)\, d\tau \quad (12.9)$$

该指标反映了在公司 i 陷入极端风险状况时，系统陷入极端风险状况的概率平均会增加多少。进一步借鉴麦考利的久期思想，运用溢出久期 $\bar{\tau}$ 度量单家公司风险溢出效应的平均持续时间，该指标被定义为以超额条件损失概率为权重的平均滞后时间。具体定义如下：

$$\bar{\tau} = \frac{1}{\tau^{\max} \bar{\varphi}} \int_0^{\tau^{\max}} \tau(\varphi_\tau^{GLM} - q^S)\, d\tau \quad (12.10)$$

溢出久期在概念上与债券的久期概念类似，反映了房地产企业产生的冲击在金融系统中的持续时间。Kubitza（2021）的研究表明，风险溢出效应持续时间与金融系统的脆弱性有关。金融系统的脆弱性较明显时，往往需要更长时间消化源自房地产企业的冲击。因此，风险溢出效应持续时间反映了系统性金融风险的积累阶段，对风险溢出效应强度具有一定的前瞻性。

三、上市房地产企业系统重要性驱动因素分析

采用面板回归模型检验房地产企业系统重要性的影响因素：

$$sp_{i,t} = \beta_0 + \beta_1 Macro_{i,t-8} + \beta_2 X_{i,t-8} + \varepsilon_t \quad (12.11)$$

$sp_{i,\,t}$ 为上市房地产企业 i 在季度 t 的系统重要性，包括风险溢出效应强度 $\bar{\psi}$ 和持续时间 $\bar{\tau}$。$Macro_{i,\,t-8}$ 为一系列滞后一期的宏观经济变量，$X_{i,\,t-8}$ 为一系列滞后一期的企业特征变量，相关变量的详细说明及定义见表 12.1。

在此基础上，我们借鉴杨子晖等（2021）和 Givoly 等（2019）的研究，采用相对重要性分析技术探究各个解释变量对拟合优度的贡献程度。假定一个回归模型如下：

$$y_i = a + b_1 x_{1,\,i} + b_2 x_{2,\,i} + v_i \tag{12.12}$$

$$R^2 = \frac{RSS}{TSS} = \frac{Var(\hat{y})}{Var(\bar{y})} = 1 - \frac{Var(\hat{v})}{Var(\bar{y})} = \frac{\hat{b}_1 Cov(\overline{x_{1,\,i}},\ \bar{y}) + \hat{b}_2 Cov(\overline{x_{2,\,i}},\ \bar{y})}{Var(\bar{y})} \tag{12.13}$$

N 为解释变量个数，$\overline{y_i}$ 和 $\overline{x_i}$ 为上市房地产企业系统重要性指标和基本面指标在截面维度的均值。在无内生性的假定下，各个解释变量对拟合优度的贡献可被分解为：

$$K_1 = \frac{1}{2!}\left\{\begin{aligned} &R^2[\overline{y_i} = a + b_1\,\overline{x_{1,\,i}} + b_2\,\overline{x_{2,\,i}} + v_i] - R^2[\overline{y_i} = a' + b'_2\,\overline{x_{2,\,i}} + u'_i] \\ &+ R^2[\overline{y_i} = a'' + b''_1\,\overline{x_{1,\,i}} + u''_i] - R^2[\overline{y_i} = a''' + v'''_i] \end{aligned}\right\} \tag{12.14}$$

$R^2[g(\cdot)]$ 为回归方程 $g(\cdot)$ 的拟合优度，S 为除第 n 个变量外其他解释变量组成的所有子集。当回归方程中存在 N 个解释变量时，第 n 个变量的贡献程度可定义为：

$$K_n = \frac{1}{N!}\left\{R^2[\overline{y_i} = a + \sum_{l \in S} b_l\,\overline{x_{l,\,i}} + b_k\,\overline{x_{k,\,i}} + v_i] - R^2[\overline{y_i} = a' + \sum_{l \in S} b'_l + v'_i]\right\} \tag{12.15}$$

四、变量定义与说明

这里选取的债务融资变量为公开债务融资占比、私人债务融资占比、债务期限和债务成本。企业维度的控制变量包括杠杆率、股权市账比、总资产收益率、现金持有增量和规模。宏观控制变量包括 GDP 增长率和房价周期指数。表 12.1 为变量来源和计算方法说明。

表 12.1　变量来源与计算方法说明

变量含义	变量符号	计算方法	来源
债务融资变量			
公开债务融资占比	Pub	公开债务融资总量/总资产	毛新述、周小伟（2015）
私人债务融资占比	Prd	私人债务融资总量/总资产	毛新述、周小伟（2015）
债务期限	Mad	长期负债/总负债	朱波 等（2018）
债务成本	Cost	财务费用的自然对数	朱波 等（2018）
企业特征变量			
杠杆率	lev	总负债/总资产	杨子晖、李东承（2018）
股权市账比	MB	股权市场价值/股权账面价值	朱波、马永谈（2018）
总资产收益率	ROA	净利润/总资产	Berger 等（2006）
现金持有增量	Cash	现金持有增量/总资产	陈汉文、周中胜（2014）
规模	Size	总资产的自然对数	朱波、马永谈等（2018）
宏观控制变量			
经济增长率	GDP	经过季节性调整的自然对数	方意 等（2012）
房价周期指数	House	对房地产价格进行季节性调整和 HP 滤波	陈创练、戴明晓（2018）

五、数据来源与变量描述性统计分析

这里选取 2000 年 1 月 1 日至 2020 年 12 月 31 日所有上市房地产企业股票的每日交易数据和金融业行业指数计算房地产企业对金融部门的风险溢出效应，样本总共包含 110 家上市房地产企业。在计算平均超额条件损失概率 $\bar{\psi}$ 和溢出久期 $\bar{\tau}$ 时，借鉴 Kubitza（2021）的做法，设定滚动窗口长度为 1 000 个交易日。为权衡尾部样本数量和左尾风险的极端性，设定 $q^I = q^S = 5\%$。φ_0 和 φ_τ 的衰减规律存在一定差异，在估计模型（12.4）时，加入约束 $\tau \geqslant 1$。为减小估计误差，设定 $\tau_{max} = 100$。回归分析的频率为季度。为使回归结果更加稳健，对所有变量进行 Winsorize 处理。我们将大于 99%和小于 1%分位数的值分别替换为 99%和 1%分位数。所有数据均来自 CSMAR 数据库和 Wind 数据库。

表 12.2 为相关变量的描述性统计分析结果。风险溢出效应强度 $\bar{\psi}$ 均值大于中位数，表明该变量呈右偏分布，即大部分房地产企业风险溢出效应强度较高。风险溢出效应 $\bar{\tau}$ 的均值为 24.064 9，和中位数 25.068 3 相近，表明该变量

近似呈对称分布。平均而言，上市房地产企业对金融部门的冲击持续 24.064 9 天。公开债务融资占比 *Pub* 的 25%分位数和中位数均为 0，表明只有少数房地产企业通过发行债券进行融资。私人债务融资 *Prd* 和债务期限 *Mad* 的均值和中位数接近，表明这两个变量近似呈钟形分布。公开债务融资 *pub* 的均值为 2.73%，私人债务融资 *Prd* 的均值为 22.84%，表明银行借款仍为我国房地产企业的主要融资方式。债务期限 *Mad* 的均值为 25.71%，表明我国房地产企业倾向于采用短期债务融资以缓解现金流压力。债务成本 *Cost* 为财务费用取对数后的值，该变量不同分位数间的差异表明不同房地产企业之间的财务费用呈现出较大差异。杠杆率 *lev* 的均值为 63.72%，表明我国房地产企业的负债率均较高，最大达到 92.86%。股权市账比 *MB* 的均值为 2.139 8，即市值大于账面价值两倍，表明我国房地产企业整体估值较高。总资产收益率 *ROA* 的均值为 1.49%，即有约一半的房地产企业总资产收益率小于 1%，表明我国房地产企业盈利能力较差。现金持有增量 *Cash* 的 25%分位数为负数，其可能的原因是，小部分房地产企业为防范风险增加了现金持有量。取对数后的规模变量大致服从正态分布。由于样本期较长，地区 GDP 的平均增长率为 8.714 9%。

表 12.2　系统重要性房地产企业识别结果

变量	P25	P50	P75	最小值	最大值	均值	标准差
系统重要性							
$\bar{\psi}$	0.006 9	0.016 4	0.032 3	0.001 9	0.060 3	0.020 6	0.015 3
$\bar{\tau}$	7.330 9	25.068 3	39.577 2	0.000 0	51.106 2	24.064 9	16.301 8
债务融资变量							
Pub	0.000 0	0.000 0	0.040 9	0.000 0	0.208 2	0.027 3	0.048 7
Prd	0.136 6	0.223 6	0.310 2	0.000 0	0.574 0	0.228 4	0.128 9
Mad	0.119 1	0.252 5	0.372 6	0.000 0	0.768 0	0.257 1	0.177 9
Cost	15.570 1	16.878 6	18.156 6	11.006 4	21.332 1	16.793 4	2.058 6
企业特征变量							
lev	0.532 7	0.667 9	0.767 4	0.122 0	0.928 6	0.637 2	0.174 1
MB	1.173 0	1.586 7	2.391 9	0.455 9	14.111 3	2.139 8	1.901 2
ROA	0.003 2	0.010 7	0.024 6	−0.075 1	0.095 0	0.014 9	0.023 7
Cash	−0.026 2	0.002 1	0.032 7	−0.191 0	0.224 0	0.004 2	0.063 8
Log(Size)	21.775 6	22.676 4	23.869 3	19.571 7	27.149 3	22.860 4	1.607 1
宏观控制变量							
GDP	−0.014 9	−0.001 1	0.008 1	−0.049 0	0.068 8	0.000 0	0.022 3
House	6.900 0	8.100 0	10.900 0	−6.800 0	14.300 0	8.714 9	3.137 3

六、上市房地产企业系统重要性演化趋势分析

图 12.1 为不同滚动窗口期内上市房地产企业对金融业的平均风险溢出效应强度。上市房地产企业的风险溢出效应强度的均值呈现一定的时变特征，在2008 年全球金融危机期间、2011—2013 年房地产市场强监管期间和 2015 年股灾期间较高。2004—2007 年上市房地产企业平均风险溢出效应强度从 0.91%逐步下降，于 2006 年末达到最低点。其可能的原因是，2003 年 8 月 12 日发布的《国务院关于促进房地产市场持续健康发展的通知》将房地产业定位为国家经济发展的支柱产业。此后，国内商品房价格不断上涨，房地产企业盈利能力不断提高。受到全球金融危机影响，上市房地产企业平均风险溢出效应从2007 年开始迅速上升，于 2009 年达到最高点。此后房地产业对金融业的风险溢出效应逐步下降，并于 2010 年初达到一个较低水平。2010—2012 年，上市房地产企业平均风险溢出效应显著增加。究其原因，一是持续上涨的房价积累了较多的泡沫，二是这三年间为遏制房价过快上涨，相关部门出台了大量房地产调控政策。2013—2015 年，房地产对金融体系的风险溢出效应相对较低，这缘于房地产调控政策取得了一定的成效。2015 年中“股灾”爆发，房地产与金融体系间的风险溢出效应强度迅速上升，于 2018 年达到最高点。2018—2021 年，上市房地产企业平均风险溢出效应呈现下降趋势，这得益于房地产企业风险逐步化解。

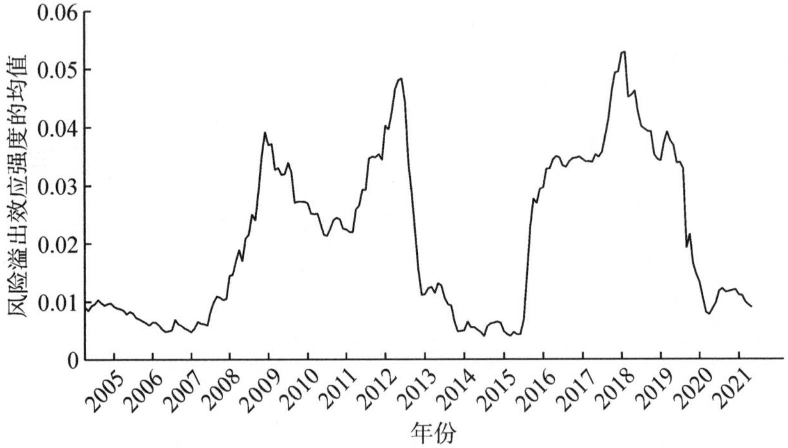

图 12.1　上市房地产企业风险溢出效应强度

图 12.2 为不同滚动窗口期内上市房地产企业的风险溢出效应持续时间。该变量呈现一定时变特征，演化趋势大致与风险溢出效应强度相同，部分时期存在前瞻性。2004—2006 年，得益于房地产业的蓬勃发展，风险溢出效应持续时间维持在一个较低水平。和风险溢出效应强度不同，风险溢出效应持续时间在 2006 年中有较大上升，对 2008 年的全球金融危机起到了预警作用。受到全球金融危机影响，风险溢出效应持续时间迅速上升，且在 2008—2012 年中始终处于高位，表明上市房地产企业对金融体系的冲击需要一定时间来化解。和风险溢出效应强度不同的是，2013 年初至 2015 年中风险溢出效应持续时间出现较大波动，表明在风险溢出效应强度较低时期，金融部门也需要一定时间化解来自房地产部门的冲击。2015 年中风险溢出效应持续时间快速上涨，于 2016 年初达到较高水平并保持至 2019 年中，表明股灾时期房地产企业对金融部门的冲击需要更长时期来化解。2020 年上半年，风险溢出效应持续时间出现大幅上涨，和风险溢出效应强度呈现出差异化演化特征。

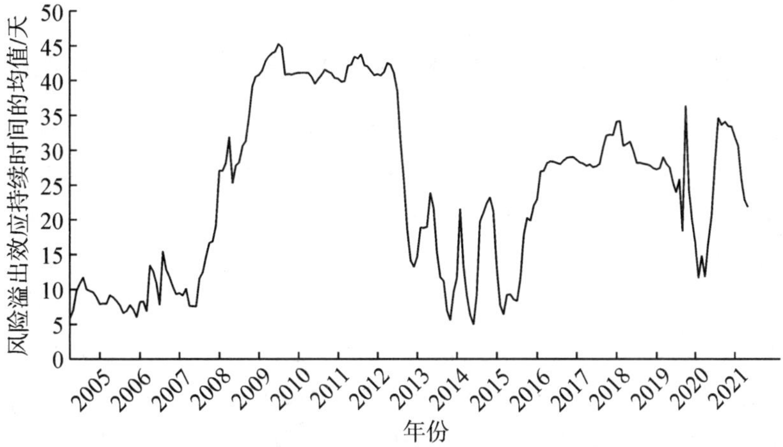

图 12.2　上市房地产企业风险溢出效应持续时间

由于房地产企业的系统重要性在 2008 年全球金融危机、2015 年股灾和 2019 年新冠肺炎疫情期间呈现出差异化特征，这里将样本期划分为 2004—2009 年、2010—2015 年和 2016—2021 年三个子样本期，以便考察不同系统性风险事件影响下房地产企业的系统重要性有何差异。表 12.3 为不同子样本内系统重要性房地产企业的识别结果，表明上市房地产企业系统重要性在不同时期存在一定差异，大部分时期上市较晚的房地产企业具有较明显的系统重要性。

表 12.3　系统重要性房地产企业识别结果

排序	风险溢出效应强度 $\bar{\psi}$			持续时间 $\bar{\tau}$		
	2004—2009 年	2010—2015 年	2016—2021 年	2004—2009 年	2010—2015 年	2016—2021 年
1	保利地产	北辰实业	世茂股份	广宇集团	南山控股	新能泰山
2	滨江集团	京能置业	滨江集团	荣盛发展	北辰实业	华联控股
3	广宇集团	栖霞建设	美好置业	保利地产	栖霞建设	泰禾集团
4	首开股份	中国国贸	泰禾集团	北辰实业	我爱我家	滨江集团
5	财信发展	万科 A	新湖中宝	滨江集团	京能置业	南山控股
6	苏宁环球	陆家嘴	蓝光发展	合肥城建	城建发展	华远地产
7	我爱我家	上实发展	荣安地产	财信发展	上实发展	莱茵体育
8	中华企业	滨江集团	冠城大通	大龙地产	中国国贸	美好置业
9	金地集团	城建发展	中天金融	华发股份	深振业 A	世茂股份
10	荣盛发展	美好置业	绿地控股	华丽家族	南国置业	冠城大通

七、债务融资对房地产系统重要性的效应分析

表 12.4 中第（1）列为风险溢出效应强度驱动因素的回归结果，第（2）列为风险溢出效应持续时间驱动因素的回归结果。总体来看，基本面指标对风险溢出效应强度和持续时间均有一定的解释力，但风险溢出效应强度和持续时间的驱动因素存在一定差异。除规模和杠杆率等既有系统性风险影响因素外，我们发现债务融资方式也是房地产企业风险溢出效应的强度和持续时间的重要影响因素。变量 *Pub* 在表 12.4 中的第（1）列中的系数为 0.048 4 且在 1% 的显著性水平下显著，在第（2）列中的系数不显著，表明公开债务融资对房地产企业风险溢出效应的强度有正向影响。公开债务融资占比每增加 1%，风险溢出效应强度会增加 4.84%。公开债务融资占比较高的房地产企业与地方政府关系较深，关系型贷款是其风险溢出效应强度较大的重要原因。这些企业面临较大的市场压力，信息溢出机制使得这些企业的冲击向金融部门扩散。

私人债务融资 *Prd* 在第（1）列中不显著，在第（2）列中显著为负，表明私人债务融资对风险溢出效应持续时间有一定缓释作用。私人债务融资占比每增加 1%，风险溢出效应持续时间减少约 13 天。其可能的原因是，私人债务融资占比较高的经营状况较为稳健。债务期限 *Mad* 在第（1）列和第（2）列中均显著为正，表明倾向于长期债务融资的房地产企业有较大的风险溢出效应强度和较长的持续时间。债务期限较高的房地产企业发行的长期债券较多，一

旦出现危机，投资者可能对期限较长的债券信心不足而抛售，对金融部门的冲击强度和持续效应都较大。债务成本 *Cost* 在第（1）列中的系数为-0.000 6 且在 5%的显著性水平下显著为负，在第（2）列中不显著，表明债务融资成本每增加 1%，房地产企业风险溢出效应强度会削弱 0.06%。就我国房地产企业的经营状况而言，较低的债务融资成本的房地产企业更加偏向于高风险投资，风险溢出效应强度较高。表 12.5 展示了不同基本面指标对房地产企业系统重要性的贡献率，公开债务融资 *Pub*、私人债务融资 *Prd*、债务期限 *Mad* 和债务成本 *Cost* 对风险溢出效应强度和持续时间的累计贡献率分别为 34.24%和 16.60%，表明债务融资方式是房地产企业系统重要性的重要驱动因素。后文将详细分析债务融资方式对房地产企业系统重要性的作用机制。

就控制变量而言，杠杆率 *lev* 在第（1）列和第（2）列中的系数分别在 1%和 5%的显著性水平下显著为负，表明杠杆率与房地产企业风险溢出效应强度和持续时间均为负相关关系，这与金融机构存在一定的差异（杨子晖、李东承，2018）。其可能的原因是，投资者对杠杆率较高的房地产的政府救助预期较强。股权市账比 *MB* 在第（1）列和第（2）列中均在 1%的显著性水平下显著为正，表明估值越高的房地产企业对金融部门的风险溢出效应强度越大，且持续时间越长。股权市账比每增加 1%，风险溢出效应强度增加 0.28%，持续时间增加 2 天。该结论与朱波和马永谈的结论一致。究其原因，账面市值比较高的房地产企业股价被高估的可能性较大，存在较高的系统性风险。总资产收益率 *ROA* 在第（1）列和第（2）列中均在 1%的显著性水平下显著为负，表明总资产收益率越高的房地产企业对金融系统造成的冲击持续时间越短，这源于总资产收益率较高的房地产企业对外源融资的需求较低。

现金持有增量 *Cash* 在第（1）列和第（2）列中的系数均在 1%的显著性水平下显著为正，表明现金持有增量越高的房地产企业风险溢出效应强度越大，且持续时间越长。其可能的原因是，现金持有增量较高的房地产企业投资回报率较低，经营状况出现了恶化。规模 *Size* 在第（1）列和第（2）列中均在 1%的显著性水平下显著为正，表明房地产企业也存在“太大而不能倒”的现象，与金融机构一致。同时，规模较大的房地产企业造成的冲击更加持久。地区 GDP 增长率在第（1）列和第（2）列中均在 1%的显著性水平下显著为正，表明较高的宏观经济增长率能熨平源自房地产企业的风险溢出效应。这源于经济状况较好时，上下游企业对房地产企业的冲击较小。房价周期指数 *House* 在第（1）列和第（2）列中均在 1%的显著性水平下显著为负，表明房地产企业风险溢出效应在房价下行时期较强，而在房价上行时期较弱，房价对房地产企业风险溢出效应具有一定的缓释作用。

表 12.4 房地产企业系统重要性驱动因素估计结果

变量	风险溢出效应强度 $\bar{\psi}$	持续时间 $\bar{\tau}$
	(1)	(2)
债务融资变量		
Pub	0.048 4*** (4.082 5)	4.636 5 (0.444 2)
Prd	−0.006 0 (−1.233 9)	−13.142 2** (−2.326 5)
Mad	0.007 4** (2.177 9)	9.723 4** (2.504 3)
Cost	−0.000 6** (−2.225 7)	−0.355 5 (−1.228 4)
企业特征变量		
lev	−0.014 5*** (−3.390 8)	−10.112 0** (−2.253 9)
MB	0.002 8*** (7.487 9)	2.091 5*** (5.844 0)
ROA	−0.041 8*** (−3.567 4)	−54.478 7*** (−4.142 8)
Cash	0.021 1*** (6.425 4)	19.170 2*** (5.451 7)
Size	0.006 2*** (9.253 3)	4.956 0*** (8.672 7)
宏观控制变量		
地区 GDP	0.001 2*** (6.173 0)	2.553 7*** (17.159 0)
House	−0.086 9*** (−11.336 6)	−82.163 8*** (−9.764 6)
常数项	−0.117 2*** (−7.960 2)	−101.787 9 (−8.408 4)
个体固定效应	控制	控制
时间固定效应	控制	控制
Within R-squared	0.208 1	0.139 2
观测值	5 798	5 798

注：括号内数字为 t 统计量值，***、** 和 * 分别表示数在 1%、5%和 10%的显著性水平下显著。后同。

表 12.5 房地产企业系统重要性驱动因素的相对重要性分析

变量	风险溢出效应强度 $\bar{\psi}$	相对重要性排序	持续时间 $\bar{\tau}$	相对重要性排序
	(1)	(2)	(3)	(4)
债务融资变量				
Pub	13.89%	3	2.64%	8
Prd	3.48%	7	3.95%	6
Mad	12.41%	4	8.12%	4
Cost	4.46%	6	1.89%	9
企业特征变量				
lev	2.19%	10	1.36%	10
MB	22.49%	2	20.86%	2
ROA	0.79%	11	1.09%	11
Cash	6.61%	5	6.95%	5
Size	27.84%	1	17.90%	3
宏观控制变量				
地区 GDP	3.04%	8	31.96%	1
House	2.80%	9	3.30%	7

注：该表中第（1）列和第（3）列为不同基本面指标对表 12.1 中 R-squared 的贡献率，第（2）列和第（4）列为基本面指标的相对重要性排序。

八、房地产企业规模异质性分析

关于规模对金融机构系统重要性的影响，在学术界仍存在着一定争议。一方面，大型金融机构陷入困境时更容易得到政府的救助，有更强烈的动机进行高风险投资和涉足更广泛的业务范围，因此一些学者认为大型金融机构的系统性风险贡献更大；另一方面，小型金融机构可能面临更多的竞争和更高的运营成本，出现危机时受到政府救助的概率较小，可能会有较大的系统性风险贡献。借鉴上述研究，本节研究不同规模的房地产企业的不同债务融资方式对风险溢出效应的强度和持续时间的影响是否存在一定差异。

表 12.6 为基于规模的异质性检验结果，大规模房地产企业为规模大于样本中位数的房地产企业，小规模房地产企业为规模小于样本中位数的房地产企业。第（1）列和第（2）列分别为大规模和小规模房地产企业风险溢出效应强度的回归结果。不同债务融资方式对不同规模的房地产企业的风险溢出效应强度具有差异化效应。公开债务融资方式 *Pub* 在第（2）列中的系数大于在第（1）列中的系数，私人债务融资 *Prd* 仅在第（2）列中显著，表明相比于大规

模房地产企业，公开债务融资对小规模房地产企业风险溢出效应强度的促进作用较强，而私人债务融资对小规模房地产企业风险溢出效应强度具有一定缓释作用。对大规模房地产公司而言，一旦出现债务违约，有较多的手段化解债务风险，公开债务融资占比对大规模房地产企业风险溢出效应强度的促进作用相对较小。对小规模房地产公司而言，公开债务融资一旦出现违约，则较难化解。

私人债务融资主要包括各类银行贷款，对小规模房地产公司而言，其占比提升表明房地产公司经营状况好转，因此与风险溢出效应强度呈现负相关关系。债务期限 *Mad* 和债务成本 *Cost* 仅在第（1）列中显著，表明债务期限和债务成本仅对大型房地产企业有显著效应。这是因为相比于小型房地产企业，大型房地产企业的长期债务更难化解，债务期限对其解释力更强。同时，大型房地产企业更有可能通过短期借款进行高风险投资，债务成本对其风险溢出效应强度的解释力更强。控制变量股权市账比 *MB*、总资产收益率 *ROA*、现金持有增量 *Cash* 和规模 *Size* 的回归系数符号与显著性均与表 12.4 中第（1）列一致，表明这些变量对房地产企业系统重要性的影响较为稳健。杠杆率 *lev* 在第（1）列中在 1%的显著性水平下显著为负，表明仅对大规模房地产企业而言，杠杆率对风险溢出效应强度有一定缓释作用。这源于投资者对大规模房地产企业政府救助的预期较强。

第（3）列和第（4）列为不同规模的房地产企业风险溢出效应持续时间驱动因素的回归结果。和风险溢出效应强度相比，债务融资方式对风险溢出效应持续时间的影响相对较小。私人债务融资 *Prd* 仅在第（4）列中显著为负，表明私人债务融资仅对小规模房地产企业的风险溢出效应持续时间有缓释作用。小型房地产企业银行借款占比较高，预示其经营状况良好。大型房地产企业往往存在一定的关系型贷款，因此私人债务融资仅对小型房地产企业风险溢出效应持续时间有缓释作用。就控制变量而言，杠杆率 *lev*、股权市账比 *MB* 和现金持有增量 *Cash* 在大规模房地产企业中较为显著，总资产收益率 *ROA* 和规模 *Size* 在小规模房地产企业中较为显著。这表明监管当局应对估值较高的大规模房地产企业加强监管，重点防范盈利能力较差、规模较大的小规模房地产企业可能引致的冲击。地区 GDP 增长率对小规模房地产企业的风险溢出效应强度和持续时间的促进作用均较强，房价周期指数 *House* 对大规模房地产企业的风险溢出效应强度和持续时间的缓释作用均较强。究其原因，小规模房地产企业往往在宏观经济环境向好时扩张规模，而较高的土地存量使大规模房地产企业受房价影响较大。

表 12.6 根据规模进行的分样本回归结果

变量	风险溢出效应强度 $\bar{\psi}$		持续时间 $\bar{\tau}$	
	大规模	小规模	大规模	小规模
	(1)	(2)	(3)	(4)
债务融资变量				
Pub	0. 043 4*** (3. 000 9)	0. 079 6*** (3. 167 7)	4. 665 5 (0. 353 2)	26. 071 6 (0. 701 2)
Prd	0. 007 1 (0. 949 7)	-0. 020 1*** (-3. 370 5)	4. 030 0 (0. 487 2)	-27. 360 8*** (-3. 438 5)
Mad	0. 010 1** (2. 113 4)	-0. 003 4 (-0. 752 4)	6. 993 2 (1. 298 7)	0. 826 6 (0. 155 4)
Cost	-0. 000 8** (-2. 249 2)	-0. 000 2 (-0. 529 9)	-0. 384 3 (-1. 088 9)	-0. 341 5 (-0. 726 5)
企业特征变量				
lev	-0. 029 2*** (-4. 633 5)	-0. 000 6 (-0. 104 9)	-24. 514 2*** (-4. 051 5)	1. 390 8 (0. 198 8)
MB	0. 003 7*** (7. 430 0)	0. 001 8*** (4. 532 8)	2. 538 9*** (5. 377 0)	1. 574 2*** (4. 025 8)
ROA	-0. 070 8*** (-3. 074 0)	-0. 032 7*** (-2. 760 6)	-38. 709 9** (-2. 156 3)	-69. 915 8*** (-4. 612 7)
Cash	0. 027 9*** (6. 649 8)	0. 010 7*** (2. 697 3)	25. 683 9*** (5. 727 8)	9. 083 8* (1. 949 5)
Size	0. 005 7*** (5. 576 9)	0. 007 6*** (7. 749 0)	3. 565 0*** (3. 283 8)	7. 547 2*** (5. 861 4)
宏观控制变量				
地区 GDP	0. 000 7*** (2. 653 4)	0. 001 8*** (6. 828 2)	1. 568 3*** (6. 613 3)	3. 292 6*** (13. 734 1)
House	-0. 121 6*** (-10. 068 6)	-0. 020 5 (-1. 598 3)	-97. 549 5*** (-8. 188 3)	-56. 014 9*** (-3. 473 5)
常数项	-0. 092 6*** (-4. 195 8)	-0. 159 9*** (-7. 334 8)	-54. 821 9** (-2. 229 4)	-165. 379 1 (-5. 717 2)
个体固定效应	控制	控制	控制	控制
时间固定效应	控制	控制	控制	控制
Within R-squared	0. 171 3	0. 187 1	0. 133 8	17. 84
观测值	3 361	2 437	3 361	2 437

九、房价波动效应分析

上市房地产企业资产中房产占比较高，房价波动会影响房地产企业的融资能力。我们将房价波动变量大于样本中位数的时期划分为房价上行时期，将房价波动变量小于样本中位数的时期划分为房价下行时期。本章考察在房价上行时期和下行时期，债务融资对房地产企业系统重要性的差异化效应。

表 12.7 为不同房价周期阶段下的回归结果。房价周期变量通过对房地产价格进行 HP 滤波得到，参数设定为 1 600。第（1）列和第（2）列为不同房价周期阶段下相关变量对房地产企业风险溢出效应强度的回归结果。不同房价周期阶段下，债务融资方式对风险溢出效应强度的作用机制存在一定差异。公开债务融资 *Pud* 在第（2）列中的系数大约是在第（1）列中的两倍，表明房价下行对公开债务融资的促进效应有一定提升作用。房价下行时期，房地产企业的经营压力更大，投资者信心不足使得公开债务融资的促进作用更强。债务期限 *Mad* 仅在第（1）列中显著，表明债务期限仅在房价上行时期有促进作用。这源于房价上行时期长期债务占比较高的房地产企业更有可能进行高风险投资，风险溢出效应强度较大。企业特征变量杠杆率 *lev*、股权市账比 *MB*、总资产收益率 *ROA*、现金持有增量 *Cash* 和规模 *Size* 在第（1）列和第（2）列中的符号和显著性基本一致，在房价上行时期效应较大，表明监管当局应在房价上行时期着重关注上述基本面指标。地区 GDP 增长率仅在第（2）列中显著，表明经济增长状况在房价走低时有显著的促进作用。一旦房价走低，经济发展态势向好促使房地产企业偏离主业，加大风险溢出效应强度。房价周期指数 *House* 与总体回归结果存在一定差异，在第（1）列中显著为正，在第（2）列中显著为负，表明在房价上行时期有促进作用，在房价下行时期有一定缓释作用。这源于在房价上行时期，较高的房价使得房地产企业加速扩张规模，而在房价下行时期，较高的房价缓解了房地产企业的经营压力。

第（3）列和第（4）列为不同房价周期阶段下相关变量对风险溢出效应持续时间的回归结果，不同债务融资方式对风险溢出效应持续时间的效应存在一定的差异化影响。公开债务融资 *Pub* 系数在第（3）列中显著为负，在第（4）列中显著为正，表明在房价上行时期公开债务融资缩短了风险溢出效应持续时间，在房价下行时期公开债务融资延长了风险溢出效应的持续时间。其可能的原因是，房价上行时期社会公众和投资者对房地产业预期较高，公开债务融资较高的企业往往与地方政府关系较深，一旦出现危机有多种手段化解其债务风险。房价下行时期投资者的悲观预期使得金融部门需要较长时间化解源自房地产企业的冲击。私人债务融资 *Prd* 仅在第（4）列中显著为负，仅在房价下行时期有缓释作用。房价下行时期，银行借款占比较高的房地产企业经营状况良好，金融部门化解其冲击所需时间较短。企业特征变量在第（3）列中的系数绝对值大于在第（4）列中的系数绝对值，表明这些变量对风险溢出效应持续时间的作用在房价上行时期强于在房价下行时期，与其对风险溢出效应强度的作用一致。宏观经济变量在不同房价周期阶段对风险溢出效应持续时间的差异化影响和其对风险溢出效应强度的差异化影响一致。

表 12.7　根据房价周期项进行的分样本回归结果

变量	风险溢出效应强度 $\bar{\psi}$		持续时间 $\bar{\tau}$	
	房价上行时期	房价下行时期	房价上行时期	房价下行时期
	(1)	(2)	(3)	(4)
债务融资变量				
Pub	0.025 5**	0.051 8***	-20.196 8**	19.779 0*
	(2.462 0)	(3.925 7)	(-2.001 2)	(1.682 1)
Prd	-0.007 2	-0.004 0	-11.661 4	-14.042 2***
	(-1.431 0)	(-0.859 4)	(-1.631 4)	(-2.798 6)
Mad	0.008 3**	0.003 2	11.203 3**	5.909 4
	(2.423 1)	(1.045 7)	(2.544 9)	(1.639 0)
Cost	-0.000 3	0.000 1	-0.282 6	0.302 3
	(-1.210 0)	(0.517 8)	(-0.782 8)	(1.048 4)
企业特征变量				
lev	-0.013 9***	-0.010 3**	-11.029 5*	-6.724 7*
	(-3.207 8)	(-2.541 8)	(-1.904 2)	(-1.759 1)
MB	0.002 6***	0.002 2***	2.471 3***	0.936 3***
	(8.714 7)	(5.131 6)	(6.488 9)	(2.946 0)
ROA	-0.044 1**	-0.014 2	-57.415 6**	-37.678 3***
	(-2.419 0)	(-1.258 8)	(-2.528 4)	(-2.909 6)
Cash	0.024 8***	0.018 8***	28.327 2***	11.244 1***
	(5.642 9)	(4.674 1)	(5.355 8)	(2.646 1)
Size	0.006 2***	0.004 7***	4.526 3***	4.542 9***
	(8.511 6)	(7.751 0)	(5.833 0)	(9.226 3)

表12.7(续)

变量	风险溢出效应强度 $\bar{\psi}$		持续时间 $\bar{\tau}$	
	房价上行时期	房价下行时期	房价上行时期	房价下行时期
	(1)	(2)	(3)	(4)
宏观控制变量				
地区 GDP	0.000 0 (0.146 1)	0.002 0*** (8.952 7)	1.226 4*** (8.123 3)	3.778 3*** (20.307 0)
House	0.115 3*** (9.258 9)	-0.246 3*** (-28.499 9)	68.696 7*** (4.906 7)	-195.685 7*** (-20.267 0)
常数项	-0.108 9*** (-6.881 0)	-0.106 5*** (-8.275 2)	-80.732 3*** (-5.304 8)	-116.200 5*** (-11.068 2)
个体固定效应	控制	控制	控制	控制
时间固定效应	控制	控制	控制	控制
Within R-squared	0.299 4	0.270 1	0.160 4	0.240 7
观测值	3 361	2 437	3 361	2 437

本章对上市房地产企业风险溢出效应的强度和持续时间进行了测度，并对规模和房价波动的调节效应进行了分析。研究结论：①我国上市房地产企业对金融部门的风险溢出效应强度和持续时间呈现出时变特征，在金融危机、房地产市场大力调控和股灾时期的溢出效应较强。②债务融资方式是房地产系统重要性的驱动因素。③公开债务融资和私人债务融资对小规模房地产企业的效应较强，私人债务融资对小规模房地产企业的风险溢出效应持续时间有一定削弱效应。对大规模房地产企业而言，债务期限和债务成本对风险溢出效应强度的影响较强。④在房价上行时期公开债务融资对风险溢出效应和持续时间有差异化影响，在房价下行时期对二者有促进作用。私人债务融资仅在房价下行时期对风险溢出效应持续时间呈现抑制效应，债务期限仅在房价上行时期对风险溢出效应强度和持续时间有促进作用。

第十三章　地方政府债务风险化解策略研究：基于地方政府与城市商业银行健康发展的良性互动关系视角

2017 年 7 月，习近平总书记在全国金融工作会议上发表重要讲话，强调自党的十八大召开以来，我国金融改革发展取得了新的重大成就，金融是实体经济的血脉，防止发生系统性金融风险是金融工作的永恒主题，金融工作要以强化金融监管为重点，以防范系统性金融风险为底线①。党的十九大报告也明确提出，要打好防范化解重大金融风险攻坚战，在保持经济平稳运行的同时，坚决守住不发生系统性金融风险的底线②。这表明，党和政府已经将防范系统性金融风险、维护金融系统稳定放在突出位置上。在推进国家治理体系和治理能力现代化、推进我国经济向高质量发展阶段转变和维护总体国家安全的背景下，如何治理、解决和清理政府债务问题，尤其是地方政府债务规模居高不下的现状，是进一步防范化解重大金融风险攻坚战所要解决的首要问题。当前，地方政府债务的规模不断扩张，不仅使得地方政府债务潜在违约风险越来越大，而且如果不能及时、有效地处理，很可能导致更大范围的系统性金融风险。

---

① 中国网记者. 习近平总书记在全国金融工作会议上的重要讲话［R/OL］.（2017-07-18）［2022-10-01］. http://www.china.com.cn/news/2017-07/18/content_41240072.htm.

② 习近平. 决胜全面建成小康社会 夺取新时代中国特色社会主义伟大胜利——在中国共产党第十九次全国代表大会上的报告［EB/OL］.（2017-10-27）［2022-10-01］. http://www.gov.cn/zhuanti/2017-10/27/content_5234876.htm.

第一节　地方政府与城市商业银行的关系

一、城市商业银行的发展演变

在1995年之前，我国的区域性金融机构主体是城市信用合作社。然而，由于部分城市信用社管理水平差、经营能力不足、不良资产比例高、抵御风险能力较差，给金融体系带来了巨大的风险隐患。1998年10月，国务院要求对城市信用合作社进行改革，同时组建城市商业银行①。

最初，城市商业银行作为区域性银行，不被允许在注册地之外的区域开展银行业务活动。到2006年，原银监会出台了《城市商业银行异地分支机构管理办法》，明确表示支持符合条件的城市商业银行在注册地以外的地区（省域内或省域外）设立分支机构。2009年，原银监会出台了《关于中小商业银行分支机构市场准入政策的调整意见》，进一步放松了城市商业银行从事跨地区经营活动的市场准入条件，只强调属地管理原则。2014年，原银监会开始加强对城市商业银行分支机构跨区业务的管理②。2018年，银保监会进一步对城市商业银行跨区业务进行限制③。因此，城市商业银行经历了“从无到有”“监管从松到紧”的发展过程。

二、地方政府与城市商业银行的关系

在我国区域性银行的结构中，城市商业银行是区域性银行的主要组成部分，并且城市商业银行以服务中小企业、地方经济和城乡居民为主要目的，这与地方政府的目标是一致的。事实上，我国大多数的城市商业银行的组建都是由政府大力扶持的，城市商业银行与地方政府关系密切。城市商业银行的经营发展需要地方政府的支持，而地方经济的发展需要城市商业银行提供资金来源。但是，地方政府与城市商业银行的复杂关系给城市商业银行的经营活动带来了一定的影响。比如，研究表明，地方官员的晋升激励制度使得地方政府会

---

① 国务院办公厅转发中国人民银行整顿城市信用合作社工作方案的通知［EB/OL］.(1998-10-25)［2022-10-01］. https://www.66law.cn/tiaoli/127850.aspx.

② 中国银监会. 关于做好2014年中小商业银行分支机构发展规划相关工作的通知［EB/OL］.(2013-12-31)［2022-10-01］. http://www.cbrc.gov.cn.

③ 中国银保监会. 关于规范银行业金融机构异地非持牌机构的指导意见［EB/OL］.(2018-12-29)［2022-10-01］. http://www.cbirc.gov.cn/cn/view/pages/ItemDetail.html?docId=204615&itemId=915&generaltype=0.

对城市商业银行的经营决策进行干预，从而使得城市商业银行被迫进行跨区域经营（尹威、刘晓星，2017）。从目前城市商业银行的经营活动来看，地方政府主要通过持有股份的直接形式和通过贷款担保、税收、土地使用以及行政审批等间接手段对城市商业银行经营决策进行影响（杨海生 等，2014）。尹威和刘晓星（2017）利用2007—2013年城市商业银行数据研究发现，城市商业银行的风险承担状况受到地方政府的影响，而城市商业银行的跨区经营能够有效地增强其承担风险的能力。因此，本小节从以下两个角度分析城市商业银行与地方政府的关系。

（一）城市商业银行的经营发展需要地方政府的大力支持

首先，从图13.1可以看到，2022年4月，我国城市商业银行总资产规模达到47.02万亿元，占到银行业金融机构总资产规模的13.39%。但实际上这一比例较小，城市商业银行的总资产在银行业中的比例属于最小的，这表明城市商业银行的发展受到其他银行的较大压力。因此，城市商业银行未来想要扩大其在银行金融机构中的比重就离不开地方政府的支持①。其次，2018年，银保监会严格限制异地非持牌机构开展跨区业务，这一举措进一步限制了城市商业银行的跨区经营活动。城市商业银行为了能够增加优质资产、减少不良资产，也需要地方政府的支持。比如，城市商业银行会将地方政府债券作为资产配置中的优质资产，原因是在考虑税收和资本占用因素外，地方政府债券的收益率会比其他债券收益率高。

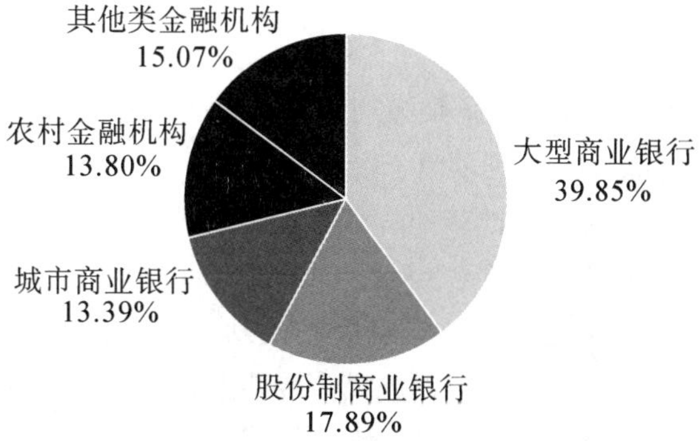

图13.1　2022年4月银行业总资产结构②

① 农村金融机构包括农村商业银行、农村合作银行、农村信用社和新型农村金融机构；其他类金融机构包括政策性银行及国家开发银行、民营银行、外资银行、非银行金融机构、金融资产投资公司。

② 参见：中国银保监会官网. http://www.cbirc.gov.cn/cn/view/pages/index/index.html.

（二）城市商业银行是地方政府债务的重要资金来源

地方政府在进行本地区的基础设施建设和促进当地经济发展时需要大量的资金，并且这些资金来源要求成本低且稳定。由于大型国有商业银行的业务结构并不以地方经济为主，而且其贷款限制较多，地方政府寻求国有商业银行资金的渠道限制较大，使得地方政府更需要抓住城市商业银行这个“钱袋子”，因此城市商业银行是形成地方政府债务的重要资金来源。赵尚梅等（2013）以2005—2010年的城市商业银行为样本，研究了地方政府控股对城市商业银行信贷行为和绩效的影响，实证表明地方政府通过对城市商业银行控股并且借助融资平台信贷对城市商业银行进行“掏空”。孔薇等（2020）研究发现：2010—2013年，城市商业银行通过各种贷款和理财产品为地方政府融资平台大规模提供资金来源，以换取政府部门优质且稳定的项目投资。

然而，当前地方政府面临的主要问题，除了显性债务规模大、地方政府债务还本付息周期较长之外，更严峻的问题是地方政府隐性债务品种的多样性、复杂性以及隐蔽性会对金融体系产生较大的潜在风险隐患。因此，本节试图从城市商业银行和地方政府关系角度，结合实际经济发展形势，构建地方政府与城市商业银行之间的良好互动关系，缓解地方政府债务规模大、结构复杂以及风险隐患大的突出问题。

第二节　地方政府债务风险化解策略

针对如何缓解我国地方政府债务问题，国内众多学者进行了相应的研究，这些文献的重点都集中在“开前门、堵后门、去存量、隔风险”[①] 方面。毛振华等（2020）提出财税体制改革的方法来提升地方政府的治理能力，通过将政府专项债务与融资平台市场化转型有机结合来缓解地方政府债务风险。温来成和贺志强（2021）从地方政府债务界定角度出发，提出对地方政府投融资平台进行清理，以阻断地方财政债务风险传播路径，着力解决养老金缺口问题。周世愚（2021）从表内和表外两个角度出发，提出应该进一步完善债务

① 开前门，即在合理且有效的风险防范机制下，允许地方政府以一般债券和专项债券的形式举债；堵后门，是指除政府债券之外，地方政府不能再以其他任何方式举债；去存量，是指政府在现有的偿债机制下，拓宽收入渠道，降低地方政府债务（显性债务和隐性债务）的现有规模；隔风险，是指地方政府要合理解决自身的债务问题，防止债务风险向财政风险和金融机构传递，避免更大的系统性金融风险的发生。

评估风险机制，阻断地方政府债务对地方政府财政和金融形成冲击的可能。程昊和阎晚晴（2022）通过梳理我国当前地方政府债务的相关政策和实施效果，提出通过信息透明化和建立偿债保证制度来化解存量债务，并建立科学的指标体系来限制增量债务以及改革财政体制，从根本上减少地方政府融资需求。

本节通过对地方政府与城市商业银行由来已久的相互关系进行梳理，发现两者之间的关系主要体现在地方政府对城市商业银行干预过度和地方政府对城市商业银行的融资、信贷过度方面。因此本节从上述关系出发，从构建地方政府与城市商业银行的良性互动关系的视角，力求实现“开前门、堵后门、去存量、隔风险”的治理效果，从而有效治理和化解地方政府债务风险。

一、减少地方政府干预，增强城市商业银行市场竞争力

我国目前的商业银行现状，主要呈现出以下两种特征：一是垄断程度高，市场的存贷资金和净利润都集中在大型头部商业银行中，形成了商业银行的寡头分布；二是各银行产品差异不明显，现有商业银行的业务主要包括存贷款、银行理财产品和金融服务，这些业务各个银行都能够开展。因此，相比之下，客户对于银行的选择会倾向于已有的大型商业银行，这对城市商业银行和其他区域性银行的发展极为不利。在数字经济快速发展的今天，消费者对于银行金融产品的结构和效益要求更高，如果城市商业银行不能有效实现金融理财产品的差异化，帮助客户实现预期收益，就无法留住已有的客户群体和开发新的客户群体。

然而，地方政府的财政部门对城市商业银行持有一定的股份①，地方政府会通过多种方式对城市商业银行的经营战略进行干预，从而使得城市商业银行资金不能得到有效配置。地方政府的决策很大程度上又受到官员晋升激励机制和政府政绩效应的影响，从而导致城市商业银行的业务被集中于政府部门。这些业务都是稳定存在的，城市商业银行缺乏进一步拓展市场、开发新的客户群体，从而提高市场竞争力的动机。一旦这种情况不能得到及时纠正，那么城市商业银行的资金来源将受到极大的限制，城市商业银行将缺乏市场竞争力，地方政府可获得的资金规模和可实施的项目也会减少，对当地经济的发展将产生负面作用。考虑到这一点，地方政府除了获取城市商业银行业务经营的资金支持外，应该减少其自身对于城市商业银行业务经营的干预，让城市商业银行经

① 比如，四川银行的最大股东——四川金融控股集团有限公司，其实际控制人为四川省财政厅。

营业务按照市场逻辑开展。这不仅将提升城市商业银行未来的竞争力，也将给地方政府提供长期稳定的资金来源。

二、调整城市商业银行信贷结构，优化地方政府与城市商业银行合作

长期以来，城市商业银行为了配合地方政府对于经济发展的要求，将大部分信贷资金投入到当地政府主导的基础设施建设和国有企业当中。这不仅导致城市商业银行的信贷结构单一、聚集性强以及银行业绩下降，也违背了城市商业银行帮扶中小企业发展的初心（赵尚梅 等，2013）。尽管地方政府在使用城市商业银行的资金提升当地经济增长的同时也会提升城市商业银行的业绩，但是由于基础设施建设的成本很大，本利回收周期较长，因此这种提升作用十分有限，甚至反而削弱了城市商业银行在银行金融业中的市场竞争力。地方政府在借助城市商业银行资金发展地方经济时，应该合理控制融资规模，平衡政府融资与城市商业银行经营发展的关系。

同时，地方政府应该与城市商业银行建立更加全面的投资合作关系，不仅仅只是参与基础设施建设投资，还可以进一步让城市商业银行参与地方政府显性债务业务，将城市商业银行引进政府和社会资本合作模式（PPP）以及政府产业基金和并购等项目①。这样做的好处在于：一是扩大了地方政府与城市商业银行合作的领域，使得两者之间的业务往来更加紧密和多元化，从而降低业务往来的边际成本，提高合作效率；二是帮助城市商业银行进行信贷结构调整，使城市商业银行的资产优化，城市商业银行业绩增长点增加，城市商业银行不良贷款发生的风险下降，从而城市商业银行可以获得长期、稳健的业绩增长；三是通过城市商业银行与地方政府的一揽子金融合作项目，地方政府可以进行合法合规的债务置换、治理，淘汰不合法的 PPP 项目，从而实现“开前门、堵后门”的目标。

三、因地制宜，整合城市商业银行的跨区域性资源

从已有的研究来看，在不同的区域之间，不仅地方政府融资行为存在明显的差异，而且产生的后果也明显不同（毛捷、黄春元，2018；毛振华 等，

① 2019 年 5 月，中共中央办公厅、国务院办公厅印发了《关于做好地方政府专项债券发行及项目配套融资工作的通知》（厅字〔2019〕33 号），允许将部分专项债务资金作为重大项目资本金，并鼓励和引导银行业机构以项目贷款等方式支持符合标准的专项债券项目；2019 年 11 月，国务院印发了《国务院关于加强固定资产投资项目资本金管理的通知》（国发〔2019〕26 号），适当下调了港口、航运、铁路、公路、生态环保等领域基础设施项目最低资本金比例。

2020；孔薇 等，2020；赵文举、张增莲，2021）。2018 年，银保监会严格限制异地非持牌机构开展跨区业务，但是这并不影响城市商业银行已有的跨区域经营业务往来。正是由于在不同经济发展水平地区的经营方式和经营效益不同，城市商业银行才有可能通过本身的各区域资源调配和不同城市商业银行之间的不同区域合作来促进城市商业银行的发展。

首先，对于每一家城市商业银行本身来说，在经济较发达区域的分支机构积累的经营理念较为成熟，资金的可获取渠道较多，规模也远大于经济不发达区域。城市商业银行可以结合不同区域的实际情况，通过在不同区域之间进行资源（包括管理经验和资金等资源）调配，满足城市商业银行对业绩增长的需求。其次，在不同区域之间，地方政府之间的往来以及合作程度都优于城市商业银行之间的往来。因此，地方政府可以借助于与其他区域地方政府的往来，帮助城市商业银行更好地在区域之间开展业务经营，也可以帮助同区域的城市商业银行以及各区域之间的城市商业银行进行业务合作。由此，城市商业银行对不同区域之间资源的利用，不仅可以改善经济欠发达区域城市商业银行的经营情况，还可以满足经济欠发达区域资金来源不足的情况，实现城市商业银行的资金在区域间的流动。同时，地方政府也能够借助城市商业银行这一融资渠道，充分利用各区域之间的资源优势，满足本地经济的发展需求。但同时，城市商业银行也要主动完善风险传导预警机制，防止自身可能的风险在区域之间传递。

第三节　研究的不足与未来展望

从实际经济发展来看，规模和风险不断扩大的地方政府债务逐渐成为阻碍我国经济高质量发展的“拦路虎”。因此，对我国地方政府债务的研究，不仅要进行理论层面的研究，更要结合我国现实的经济发展需要，实事求是地解决好地方政府财政赤字问题，更重要的是完善中国特色社会主义制度下的国家治理体系和实现治理能力现代化。

现有的针对地方政府债务的研究文献，至少还存在以下几点不足：一是对隐性债务的划分和测度不清晰。现有的文献大多数参考的是 Brixi 和 Schick（2002）的财政风险矩阵分类方法。虽然有学者通过地方政府隐性债务的相关文件进行研究来明确隐性债务范围，但这一结果仍然是模糊的（赵全厚、赵泽明，2021），因为其并没有对如何进行精准的测度进行说明，也没有计算出明确的地方隐性债务规模。二是过度重视地方政府隐性债务研究而忽视了地方政府显性债务研究。地方政府隐性债务具有规模大、隐蔽性强和测度难度高的特点，使得学者过度集中于对地方政府隐性债务的研究。然而，对地方政府显性债务的研究同样重要。三是解决地方政府债务问题的角度不全面。现有的文献大多从债务管理限额、风险预警、货币政策、投融资平台、城投债等角度来研究如何解决地方政府债务，很少有文献专门从城市商业银行角度（或只是提起城市商业银行）来研究化解地方政府债务问题。

因此，未来至少可以对地方政府隐性债务的划分和测度、研究重点以及化解地方政府债务问题的方向进行研究。一是对债务的精确划分和测度有助于“对症下药”式化解债务风险。二是地方政府显性债务规模在不断扩大，而地方政府隐性债务规模不易测度，使得地方政府显性债务成为其隐性债务的“一面镜子”，对地方政府显性债务的研究有助于地方政府隐性债务的研究和解决。三是城市商业银行是地方政府可控性强的资金渠道。如何完善城市商业银行的治理结构、整合城市商业银行的跨区域资源，为城市商业银行引入新的流动性资金，对化解地方政府债务风险至关重要。如果打破地方政府和城市商业银行现有关系的“僵局”，进一步构建两者健康发展的良性互动关系，将能够为解决地方政府债务问题提供新的思路和解决方案。

第十四章　融资模式创新与地方政府债务风险化解

第一节　地方政府债务与经济增长

一、地方政府债务与经济增长

政府债务是政府调度社会资金、弥补财政赤字并借以调控经济运行的一种手段，运用得当的话，政府债务会刺激经济增长。在我国现行经济体制下，地方政府是所在地区经济增长的主要推动者，无论是城市产业布局、基础设施建设，还是公共服务支出等，都需要以财政投入作为重要资金保障和支撑。

2008 年全球金融危机发生后，为应对经济下行压力，地方政府通过基础设施建设投资等方式拉动经济增长，政府支出规模不断扩张，进而导致债务规模持续攀升。在地方政府债务规模持续攀升的背景下，地方政府债务规模与经济增长之间的关系也引起了国内学术界及业界的关注。国内关于政府债务如何影响经济增长的研究，可以概括为以下三种主要观点：

其一，政府债务规模扩张不利于经济增长和经济稳定。持该观点的学者认为，较高的政府负债率会通过提高长期利率、提高税率、加剧通货膨胀或者加大债务风险等渠道作用于经济增长，对经济增长和经济稳定产生负面影响（陈思霞、陈志勇，2015；王永钦 等，2016；项后军 等，2017）。

其二，政府债务规模扩张对经济增长可以起到较为积极的作用，因为政府债务可以为私人资本不愿意介入的某些耗资巨大的公共投资项目提供融资（范剑勇、莫家伟，2014；胡奕明、顾祎雯，2016；徐长生 等，2016）。徐长生等（2016）从经验和理论的角度分析了“债务→基础设施投资→经济增长”的作用机制。其研究表明，地方政府举债融资对我国城市经济发展有显著的正向促进作用，但在不同经济发展水平的分位数上其影响系数存在显著差异，比如，落后地区较发达地区在债务融资过程中处于劣势，举债融资建设的效果较差。

其三，地方政府债务规模与经济增长之间存在着非线性关系（吕健，2015；刁伟涛，2017；毛捷、黄春元，2018；刘哲希 等，2020）。当债务率处于较低水平时，地方政府债务规模的增长有助于促进经济增长；但是，当地方政府债务率相对较高时，进一步增加债务对经济增长的推动作用将会减弱，甚至可能出现负向影响。刘哲希等（2020）的研究表明，地方政府债务与经济增长之间的关系还与债务结构有关：当地方政府的隐性债务占比过高时，地方政府债务规模的扩张会对经济增长产生更为显著的负向影响，这主要是因为隐性债务对民间投资的挤出作用更大。

二、地方政府融资模式

从国内外地方政府融资的渠道和方式来看，主要有财政拨款、债务性融资、资产（资源）融资和权益性融资等几大类融资方式。王铁军（2006）将地方政府融资模式归纳为债权融资、股权融资、项目融资、资源融资 4 种类型 22 种模式。刘立峰（2010）认为“土地财政+政府性投资公司（融资平台）+政策性银行打捆贷款”的组合是近年地方政府融资的基本模式。程昊和叶宁（2019）从地方政府融资的两大主体——地方政府和曾经承担地方政府融资职能的城投平台出发，以融资渠道的合法合规性为主线，根据政府融资模式演进的关键时点，分为三大阶段探讨了地方政府融资模式的演进过程。

总体来看，地方政府融资包括债务融资和权益融资。其中，债务融资包括以地方政府债券为主要形式的直接债务融资和以地方政府融资平台为主要载体的间接债务融资；权益融资包括 PPP 模式、政策性投资基金、基础设施资产证券化或基础设施 REITs 等形式。在经济新常态及防范化解重大风险的时代背景下，我国地方政府融资模式也呈现出重大变化：

一是地方政府融资平台曾经是地方公共基础设施建设及地方经济发展的主要融资渠道，但在当前地方政府融资平台市场化转型的大趋势下，其服务于地方政府融资的功能逐渐弱化。国发〔2014〕43 号明确提出“剥离融资平台公司政府融资职能，融资平台公司不得新增政府债务”，并提出“加快政府职能转变，处理好政府和市场的关系，进一步规范融资平台公司融资行为管理，推动融资平台公司尽快转型为市场化运营的国有企业，依法合规开展市场化融资，地方政府及其所属部门不得干预融资平台公司日常运营和市场化融资”。这意味着曾经承担政府主要融资职能的地方政府融资平台，已无法再依靠传统的融资模式为地方政府提供资金支持。

二是地方政府债券（包括一般债券和专项债券）融资规模持续扩大，成为地方政府的主要融资渠道。2014 年新预算法允许地方政府赤字，同年 10 月份，在《国务院关于加强地方政府性债务管理的意见》中明确了地方政府可以依法适度举债，并且加强监管体系的建设。于是，从 2014 年起，我国地方政府举债融资机制开始迈向规范化。随着地方政府债券市场的逐步发展，专项债券所涵盖的项目也不断增加。

三是政府投资基金作为政府投资的有益补充，成为当前地方政府创新财政资金使用方式、撬动社会资本投入的重要政策工具。在具体实践中，政府投资基金也被称为政府引导基金、政府产业基金、政府基金等，其本质都是创新财政资金支持方式，通过加大财政杠杆，引导市场与民间投资，促进区域产业发展。2020 年，财政部印发《关于加强政府投资基金管理 提高财政出资效益的通知》，全面梳理现有的政府投资基金，将运作不规范、不符合监管要求的政府投资基金按照相关规定清算退出。

四是 PPP 融资成为地方政府的重要融资渠道。PPP 模式建立在政府与社会资本合理的风险分配基础上，其最终目的是实现风险分担、利益共享、合作共赢。从目前的实践来看，我国 PPP 项目融资方式更加多元、灵活，特别是在投资规模大、周期长的基础设施建设领域，“股权基金+银团贷款”已成为比较成熟、通用的融资模式。

五是基础设施资产证券化或基础设施建设 REITs，是近年来国家层面推出的新的融资渠道。我国公募基础设施建设 REITs 于 2020 年 4 月进入试点阶段，2021 年 7 月《国家发展改革委关于进一步做好基础设施领域不动产投资信托基金（REITs）试点工作的通知》明确试点涵盖交通、能源等 9 类行业。从 REITs 拉动基础设施建设投资和降低地方政府债务风险的作用来看，相较于地方政府、城投公司举债为基础设施建设融资的传统路径，REITs 作为直接融资手段，可以盘活存量基础设施建设资产、实现基础设施股权资本上市流通，为地方政府和基础设施建设项目主体提供退出渠道、加速项目资金回流，继而大幅缩短基础设施投融资循环周期，同时提供更广泛的基础设施建设资金来源，在一定程度上减轻基础设施建设资金对地方财政和债务性资金的依赖程度，降低地方政府债务风险。

第二节　地方政府债务风险化解过程中的融资模式变迁

一、政府性债务、地方政府债券及隐性债务风险

通过梳理相关会议决议及国家政策文件可知，中央政府对于地方政府债务的表述经历了从“政府性债务”（2014 年前）到“地方政府债券”（2015 年至今）到“隐性债务”（2017 年 7 月至今）的变化，这从侧面记录了我国地方政府债务管理机制的发展和规范进程。

对于地方政府债务，在 2014 年之前的提法是“政府性债务”，如 2012 年全国金融工作会议提出“防范化解地方政府性债务风险”；2013 年 12 月 30 日，审计署 32 号公告《全国政府性债务审计结果》公布了全国政府性债务审计结果，同时解释了政府性债务的分类：根据政府对债务的偿还责任和法律责任不同，审计署结合国际惯例，将“政府性债务”划分为政府负有偿还责任的债务、政府负有担保责任的债务和政府可能承担一定救助责任的债务三种类型。其中，政府负有偿还责任的债务是指需由财政资金偿还的债务，属于“政府债务”；政府负有担保责任的债务和政府可能承担一定救助责任的债务均由债务人以自身收入偿还，正常情况下无须政府承担偿债责任，属于“政府或有债务”。

2014 年 10 月 2 日，国务院发布《关于加强地方政府性债务管理的意见》（国发〔2014〕43 号），明确规定：剥离融资平台公司政府融资职能，融资平台公司不得新增政府债务。2015 年起，新预算法正式实施，部分政府性债务通过债务甄别被纳入预算管理，地方政府债券成为地方政府举债的唯一合法途径，“政府性债务”也逐渐淡出历史舞台，“地方政府债券”取而代之。如 2015 年的中央经济工作会议提到，“完善全口径政府债务管理，改进地方政府债券发行办法”。

2017 年 7 月 24 日召开的中央政治局会议第一次提到“隐性债务”。会议指出，“要积极稳妥化解累积的地方政府债务风险，有效规范地方政府举债融资，坚决遏制隐性债务增量”。其后，国家主要领导人多次在各种会议上强调对地方政府隐性债务的管控，关于隐性债务的监管文件也陆续出台。2017 年 7 月 28 日，国务院总理李克强主持召开国务院常务会议，“部署积极稳妥化解累积的地方政府债务风险，坚决遏制隐性债务增量”；2018 年 2 月 13 日，国家发展和改革委员会、财政部联合发文，要求进一步发挥企业债券直接融资功

能，增强金融服务实体经济能力，坚决打好防范化解重大风险攻坚战，严格防范地方政府债务风险，坚决遏制地方政府隐性债务增量；2018 年 8 月，《中共中央 国务院关于防范化解地方政府隐性债务风险的意见》（中办发〔2018〕27 号文）和《地方政府隐性债务问责办法》（中办发〔2018〕46 号文）陆续下发，多地政府部门组织学习并出台化解隐性债务的方案。政策监管的范围从地方政府债务扩大到地方政府隐性债务。

2018 年 8 月，为全面摸清地方政府隐性债务底数和相关资产，财政部设立地方全口径债务监测平台。根据其公布的《财政部地方全口径债务清查统计填报说明》，隐性债务的主要形式有：①国有企业事业单位等机构为政府举债、并由政府提供担保或财政资金支持偿还的债务；②在政府投资基金、PPP、政府购买公共服务过程中政府方约定通过回购资本金、承诺保底收益等明股实债形式的债务支出。2018 年 10 月，国务院发布 101 号文，鼓励民间资本、金融机构通过多种形式参与基础设施建设，对难以偿还的存量隐性债务，允许融资平台公司与金融机构协商，采取展期、债务重组等方式维持资金周转，即允许金融机构置换本机构内的隐性债务。

二、近年地方政府性债务监管政策变迁及融资模式演变

回顾过去十几年地方政府债务的发展及监管，大致经历了以下三个阶段（见图 14.1）：第一阶段，受 2008 年全球金融危机及“四万亿投资计划”的刺激，城投平台快速发展，政府性债务隐含信用风险积累；为了避免地方政府财力透支以及防范债务风险，监管发文规范融资平台贷款，禁止违规或变相担保；在表内贷款受限情况下，表外信贷兴起，银行借助非银通道向平台输送资金。第二阶段，全面开始于 2014 年新预算法的实施及国发 43 号文的出台，地方政府投融资体制改革拉开序幕，规范了地方政府举债融资机制、明确剥离城投平台的政府融资职能。但由于国内经济处于下行周期，考虑到债务处置对经济带来的负面影响，最后监管有所放松，导致地方政府债务形式更趋多元化、杠杆率不断提升。第三阶段，为了防范地方政府债务风险的发生，2017 年以来地方政府债务监管进一步趋严：加大平台融资渠道穿透力度，从非标准化债权资产产品业务的资金方、通道方和融资方进行管制，规范平台融资渠道；关注范围从“地方政府债务”扩大到“地方政府隐性债务”。

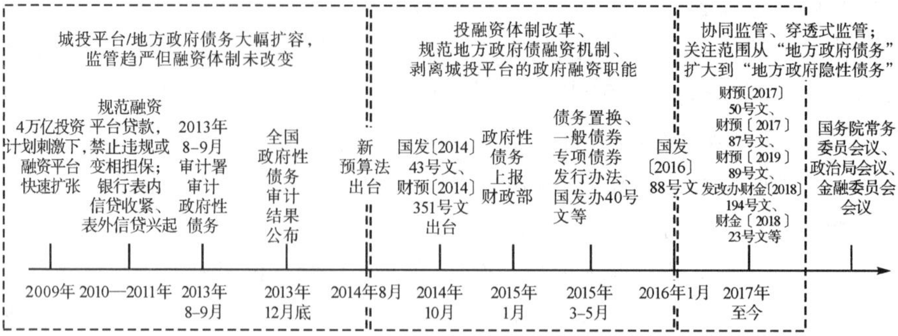

图 14.1　2008 年以后地方政府债务监管的变化

资料来源：笔者根据官方会议及公开监管文件整理。

第二阶段，新预算法和国发 43 号文相继落地，拉开了对地方政府债务进行规范管理的序幕。首先，新预算法对地方政府债务管理做出明确规定：“经国务院批准的省、自治区、直辖市预算中必需的建设投资的部分资金，可以在国务院确定的限额内，通过发行地方政府债券以举借债务的方式筹措；地方政府及其所属部门不得为任何单位和个人的债务以任何方式提供担保”，即新预算法“开前门”+“堵后门”，旨在以透明、规范的地方政府债券发行的方式逐步替代地方政府融资平台。其次，国发 43 号文要求政府债务融资主体仅为政府及其部门，不得通过企业事业等单位举债，并特别强调“剥离融资平台政府融资功能”以及“融资平台公司不得新增政府债务”，同时地方政府债务的融资渠道仅限于政府债券（一般债券和专项债券）、PPP 和规范的或有债务。

国发 43 号文出台两年后，实施效果不佳，导致地方政府债务形式更趋多元化、隐性债务规模不断扩大。一方面，国发 43 号文出台后，融资平台公司面临转型压力，新增债务与政府债务的割离也使得其融资渠道受阻。为了疏导存量以及新增的地方政府债务压力，地方政府债务置换以及新型的融资方式登场。新型融资方式如政府购买公共服务、明股实债的产业基金和政府与社会资本合作（PPP）等，不仅没有化解地方政府债务问题，反而使得债务结构更加复杂、杠杆更加隐匿、债务更加不透明，也为日后地方政府隐性债务问题埋下了风险。另一方面，尽管国发 43 号文短期内对地方政府平台融资起到了规范作用，但随着 2015 年经济整体下行，对地方政府融资平台的监管有所放松。2016 年 11 月，国务院办公厅下发《地方政府性债务风险应急处置预案》（以下简称“国办函 88 号文”）。这是在地方政府债务“风险总体可控，但局部地区债务比例过高”的背景下，出于对地方政府规范健康举债的长远考虑，建立健全地方政府性债务风险应急处置工作机制，进一步完善和加强地方政府性债务管理的未雨绸缪之举。相比于国发 43 号文，国办函 88 号文进一步明确了地方政府性债务的分类处置原则。

第三阶段，为了防范地方政府债务风险的发生，2017 年以来地方政府债务监管进一步趋严：财预〔2017〕50 号、财预〔2017〕87 号、发改办财金〔2018〕194 号、财金〔2017〕55 号、财办金〔2017〕92 号、财金〔2018〕23 号、资管新规等各类监管政策频频推出，总体思路是让地方政府债务问题重回国发 43 号文所要求的框架内。根据被监管对象，我们可以将各种监管措施分为两类：

首先，资金需求方：对地方政府和城投平台融资模式的监管进一步趋严。

（1）在地方政府和投融资平台切割及规范举债方面，监管日益趋严。2017 年 5 月，财政部、国家发展和改革委员会等六部委联合发布《关于进一步规范地方政府举债融资行为的通知》（财预〔2017〕50 号）。财预〔2017〕50 号是国发 43 号文之后，地方政府债务监管的重要指导性文件，再次明确了地方政府债券是地方政府举债的唯一合法手段，禁止地方政府对城投公司提供各种隐性担保，禁止明股实债类项目。2017 年 6 月，财政部发布《关于坚决制止地方以政府购买服务名义违法违规融资的通知》（财预〔2017〕87 号）。财预〔2017〕87 号可以看成财预〔2017〕50 号的补充，对政府购买服务以及通过政府购买服务违规增加地方政府债务做了严格的规范。财预〔2017〕87 号对政府购买服务列出了负面清单，被列入负面清单的基础设施建设项目，通常具有稳定的现金流回报，是可以尝试采用 PPP 模式投资建设的。财预〔2017〕87 号将倒逼地方政府在这些领域推广正规的 PPP 模式。

（2）在投融资平台企业债券发行方面，监管日益趋严。2017 年 8 月，国家发展和改革委员会办公厅发布《关于在企业债券领域进一步防范风险 加强监管和服务实体经济有关工作的通知》（发改委〔2017〕1358 号），加强了对发债企业是否与政府债务严格切割的审查。2018 年 2 月 8 日，国家发展和改革委员会、财政部联合发布《关于进一步增强企业债券服务实体经济能力 严格防范地方债务风险的通知》，对政府向城投企业做公益性资产注入的行为做了严格约束；同时还强调了信用评级机构不得将申报企业信用与地方政府信用挂钩，严禁申报企业做出涉及与地方政府信用挂钩的虚假陈述、误导性宣传。

（3）在 PPP 方面，监管日益趋严。2017 年 6 月，财政部、中国人民银行、证监会联合发布《关于规范开展政府和社会资本合作项目资产证券化有关事宜的通知》（财金〔2017〕55 号文），要求严格筛选开展资产证券化的 PPP 项目，完善 PPP 项目资产证券化工作程序，着力加强 PPP 项目资产证券化监督管理。2017 年 11 月，财政部发布《关于规范政府和社会资本合作（PPP）综合信息平台项目库管理的通知》（财办金〔2017〕92 号），旨在以 PPP 项目库管理为抓手，进一步规范 PPP 项目运作，推动 PPP 回归创新公共服务供给机制的本源，促进 PPP 事业可持续发展。2017 年 11 月，国资委发布《关于加强中央企业 PPP 业务风险管控的通知》（国资发财管〔2017〕192 号），加强中央国有企业 PPP 项目风险管控，重大决策终身追责。

其次，资金供给方：对非标准化债权资产产品业务的资金方、通道方和融资方进行管制，多个文件明确规定禁止非标准化债权资产产品投向地方政府融资平台。

（1）2017 年 12 月，原银监会发布《关于规范银信类业务的通知》（银监发〔2017〕55 号）规定信托公司不得将信托资金违规投向房地产、地方政府融资平台、股市、产能过剩等限制或禁止领域等。

（2）2018 年 3 月，财政部印发《关于规范金融企业对地方政府和国有企业投融资行为有关问题的通知》（财金〔2018〕23 号），从金融机构资产端加强监管，规范金融机构对地方政府和包括城投在内的国有企业融资。根据财金〔2018〕23 号，国有金融企业不得直接或通过地方国有企业事业单位等间接渠道为地方政府及其部门提供任何形式的融资。金融机构不得违规新增地方政府融资平台公司贷款，不得要求地方政府违法违规提供担保或承担偿债责任。金融机构不得提供债务性资金作为地方建设项目、政府投资基金或政府和社会资本合作（PPP）项目的资本金，对资本金要按照“穿透原则”加强审查。

（3）2018 年 4 月，中国人民银行、证监会等 4 部委联合发布了《关于规范金融机构资产管理业务的指导意见》（银发〔2018〕106 号，简称“资管新规”），强化对非标准化债权资产产品融资的监管。社会融资口径里的信托贷款和委托贷款增速在 2018 年加速下跌，而低评级城投对非标准化债权资产产品融资的依赖度很高。

（4）在地方政府隐性债务风险防控方面，2018 以来监管日益趋严。2018 年 7 月，一轮由多部门参与的地方政府隐性债务排查工作启动，重点针对 PPP 等重大项目负债、资金流情况等。本轮排查至少会覆盖到全国各地市一级，区县一级可能会被随机抽查。本轮摸底涉及地方审计、财政等多部门，排查力度、覆盖范围都远大于往年。2018 年 8 月，《中共中央 国务院关于防范化解地方政府隐性债务风险的意见》和《地方政府隐性债务问责办法》陆续下发，多地政府部门组织学习并出台化解隐性债务的方案。

此外，2018 年 10 月起，隐性债务监管出现边际放松，提出合理保障融资平台正常融资需求。2020 年上半年，疫情冲击下财政乏力，隐性债务化解工作暂缓。2020 年底至 2021 年，隐性债务监管政策再度收紧。

三、去杠杆背景下地方政府隐性债务化解路径解析

纵观过去，政府隐性债务化解的路径包括四大类：债务平滑运作、政府支出性偿还、存量资产盘活和市场化运营创收。

（1）债务平滑运作。债务平滑机制是指将短期限、高成本的债务，置换为长期限、低成本的债务，有利于城投平台降低融资成本，平滑债务期限结构，化解债务到期高峰。平滑债务到期机制大概率将采取“借新偿旧”方式，以免展期导致存量贷款变为关注类，提升贷款损失准备额。在这一过程中，其本质仍为置换，将会增加当年新增贷款，尤其是中长期低息贷款。

（2）政府支出性偿还。政府支出性偿还资金化解国有企业平台隐性债务主要有直接注资、经营性补贴、交易性补贴三种方式（见图 14.2）。直接注资是指政府方采用向国有企业平台直接增加注资资本的方式注入资金，国有企业平台以获取的注入资金用于偿还到期隐性债务。经营性补贴是指在国家大力推动政企分开，基础设施和公共服务市场化的背景下，政府方通过政府购买公共服务等方式依法合规地将部分公共服务项目交至地方国有企业平台完成，政府方依据协议向国有企业平台支付经营性补贴收入。交易性补贴是指政府方通过实现存量资产 TOT 盘活后，针对项目经营收入无法满足社会资本投资回报要求的情况，政府方根据绩效考核情况向项目公司支出可行性缺口补助。

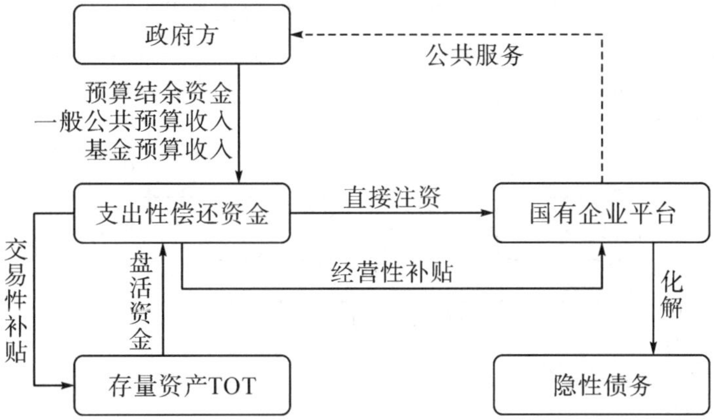

图 14.2　政府支出性偿还的三种方式

（3）存量资产盘活。存量资产盘活是针对地方政府及国有企业平台旗下具备较强经营属性的优质资产进行交易，在引入第三方提升资产运营效率的同

时，完成相关资产的价值提前回收。2022 年 5 月 25 日，国务院办公厅发布《关于进一步盘活存量资产 扩大有效投资的意见》，要求聚焦重点领域、重点区域、重点企业，优化完善存量资产盘活方式，加大盘活存量资产政策支持力度，切实做好盘活存量资产工作。该意见从 6 个方面提出 24 条意见，聚焦重点方向、盘活方式、支持政策、回收资金利用、风险防控举措、组织保障措施 6 个方面进行了明确规定，以形成存量资产和新增投资的良性循环，提升基础设施运营管理水平、拓宽社会投资渠道、合理扩大有效投资、降低政府债务风险及企业负债水平。

针对优化完善存量资产盘活方式，该意见共提出 7 项具体措施，分别为：发展基础设施领域不动产投资信托基金，有序推进政府和社会资本合作，积极推进产权规范交易，发挥国有资本投资运营公司功能作用，探索促进盘活存量和改扩建有机结合，挖掘闲置低效资产价值，支持兼并重组等其他盘活方式。

（4）市场化运营创收。隐性债务化解之市场化运营创收指通过为国有企业构建市场化转型之路，以国有企业实现市场化过程中产生的运营增量收入作为政府隐性债务的偿债资金来源。国有企业市场化转型过程中可用于偿还政府隐性债务的增量收入包括政府经营性补贴增量收入、企业提质增效增量收入和公开上市资本性收入。

①政府经营性补贴增量收入（见图 14.3）。结合政府经营性补贴，国有企业或原有改制公司以市场化方式依法合规承接的政府公共服务项目，政府方基于原有职能部门的运营成本，按照 10%~15%的利润比例向国有企业支付经营性补贴，国有企业以该部分经营性补贴利润收入作为隐性债务的偿债资金来源。

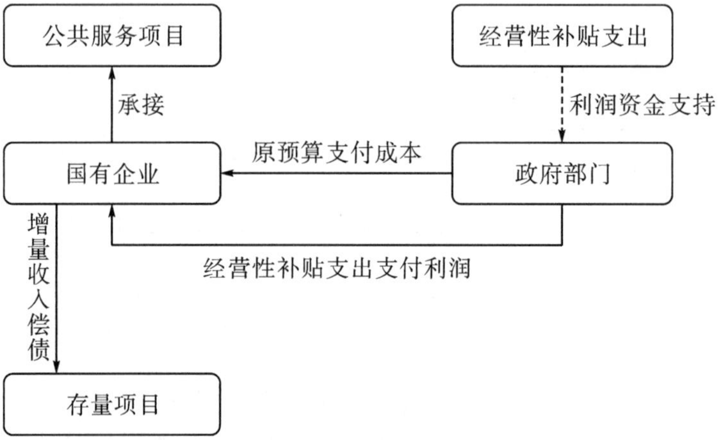

图 14.3 政府经营性补贴增量收入化解隐性债务

②国有企业提质增效增量收入。为保障财政资金顺利滚动和国有企业生存与发展，国有企业需进行转型发展。为达成国有企业提质增效目的，充分提升国有企业运营效率，国有企业可主要以新形势下企业转型战略升级为基础，将资产整合重组作为一大提升策略，将业务重构和管理提升作为两大优化路径。

③公开上市资本性收入，指公司在公开上市过程中实现资产证券化，在公开上市过程中稀释股权至公众股东进而获取资本性收入，以资本性收入作为平台公司隐性债务的偿债资金来源。公开上市作为打通企业股权融资市场化通道的主要资本运作方式，能够连接企业内部资源与外部资金，全面推进企业内部市场化革新，能够短时间内为企业发展提供足够的资金资源，有形化企业潜力与发展前景，促进企业结构优化、信用优化、管理优化的全面提升。

第三节　展望未来：地方基础设施建设及融资渠道探索

一、地方基础设施建设与经济增长

长期以来，传统基础设施建设投资是拉动经济增长和宏观经济逆周期调控的重要手段，但其边际效益呈递减趋势，已不能满足构建新发展格局和发展数字经济之需。面对疫情对我国经济造成的巨大负面影响，中央政府提出加快推进以 5G 技术、特高压、智能交通、新能源充电桩、大数据、人工智能、工业互联网等核心技术为主的“新基建”发展战略。2018 年，中央政府首次提出“新基建”概念，2019 年 3 月的政府工作报告及 12 月的中央经济工作会议提出“加快推进信息网络等新型基础设施建设”；2020 年伊始，中央政府相关会议频繁提及“加快新型基础设施建设”，新型基础设施的重要抓手作用进一步凸显。2021 年 12 月，中央经济工作会议提出“适度超前开展基础设施投资”。各省（区、市）也积极响应政策，将“新基建”纳入地方“十四五”规划（见表 14.1），对“新基建”领域进行布局。基础设施建设在历次危机中发挥了重要的促投资、稳增长作用，也为社会经济长期发展提供了重要支撑。特别是，当前面向新一轮信息技术革命的新型基础设施建设投资，将带动产业链上下游应用投资的大幅增值，为我国在全球产业变革中打造核心竞争力奠定基础。

表 14.1 各省（区、市）“十四五”规划中与“新基建”相关的内容

省份	“新基建”相关表述
天津	发展 5G、工业互联网、大数据中心等“新基建”，推动传统基础设施建设与“新基建”整体优化、协同融合
重庆	建设信息网络基础设施，大力发展 5G、工业互联网等，有序推进数字设施化、设施数字化
山东	建设“网、云、端”数字设施，优化数据中心规划布局，推进黄河大数据中心等建设
河北	系统布局新型基础设施，抓好 5G、工业互联网等建设，建立统一的物联网感知设施标识
河南	构建引领未来的新型基础设施体系，加快 5G、工业互联网、大数据中心等建设
山西	加强信息基础设施建设，打造国家重要数据资源容灾备份中心、中西部算力中心
黑龙江	加快建设新型信息基础设施，推动 5G 移动通信网络规模部署，实现重要区域全覆盖
安徽	实施“新基建”+行动，加快超算中心、城市大脑等建设，推进互联网国际专用通道建设
浙江	加快大数据中心建设，推进新技术、算力和融合型智能化基础设施建设
湖南	推进 5G 规模覆盖全省，完善储能设施、新能源汽车新型桩、换电站及车路协同基础设施
湖北	着力建设通信网络基础设施，以及新技术基础设施，统筹布局数据中心等算力基础设施
贵州	推动“新基建”迈向国内一流水平，加快 5G、数据中心等数字基础设施建设，完善人工智能等基础设施
云南	实施新一轮“云上云”行动计划，加快 5G 等“新基建”，推进物联网接入能力建设
福建	实施“新基建”行动计划，加快 5G、工业互联网、大数据中心、新型桩、换电站等建设
海南	加快 5G 网络广域低频覆盖。推进移动物联网、工业互联网和数据中心等新型信息基础设施建设
陕西	加强 5G、物联网、人工智能、工业互联网、北斗卫星导航系统等“新基建”
甘肃	推进工业互联网、物联网等基础设施建设，加快 5G、大数据、云计算、人工智能发展和示范应用

表14.1(续)

省份	“新基建”相关表述
青海	推进重点乡镇和重点景区5G全覆盖，高水平推进国家大数据云计算和容灾备份基地建设
广西	加强信息基础设施建设，建成高水平全光网络，加快5G、大数据中心等建设
宁夏	建设西部云基地（宁夏）一体化大数据中心，加快建设国家新型互联网交换中心
内蒙古	建设国家北方一体化大数据中心和高性能计算基地、灾备中心
西藏	积极布局5G、数据中心等“新基建”，提升骨干传输网络容量，推进千兆光纤宽带建设

资料来源：李明，龙小燕. 政府与市场关系视角下我国“新基建”投融资路径选择［J］. 地方财政研究，2021（12）：67-75.

2022年4月26日，习近平总书记主持召开中央财经委员会第十一次会议，“研究全面加强基础设施建设”，强调“要统筹发展和安全，优化基础设施布局、结构、功能和发展模式，构建现代化基础设施体系”，是首个以基础设施建设为主要议题的中央财经委员会议。4月29日，中央政治局会议提出要“全面加强基础设施建设”“抓紧谋划增量政策工具”。中央政府两次高规格会议接连讨论基础设施建设问题，并使用“全面加强”这一表述，释放了基础设施建设投资在经济稳增长、高质量发展中的地位提升的信号。

二、基础设施投融资过程中存在的挑战

尽管我国新型基础设施已有不同程度的发展，但作为典型的资金和技术密集型行业，融资瓶颈依旧是制约其发展壮大的关键因素。实现新型基础设施的高质量发展，需构建有别于传统基础设施的新型投融资体系，以支持相关重点项目的融资（盛磊、杨白冰，2020；李明、龙小燕，2021）。目前，我国“新基建”投融资过程中存在的挑战有：

（1）项目层面：新型基础设施建设具有较大不确定性，需要搭建新型的投融资体系。新型基础设施建设既包括5G基站、数据中心设施、充电桩等硬件设施，又包括网络平台、操作系统等软件设施。当前新型基础设施建设中存在较多问题，如核心元件高度依赖进口、技术性人才供不应求、技术更新速度快、投入资金回收慢等。新型基础设施建设投融资规模更加差异化、投融资主体更加多元化、投融资运营更加市场化，因此需要强化顶层制度建设、搭建适

合新型基础设施建设的投融资体系。

（2）融资机制：市场化融资模式尚在探索中，民间资本参与率低。目前以银行信贷和授信为代表的间接融资是支持“新基建”的主要方式，且大多数投资主体是中央国有企业。民间资本对“新基建”的投融资意愿较低，主要原因是民营企业在实际投融资环节不能完全和国有企业处于同等地位，制约了民间资本向新型基础设施建设的流入。

（3）地方政府：地方财力支持有限，传统 PPP 模式无法满足其融资需求。随着《关于防范化解地方政府隐性债务风险的意见》等一系列文件的印发，地方政府加大了对隐性债务的监管力度，对于政府基础设施建设投资形成了较强的约束，特别是地方政府主导的项目，其配套资金受到了较大约束。PPP 模式尽管已延展至“新基建”领域，但传统 PPP 模式面临合作效率低、不能匹配“新基建”投融资需求等问题。

（4）城投平台：城投平台市场化转型缓慢，支持“新基建”融资愈发艰难。政策趋紧将倒逼城投公司加速推进市场化转型，然而，城投公司转型之路是一项系统工程，难以一蹴而就。当前，多地城投公司都面临债务负担沉重、融资渠道不畅、经营性业务薄弱、管理效能不高等问题。在稳增长、稳投资、乡村振兴等重大战略背景下，城投公司仍需发挥国有企业使命担当，力推区域内基础设施的开发建设。然而由于城投公司自身面临一系列问题，不具备“新基建”项目投融资实力，造血功能较弱。

（5）企业层面：融资渠道较窄，融资困难较多。目前，“新基建”的主力是中央国有企业及华为、中兴、BAT 等商业巨头，而其他大多数企业的新型基础设施投资能力薄弱。随着影响全球经济和新兴产业发展的不确定因素增加，部分“新基建”行业在技术研发、产品供给、投资周期、盈利模式等方面存在较大不确定性，使得科技创新企业在融资过程中面临的挑战日益严峻，进而导致对“新基建”的参与度不高、主动性不强。

（6）金融市场：金融产品创新不足，支持渠道有待进一步拓展。我国金融体系以间接融资为主，且对民营企业的放贷规模和进度控制较严，商业银行缺乏信贷支持“新基建”的金融避险产品。基础设施建设需求旺盛，资金缺口巨大，除了银行信贷的间接融资，还应考虑通过多层次资本市场特别是提高直接融资比重解决资金缺口。如通过引入权益类投资者共担风险、共享收益。此外，债券市场长期性、稳定性的特征决定了它们是基础设施建设的天然优质资金来源，因此可以通过发行各类债券，如一般公司债券、项目收益债券、资产证券化等产品支持“新基建”。

三、新时代地方政府基础设施融资渠道探索及创新

缓解新型基础设施融资难问题需标本兼治，做好不同周期政策的协调配合，重在机制建设和体制完善。针对中国现行投融资体系存在的结构失衡和效率不高等问题，从中长期看，构建高效服务新发展格局的新型基础设施投融资体系，既需要发挥市场在“新基建”融资中的决定性作用，又需要发挥政府和市场的合力，构建“市场有效、政府有为”的“新基建”融资供给体制。如：

（一）积极利用专项债券，构建可持续的债务融资体系

地方政府专项债券作为地方政府的融资工具，可以有效拓宽地方政府的融资渠道，降低地方政府的融资成本。近年来，地方政府专项债券的监管逐步完善，尤其是在项目融资与债务偿还两方面。

在项目融资方面，2019 年发布的《关于做好地方政府专项债券发行及项目配套融资工作的通知》进一步明确了金融支持专项债券的项目标准；同时，该通知允许将专项债券作为符合条件的重大项目资本金：对于专项债券支持、符合中央政府重大决策部署、具有较大示范带动效应的重大项目，主要是国家重点支持的铁路、国家高速公路和支持推进国家重大战略的地方高速公路、供电、供气项目，在评估项目收益偿还专项债券本息后专项收入具备融资条件的，允许将部分专项债券作为一定比例的项目资本金，但不得超越项目收益实际水平过度融资。鉴于“新基建”项目大多数具有产业化潜质，预期现金流可观，地方专项债券可以助力“新基建”发展。对于收益性较好的新型基础设施项目，应合理安排政府专项债券撬动市场化资金参与“新基建”。

在债务偿还方面，上述通知要求融资规模与项目收益相平衡，项目融资与偿债能力相匹配，要求地方政府、项目单位和金融机构加强对重大项目融资论证和风险评估，充分论证项目预期收益和融资期限及还本付息的匹配度，合理编制项目预期收益与融资平衡方案，反映项目全生命周期和年度收支平衡情况，使项目预期收益覆盖专项债券及市场化融资本息。除此之外，2021 年发布的《地方政府债券信用评级管理暂行办法》中也强调，开展专项债券信用评级，在关注本地区经济、财政、债务等情况的基础上，应当重点关注项目基本情况、项目收益与融资平衡方案、对应的政府性基金或专项收入等情况，促进评级结果合理反映项目差异。从整体来看，监管愈发关注地方政府专项债券所投资的项目，注重项目融资与项目收益相匹配。

从发行节奏来看，地方政府专项债券的发行节奏与经济增长、财政政策密

切相关。具体来看，2021 年，预算安排新增地方政府专项债务限额 36 500 亿元；1—12 月，各地组织发行新增地方政府专项债券 35 844 亿元（含 2020 年新增专项债券结转额度 1 494 亿元）。2022 年，经济下行压力增加导致财政前置，地方政府新增专项债券发行将集中于前三季度。2022 年预算拟安排新增地方政府专项债务限额 36 500 亿元，与上年持平，其中 14 600 亿元额度已于 2021 年 12 月提前下达。2022 年 5 月，国务院印发的《扎实稳住经济的一揽子政策措施》要求财政政策要加快地方政府专项债券发行使用并扩大支持范围，加快 2022 年已下达的 3.45 万亿元专项债券发行使用进度，在 6 月底前基本发行完毕，力争在 8 月底前基本使用完毕。并在前期确定的交通基础设施、能源、保障性安居工程等 9 大领域基础上，适当扩大专项债券支持领域，优先考虑将新型基础设施、新能源项目等纳入支持范围。2020 年 10 月至 2022 年 4 月，我国地方政府新增专项债券的发行情况见图 14.4。

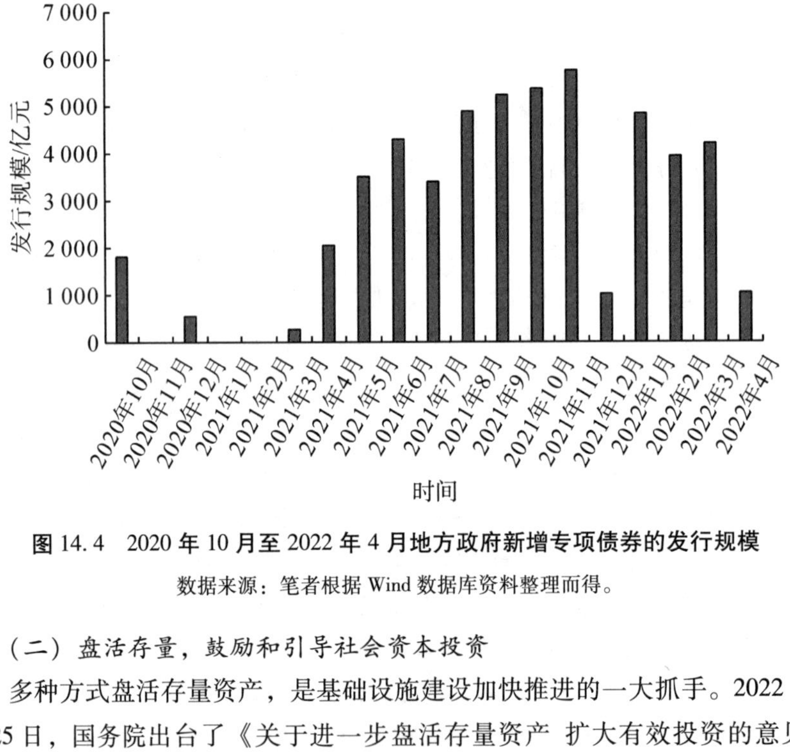

图 14.4　2020 年 10 月至 2022 年 4 月地方政府新增专项债券的发行规模

数据来源：笔者根据 Wind 数据库资料整理而得。

（二）盘活存量，鼓励和引导社会资本投资

多种方式盘活存量资产，是基础设施建设加快推进的一大抓手。2022 年 5 月 25 日，国务院出台了《关于进一步盘活存量资产 扩大有效投资的意见》，提出要发展基础设施领域不动产投资信托基金（REITs），有序推进政府和社会资本合作（PPP），积极推进产权规范交易，发挥国有资本投资运营公司功能作用，挖掘闲置低效资产价值，支持兼并重组等其他盘活方式。

2022年6月15日，国务院常务会议详细提出了鼓励和引导民间资本投资基础设施建设项目的几大保障措施：①重点基础设施建设领域和重大项目允许民间资本进入。提出要在“十四五”规划102项重大工程和国家明确的重点建设领域，选择一批示范项目吸引民间资本参与。已确定的交通、水利等项目要加快推进，在招投标中对民间投资一视同仁，并尽快推出以工代赈具体措施。②保护民间投资权益，便捷投资手续审批。提出要深化“放管服”改革。提高民间投资手续办理效率，将大项目纳入地方重点项目库并加强用地等保障。各地要保护民间投资合法权益，严格履行政策承诺。③满足民间投融资需求。提出鼓励金融机构采用续贷、展期等方式支持民间投资。对符合条件的项目提供政府性融资担保。抓紧推出面向民间投资的不动产投资信托基金项目（REITs）。这三个方面的确是解决民间资本愿意投资基础设施建设项目的关键所在，特别是提出要抓紧推出面向民间投资的REITs项目，释放了重要的政策信号。

2022年6月16日，国家发展和改革委员会线上新闻发布会也针对具体落实国务院常务会议的上述指示做出六点工作安排：①发挥重大项目牵引和政府投资撬动作用。根据国家“十四五”规划102项重大工程、国家重大战略等明确的重点建设任务，我们将选择具备一定收益水平、条件相对成熟的项目，采取多种方式吸引民间资本参与。在安排各类政府性投资资金时，对民营企业一视同仁，发挥政府投资引导带动作用。②推动民间投资项目加快实施。对于推动社会经济发展、促进产业转型、加快技术进步等有较强带动作用，投资规模较大的民间投资项目，要积极将其纳入各地区的重点投资项目库，加强用地（用海）、用能、用水、资金等方面的要素保障。对符合政策鼓励方向的民间投资项目，督促地方政府建立常态化沟通机制，加快前期工作手续办理。③鼓励民间投资积极参与盘活存量资产。鼓励高质量的民间投资项目发行基础设施领域不动产投资信托基金（REITs），形成示范效应。鼓励民间资本通过PPP等方式参与盘活国有存量资产，提高参与基础设施项目的便利程度。支持民营企业通过产权交易、并购重组等方式盘活自身资产，鼓励回收资金用于新的项目建设。④加强民间投资融资支持。建立和完善社会资本投融资合作对接机制，通过项目对接会等多种方式，搭建有利于民间投资项目与金融机构沟通衔接的平台。加强涉企信用信息共享应用，引导金融机构对民营企业信用情况精准画像，客观合理判断企业风险，加大融资支持力度。⑤支持民营企业规范发展。引导和帮助民营企业发现新的利润增长点，不断提高投资决策的科学性和精准性。鼓励民营企业聚焦实业、做精主业、提升核心竞争力。引导民营企业自觉强化信用管理，合理控制债务融资规模和比例，防止资金链断裂等重大风险。⑥持续优化民间投资环境。紧紧围绕深化“放管服”改革，破除制约民间投资的“玻璃门”“弹簧门”“旋转门”，进一步完善有利于民间投资发展的政策环境。落实鼓励民营经济发展的各项政策措施，为各类所有制企业营造公平、透明、法治的发展环境，促进民间投资高质量发展。

特别是，基础设施公募REITs具有流动性较高、收益相对稳定、安全性较强等特点，能有效盘活存量资产，填补当前金融产品空白，拓宽社会资本投资渠道，提升直接融资比重，增强资本市场服务实体经济质效。从短期来看，其有利于广泛筹集项目资本金，降低债务风险，是稳投资、补短板的有效政策工具；从长期来看，其有利于完善储蓄转化投资机制，降低实体经济杠杆，推动基础设施投融资市场化、规范化健康发展。基础设施公募REITs的示例见图14.5。

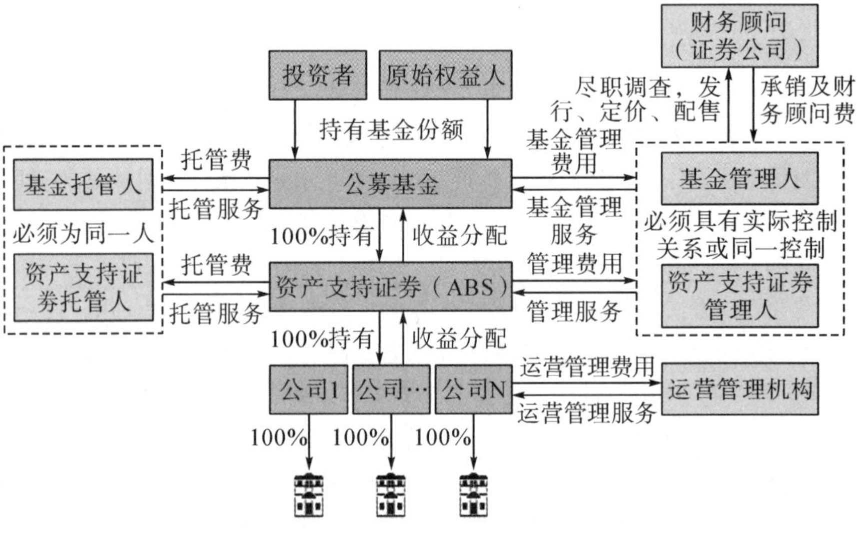

图14.5　基础设施公募REITs示例

（三）双碳目标下，EOD与PPP的融合

2020年9月22日，我国政府在第75届联合国大会一般性辩论及气候雄心峰会上，向世界宣布了我国实现碳达峰、碳中和目标的时间节点，展现了大国担当。而碳达峰、碳中和目标的实现，需要全社会的共同努力与付出，加快形成绿色低碳的生产生活方式，加快建设城市绿色低碳基础设施。

生态环境导向的开发模式（ecology-oriented development，EOD），是以生态保护和环境治理为基础，以特色产业运营为支撑，以区域综合开发为载体，采取产业链延伸、联合经营、组合开发等方式，推动公益性较强、收益性较差的生态环境治理项目与收益性较好的关联产业有效融合，统筹推进，一体化实施，将生态环境治理带来的经济价值内部化的一种创新性的项目组织实施方式。生态环境部于 2018 年 8 月，发布了《关于生态环境领域进一步深化“放管服”改革，推动经济高质量发展的指导意见》（环规财〔2018〕86 号），提出了探索开展生态环境导向的城市开发（EOD）模式的概念。

2021 年 4 月，《关于推荐生态环境导向的开发模式试点项目的通知》，同意 36 个项目开展生态环境导向的开发（EOD）模式试点工作。EOD 模式重在“以生态文明思想为引领，以生态保护和环境治理为基础，采取产业链延伸、联合经营、组合开发等方式，推动公益性较强、收益性较差的生态环境治理项目与收益性较好的关联产业有效融合，将生态环境治理带来的经济价值内部化”。2021 年 10 月，《关于推荐第二批生态环境导向的开发模式试点项目的通知》发布。通知中提出 5 项申报条件（需同时满足），每省申报数量原则上不超过 3 个。重点支持实施基础好、投资规模适中、项目边界清晰、反哺特征明显、环境效益显著的试点。

2022 年上半年，EOD 模式的推动又迈进了一大步。2022 年 4 月 11 日，生态环境部印发《生态环保金融支持项目储备库入库指南（试行）》。同月，生态环境部环境规划院 EOD 创新中心正式成立。4 月 28 日，生态环境部等联合发布《关于同意开展第二批生态环境导向的开发（EOD）模式试点的通知》，同意 58 个项目开展试点工作（2022—2024 年）。从政策动态可以看出，国内的 EOD 发展正在加速，EOD 模式将在废弃矿山修复、农业农村综合开发、水环境综合治理、重点流域治理等领域迎来较大发展机遇。

EOD 模式致力于形成资金供给和资产创造的良性循环，保障财务的可持续性；而 PPP 模式强调引入具备技术和运营能力的社会资本，合作期长达几十年，二者的运作模式与理念都基于项目的可持续发展理念。PPP 是 EOD 模式的三种落地方式之一。对于投资规模较大，包含一定量的基础设施及公共服务类占比（使用者付费），且当地每一年度全部 PPP 项目需要从财政预算中安排的支出责任占一般公共预算支出比例不超过 10%，项目实施不是很紧迫的区域，EOD 项目可采用 PPP 模式实施。EOD 模式下，生态环境治理成效为产业开发带来增量收益，并依靠产业开发反哺生态环境治理的投入，有效缓解了政府投入的压力，并有利于企业（社会资本）和金融机构参与项目投入，有效破解了生态环境治理与产业发展的瓶颈。

（四）强化政府引导作用，多渠道拓展资金来源

设立针对新型基础设施领域的国家级产业投资基金与地方政府引导基金。

针对新型基础设施中需要重点发展、系统性建设的行业，特别是前期投入规模大、投资回报周期长的领域，建议设立国家级产业投资基金，通过资本金出资、股权投资、债权投资等多种投资方式支持新型基础设施建设领域的统筹发展。针对区域内新型基础设施领域的创新创业企业，建议设立各级地方政府主导的政府引导基金，通过股权投资和债权投资等多种方式支持区域内新型基础设施企业研发核心技术，推动区域性企业发展壮大。目前，全国目标规模千亿元以上的引导基金共 17 只，总目标规模合计 29 737 亿元，占政府引导基金目标总规模的 25.62%。其中，国家级 5 只、省级 5 只、市级 6 只、区县级 1 只。长江经济带生态基金是迄今为止目标规模最大的引导基金，基金目标规模高达 3 000 亿元；区县级千亿元以上规模的政府引导基金只有 1 只，是设立在湖北省武汉市的中国光谷母基金，目标规模为 2 500 亿元。

引导社保基金参与新型基础设施龙头企业股权投资。引导社保基金以多种形式参与到新型基础设施龙头企业上市的各个环节中，例如在 Pre-IPO（预公开发行）时进行股权投资、在企业 IPO（公开发行）时参与战略配售、在企业上市之后参与股票增发等，助力企业发展新型基础设施领域核心技术，集中资金优势建设国际顶尖新型基础设施企业。

（五）借助债券品种创新，为民营企业及“新基建”企业融资助力

进入 2022 年第二季度以来，为防疫情、稳经济，进一步发挥债券市场融资功能，近期多项政策发布支持债券创新品种发行，强化债券市场服务实体经济质效。2022 年 5 月 31 日，国务院发布《关于印发扎实稳住经济一揽子政策措施的通知》（以下简称《通知》），在债券市场方面，具体从支持鼓励金融债券发行和支持民营企业债券融资两方面提出要求。一是《通知》提出要继续支持和鼓励金融机构发行金融债券，建立“三农”、小微企业、绿色、双创金融债券绿色通道，为重点领域企业提供融资支持。二是《通知》加大了对民营企业债券融资的支持力度，要求督促指导银行间债券市场和交易所债券市场各基础设施全面梳理收费项目，对民营企业债券融资交易费用能免尽免，进一步释放支持民营企业的信号。

在特殊品种债券方面，2022 年 6 月 2 日，上海证券交易所发布了《上海证券交易所公司债券发行上市审核规则适用指引第 2 号——特定品种公司债券（2022 年修订）》（以下简称《特定品种公司债券指引》），较前版指引进行了三方面修订：一是新增低碳转型公司债券的规则安排，明确债券定义、募集资金用途、特殊条款安排、项目申报及披露要求等，并引入低碳转型挂钩债券概念，鼓励企业结合自身情况利用好低碳转型债券推进“双碳”工作；二是

进一步公开了疫情防控债券有关安排和具体执行要求，鼓励承担了防疫保障和生产复工重任的债券发行人用好用足疫情防控债券，以金融助力实体，帮助企业打好疫情攻坚战；三是全面梳理整合单行规则通知，将可交换公司债券、“一带一路”债券归并，形成体系完整、格式内容统一的特定品种公司债券“一本通”，便于市场主体理解和使用。《特定品种公司债券指引》旨在深化债券市场对疫情防控、低碳转型领域的融资支持，进一步发挥特定品种公司债券服务国家战略及实体经济的功能。进一步地，为积极践行转型发展理念，应对气候变化目标，2022 年 6 月 6 日，中国银行间市场交易商协会发布《关于开展转型债券相关创新试点的通知》，创新推出转型债券，用于支持传统行业绿色低碳转型。这些债券品种的创新，将有利于健全多层次资本市场体系，为民营企业及“新基建”企业提供更丰富的融资市场平台。

参考文献

[1] 毕泗锋，王雪原. 新《预算法》下地方政府债务的预算软约束：基于“自发自还”地方债交易数据的测算 [J]. 经济评论，2021 (5)：136-151.

[2] 蔡昉，张丹丹，刘雅玄. 新冠肺炎疫情对中国劳动力市场的影响：基于个体追踪调查的全面分析 [J]. 经济研究，2021 (2)：4-21.

[3] 曹光宇，刘晨冉，周黎安，等. 财政压力与地方政府融资平台的兴起 [J]. 金融研究，2020 (5)：59-76.

[4] 曹婧，毛捷，薛熠. 城投债为何持续增长：基于新口径的实证分析 [J]. 财贸经济，2019，40 (5)：5-22.

[5] 陈宝东，邓晓兰. 货币政策被地方政府债务绑架了吗？ [J]. 经济管理，2019，41 (10)：5-21.

[6] 陈创练，戴明晓. 货币政策、杠杆周期与房地产市场价格波动 [J]. 经济研究，2018，53 (9)：52-67.

[7] 陈汉文，周中胜. 内部控制质量与企业债务融资成本 [J]. 南开管理评论，2014，17 (3)：103-111.

[8] 陈菁，李建发. 财政分权、晋升激励与地方政府债务融资行为：基于城投债视角的省级面板经验证据 [J]. 会计研究，2015 (1)：61-67，97.

[9] 陈诗一，汪莉. 中国地方债务与区域经济增长 [J]. 学术月刊，2016 (6)：37-52.

[10] 陈思霞，陈志勇. 需求回应与地方政府性债务约束机制：经验启示与分析 [J]. 财贸经济，2015 (2)：16-28.

[11] 陈晓光. 财政压力、税收征管与地区不平等 [J]. 中国社会科学，2016 (4)：53-70，206.

[12] 陈雨露，马勇. 中央银行的宏观监管职能：经济效果与影响因素分析 [J]. 财经研究，2012，38 (5)：4-14.

[13] 陈志刚，吴国维，潘博雅. 地方政府债务冲动、寻租行为与居民消费：数理分析与实证检验 [J]. 广西社会科学，2017 (11)：68-74.

[14] 陈志刚，吴国维. 地方政府债务促进了区域经济增长吗：基于地方政府"招拍挂"工具变量视角 [J]. 现代财经（天津财经大学学报），2018 (4)：48-60.

[15] 程昊，阎晚晴. 关于化解地方债务问题的政策建议 [J]. 国际金融，2022 (5)：47-51.

[16] 程昊，叶宁. 地方政府融资模式演进与债务扩张机制 [J]. 金融发展评论，2019 (12)：121-135.

[17] 程宇丹，龚六堂. 财政分权下的政府债务与经济增长 [J]. 世界经济，2015 (11)：3-28.

[18] 程宇丹，龚六堂. 外债的经济增长效应与影响渠道：发达国家和发展中国家比较 [J]. 数量经济技术经济研究，2015，32 (10)：108-123.

[19] 储德银，邵娇，迟淑娴. 财政体制失衡抑制了地方政府税收努力吗? [J]. 经济研究，2019 (10)：41-56.

[20] 崔志坤，李娜. 收入分成与地方财政努力：来自中国省级数据的检验 [J]. 财政研究，2019 (2)：91-103.

[21] 戴国强，孙新宝. 我国企业债券信用利差宏观决定因素研究 [J]. 财经研究，2011，37 (12)：61-71.

[22] 邓楚. 中国城投债主要风险及防范化解对策 [J]. 宁波经济（三江论坛），2022 (4)：5-7.

[23] 邓慧慧，薛熠，杨露鑫. 公共服务竞争、要素流动与区域经济新格局 [J]，财经研究，2021 (8)：34-48.

[24] 刁伟涛. 我国省级地方政府间举债竞争的空间关联性研究 [J]. 当代财经，2016 (7)：36-45.

[25] 董直庆，王辉. 环境规制的"本地—邻地"绿色技术进步效应 [J]. 中国工业经济，2019 (1)：100-118.

[26] 范剑勇，莫家伟. 地方债务、土地市场与地区工业增长 [J]. 经济研究，2014，49 (1)：41-55.

[27] 范小云，方才，何青. 谁在推高企业债务融资成本：兼对政府融资的"资产组合效应"的检验 [J]. 财贸经济，2017，38 (1)：51-65.

[28] 范小云，方意，王道平. 我国银行系统性风险的动态特征及系统重要性银行甄别：基于 CCA 与 DAG 相结合的分析 [J]. 金融研究，2013

(11)：82-95.

[29] 范子英，赵仁杰. 财政职权、征税努力与企业税负 [J]. 经济研究，2020 (4)：101-117.

[30] 方意，赵胜民，谢晓闻. 货币政策的银行风险承担分析：兼论货币政策与宏观审慎政策协调问题 [J]. 管理世界，2012 (11)：9-19，56，187.

[31] 冯静，彭月兰. 我国地方政府债务对货币政策的影响 [J]. 生产力研究，2006 (3)：87-88.

[32] 伏润民，缪小林，师玉朋. 政府债务可持续性内涵与测度方法的文献综述：兼论我国地方政府债务可持续性 [J]. 经济学动态，2012 (11)：8.

[33] 伏润民，缪小林，王敏，杨雅琴. 我国公共财政安全监测预警机制构建：一个理论研究框架 [J]. 财贸经济，2013 (8)：17-26.

[34] 付文林，赵永辉. 财政转移支付与地方征税行为 [J]. 财政研究，2016 (6)：16-27.

[35] 干春晖，郑若谷，余典范. 中国产业结构变迁对经济增长和波动的影响 [J]. 经济研究，2011 (5)：4-16，31.

[36] 高然，龚六堂. 土地财政、房地产需求冲击与经济波动 [J]. 金融研究，2017 (4)：32-45.

[37] 龚强，王俊，贾珅. 财政分权视角下的地方政府债务研究：一个综述 [J]. 经济研究，2011 (7)：144-156.

[38] 苟文均，袁鹰，漆鑫. 债务杠杆与系统性风险传染机制：基于 CCA 模型的分析 [J]. 金融研究，2016 (3)：74-91.

[39] 郭步超，王博. 政府债务与经济增长：基于资本回报率的门槛效应分析 [J]. 世界经济，2014，37 (9)：95-118.

[40] 郭栋. 灾难风险经济冲击效应与货币政策机制选择研究：基于 DSGE 模型的新冠肺炎疫情经济模拟 [J]. 国际金融研究. 2020 (8)：24-34.

[41] 郭凯明，余靖雯，龚六堂. 计划生育政策、城镇化与经济增长 [J]. 金融研究，2015 (11)：47-63.

[42] 郭燕. PPP 项目的地方财政承受能力研究 [D]. 大连：东北财经大学，2016.

[43] 郭玉清，何杨，李龙. 救助预期、公共池激励与地方政府举债融资的大国治理 [J]. 经济研究，2016，51 (3)：81-95.

[44] 郭玉清. 逾期债务、风险状况与中国财政安全：兼论中国财政风险预警与控制理论框架的构建 [J]. 经济研究，2011 (8)：13.

［45］国务院办公厅. 国务院办公厅关于引发地方政府性债务风险应急处置员的通知［Z］. 2016.

［46］韩峰，阳立高. 生产性服务业集聚如何影响制造业结构升级：一个集聚经济与熊彼特内生增长理论的综合框架［J］. 管理世界，2020（2）：72-94.

［47］韩健，程宇丹. 地方政府债务规模对经济增长的阈值效应及其区域差异［J］. 中国软科学，2018（9）：104-112.

［48］韩鹏飞，胡奕明. 政府隐性担保一定能降低债券的融资成本吗：关于国有企业和地方融资平台债券的实证研究［J］. 金融研究，2015（3）：116-130.

［49］何杨，满燕云. 地方政府债务融资的风险控制：基于土地财政视角的分析［J］. 财贸经济，2012（5）：45-50.

［50］洪源，陈丽，曹越. 地方竞争是否阻碍了地方政府债务绩效的提升：理论框架及空间计量研究［J］. 金融研究，2020（4）：70-90.

［51］胡翠，许召元. 对外负债与经济增长［J］. 经济研究，2011，46（2）：19-30，58.

［52］胡奕明，顾祎雯. 地方政府债务与经济增长：基于审计署 2010—2013 年地方政府性债务审计结果［J］. 审计研究，2016（5）：104-112.

［53］胡援成，张文君. 地方政府债务扩张与银行信贷风险［J］. 财经论丛，2012（3）：59-63.

［54］胡祖铨，黄夏岚，刘怡. 中央对地方转移支付与地方征税努力：来自中国财政实践的证据［J］. 经济学（季刊），2013（3）：799-822.

［55］黄春元，刘瑞. 地方政府债务、区域差异与空间溢出效应：基于空间计量模型的研究［J］. 中央财经大学学报，2020（4）：3-14.

［56］黄春元，毛捷. 财政状况与地方债务规模：基于转移支付视角的新发现［J］. 财贸经济，2015（6）：18-31.

［57］黄芳娜. 中国地方政府债务管理研究［D］. 北京：财政部财政科学研究所，2011.

［58］黄国桥，徐永胜. 地方政府性债务风险的传导机制与生成机理分析［J］. 财政研究，2011（9）：2-5.

［59］黄思明. 中国式财政分权、群组效应与经济增长［J］. 管理评论，2019（8）：250-259.

［60］黄显池. 地方政府债务、消费投资与经济增长：省级层面的理论与实证研究［D］. 南昌：江西财经大学，2021.

［61］嵇杨，曹慧敏. “城投债”的发展历程及信用评级方法［J］. 宏观经济

管理，2014（6）：56-59.

［62］吉黎，毛程连，林志威．转移支付、税收努力与企业避税：基于中国工业企业的实证研究［J］．中央财经大学学报，2015（3）：11-18.

［63］纪孟汝．新冠肺炎疫情对我国宏观经济的影响：基于宏观经济四大目标分析［J］．科技经济导刊，2021，29（1）：208-210.

［64］冀云阳，付文林，束磊．地区竞争、支出责任下移与地方政府债务扩张［J］．金融研究，2019（1）：128-147.

［65］冀云阳，毛捷，文雪婷．地方公共债务与资本回报率［J］．金融研究，2021（6）：1-20.

［66］冀云阳，钟世虎．地方政府债务对全要素生产率的影响研究［J］．财政研究，2022（4）：87-99.

［67］贾根良，何增平．现代货币理论与通货膨胀［J］．学术研究，2020（2）：83-88.

［68］贾康，刘军民，张鹏，等．中国财税体制改革的战略取向：2010—2020［J］．改革，2010（1）：5-19.

［69］贾康，孟艳．运用长期建设国债资金规范和创新地方融资平台的可行思路探讨［J］．理论前沿，2009（8）：9-11.

［70］贾康，吴禺兵．PPP 财政支出责任债务属性问题研究：基于政府主体风险合理分担视角［J］．财贸经济，2020，41（9）：5-20.

［71］贾康，阎坤，鄢晓发．总部经济、地区间税收竞争与税收转移［J］．税务研究，2007（2）：12-17.

［72］姜子叶，胡育蓉．财政分权、预算软约束与地方政府债务［J］．金融研究，2016（2）：198-206.

［73］靳涛，陶新宇．政府支出和对外开放如何影响中国居民消费：基于中国转型式增长模式对消费影响的探究［J］．经济学（季刊），2017（1）：121-146.

［74］约翰·M.凯恩斯．货币论［M］．何瑞英，译．北京：商务印书馆，2017.

［75］孔薇，扈文秀，廖凯诚．金融杠杆、地方政府融资行为与城商行绩效：基于城市商业银行的面板门槛模型［J］．预测，2020，39（2）：41-47.

［76］寇宗来，盘宇章，刘学悦．中国的信用评级真的影响发债成本吗？［J］．金融研究，2015（10）：81-98.

［77］匡小平，蔡芳宏．论地方债的预算约束机制［J］．管理世界，2014（1）：173-175.

［78］兰小欢．置身事内：中国政府与经济发展［M］．上海：上海人民

出版社，2021.

［79］李兵，任远. 人口结构是怎样影响经常账户不平衡的：以第二次世界大战为工具变量的经验证据［J］. 经济研究，2015（10）：119-133.

［80］李承怡. 预算软约束下地方政府财政支出竞争策略的空间经济效应［J］. 经济地理，2019（9）：24-30.

［81］李丹，王郅强. PPP 隐性债务风险的生成：理论、经验与启示［J］. 行政论坛，2019（4）：7.

［82］李红权，尹盼盼. 我国地方政府债务的收入分配效应研究［J］. 金融评论，2019，11（6）：86-97，123.

［83］李建军，肖育才. 税收征管存在“粘蝇纸”效应吗［J］. 南开经济研究，2012（2）：55-66.

［84］李建军，谢芬，肖育才. 经济开放对地方财政横向差异影响的实证研究［J］. 广东商学院学报，2011（4）：58-66.

［85］李建强，朱军，张淑翠. 政府债务何去何从：中国财政整顿的逻辑与出路［J］. 管理世界，2020，36（7）：41-55.

［86］李婧，谭清美，白俊红. 中国区域创新生产的空间计量分析：基于静态与动态空间面板模型的实证研究［J］. 管理世界，2010（7）：43-55，65.

［87］李克强. 2020 年政府工作报告［R/OL］. http://www.gov.cn/zhuanti/2020lhzfgzbg/index.htm.

［88］李敏. 中国地方政府债务风险管理研究［D］. 北京：首都经济贸易大学，2014.

［89］李明，龙小燕. 政府与市场关系视角下我国“新基建”投融资路径选择［J］. 地方财政研究，2021（12）：67-75.

［90］李普亮. 产业结构调整与税收增长：抑制还是促进［J］. 税务与经济，2016（1）：67-74.

［91］李茹霞，扈文秀，齐晓亮. 债券融资背景下地方债规模影响因素的空间效应检验［J］. 统计与决策，2020（2）：146-149.

［92］李扬，张晓晶，常欣. 我国国家资产负债表：理论、方法与风险评估［M］. 北京：中国社会科学出版社，2013.

［93］李扬. 债务是大敌［R/OL］. http://ifb.cass.cn/newpc/xscg/sp/202105/t20210512_5332941.shtml.

［94］李一花，亓艳萍. 地区财政能力、引资竞争与地方债规模研究［J］. 当代财经，2017（1）：27-39.

[95] 李一花，张芳洁，亓艳萍. 地方债规模增长的一个解释框架 [J]. 当代经济科学，2017 (3)：95-101，127.

[96] 李永友，沈玉平. 转移支付与地方财政收支决策：基于省级面板数据的实证研究 [J]. 管理世界，2009 (11)：41-53.

[97] 李永友，张帆. 垂直财政不平衡的形成机制与激励效应 [J]. 管理世界，2019 (7)：43-59.

[98] 李中南. 房价、地方政府债务与消费的关系研究 [J]. 中国物价，2022 (6)：85-87.

[99] 梁琪，李政. 系统重要性、审慎工具与我国银行业监管 [J]. 金融研究，2014 (8)：32-46.

[100] 刘畅，曹光宇，马光荣. 地方政府融资平台挤出了中小企业贷款吗? [J]. 经济研究，2020 (3)：50-64.

[101] 刘晨晖，陈长石. 土地出让如何影响城市间发展不平衡：基于财政缺口弥补视角的实证分析 [J]. 财贸经济，2017 (11)：23-38.

[102] 刘欢，周会洋，侯粲然. 地方政府债务与企业创新 [J]. 会计研究，2020 (9)：163-177.

[103] 刘磊. 从货币起源到现代货币理论：经济学研究范式的转变 [J]. 政治经济学评论，2019，10 (5)：181-203.

[104] 刘蓉，李娜. 地方债务密集度攀升的乘数和双重挤出效应研究 [J]. 管理世界，2021，37 (3)：51-66，160.

[105] 刘尚希，于国安. 地方政府或有负债：隐匿的财政风险 [M]. 北京：中国财政经济出版社，2002.

[106] 刘尚希，赵全厚. 政府债务：风险状况的初步分析 [J]. 管理世界，2002 (5)：22-32，41.

[107] 刘尚希，傅志华，李成威，等. 分化趋势与风险双升背景下的政策协调：当前地方财政经济运行情况调研报告 [J]. 财政科学，2017 (1)：5-14.

[108] 刘尚希，赵全厚，孟艳，等. "十二五"时期我国地方政府性债务压力测试研究 [J]. 经济研究参考，2012 (8)：3-58.

[109] 刘尚希. 财政风险：一个分析框架 [J]. 经济研究，2003 (5)：23-31.

[110] 刘薇. PPP 模式财政风险识别与防范 [J]. 财政科学，2018 (7)：42-49.

[111] 刘怡，刘维刚. 税收分享对地方征税努力的影响：基于全国县级面板数据的研究 [J]. 财政研究，2015 (3)：30-36.

[112] 刘勇政，李岩. 中国的高速铁路建设与城市经济增长 [J]. 金融

研究，2017（11）：19-33.

［113］罗党论，佘国满．地方官员变更与地方债发行［J］．经济研究，2015（6）：131-146.

［114］罗荣华，刘劲劲．地方政府的隐性担保真的有效吗：基于城投债发行定价的检验［J］．金融研究，2016（4）：83-98.

［115］骆永民，刘艳华．金融集聚，人力资本与房价：基于PanelVAR模型［J］．财贸研究，2011（4）：93-101.

［116］吕冰洋，郭庆旺．中国税收高速增长的源泉：税收能力和税收努力框架下的解释［J］．中国社会科学，2011（2）：76-90，221-222.

［117］吕冰洋．政府间税收分权的配置选择和财政影响［J］．经济研究，2009，44（6）：16-27.

［118］吕健．地方债务对经济增长的影响分析：基于流动性的视角［J］．中国工业经济，2015（11）：16-31.

［119］吕健．影子银行推动地方政府债务增长了吗［J］．财贸经济，2014（8）：38-48

［120］马树才，华夏，韩云虹．地方政府债务影响金融风险的传导机制：基于房地产市场和商业银行视角的研究［J］．金融论坛，2020（4）：11.

［121］马亚明，王若涵，胡春阳．地方政府债务风险对金融压力的溢出效应：兼论重大突发事件冲击的影响［J］．经济与管理研究，2021，42（9）：77-92.

［122］毛捷，黄春元．地方债务、区域差异与经济增长：基于中国地级市数据的验证［J］．金融研究，2018（5）：1-19.

［123］毛捷，刘潘，吕冰洋．地方公共债务增长的制度基础：兼顾财政和金融的视角［J］．中国社会科学，2019（9）：45-67，205.

［124］毛捷，徐军伟．中国地方政府债务问题研究的现实基础：制度变迁、统计方法与重要事实［J］．财政研究，2019（1）：3-23.

［125］毛锐，刘楠楠，刘蓉．地方债务融资对政府投资有效性的影响研究［J］．世界经济，2018，41（10）：51-74.

［126］毛锐，刘楠楠，刘蓉．地方政府债务扩张与系统性金融风险的触发机制［J］．中国工业经济，2018（4）：19-38.

［127］毛新述，周小伟．政治关联与公开债务融资［J］．会计研究，2015（6）：26-33，96.

［128］毛振华，袁海霞，汪苑晖．当前我国地方政府性债务风险及对策研究

[J]. 财政科学，2020（10）：54-58，66.

[129] 孟莹莹. 地方债务、房价波动与区域经济增长 [J]. 统计与决策，2022，38（8）：134-138.

[130] 缪小林，伏润民. 地方政府债务风险的内涵与生成：一个文献综述及权责时空分离下的思考 [J]. 经济学家，2013（8）：90-101.

[131] 年猛. 交通基础设施、经济增长与空间均等化：基于中国高速铁路的自然实验 [J]. 财贸经济，2019（8）：146-161.

[132] 牛霖琳，洪智武，陈国进. 地方政府债务隐忧及其风险传导：基于国债收益率与城投债利差的分析 [J]. 经济研究，2016，51（11）：13.

[133] 潘俊，王亮亮，沈晓峰. 金融生态环境与地方政府债务融资成本：基于省级城投债数据的实证检验 [J]. 会计研究，2015（6）：34-41.

[134] 潘俊，王亮亮，吴宁，等. 财政透明度与城投债信用评级 [J]. 会计研究，2016（12）：72-78.

[135] 庞晓波，李丹. 中国经济景气变化与政府债务风险 [J]. 经济研究，2015（10）：18-33.

[136] 彭冲，陆铭. 从新城看治理：增长目标短期化下的建城热潮及后果 [J]. 管理世界，2019（8）：44-57.

[137] 彭小静，邓明. 中国地方政府税收努力程度的策略互动：基于动态空间面板数据模型的经验研究 [J]. 新疆社会科学，2016（4）：22-28，147.

[138] 蒲丹琳，王善平. 官员晋升激励、经济责任审计与地方政府投融资平台债务 [J]. 会计研究，2014（5）：88-93，95.

[139] 钱海燕，李俊杰. 我国地方政府债券的“挤入效应”与规模控制 [J]. 财政研究，2013（2）：23-26.

[140] 钱凯. 有效化解城投债风险的观点综述 [J]. 经济研究参考，2013（48）：35-46.

[141] 乔宝云，范剑勇，彭骥鸣. 政府间转移支付与地方财政努力 [J]. 管理世界，2006（3）：50-56.

[142] 邱志刚，王子悦，王卓. 地方政府债务置换与新增隐性债务：基于城投债发行规模与定价的分析 [J]. 中国工业经济，2022（4）：42-60.

[143] 饶品贵，汤晟，李晓溪. 地方政府债务的挤出效应：基于企业杠杆操纵的证据 [J]. 中国工业经济，2022（1）：151-169.

[144] 佘国满，罗党论，杨晓艳. 地方资源禀赋、制度环境与地方债发行 [J]. 统计研究，2015，32（5）：13-19.

［145］盛磊，杨白冰. 新型基础设施建设的投融资模式与路径探索［J］. 改革，2020（5）：49-57.

［146］史贞. 我国各省城投债偿还能力测度研究：基于 AHP 的实证分析［J］. 宏观经济研究，2018（1）：94-102.

［147］宋立. 市政收益债券：解决地方政府债务问题的重要途径［J］. 管理世界，2004（2）：27-34.

［148］孙兰英. 坚持辩证思维，化疫情之“危”为发展之“机”［J］. 人民论坛，2020（15）：16-19.

［149］田彬彬，范子英. 税收分成、税收努力与企业逃税：来自所得税分享改革的证据［J］. 管理世界，2016（12）：36-46，59.

［150］王宝顺，刘京焕. 地方政府公共支出空间外溢效应对区域经济增长的影响［J］. 现代财经（天津财经大学学报），2011，31（10）：61-69.

［151］王博森，施丹. 市场特征下会计信息对债券定价的作用研究［J］. 会计研究，2014（4）：19-26.

［152］王国静，田国强. 政府支出乘数［J］. 经济研究，2014，49（9）：4-19.

［153］王璐. 马克思的内生货币理论解析［J］. 教学与研究，2007（5）：29-35.

［154］王擎，田娇. 银行资本监管与系统性金融风险传递：基于 DSGE 模型的分析［J］. 中国社会科学，2016（3）：99-122，206-207.

［155］王韧，刘柳巧，刘于萍. 地方政府债务负担会阻碍区域经济一体化吗：城市群视角的异质性诊断［J］. 财政研究，2021（5）：70-84.

［156］王守清，刘婷. 对加强我国 PPP 项目监管的建议［J］. 经济研究参考，2014，000（060）：14-15.

［157］王术华. 财政压力、政府支出竞争与地方政府债务：基于空间计量模型的分析［J］. 经济与管理评论，2017（5）：74-82.

［158］王燕武，卢盛荣，李文溥. 地方政府债务置换及规模控制的宏观经济效应：基于 CQMM 的模拟分析［J］. 数量经济研究，2014，5（2）：1-11.

［159］王永钦，陈映辉，杜巨澜 . 软预算约束与中国地方政府债务违约风险：来自金融市场的证据［J］. 经济研究，2016（11）：96-109.

［160］王治国. 政府干预与地方政府债券发行中的“利率倒挂”［J］. 管理世界，2018，34（11）：25-35.

［161］温来成，贺志强. 地方政府隐性债务治理重点及改革建议［J］. 地方财政研究，2021（3）：10-16，23.

［162］温来成. 有效管控 PPP 模式的财政风险［J］. 财会研究，2015（3）：1.

［163］温忠麟，叶宝娟. 中介效应分析：方法和模型发展［J］. 心理科学进展，2014（5）：731-745.

［164］吴化斌，许志伟，胡永刚，等. 消息冲击下的财政政策及其宏观影响［J］. 管理世界，2011（9）：26-39.

［165］吴敏，曹婧，毛捷. 地方公共债务与企业全要素生产率：效应与机制［J］. 经济研究，2022，57（1）：107-121.

［166］吴盼文，曹协和，肖毅，等. 我国政府性债务扩张对金融稳定的影响：基于隐性债务视角［J］. 金融研究，2013（12）：57-59，71.

［167］吴艳芳. 论可信任的 PPP 财政承受能力论证机制［J］. 财会月刊（中），2017（2）：6.

［168］伍毅荣，魏劭琨. 中国城投债现状、风险与机遇［J］. 银行家，2013（1）：106-109.

［169］武彦民，竹志奇. 地方政府债务置换的宏观效应分析［J］. 财贸经济，2017，38（3）：21-37.

［170］武彦民. 地方政府投融资行为与财政风险［J］. 应用经济学评论，2010（00）：75-80.

［171］夏诗园. 防范新时代的“灰犀牛”：地方隐性债务风险及防控［J］. 金融市场研究，2020（10）：29-40.

［172］肖洁，龚六堂，张庆华. 分权框架下地方政府财政支出与政治周期：基于地级市面板数据的研究［J］. 经济学动态，2015（10）：17-30.

［173］熊琛，金昊. 地方政府债务风险与金融部门风险的“双螺旋”结构：基于非线性 DSGE 模型的分析［J］. 中国工业经济，2018（12）：23-41.

［174］熊虎，沈坤荣. 地方政府债务对创新的挤出效应研究［J］. 经济科学，2019（4）：5-17.

［175］徐军伟，毛捷，管星华. 地方政府隐性债务再认识：基于融资平台公司的精准界定和金融势能的视角［J］. 管理世界，2020，36（9）：37-59.

［176］徐强. 短期融资券发行利差结构分析［J］. 证券市场导报，2007（3）：31-34.

［177］徐彦坤，张帆，祁毓. 地方政府债务对中国居民收入分配的影响：来自地级市和微观个体的证据［J］. 财经论丛，2021（7）：25-35.

［178］徐忠. 新时代背景下中国金融体系与国家治理体系现代化［J］. 经济研究，2018（7）：4-20.

[179] 许志伟，樊海潮，薛鹤翔. 公众预期、货币供给与通货膨胀动态：新凯恩斯框架下的异质性预期及其影响 [J]. 经济学（季刊），2015，14（4）：1211-1234.

[180] 许志伟，林仁文. 我国总量生产函数的贝叶斯估计：基于动态随机一般均衡的视角 [J]. 世界经济文汇，2011（2）：87-102.

[181] 亚当·斯密. 国民财富的性质和原因研究 [M]. 郭大力，王亚南，译. 北京：商务印书馆，2002.

[182] 闫晓东，张迎春，李俊霞. 43 号文减弱了地方政府的隐性担保吗：基于城投债发行利差视角 [J]. 南方金融，2019（9）：20-28.

[183] 闫衍，王新策，袁海霞. 中国地方政府债务风险指数研究 [J]. 财政科学，2018（9）：76-91.

[184] 杨灿明，鲁元平. 我国地方债数据存在的问题、测算方法与政策建议 [J]. 财政研究，2015（3）：50-57.

[185] 杨海生，陈少凌，罗党论，等. 政策不稳定性与经济增长：来自中国地方官员变更的经验证据 [J]. 管理世界，2014（9）：13-28，187-188.

[186] 杨怀东，陈舒悦. 期限错配、影子银行利率与地方政府隐性债务风险 [J]. 武汉金融，2021（10）：35-42，77.

[187] 杨十二，李尚蒲. 地方政府债务的决定：一个制度解释框架 [J]. 经济体制改革，2013（2）：15-19.

[188] 杨云. 城投债影响经济增长：规模与资金用途结构的作用 [J]. 经济科学，2019（2）：27-39.

[189] 杨子晖，陈雨恬，林师涵，等. 我国金融机构尾部风险影响因素的非线性研究：来自面板平滑转换回归模型的新证据 [J]. 金融研究，2021（3）：38-57.

[190] 杨子晖，李东承. 我国银行系统性金融风险研究：基于“去一法”的应用分析 [J]. 经济研究，2018，53（8）：36-51.

[191] 叶菁菁，唐荣. 房价上涨、地方政府债务与居民消费升级 [J]. 财经科学，2021（3）：83-93.

[192] 叶欣，王婕. 宏观经济环境下我国银行贷款和房价动态影响关系：基于 SVAR 模型的实证分析 [J]. 管理评论，2013，25（9）：62-71.

[193] 尹威，刘晓星. 地方政府行为与城市商业银行风险承担 [J]. 管理科学，2017，30（6）：79-91.

[194] 余海跃，康书隆. 地方政府债务扩张、企业融资成本与投资挤出

效应 [J]. 世界经济，2020，43 (7)：49-72.

[195] 余靖雯，肖洁，龚六堂. 政治周期与地方政府土地出让行为 [J]. 经济研究，2015 (2)：88-102

[196] 余明桂，王空. 地方政府债务融资、挤出效应与企业劳动雇佣 [J]. 经济研究，2022，57 (2)：58-72.

[197] 郁芸君，张一林，陈卓，等. 缓兵之计？地方债务展期与隐性违约风险：来自地方融资平台“借新还旧”的经验证据 [J]. 经济学（季刊），2022，22 (3)：955-976.

[198] 张曾莲，方娜. 地方政府债务对经济高质量发展影响的空间网络与门槛效应研究 [J]. 国际金融研究，2021 (10)：14-25.

[199] 张桂文，吴桐. 新冠肺炎疫情对中国就业的影响研究 [J]. 中国人口科学，2020 (3)：11-20，126.

[200] 张军. 地方政府发行债券的风险控制机制研究 [J]. 管理观察，2015 (2)：47-49.

[201] 张可. 经济集聚与区域创新的交互影响及空间溢出 [J]. 金融研究，2019 (5)：97-113.

[202] 张克中，陶东杰. 交通基础设施的经济分布效应：来自高铁开通的证据 [J]. 经济学动态，2016 (6)：62-73.

[203] 张路，尹志超，王姝勋. 地方政府隐性债务与企业研发：来自中国非金融上市公司的证据 [J]. 财经研究，2021，47 (4)：94-107，123.

[204] 张明，孔大鹏. 中国地方政府债务：特征事实、潜在风险与化解策略 [J]. 辽宁大学学报（哲学社会科学版），2021，49 (4)：1-11.

[205] 张牧扬，卢小琴，汪峰. 地方财政能够承受起 PPP 项目财政支出责任吗：基于 2010—2018 年 PPP 项目的分析 [J]. 财政研究，2019 (8)：49-59.

[206] 张纳新. PPP 模式项目财政承受能力论证 [J]. 长春工程学院学报（社会科学版），2016，17 (2)：52-54.

[207] 张平. 我国影子银行风险助推了地方政府债务风险吗：风险的传导机制及溢出效应 [J]. 中央财经大学学报，2017 (4)：3-13.

[208] 张锐. 地方政府专项债券高效发行的机理探析与对策建议 [J]. 南方金融，2018 (12)：61-66.

[209] 张甜，曹廷求. 地方财政风险金融化：来自城商行的证据 [J]. 财贸经济，2022，43 (4)：21-35.

[210] 张文君. 货币政策与地方政府债务：基于结构突变理论的检验

[J]. 上海金融学院学报，2012（1）：47-53.

[211] 张晓晖，张传娜. 地方政府债务、固定资产投资与经济增长关系研究：基于东北三省111个县（市）数据的分析 [J]. 经济纵横，2020（8）：100-107.

[212] 张旭昆，李晓红. 财政分权、地方政府竞争与地方债发行 [J]. 社会科学战线，2016（9）：62-70.

[213] 张学良. 中国交通基础设施促进了区域经济增长吗：兼论交通基础设施的空间溢出效应 [J]. 中国社会科学，2012（3）：60-77.

[214] 张颖，李珊珊. 长沙市城投债发行规模及信用风险评价研究 [J]. 财务与金融，2014（4）：20-24.

[215] 张彰. 城市化与地方财政风险 [M]. 北京：国家行政学院出版社，2014.

[216] 赵娜，李光勤，李香菊. 财政纵向失衡、地方政府税收努力与资本错配 [J]. 湖南大学学报（社会科学版），2020（6）：83-91.

[217] 赵全厚，赵泽明. 我国地方政府隐性债务化解再认识与再探讨 [J]. 地方财政研究，2021（3）：4-9.

[218] 赵全厚. 我国地方政府性债务问题研究 [J]. 经济研究参考，2011（57）：2-19.

[219] 赵尚梅，史宏梅，杜华东. 地方政府在城市商业银行的大股东掏空行为：从地方政府融资平台贷款视角的研究 [J]. 管理评论，2013，25(12)：32-41.

[220] 赵文举，张曾莲. 地方政府债务风险会加剧区域性金融风险聚集吗 [J]. 当代财经，2021（6）：38-50.

[221] 赵文哲，杨继东. 地方政府财政缺口与土地出让方式：基于地方政府与国有企业互利行为的解释 [J]. 管理世界，2015（4）：11-24.

[222] 赵想想. 城投债的发展以及信用风险因素分析 [J]. 时代经贸，2018（32）：6-8.

[223] 赵银寅，田存志. 我国企业债券信用利差的宏观影响因素分析 [J]. 商业时代，2010（34）：64-66.

[224] 郑威，李晓龙. 地方政府竞争促进了地方债务增长吗：来自中国省级城投债与空间溢出效应的经验证据 [J]. 西南民族大学学报，2017（2）：135-141.

[225] 中国人民大学政府债务治理研究中心. 统筹发展与安全：中国政府债务研究 [M]. 北京：中国财政经济出版社，2021.

[226] 钟辉勇，钟宁桦，朱小能. 城投债的担保可信吗：来自债券评级和发行定价的证据 [J]. 金融研究，2016（4）：66-82.

[227] 周黎安. 中国地方官员的晋升锦标赛模式研究 [J]. 经济研究, 2007 (7): 36-50.

[228] 周世愚. 地方政府债务风险: 理论分析与经验事实 [J]. 管理世界, 2021, 37 (10): 128-138.

[229] 周业安, 章泉. 财政分权、经济增长和波动 [J]. 管理世界, 2008 (3): 6-16.

[230] 朱波, 马永谈, 陈德然. 债务融资方式对行业金融风险溢出效应的作用机制 [J]. 财经科学, 2018 (1): 15-27.

[231] 朱波, 马永谈. 行业特征、货币政策与系统性风险: 基于"经济金融"关联网络的分析 [J]. 国际金融研究, 2018 (4): 22-32.

[232] 朱丹, 吉富星. 地方政府隐性债务风险评估及应对 [J]. 地方财政研究, 2021 (3): 17-23.

[233] 朱广印, 张胜全, 刁伟涛, 等. 中国地方政府债务与国债间风险传导机制研究: 基于新冠肺炎疫情冲击前后的联合动态建模 [J]. 金融与经济, 2022 (3): 11-18.

[234] 朱军, 许志伟. 财政分权、地区间竞争与中国经济波动 [J]. 经济研究, 2018 (1): 21-34.

[235] 朱军, 李建强, 张淑翠. 财政整顿、"双支柱" 政策与最优政策选择 [J]. 中国工业经济, 2018 (8): 24-41.

[236] 朱启荣, 孙明松, 杨伟东. 新冠肺炎疫情对我国经济影响的评估: 基于GTAP模型的实证 [J]. 统计与决策, 2020, 36 (21): 91-96.

[237] 朱仁友, 邢相江. 地方政府债务、金融效率与企业融资约束 [J]. 统计与决策, 2021, 37 (12): 150-153.

[238] 朱文蔚. 中国地方政府性债务与区域经济增长的非线性关系研究 [J]. 财经论丛, 2014 (12): 24-30.

[239] 朱莹, 王健. 市场约束能够降低地方债风险溢价吗: 来自城投债市场的证据 [J]. 金融研究, 2018 (6): 56-72.

[240] 宗禾. 国际货币基金组织看好中国经济转型 [J]. 中国商界, 2016 (5): 24.

[241] ACHARYA V V, PEDERSEN L H, PHILIPPON T, et al. Measuring systemic risk [J]. The review of financial studies, 2017, 30 (1): 2-47.

[242] ADRIAN T, BRUNNERMEIER M K. CoVaR [J]. The American Economic Review, 2016, 106 (7): 1705.

[243] AFONSO A, JALLES J T. Growth and Productivity: The Role of Government Debt [J]. International Review of Economics & Finance, 2013, 25 (1): 384-407.

[244] AHMED H, MILLER S M. Crowding-Out and Crowding-In Effects of the Components of Government Expenditure [J]. Contemporary Economic Policy, 2000, 18 (1) : 124-133.

[245] ALTMAN E I. Setting the record straight on junk bonds: a review of the research on default rates and returns [J]. Journal of Applied Corporate Finance, 1990, 3 (2): 82-95.

[246] ANGELETOS G M, HELLWIG C, PAVAN A. Signaling in a global game: Coordination and policy traps [J]. Journal of Political economy, 2006, 114 (3): 452-484.

[247] ANGRIST J D, PISCHKE J S. Mostly harmless econometrics [M]. Princeton: Princeton university press, 2008.

[248] ANUNDSEN A K, JANSEN E S. Self-reinforcing effects between housing prices and credit [J]. Journal of Housing Economics, 2013, 22 (3): 192-212.

[249] ARELLANO M, BOVER O. Another Look at the Instrumental Variable Estimation of Error-Components Models [J]. CEP Discussion Papers, 1995, 68 (1): 29-51.

[250] ARROW K J, KURZ M. Optimal growth with irreversible investment in a Ramsey model [J]. Econometrica: Journal of the Econometric Society, 1970, 38 (2): 331-344.

[251] AUTANT-BERNARD C, LESAGE J P. Quantifying knowledge spillovers using spatial econometric models [J]. Journal of Regional Science, 2011, 51 (3): 471-496.

[252] BADOER D C, DEMIROGLU C. The relevance of credit ratings in transparent bond markets [J]. The Review of Financial Studies, 2019, 32 (1): 42-74.

[253] BAR-ISAAC H, SHAPIRO J. Credit ratings accuracy and analyst incentives [J]. American Economic Review, 2011, 101 (3): 120-24.

[254] BAR-ISAAC H, SHAPIRO J. Ratings quality over the business cycle [J]. Journal of Financial Economics, 2013, 108 (1): 62-78.

[255] BARRO R J. Government Spending in a Simple Model of Endogeneous

Growth [J]. Journal of Political Economy, 1990, 98 (5, Part 2): S103-S125.

[256] BARRO R J. On the determination of the public debt [J]. Journal of political Economy, 1979, 87 (5, Part 1): 940-971.

[257] BATTISTON S, GATTI D D, GALLEGATI M, et al. Default cascades: When does risk diversification increase stability? [J]. Journal of Financial Stability, 2012, 8 (3): 138-149.

[258] BAUM A, C CHECHERITA - WESTPHAL, P ROTHER. Debt and Growth: New Evidence for the Euro Area [J]. Journal of International Money and Finance, 2013 (32): 809-821.

[259] BAVAUD F. Models for spatial weights: a systematic look [J]. Geographical Analysis, 1998, 30 (2): 153-171.

[260] BAXTER M, KING R G. Fiscal policy in general equilibrium [J]. The American Economic Review, 1993, 83 (3): 315-334.

[261] BECKER B, MILBOURN T. How did increased competition affect credit ratings? [J]. Journal of financial economics, 2011, 101 (3): 493-514.

[262] BERGER A N, DI PATTI E B. Capital structure and firm performance: A new approach to testing agency theory and an application to the banking industry [J]. Journal of Banking & Finance, 2006, 30 (4): 1065-1102.

[263] BHATTACHARYA R, MUKHERJEE S. Non-Keynesian effects of fiscal policy in OECD economies: an empirical study [J]. Applied Economics, 2013, 45 (29): 4122-4136.

[264] BOCOLA L. The Pass - through of Sovereign Risk [J]. Journal of Political Economy, 2016, 124 (4): 879-926.

[265] BOLTON P, FREIXAS X, SHAPIRO J. The credit ratings game [J]. The Journal of Finance, 2012, 67 (1): 85-111.

[266] BOND P, GOLDSTEIN I. Government intervention and information aggregation by prices [J]. The Journal of Finance, 2015, 70 (6): 2777-2812.

[267] BOSE U, FILOMENI S, MALLICK S. Does bankruptcy law improve the fate of distressed firms? The role of credit channels [J]. Journal of Corporate Finance, 2021 (68): 1-24.

[268] BRADFORD W, CHEN C, ZHAO Y. The effect of corporate governance on credit ratings: Evidence from China's bond market [J]. Journal of International Financial Management & Accounting, 2019, 30 (2): 113-144.

[269] BRIDA J G, GÓMEZ D M, SEIJAS M N. Debt and growth: A non-parametric approach [J]. Physica A: Statistical Mechanics and Its Applications, 2017, 486: 883-894.

[270] BRIXI H P, SCHICK A. Government at Risk: Contingent Liabilities and Fiscal Risk [J]. World Bank Publications, 2002, 9 (7): 533.

[271] BROWN G W, CLIFF M T. Corrigendum to Investor sentiment and the near-term stock marke [J]. Journal of Empirical Finance, 2004, 11 (4): 627-628.

[272] BROWNLEES C, ENGLE R F. SRISK: A conditional capital shortfall measure of systemic risk [J]. The Review of Financial Studies, 2017, 30 (1): 48-79.

[273] BRUNNERMEIER M, ROTHER S, SCHNABEL I. Asset price bubbles and systemic risk [J]. The Review of Financial Studies, 2020, 33 (9): 4272-4317.

[274] BUITER W H, GRAFE C. Patching up the Pact: some Suggestions for Enhancing Fiscal Sustainability and Macroeconomic Stability in an Enlarged European Union [J]. Cepr Discussion Papers, 2002, 12 (3496): 67-102.

[275] BUITER W H. A Guide to Public Sector Debt and Deficits [J]. Economic Policy, 1985 (1): 14-79.

[276] CALVO G A. Staggered Prices in a Utility-Maximizing Framework [J]. Journal of Monetary Economics, 1983, 12 (3): 383-398.

[277] CARLO R. Municipal Bonds and Monetary Policy: Evidence from the Fed Funds Futures Market [J]. Journal of Futures Markets, 2014, 34 (5): 434-450.

[278] CHECHERITA-WESTPHAL C, HUGHES HALLETT A, ROTHER P. Fiscal sustainability using growth-maximizing debt targets [J]. Applied Economics, 2014, 46 (6): 638-647.

[279] CHECHERITA-WESTPHAL C, ROTHER P. The impact of high government debt on economic growth and its channels: An empirical investigation for the euro area [J]. European Economic Review, 2012, 56 (7): 1392-1405.

[280] CHEN G, FIRTH M, XU L. Does the type of ownership control matter? Evidence from China's listed companies [J]. Journal of Banking & Finance, 2009, 33 (1): 171-181.

[281] CHEN X, LEE C W J, LI J. Government assisted earnings management in China [J]. Journal of Accounting and Public Policy, 2008, 27 (3): 262-274.

[282] CHEN Y, CUI C, YANG T, et al. Political favouritism and investment efficiency [J]. Pacific-Basin Finance Journal, 2020a (61): 1-22

[283] CHEN Y, WANG S S, LI W, et al. Institutional environment, firm ownership, and IPO first-day returns: Evidence from China [J]. Journal of Corporate Finance, 2015 (32): 150-168.

[284] CHEN Z, HE Z, LIU C. The financing of local government in China: Stimulus loan wanes and shadow banking waxes [J]. Journal of Financial Economics, 2020b, 137 (1): 42-71.

[285] CHEUNG Y L, RAU P R, STOURAITIS A. Helping hand or grabbing hand? Central vs. local government shareholders in Chinese listed firms [J]. Review of finance, 2010, 14 (4): 669-694.

[286] CHIU W C, PEÑA J I, WANG C W. Industry characteristics and financial risk contagion [J]. Journal of Banking & Finance, 2015 (50): 411-427.

[287] CHO D, RHEE D E. Nonlinear effects of government debt on private consumption: Evidence from OECD countries [J]. Economics Letters, 2013, 121 (3): 504-507.

[288] CHRISTIANO L J, EICHENBAUM M, EVANS C L. Nominal Rigidities and the Dynamic Effects of a Shock to Monetary Policy [J]. Journal of Political Economy, 2005, 113 (1): 1-45.

[289] COCHRANE J H. Understanding policy in the great recession: Some unpleasant fiscal arithmetic [J]. European economic review, 2011, 55 (1): 2-30.

[290] COLLIN-DUFRESN P, GOLDSTEIN R S, MARTIN J S. The determinants of credit spread changes [J]. The Journal of Finance, 2001, 56 (6): 2177-2207.

[291] CONG L W, GAO H, PONTICELLI J, et al. Credit allocation under economic stimulus: Evidence from China [J]. The Review of Financial Studies, 2019, 32 (9): 3412-3460.

[292] CORNAGGIA J, CORNAGGIA K J, XIA H. Revolving doors on wall street [J]. Journal of Financial Economics, 2016, 120 (2): 400-419.

[293] CORSETTI G, KUESTER K, MEIER A, et al. Sovereign risk, fiscal policy, and macroeconomic stability [J]. The Economic Journal, 2013, 123 (566): F99-F132.

[294] CROCE M M, T T NGUYEN, S RAYMOND, et al. Government Debt and the Returns to Innovation [J]. Journal of Financial Economics, 2019, 132 (3): 205-225.

[295] CUNY C. Voluntary disclosure incentives: Evidence from the municipal

bond market [J]. Journal of Accounting & Economics, 2016, 62 (1): 87 -102.

[296] DEWATRIPONT M, MASKIN E. Credit and efficiency in centralized and decentralized economies [J]. The Review of Economic Studies, 1995, 62 (4): 541-555.

[297] DIAMOND P A. National Debt in a Neoclassical Growth Model [J]. American Economic Review, 1965, 55 (5): 1126-1150.

[298] DIEBOLD F X, LI C. Forecasting the term structure of government bond yields [J]. Journal of Econometrics, 2006, 130 (2): 337-364.

[299] DILLY M, MÄHLMANN T. Is there a "boom bias" in agency ratings? [J]. Review of Finance, 2016, 20 (3): 979-1011.

[300] DONALDSON D. Railroads of the Raj: Estimating the impact of transportation infrastructure [J]. American Economic Review, 2018, 108 (4-5): 899-934.

[301] DONG Y, LIU Z, SHEN Z, et al. Does state ownership really matter in determining access to bank loans? Evidence from China's partial privatization [J]. Pacific-Basin Finance Journal, 2016 (40): 73-85.

[302] DREGER C, REIMERS H E. Does public investment stimulate private investment? Evidence for the euro area [J]. Economic Modelling, 2016 (58): 154-158.

[303] DUFFIE D, LANDO D. Term structures of credit spreads with incomplete accounting information [J]. Econometrica, 2001, 69 (3): 633-664.

[304] DUTTA S, SHEKHAR S. Bond rating: a non-conservative application of neural networks [EB/OL]. https://www.onacademic.com/detail/journal_1000034857382510_c6f7.html.

[305] EBERHARDT M, PRESBITERO A F. Public debt and growth: Heterogeneity and non-linearity [J]. Journal of international Economics, 2015, 97 (1): 45-58.

[306] ELHORST J P. Dynamic spatial panels: models, methods and inferences [M] //ELHORST J P. Spatial econometrics. Berlin, Heidelberg: Springer, 2014: 95-119.

[307] ELHORST J P. Spatial econometrics from cross-sectional data to spatial panels [M]. Berlin, Heidelberg: Springer, 2014.

[308] ELHORST P, ZANDBERG E, DE HAAN J. The impact of interaction effects among neighbouring countries on financial liberalization and reform: A dynamic spatial panel data approach [J]. Spatial Economic Analysis, 2013, 8 (3): 293-313.

[309] ELMENDORF D W, MANKIW N G. Government debt [J]. Handbook of macroeconomics, 1999 (1): 1615-1669.

[310] ENGEN E M, HUBBARD R G. Federal government debt and interest rates [J]. NBER macroeconomics annual, 2004 (19): 83-138.

[311] FARHI E, TIROLE J. Deadly Embrace: Sovereign and Financial Balance Sheets Doom Loops [J]. Review of Economic Studies, 2018, 85 (3): 1781-1823.

[312] FARIA-E-CASTRO M, MARTINEZ J, PHILIPPON T. Runs versus lemons: information disclosure and fiscal capacity [J]. The Review of Economic Studies, 2017, 84 (4): 1683-1707.

[313] FELIX B. Tax Incidence for Fragile Financial Markets [J]. Journal of Public Economics, 2014 (120): 107-125.

[314] FUJIKI H, UCHIDA H. Inflation Target and Debt Management of Local Government Bonds [J]. Japan and the World Economy, 2011, 23 (3): 178-189.

[315] GENNAIOLI N, MARTIN A, ROSSI S. Sovereign Default, Domestic Banks, and Financial Institutions [J]. Journal of Finance, 2014, 69 (2): 819-866.

[316] GERTLER M, KARADI P. A Model of Unconventional Monetary Policy [J]. Journal of Monetary Economics, 2011, 58 (1): 17-34.

[317] GIRARDI G, ERGÜN A T. Systemic risk measurement: Multivariate GARCH estimation of CoVaR [J]. Journal of Banking & Finance, 2013, 37 (8): 3169-3180.

[318] GIVOLY D, LI Y, LOURIE B, et al. Key performance indicators as supplements to earnings: Incremental informativeness, demand factors, measurement issues, and properties of their forecasts [J]. Review of Accounting Studies, 2019, 24 (4): 1147-1183.

[319] GOODSPEED T J. Bailouts in a Federalism [J]. International Tax and Public Finance, 2002 (9): 409-421.

[320] GREINER A. Fiscal policy in an endogenous growth model with productive government spending [J]. Metroeconomica, 1999, 50 (2): 174-193.

[321] GREINER A. Debt and Growth: Is There a Non-monotonic Relation [J]. Economics Bulletin, 2013, 33 (1): 340-347.

[322] GRIFFIN J M, TANG D Y. Did subjectivity play a role in CDO credit ratings? [J]. The Journal of Finance, 2012, 67 (4): 1293-1328.

[323] GROBÉTY M. Government debt and growth: The role of liquidity [J]. Journal of International Money and Finance, 2018 (83): 1-22.

[324] HAN F, XIE R, LAI M. Traffic density, congestion externalities, and urbanization in China [J]. Spatial Economic Analysis, 2018, 13 (4): 400-421.

[325] HARRIS L E, PIWOWAR M S. Secondary trading costs in the municipal bond market [J]. The Journal of Finance, 2006, 61 (3): 1361-1397.

[326] HATTORI M, KOYAMA K, YONETANI T. Analysis of credit spread in Japan's corporate bond market [J]. BIS Papers, 2001 (5): 30-39.

[327] HE Z, XIONG W. Rollover risk and credit risk [J]. The Journal of Finance, 2012, 67 (2): 391-430.

[328] HILSCHER J, WILSON M. Credit ratings and credit risk: Is one measure enough? [J]. Management science, 2017, 63 (10): 3414-3437.

[329] HU X, HUANG H, PAN Z, et al. Information asymmetry and credit rating: A quasi-natural experiment from China [J]. Journal of Banking & Finance, 2019 (106): 132-152.

[330] HUANG Y L, SHEN C H. What role does the investor-paid rating agency play in China? Competitor or information provider [J]. International Review of Economics & Finance, 2019 (63): 253-272.

[331] HUANG Y, PAGANO M, PANIZZA U. Local crowding-out in China [J]. Journal of Finance, 2020, 75 (6): 2855-2898.

[332] JIANG G, LEE C M C, YUE H. Tunneling through intercorporate loans: The China experience [J]. Journal of financial economics, 2010, 98 (1): 1-20.

[333] JIANG X, PACKER F. Credit ratings of Chinese firms by domestic and global agencies: Assessing the determinants and impact [J]. Journal of Banking & Finance, 2019 (105): 178-193.

[334] JORION P, LIU Z, SHI C. Informational effects of regulation FD: evidence from rating agencies [J]. Journal of financial economics, 2005, 76 (2): 309-330.

[335] KAMEDA K. Budget deficits, government debt, and long-term interest rates in Japan [J]. Journal of the Japanese and International Economies, 2014 (32): 105-124.

[336] KATZ S. The price and adjustment process of bonds to rating reclassifications: a test of bond market efficiency [J]. Journal of Finance, 1974, 29 (2): 551-559.

[337] KIDWELL D S, TRZCINKA C A. The impact of the New York City fiscal crisis on the interest cost of new issue municipal bonds [J]. Journal of Financial and Quantitative Analysis. 1983, 18 (3): 381-399.

[338] KIM Y R, WILLIAMS A M, PARK S, et al. Spatial spillovers of agglomeration economies and productivity in the tourism industry: The case of the UK [J]. Tourism Management, 2021 (82): 104-201.

[339] KIRCHNER M, WIJNBERGEN S V. Fiscal Deficits, Financial Fragility, and the Effectiveness of Government Policies [J]. Journal of Monetary Economics, 2016 (80): 51-68.

[340] KOETTER M, POGHOSYAN T. Real estate prices and bank stability [J]. Journal of Banking & Finance, 2010, 34 (6): 1129-1138.

[341] LEEPER E M, PLANTE M, TRAUM N. Dynamics of fiscal financing in the United States [J]. Journal of Econometrics, 2010, 156 (2): 304-321.

[342] LESAGE, J P, PACE R K. Introduction to Spatial Econometrics [M]. Boca Raton: CRC Press, 2009.

[343] LI B, MEGGINSON W L, SHEN Z, et al. Privatization effect versus listing effect: Evidence from China [J]. Pacific-Basin Finance Journal, 2019 (56): 369-394.

[344] LI K, YUE H, ZHAO L. Ownership, institutions, and capital structure: Evidence from China [J]. Journal of comparative economics, 2009, 37 (3): 471-490.

[345] LIANG Y S, SHI K, WANG L S, et al. Local government debt and firm leverage: Evidence from China [J]. Asian Economic Policy Review, 2017, 12 (2): 210-232.

[346] LIM C Y, WANG J, ZENG C C. China's "mercantilist" government subsidies, the cost of debt and firm performance [J]. Journal of Banking & Finance, 2018 (86): 37-52.

[347] LIU Z, ZHA T, WAGGONER D. Sources of Macroeconomic Fluctuations: A Regime-Switching DSGE Approach [J]. Quantitative Economics, 2011 (2): 251-301.

[348] LIVINGSTON M, POON W P H, ZHOU L. Are Chinese credit ratings relevant? A study of the Chinese bond market and credit rating industry [J]. Journal of Banking & Finance, 2018 (87): 216-232.

[349] LONGSTAFF F A, SCHWARTZ E S. A simple approach to valuing risky fixed and floating rate debt [J]. The Journal of Finance, 1995, 50 (3): 789-819.

[350] MACKINLAY A C. Event Studies in Economics and Finance [J]. Journal of Economic Literature, 1997, 35 (1): 13-39.

[351] MADAN D, UNAL H. A two-factor hazard rate model for pricing risky debt and the term structure of credit spreads [J]. Journal of Financial and Quantitative Analysis, 2000, 35 (1): 43 -65.

[352] MANSI S A, MAXWELL W F, MILLER D P. Does auditor quality and tenure matter to investors? Evidence from the bond market [J]. Journal of Accounting Research, 2004, 42 (4): 755-93.

[353] MAY A D. The impact of bond rating changes on corporate bond prices: New evidence from the over-the-counter market [J]. Journal of Banking & Finance, 2010, 34 (11): 2822-2836.

[354] MEGGINSON W L, NASH R C, VAN RANDENBORGH M. The financial and operating performance of newly privatized firms: An international empirical analysis [J]. The Journal of Finance, 1994, 49 (2): 403-452.

[355] MEGGINSON W L, NETTER J M. From state to market: A survey of empirical studies on privatization [J]. Journal of economic literature, 2001, 39 (2): 321-389.

[356] MERTON R C. On the pricing of corporate debt: The risk structure of interest rates [J]. The Journal of finance, 1974, 29 (2): 449-470.

[357] OET M V, BIANCO T, GRAMLICH D, et al. SAFE: An Early Warning System for Systemic Banking Risk [J]. Journal of Banking and Finance, 2013, 37 (11): 4510-4533.

[358] OHLSON J A. Financial ratios and the probabilistic prediction of bankruptcy [J]. Journal of Accounting Research, 1980, 18 (1): 109 - 131.

[359] PADOAN P C, SILA U, VAN DEN NOORD P. Avoiding debt traps: Fiscal consolidation, financial backstops and structural reforms [J]. OECD Journal: Economic Studies, 2013, 2012 (1): 151-177.

[360] PAESANI P, STRAUCH R, KREMER M. Public debt and long-term interest rates: the case of Germany, Italy and the USA [R]. Social Science Electronic Publishing, 2006, 25 (4): 222-225.

[361] PANIZZA U, PRESBITERO A F. Public debt and economic growth: is

there a causal effect? [J]. Journal of Macroeconomics, 2014 (41): 21-41.

[362] PENG J. Do investors look beyond insured triple-a rating? An analysis of Standard & Poor's underlying ratings [J]. Public Budgeting & Finance. 2002, 22 (3): 115-31.

[363] PEREIRA A M, ANDRAZ J M. Public highway spending and state spillovers in the USA [J]. Applied Economics Letters, 2004, 11 (12): 785-788.

[364] REINHART C M, REINHART V R, ROGOFF K S. Public Debt Overhangs: Advanced-Economy Episodes Since 1800 [J]. Journal of Economic Perspective, 2012, 26 (3): 69-86.

[365] REINHART C M, ROGOFF K S. From financial crash to debt crisis [J]. American Economic Review, 2011, 101 (5): 1676-1706.

[366] REINHART C M, ROGOFF K S. Growth in a Time of Debt [J]. American economic review, 2010, 100 (2): 573-78.

[367] ROBERT P. Two Theories of Money Supply Endogeneity: Some Empirical Evidence [J]. Journal of Post Keynesian Economics, 1991, 13 (3): 366-396.

[368] ROBERTS M A. A Non-monotonic Relationship between Public Debt and Economic Growth: The Effect of Financial Monopsony [J]. The BE Journal of Macroeconomics, 2017, 17 (2): 1-10.

[369] ROSENBAUM P R, RUBIN D B. Constructing a control group using multivariate matched sampling methods that incorporate the propensity score [J]. The American Statistician, 1985, 39 (1): 33-38.

[370] SCHULTZ P. The market for new issues of municipal bonds: The roles of transparency and limited access to retail investors [J]. Journal of Financial Economics, 2012, 106 (3): 492-512.

[371] SCHWERT M. Municipal bond liquidity and default risk [J]. The Journal of Finance, 2017, 72 (4): 1683-722.

[372] SHAPIRO N. The Revolutionary Character of Post Keynesian Economics [J]. Journal of Economic Issues, 1977, 11 (3): 541-560.

[373] SHLEIFER A, VISHNY R W. The grabbing hand: Government pathologies and their cures [M]. Boston: Harvard University Press, 1998.

[374] SHLEIFER A. State versus private ownership [J]. Journal of economic perspectives, 1998, 12 (4): 133-150.

[375] SIMS C A. A simple model for study of the determination of the price lev-

el and the interaction of monetary and fiscal policy [J]. Economic Theory, 1994, 4 (3): 381-399.

[376] SINGHV R, PLEKHANOV A. How Should Subnational Government Borrowing Be regulated? Some Cross - Country Empirical Evidence [R]. IMF Staff Papers, 2006, 53 (3): 426-452.

[377] SONG Z, XIONG W. Risks in China's financial system [J]. Annual review of financial economics, 2018 (10): 261-286.

[378] SPILIOTI S, VAMVOUKAS G. The impact of government debt on economic growth: An empirical investigation of the Greek market [J]. Journal of Economic Asymmetries, 2015, 12 (1): 34-40.

[379] STAIGER D O, STOCK J H. Instrumental variables regression with weak instruments [J]. Econometrica, 1997, 65 (3): 557-586.

[380] TANG D Y, YAN H. Market conditions, default risk and credit spreads [J]. Journal of Banking & Finance, 2010, 34 (4): 743-753.

[381] TIEBOUT C M. A pure theory of local expenditures [J]. Journal of political economy, 1956, 64 (5): 416-424.

[382] VANDENBUSSCHE J, VOGEL U, DETRAGIACHE E. Macroprudential policies and housing prices: A new database and empirical evidence for Central, Eastern, and Southeastern Europe [J]. Journal of Money, Credit and Banking, 2015, 47 (S1): 343-377.

[383] VEGA S H, ELHORST J P. Regional labour force participation across the European Union: A time-space recursive modelling approach with endogenous regressors [J]. Spatial Economic Analysis, 2017, 12 (2-3): 138-160.

[384] VOSS G M. Public and private investment in the United States and Canada [J]. Economic Modelling, 2002, 19 (4): 641-664.

[385] WILCOX D W. The Sustainability of Government Deficits: Implications of the Present-Value Borrowing Constraint [J]. Journal of Money, Credit and Banking, 1989, 21 (3): 291-306.

[386] WILDASIN D. The Institutions of Federalism: Toward an Analytical Framework [J]. National Tax Journal, 2004 (57): 247-272.

[387] WOO J, KUMAR M S. Public debt and growth [J]. Economica, 2015, 82 (328): 705-739.

[388] WOODFORD M. Fiscal Requirements for Price Stability [J]. Journal of

Money, Credit and Banking, 2001, 33 (3): 669-728.

[389] XIA H. Can investor-paid credit rating agencies improve the information quality of issuer-paid rating agencies? [J]. Journal of Financial Economics, 2014, 111 (2): 450-468.

[390] YU J, ZHOU L A, ZHU G. Strategic interaction in political competition: Evidence from spatial effects across Chinese cities [J]. Regional Science and Urban Economics, 2016 (57): 23-37.

[391] ZMIJEWSKI M E. Methodological issues related to the estimation of financial distress prediction models [J]. Journal of Accounting Research, 1984 (22): 59-82.

附表

附表 1　穆迪评级公司地方政府债务信用评级体系指标

评判项目	子项目	参考指标
政府支持能力	省级政府财政状况指标	人均地区 GDP 占全国人均 GDP 的百分比、产业集中度、全省(区、市)的财政绩效、债务负担
	省级政府通过国有企业影响地方经济指标	平台公司和国有企业债务/地方政府收入比率、国有企业整体杠杆水平及其盈利能力
	当地金融业稳健性指标	不良贷款、银行业的相对规模、贷款余额，影子银行活动在社会融资总额中的占比
影响政府支持意愿的平台公司特征因素	业务状况	平台公司的业务地位、主营公共服务的必要性以及平台公司的商业类业务敞口
	关联性、控制和监督	平台公司的债务规模、融资渠道、获得政府资金支持的可预测性，以及因担保带来的或有债务风险
	外部救助风险	地方政府指示平台公司使用其自身资源支持其他实体的过往记录，以及发生这种情况的可能性
	政府提供额外支持	平台公司在政府中的重要性排名
平台公司其他考虑因素	监管因素	监管政策变动特别是融资监管政策变动的影响
	环境、社会和公司治理因素	基础设施建设需求、人口结构变化、公众认知和社会优先任务排名等
	财务控制	财务报表的质量、高管对平台的管控程度
	获得外部支持的历史记录	过往受政府支持记录
	管理战略和企业行为	管理层素质和质量
	流动性	流动性相关指标，包括速动比率、流动比率、现金流量表相关指标
	突发事件风险	合并、资产出售、大规模流行病等带来的风险

资料来源：笔者根据穆迪评级地方政府债务信用评级报告整理而得。

附表 2　国内信用评级机构地方政府债务的信用评级指标体系

评判项目	子项目	参考指标
城投企业自身实力	管理素质	杠杆比率（资产负债率和全部资本化比率）、规模（总资产和净资产）、流动性（流动比率、货币资金/短期债务）、盈利能力（销售现金与收入比）、融资成本（分配股利、支付利息所支付的现金/总债务）、对外担保
	经营模式	
	财务能力	
政府信用水平	宏观经济运行状况	经济增长、投资消费、出口和国家政策
	区域经济环境	区域地位、资源禀赋、地区经济发展情况、经济结构、区域开放程度、城镇化程度
	地方政府行政地位	在 5 级行政级别中的地位
	政府财政实力	公共财政预算收入、基金预算收入、转移支付、财政支出弹性、可自由支配的财政实力、未来财政预算情况
	政府债务负担	债务规模、地方政府的财力和资金周转能力、地方政府负债率、地方政府整体偿债能力、地方政府当期偿债能力、地方政府偿债能力率
	政府治理	领导素质及相对稳定性、行政组织机构和管理效率、政府债务管理情况
政府支持可能性	基础设施建设投融资体制	包括地区获得上级政府支持可能性及政府的支持程度、项目业务属于准经营业务还是经营业务
	合法性及有效性	
	方法及持续性	

资料来源：笔者根据联合资信地方政府债券信用评级报告整理而得。

附表 3　倾向匹配得分第一阶段回归及平衡性检验

Panel A：第一阶段 Probit 回归		
	被解释变量：SOE	
	发行评级样本	季度评级样本
	（1）	（2）
Lnasset	0.264*** （7.448）	0.271*** （8.005）
LTA	−0.023*** （−9.870）	−0.015*** （−5.786）
ROA	−0.187*** （−19.541）	−0.162*** （−17.924）
SG	0.001** （2.125）	0.000 （1.485）
CFFO	−0.001 （−0.741）	−0.001*** （−4.231）
年份/季度固定效应	Yes	Yes
行业固定效应	Yes	Yes
观测值	16 881	161 193
伪 R^2	0.377	0.323

附表 3(续1)

Panel B：匹配前的财务特征对比								
	发行评级样本				季度评级样本			
	国有企业债券（观测值 = 13 936 个）	非国有企业债券（观测值 = 2 945 个）			国有企业债券（观测值 = 136 004 个）	非国有企业债券（观测值 = 25 189 个）		
	均值	均值	均值差异	标准化偏差 /%	均值	均值	均值差异	标准化偏差 /%
	（1）	（2）	（3）	（4）	（5）	（6）	（7）	（8）
Bondrating	17.934	17.544	0.390*** （9.832）	46.6	18.016	17.435	0.580*** （11.920）	50.7
Lnasset	10.154	9.890	0.263*** （3.442）	20.5	10.602	10.029	0.573*** （6.427）	45.2
LTA	54.813	61.080	−6.266*** （−8.511）	−38.5	59.877	61.487	−1.610** （−2.296）	−11.6
ROA	3.431	6.959	−3.528*** （−24.420）	−107.1	2.763	5.647	−2.884*** （−21.297）	−91.5
SG	27.314	26.046	1.269 （0.690）	2.0	23.700	21.308	2.393** （1.997）	3.8
CFFO	98.464	105.078	−6.614*** （−5.594）	−19.0	108.745	113.805	−5.060** （−2.564）	−9.1

附表3（续2）

Panel C：匹配后的财务特征对比								
	发行评级样本				季度评级样本			
	国有企业债券（观测值=2 231 个）	非国有企业债券（观测值=2 231 个）			国有企业债券（观测值=21 316 个）	非国有企业债券（观测值=21 316 个）		
	均值	均值	均值差异	标准化偏差（%）	均值	均值	均值差异	标准化偏差（%）
	（1）	（2）	（3）	（4）	（5）	（6）	（7）	（8）
Bondrating	17.961	17.566	0.395*** （7.503）	47.3	17.845	17.447	0.398*** （7.051）	34.8
Lnasset	9.970	9.968	0.003 （0.027）	0.2	10.008	10.111	−0.104 （−1.248）	−8.2
LTA	63.575	61.385	2.190** （2.404）	13.4	63.723	62.256	1.467* （1.801）	10.6
ROA	5.981	6.106	−0.125 （−0.713）	−3.8	4.870	4.964	−0.094 （−0.594）	−3.0
SG	24.476	23.401	1.075 （0.471）	1.7	20.052	20.625	−0.573 （−0.404）	−0.9
CFFO	106.508	105.026	1.482 （0.875）	4.2	115.649	115.100	0.548 （0.206）	1.0

注：***、** 和 * 分别表示在 1%、5%和 10%水平上显著，括号中为 t 值。标准误在发行人层面进行聚类调整。

附表 4　变量定义表

变量	定义
被解释变量	
Downgrade_CreditWatch	负面评级事件虚拟变量。如果债券评级在未来被下调或者被列入负面观察名单，则该虚拟变量取值为 1，否则为 0
解释变量	
Bondrating	债券评级，从高到低依次赋值：AAA = 19，AA+ = 18，AA = 17，……，CCC = 3，CC = 1，C = 1
Cashratio	货币资金占总负债比重 = 货币资金/总负债×100%
CFFO	现金收入占比 = 销售商品、提供劳务收到的现金/营业收入×100%
Lnasset	公司总资产（百万元）的自然对数
LTA	公司资产负债率 = 负债总计/资产总计×100%
PPE	固定资产占比 = 固定资产/总资产×100%
Profitratio	主营业务利润率 = 主营业务利润/主营业务收入×100%
ROA	公司总资产报酬率 = 公司的息税前利润(EBIT)/公司总资产×100%
SG	销售收入增长率 =（当期销售收入-上期销售收入）/上期销售收入×100%
SOE	企业属性虚拟变量。若发行人为中央国有企业或地方国有企业，该变量取值为 1，否则为 0
SOEoverrate	国有企业债券评级高估虚拟变量。若国有企业债券评级高于匹配的非国有企业债券评级，则取值为 1，否则为 0

后记

国际局势的变化和新冠肺炎疫情的反复，使处于经济结构转型升级阶段的中国经济承受了巨大的压力。发行地方政府债券，一方面作为“稳投资，稳增长”的重要财政工具和基础设施建设、重大项目建设的重要资金来源，可以弥补地方政府的财力不足，发挥逆周期调节作用；另一方面，债务风险整体可控的前提条件不可忽视，防范地方政府债务风险依然十分关键。本书凝聚不同领域专家学者的集体智慧，从经济发展和风险防范两个重要方面出发，对地方政府债务展开系统性研究，尝试从宏观、中观、微观等多个角度讨论地方政府债务扩张的经济后果，进而提出防范系统性风险、促进经济平稳健康运行的政策建议。

对地方政府债务问题的已有探索促使我们继续思考进一步研究的方向。未来需继续加强对地方政府债务特别是对隐性债务的理论研究，对债务的精确划分和测度有助于“对症下药”式化解债务风险。在有效识别地方政府债务风险的基础上，构建地方政府债务风险管理指标体系，包括地方政府债务风险评价指标、地方政府债务风险与系统性金融风险的传染指标，以及地方政府债务风险预警体系等。另外，城市商业银行是地方政府可控性极强的资金渠道之一，探讨如何完善其治理结构、整合跨区域资源，为其引入新的流动性资金，以及如何构建地方政府与城市商业银行的良性互动关系等问题，能为解决地方政府债务问题提供新的思路和方案。同时，需继续开展地方政府债务风险监管机制创新研究，以有利于向有关决策部门提出针对性强、具有可操作性的地方政府债务监管制度建议。

本书系国家社会科学基金重大项目“新形势下地方债务风险管控的目

标、难点与实现路径研究”（批准号：19ZDA074）的成果之一。该项目由西南财经大学常务副校长彭龙教授主持，西南财经大学有关领导、专家及专兼职教师和研究人员共计20余人参与研究。具体编写分工情况如下：

第一章，王新月、翟立宏；第二章，李淼、翟立宏；第三章，方红艳、王宇悦、罗荣华；第四章，罗荣华、王博、赵森杨；第五章，刘蓉、陈耀远；第六章，刘楠楠、李卓理；第七章，刘蓉、李娜；第八章，李娜、刘蓉；第九章，陈勇；第十章，宋全云、章辉、汪璐；第十一章，杨修锦、张翼、倪剑；第十二章，朱波、陈平社；第十三章，周铭山；第十四章，潘宁宁。彭龙、赵静梅、向钰负责本书的框架设计以及前言和后记的撰写。陆艺升承担了本书的统稿协调工作。

我们在项目的研究和本书的写作过程中，得到了全国哲学社会科学工作办公室的关心和指导，得到了西南财经大学有关领导、专家、同仁的支持和帮助，在此表示衷心感谢！本书的研究工作受到了国家社会科学基金重大项目“新形势下地方债务风险管控的目标、难点与实现路径研究”（批准号：19ZDA074）的持续资助。

同时，本书在写作过程中参阅了大量相关著作和文献材料，在此对这些著作和资料的原始作者也一并致谢！感谢西南财经大学出版社编辑对书稿的专业仔细的编校和为顺利出版付出的心血。

由于时间仓促，加之我们水平有限，书中难免存在疏漏和不足，敬请读者批评指正！

彭龙

2022年6月